直播经济对大学生消费的影响研究

闫仲骞 著

图书在版编目（CIP）数据

直播经济对大学生消费的影响研究／闫仲骞著．--
北京：中国财政经济出版社，2023.6
ISBN 978 - 7 - 5223 - 2226 - 1

Ⅰ.①直… Ⅱ.①闫… Ⅲ.①网络营销－影响－大学生－消费文化－研究 Ⅳ.①G645.5

中国国家版本馆 CIP 数据核字（2023）第 097833 号

责任编辑：刘孺泾　　　　　　责任印制：张　健
策划编辑：刘孺泾　　　　　　责任校对：徐艳丽

直播经济对大学生消费的影响研究
ZHIBO JINGJI DUI DAXUESHENG XIAOFEI DE YINGXIANG YANJIU

中国财政经济出版社 出版

URL：http：//www.cfeph.cn
E - mail：cfeph@ cfeph.cn

（版权所有　翻印必究）

社址：北京市海淀区阜成路甲 28 号　邮政编码：100142
营销中心电话：010 - 88191522
天猫网店：中国财政经济出版社旗舰店
网址：https://zgczjjcbs.tmall.com
北京富生印刷厂印刷　各地新华书店经销
成品尺寸：170mm×240mm 16 开 22.75 印张 338 000 字
2023 年 6 月第 1 版　2023 年 6 月北京第 1 次印刷
定价：88.00 元
ISBN 978 - 7 - 5223 - 2226 - 1
（图书出现印装问题，本社负责调换，电话：010 - 88190548）
本社质量投诉电话：010 - 88190744
打击盗版举报热线：010 - 88191661　　QQ：2242791300

目　　录

第 1 章　绪论 ··· 1
1.1　研究背景 ··· 3
1.2　研究意义 ··· 5
1.3　研究内容与思路 ··· 6
1.4　研究创新点 ·· 8
1.5　本章小结 ··· 9

第 2 章　理论研究综述 ·· 11
2.1　相关文献梳理 ·· 13
2.2　直播经济及相关概念 ···································· 18
2.3　大学生消费行为研究 ···································· 23
2.4　刺激—机体—反应理论 ································· 27
2.5　结构方程模型 ·· 28
2.6　中介效应模型 ·· 30
2.7　本章小结 ··· 32

第 3 章　研究假设与模型构建 ································ 33
3.1　变量定义与研究假设 ···································· 35
3.2　研究模型 ··· 43
3.3　问卷设计与调研 ··· 45
3.4　调研样本特征 ·· 46
3.5　本章小结 ··· 51

第 4 章　大学生消费行为分析 ········· 53
4.1　消费水平 ········· 55
4.2　经济来源 ········· 76
4.3　消费观念 ········· 88
4.4　消费教育 ········· 112
4.5　本章小结 ········· 134

第 5 章　大学生参与"直播经济"情况 ········· 135
5.1　观看直播情况分析 ········· 137
5.2　主播特征 ········· 147
5.3　直播激励机制 ········· 172
5.4　服务品质保障 ········· 197
5.5　感知有效性评价 ········· 222
5.6　购物意愿评价 ········· 248
5.7　本章小结 ········· 271

第 6 章　直播经济对大学生消费行为影响实证分析 ········· 273
6.1　北京市大学生消费行为受直播经济影响分析 ········· 275
6.2　S 大学结构方程模型分析 ········· 298
6.3　B 大学结构方程模型分析 ········· 316
6.4　对比分析结果 ········· 336
6.5　本章小结 ········· 338

第 7 章　总结与展望 ········· 341
7.1　结论 ········· 343
7.2　建议 ········· 346
7.3　局限与展望 ········· 349

附录：直播经济对大学生消费行为的影响研究问卷 ········· 351
参考文献 ········· 355

第1章

绪 论

第 1 章 绪　　论

1.1　研究背景

科技发展扩大了互联网用户规模。当前，互联网已经成为影响我国经济社会发展、改变人民生活形态的关键行业，我国的互联网事业的发展取得了令人瞩目的成绩。1997年，我国上网的计算机不到30万台，用户仅60多万人。如今，我国拥有全球最大规模的光纤和移动通信网络，建制村通光纤和4G比例均超过98%。截至2022年6月，我国5G网络规模持续扩大，累计建成开通5G基站185.4万个。互联网基础建设持续推进，助力网民规模稳步提升。互联网不仅连接触手可及，使用也更加便捷。

过去10年间我国网民数量快速增长，巨大的网民基数为直播经济奠定了发展基础。2022年8月31日，中国互联网络信息中心（CNNIC）在北京发布第50次《中国互联网络发展状况统计报告》。《中国互联网络发展状况统计报告》显示，截至2022年6月，我国网民规模达到10.51亿人，较2021年12月增长1919万人，互联网普及率达到74.4%，较2021年12月提升1.4个百分点，其中，手机网民规模达到10.47亿人，较2021年12月增长1785万人，网民使用手机上网的比例为99.6%[1]。目前，我国形成了全球最为庞大、生机勃勃的数字社会。

直播行业可以让消费者获得一种精神文化消费的快速满足感，观看直播主播对商品特点的生动介绍，不仅可以降低消费者选择为产品所付出的时间成本与信息成本，还可以获得一种放松身心、打发碎片化时间的娱乐方式。"直播经济"是一种新的经济形式，它具有互动性强、平台广泛、时空限制小等特点。它作为"互联网+"的一种发展方式，基于各类平台，以移动端为主，内容包括电商、体育、财经、教育、社交、音乐等各个能够产生经济效益的领域，基本上都受到各领域消费者的追捧。

2016年是我国网络直播元年，网络直播成为数字经济时代虚拟社群经济文化互动交往的新兴媒介平台。直播是指"依托网页或者客户端技术搭建虚拟现实平台,以主播——主要是"草根达人"提供表演、创作、展示以及支持主播与用户之间互动打赏的平台。这是一种基于视频直播技术的互动形式"[2],包括游戏直播、秀场直播、娱乐直播、电商直播等多种形式。在此基础上,网络直播作为一种新型的线上经济模式,借助制度支持、平台技术优势,通过相关主体的数字劳动生产、分配参与和社会互动、交往和交换手段,营造了拟真性的消费景观,引导社群消费者创造礼物经济或实现网络消费。

直播经济的出现不仅与互联网的普及有关,也与互联网应用的发展相关。从《中国互联网络发展状况统计报告》数据来看,近年来,互联网应用中短视频增长最为明显。截至2022年6月,我国短视频用户规模达到9.62亿人,较2021年12月增长2805万人,占网民整体的91.5%;网络直播用户规模达到7.16亿人,较2021年12月增长1290万,占网民整体的68.1%[1]。直播间带货的主要平台为短视频平台,短视频的发展为直播经济的产生起到了重大作用。直播电商市场的规模巨大,用户基数众多。2017—2021年我国直播电商市场交易规模增长迅速,截至2021年,直播电商市场规模超过2万亿元,达到23615.1亿元。其中,2018—2020年保持着三位数的增长率,2021年增速有所下降。目前,淘宝直播是我国消费类直播第一平台,截至2022年3月,累计观看人次已经超500亿人;2021年人均观看时长同比增长25.8%,这也见证了直播电商越发"常态化"地融入消费者的生活。

大学生是我国消费群体的重要组成部分。2015年起,大学生群体的人数稳步增长,同时带动大学生消费份额也有明显的增长,大学生消费市场不断受到各界关注,增长潜力巨大。随着大学人数不断增长,据教育部公开的数据,2020年我国高等教育总规模达到4183万人,其中在校普通本科、专科生人数达到3285万人。随着人数的增加,高校消费市场规模也在不断扩大。

随着社会经济的纵深发展,大学生在现代社会的消费观念、生活方式、流行时尚的影响下,消费心理与消费行为较之以往发生了深刻变化,其消费支出逐年增加,且增幅越来越大,他们已经成为消费的主力军。因此,了解目前大学生消费状况及参与直播经济的情况，分析直播经济对大学生消费影响，对构建直播经济下大学生主流消费观有着重要的意义。

1.2　研究意义

1.2.1　理论意义

网络直播作为一种新兴的传播媒介，它的兴起的时间虽然短，但深刻地影响着大学生消费观，以迅雷不及掩耳之势闯入年轻人的视野中。之前学界对新时代大学生消费观和互联网网红经济的研究比较深入，但国内外专门研究直播经济的文献资料为数不多，而将直播经济与大学生消费联系起来的研究更是凤毛麟角。

本书通过总结网络直播的特点，与大学生消费反应进行结合分析，指出两者之间的关联，总结了直播经济给大学生消费行为带来的影响和应采取的相应对策，对构建直播经济下大学生主流消费观有着重要的意义，为网络直播工作指导提供有效的参考依据。同时，本书的视角和研究方式为大学生消费观的研究提供了新的方向。

1.2.2　实践意义

通过问卷调查结果的呈现，本书探索了当代大学生对直播经济时代的看法，重新审视自己的消费行为，帮助大学生塑造好的网络消费观念，使大学生更理性地进行线上购买。

通过调查年轻人真实地观看直播的场景，分析大学生观看网络直播的现状，从而得出较为客观的看法，深化网络直播从业者对大学生参与网络直播的理解。这有利于加强网络直播对大学生的重视程度，促进高校对于大学生参与网络直播的正确和科学的引导。

1.3 研究内容与思路

1.3.1 研究内容

第1章为绪论。介绍了本书的相关背景和意义、研究内容和研究方法，整理出本研究的技术路线图，对研究的创新点进行了梳理。

第2章为理论研究综述。对国内外直播经济以及大学生消费的研究进行梳理。总结直播的定义及相关概念，阐释开展后续研究的理论依据。

第3章为研究假设与模型构建。基于SOR理论以及现有研究情况，提炼出直播场景下影响大学生购买意愿的变量，分析变量间关系，提出研究假设，构建理论模型；据此设计调查问卷，通过发放问卷收集数据，对数据进行简单描述性分析、信度分析和效度分析。

第4章为大学生消费行为分析。根据收集得到的问卷数据，结合大学生个人特征分析当前其消费行为，包括消费水平、经济来源、消费观念、消费教育等内容，并对比北京、京外以及S大学和B大学之间的差异。

第5章为大学生参与"直播经济"情况。根据收集得到的问卷数据，结合大学生个人特征分析当前大学生参与直播的现状，即观看直播频率、是否购买直播推荐商品以及对直播方面因素的感知评价。

第6章为直播经济对大学生消费行为影响实证分析。基于第3章构建的理论模型，运用结构方程模型进行分析直播中刺激变量对大学生消费行为的影响，分别选取北京市内的大学、S大学和B大学样本进行分析，并分析不同特征学生的影响路径，最后进行对比分析。

第7章为总结与展望。总结本研究分析内容，基于数据分析提出相应建议以及本研究的局限，为后续研究提供可以改进的建议。

1.3.2 研究路线

见图1-1。

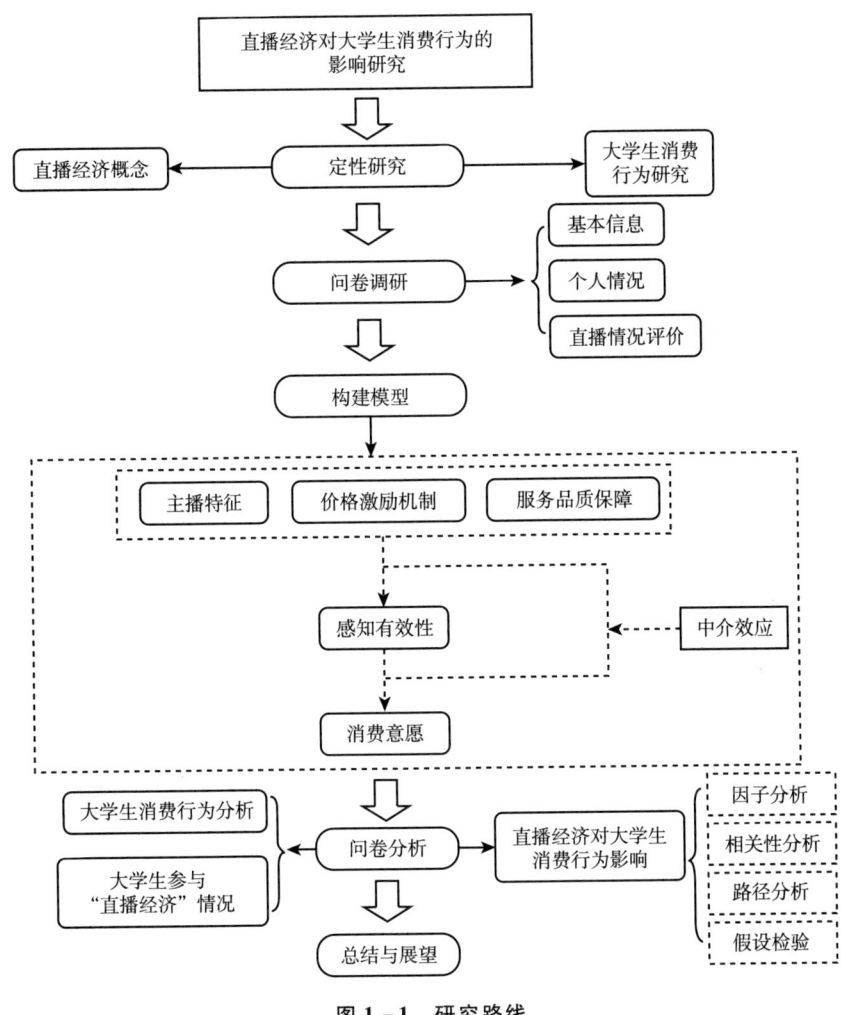

图1-1 研究路线

1.3.3 研究方法

第一，文献研究法。文献研究法是围绕某种目的对公开发表的各种信息、情报进行收集、整理、分析研究的一种调查方法。本书拟通过各种来源查阅直播经济的相关概念与各平台直播的状况，对直播经济时代下大学生的消费观念进行初步的了解，便于调查前期对调查项目进行定性分析。

第二，问卷调查法。问卷法是国内外社会调查中较为广泛使用的一种方法。问卷是指为统计和调查所用的、以设问的方式表述问题的表格。问卷法就是研究者用这种控制式的测量对所研究的问题进行度量，从而收集到可靠的资料的一种方法。本书研究对全国高校的大学生进行线上问卷调查，重点是对北京市高校，共回收样本数据2009份，剔除填写不全的，共获得有效问卷1947份，其中北京市共有1634份。问卷内容共分为基本信息、个人情况和直播情况评价三大部分，各个部分之间联系紧密。其中，直播情况评价从主播特征、直播激励机制、服务品质保障、情感态度、感知有效性及购买意愿6个维度来探究直播经济下大学生的消费行为。

第三，实证分析法。实证分析方法的主要特点就是通过对经验事实的观察和分析来建立和检验各种理论命题。本书主要运用到的实证分析方法有：数据关联性分析（即关联挖掘），就是在交易数据、关系数据或其他信息载体中，查找存在于项目集合或对象集合之间的频繁模式、关联、相关性或因果结构；因子分析，此方法可在许多变量中找出隐藏的具有代表性的因子，将相同本质的变量归入一个因子，可减少变量的数目，还可检验变量间关系的假设；模型路径分析、中介效应检验及多群组分析方法。本书根据以上方法分析的问卷数据，对本书先前提出的假设进行检验。

1.4 研究创新点

本书的视角和研究方式为大学生消费观的研究提供了新的方向。本书通过问卷调查法收集了北京市大学生观看直播时的消费情况，得到了大量的第一手调研数据，为目前直播经济背景下的大学生消费行为研究提供了大量可靠数据。直播是近年新兴行业，因此研究网络直播的文献资料为数不多，本书通过前期的文献调研，对观看直播时影响消费行为的相关因素进行归类划分，为后续研究提供了直播经济背景下消费行为影响因素划分的标准。

此外，本书还总结了直播经济给大学生消费行为带来的影响和应采取的相应对策，对构建直播经济下大学生主流消费观有着重要的意义，为指导网络直播工作提供有效的参考依据。

1.5　本章小结

网络直播作为一种新兴的传播媒介，兴起的时间虽然短，但深刻地影响着大学生的消费观。在互联网用户规模急剧扩大、直播经济兴起以及大学生成为我国消费群体中重要组成部分的大背景下，本书研究主题为直播经济对大学生消费行为的影响。在方法上，本书运用文献调研法、问卷调查法和实证分析法，先通过对相关理论的调查，为定性分析提供理论基础，再对问卷数据进行分析处理，以此验证本书研究假设的正确性。

本书的研究意义在于总结了直播经济给大学生消费行为带来的影响和应采取的相应对策，促进构建直播经济下大学生主流消费观，为网络直播工作的指导提供有效的参考依据，并且通过问卷调查结果的呈现，探索了当代大学生对直播经济时代的看法，加强了网络直播对大学生消费群体的重视程度，促进高校对于大学生参与网络直播的正确和科学引导。

第2章

理论研究综述

第 2 章 理论研究综述

2020年，突如其来的新冠疫情进一步改变了消费者的购物方式，消费者更加青睐线上购物；加之互联网技术的迅猛发展，直播带货商业模式得到了爆发式发展，至此，中国开启了全民直播时代。不仅有网红、明星、店主卖家等开启了直播卖货，企业家等群体也加入直播带货行列。2020年7月，直播销售员作为新的职业工种获得了中华人民共和国人力资源和社会保障部等部门的认可。目前，我国直播经济已颇具规模，2020年直播带货行业规模已超万亿元。为进一步科学、客观、系统地梳理直播带货既有研究成果，清晰、直观地呈现直播带货领域研究历程和发展前沿，本书运用知网自带的文献分析功能和陈超美教授开发的文献分析软件 CiteSpace 对直播带货以及大学生消费的研究文献进行可视化分析，为后续直播带货的理论研究与实践提供有益借鉴和参考。本书选择中国知网数据库（CNKI）作为数据来源，时间截至2023年1月20日。为保证研究结果的可信性和权威性，手动剔除无作者文献、会议通知、书评报纸、通知以及不相关文献等无效结果。

2.1 相关文献梳理

2.1.1 "直播经济"

根据知网自带的计量可视化分析（见图 2-1），通过高级检索"直播经济"选择了根据相关度、发表时间、被引和下载综合排序的前 200 篇进行总

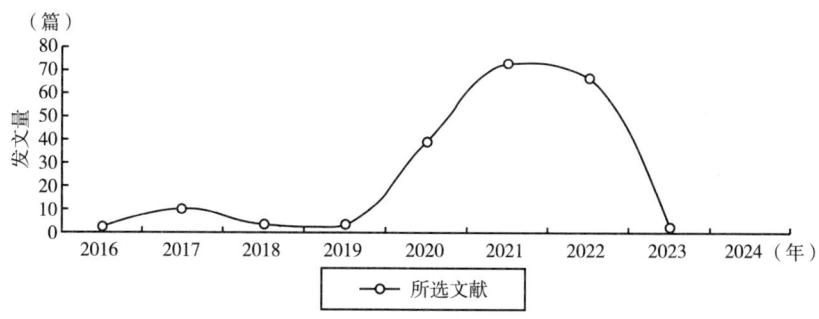

图 2-1 "直播经济"文献发文量趋势

体趋势分析,这里并不区分核心期刊。通过各年发文量可以看出,2019年之后,关于"直播经济"的发文量有了明显的增长。在所选文献中2020年发表的有39篇,2021年发表的有73篇,2022年发表的有67篇。

2020年被视为"直播经济元年",直播带货商业模式逐渐走入学术界的视野。由此数据可以看出,学术界发文情况与直播经济发展相匹配。随着直播经济的不断发展,越来越多学者的研究视野聚焦于这一新兴领域。2020年新冠疫情暴发,同年政府工作报告提出,电商网购、在线服务等新业态在抗疫中发挥了重要作用,要继续出台支持政策,全面推进"互联网+",打造数字经济新优势。新冠疫情期间,商业实体店线下经营停摆,却在网络平台闯出一番天地,销售员变主播,销售成绩喜人。广大乡村地区受益尤为明显,尤其2020年是脱贫攻坚收官决胜年,多地纷纷搭建农产品批发电商平台,发挥电商"全天候、零距离、少接触"的优势,助力农民增收。新的直播发展环境引起了学术界的关注与重视,因此学术研究也有了小规模的增长。

从"直播经济"有关文献的学科分布(见图2-2)可以看出,该领域的研究主要集中于贸易经济、新闻与传媒、文化经济、农业经济和企业经济(见图2-3)。

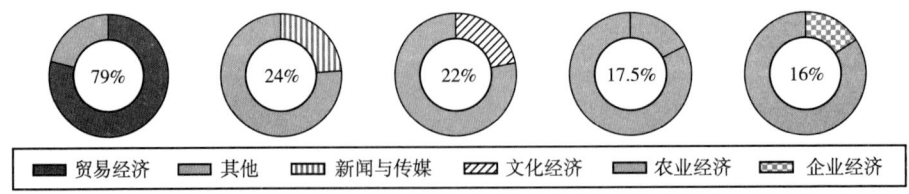

图2-2 "直播经济"相关文献学科分布

运用CiteSpace6.1 R6软件,对中国知网高级检索"直播经济"所有相关文献,进行可视化分析,主要是进行相关主题的聚类分析。结果显示,目前热点研究领域为直播平台、直播、直播经济、经济效益、直播带货、网络直播、商业模式等。通过左上角的参数看到网络的节点数、边数和网络密度。节点数是文献数、边数是相关文献间的连线数。运用该方法主要是为了获得各文献间的联系,在同一个主题下是同一类,用同一种颜色表示。

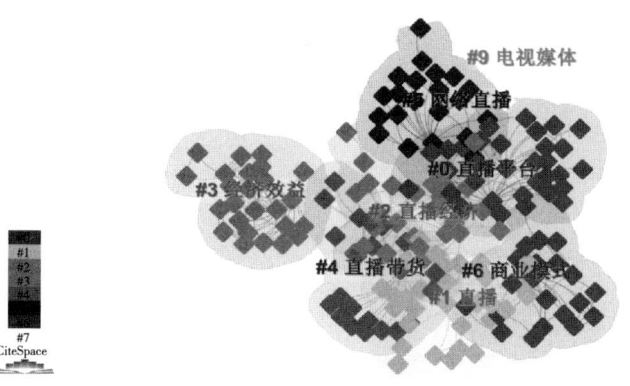

图2-3 "直播经济"文献研究领域

在直播平台方面,徐颖(2020)以网红直播带货为例,基于平台经济视域下分析传统治理范式与新商业模式之间存在不匹配的问题,提出从线性管控与模块层级式到网络化治理结构转变、构建"主要生态位"与"扩展型生态位"的共益履责圈以及创新平台治理工具的优化路径,促进直播经济稳定与长久发展。

在直播带货方面,岳鑫(2021)讨论了虚假宣传问题,周鑫淼(2022)讨论了后疫情时代直播带货经济的法律问题研究,邓学飞(2022)研究了平台经济下直播带货税收治理问题。

2.1.2 "大学生消费"

关于高级检索"大学生消费"可以看出各年发文量的趋势变化(见图2-4),有关研究主要集中在2006—2007年以及2009—2012年。因此内容的文献多,达到了6195篇,故在检索中加入了核心期刊的要求,从我国北大核心、CSSCI、CSCD、AMI库中进行检索,并加入主题"大学生消费"检索,最终筛选到117篇有关文献。查询2020—2023年发表的有关文献,只有3篇,其中一篇是《电商直播情境下大学生消费参与行为与驱动因素分析》。文献数量波动较大,总体上呈现"倒U形"分布样态,总体规模仍然较小。

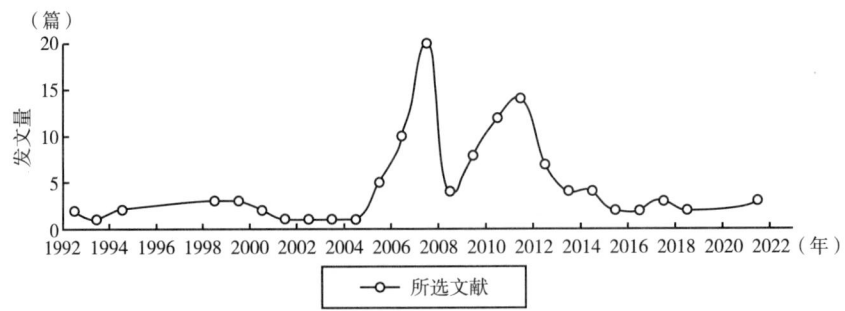

图 2-4 "大学生消费"文献发文量趋势

由图 2-5 可以看出,有关"大学生消费"的研究主要集中在关于消费心理、消费文化、消费行为、理性消费、影响因素等的探讨。

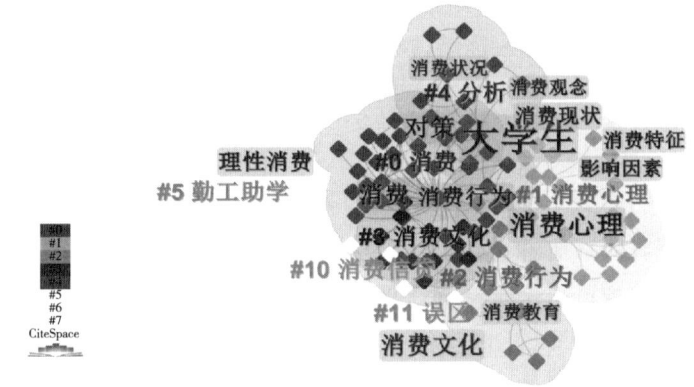

图 2-5 "大学生消费"相关文献研究领域

消费心理相关,王为其分析"90 后"大学生受攀比心理倾向和享乐主义影响而形成的"三多一无"消费特点后提出相应引导建议;李若男(2022)进行了数字经济时代大学生消费心理及消费行为的研究;李爽(2022)探究了新冠疫情对大学生消费心理与行为的影响及对策等。消费行为相关领域,逯芙瑶(2022)采用了多重并列的中介效应研究了直播带货对于大学生消费行为影响,中介效应检验使用的方法是偏差校正的百分位 Bootstrap 法,研究发现直播带货对于大学生群体消费行为的影响具有多重并列的中介效应,消费意愿在消费态度、主观规范、知觉行为控制与消费行为间发挥中介效应。

消费意愿在主观规范与消费行为间发挥中介效应。

2.1.3 "直播"与"大学生"

高级检索"直播"和"大学生消费"共出现 48 篇期刊文献，13 篇学位论文，都于近 5 年发表。可以发现，将两者结合的相关研究仍处于相对空乏的阶段。而在直播经济日益火爆的当下，大学生群体作为新兴消费者的代表群体之一，是一个具备消费潜力、开发难度中等的消费市场。2001 年以来，学界围绕着"大学生消费"所展开的研究总体上不断发展，但是仍然存在较多学术短板，如部分文献缺乏实证支撑、理论研究趋于空洞等。因此，通过调研大学生对于直播经济的看法与参与过程、体验等内容具有一定意义，对未来直播经济的发展作出一定贡献。"直播"和"大学生消费"文献发表量趋势如图 2-6 所示。

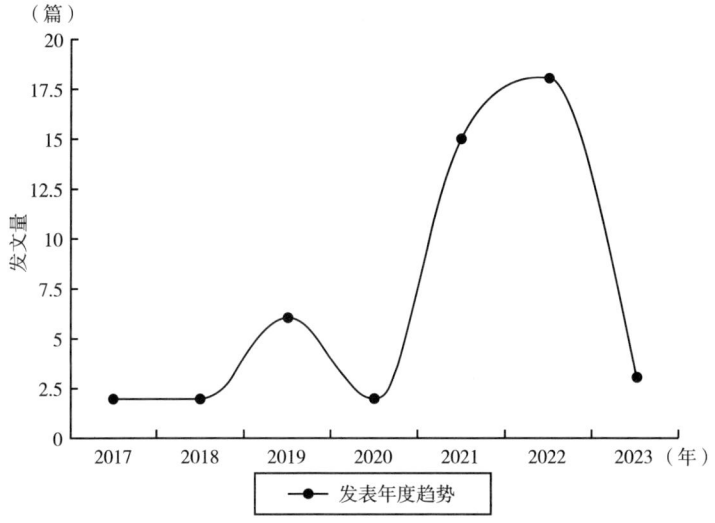

图 2-6 "直播"和"大学生消费"文献发表量趋势

从图 2-7 中可以看出，发表数量较多的主题为"网红经济"及"大学生消费行为"。随着互联网技术的高速发展，尤其在社交媒体环境有所改变后，微博以及抖音、快手等各种短视频平台成为人们沟通的重要工具，与此同时，人们的生活水平普遍提高，直播经济应运而生，从而对社会各方面都造成了一定的影响，而大学生作为消费者的重要组成部分，心智尚未完全成熟，直播经济对他们消费行为的影响是一个值得研究的问题。

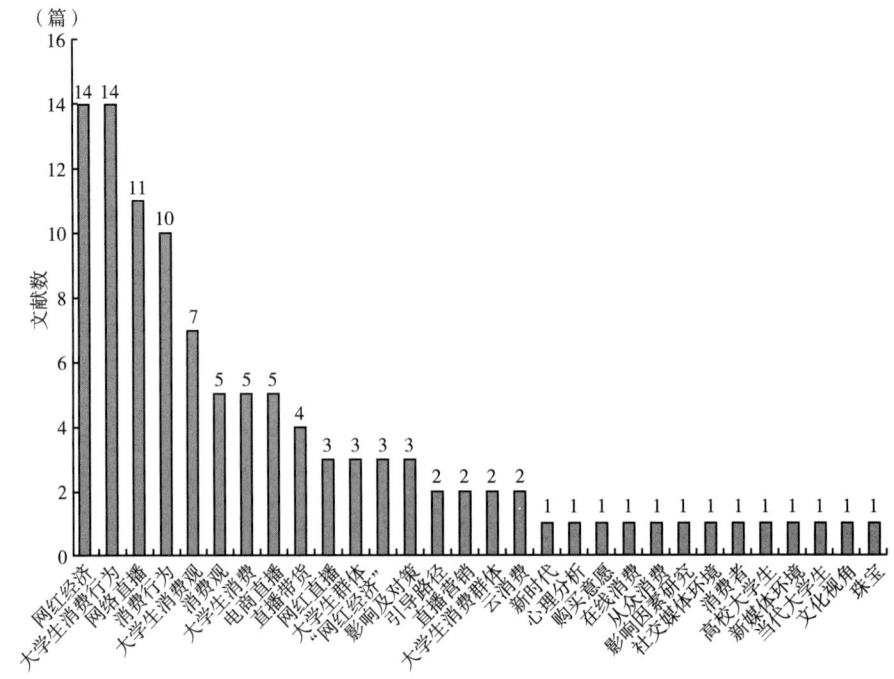

图 2-7 "直播"和"大学生消费"主体统计

2.2 直播经济及相关概念

2.2.1 直播经济的概念

直播经济是指通过互联网平台，利用网络传递的方式将现场事件的发生、发展进程同步制作和发布，在双向流通的过程中产生经济效益的经济形式。直播经济将互联网与社会经济各领域进行深度融合，具有互动性强、多样化、时间空间限制小等特点。它是"互联网+"的一种新的经济形式。"互联网+"，通俗地理解就是"互联网+各个传统行业"。直播经济则是诞生在"互联网+"下的创新型经济形式，对推动技术进步、提升实体经济创新力和生产力、优化产业结构、推动经济发展有着重要的意义。

直播经济是随着互联网尤其是移动互联网高速发展而兴起的，以即时销售某种产品或服务为主要内容的一种新经济业态。直播经济不同于直播电商。首先，直播经济的参与主体更加广泛，从学者到商家再到平民百姓，涵盖的参与者范围极为广泛。直播电商的参与主体主要以厂商、代理机构、销售人员为主。也就是说，直播经济在参与主体的范围上包括了直播电商。其次，两者销售的内容不同。直播经济不仅销售特定的产品，也销售某种服务，如收费网课等。直播电商则以销售商品为主。再次，销售渠道不同。直播经济的销售渠道包括各大电商平台以及各类非电商网站（如教育类网站等），典型的例如学而思、新东方等。直播电商的销售渠道，以电商平台为主，如淘宝、京东、拼多多、抖音、快手等。总之，直播经济包括了直播电商，后者是直播经济产业生态的一种[39]。

2.2.2 直播的发展及特点

（1）直播的发展历程

近年来，中国在互联网技术、产业、应用以及跨界融合等方面取得了积极进展，随着互联网技术的进步、传统行业运用互联网意识的提高，互联网与传统各领域在不断尝试深入融合与创新，新的资源整合时代，使商业形态逐渐发生变化，直播经济就是在这种不断融合与创新下诞生的。

中国直播经济的发展大致可划分为4个阶段（见图2-8）。第一个阶段为"萌芽期"，2005—2011年，中国的网络直播发端于2005年，通过台式电脑端收看直播，内容上以才艺展示为主；第二个阶段为"成长期"，2012—2014年，仍然通过台式机收看直播，内容上游戏直播蓬勃兴起；第三个阶段为"移动期"，2015—2016年，移动端超过台式机成为主流通道，直播内容开始变得更加多元，2016年也被称作"中国移动直播元年"；第四个阶段为"爆发期"，2017年至今，移动端占据绝对优势，直播电商获得爆发式增长，直播领域也拓展到电商、体育、财经、教育、社交、音乐等方方面面，资源向直播头部平台如抖音、快手等加速聚拢，2019年也被称作"中国直播电商元年"。2020—2021年，是中国直播经济连续取得爆发式增长的两年。直播经济在我国经济总量中的占比逐年增大，对各行各业的影响与渗透与日俱增，正在成长为拉动我国经济增长的重要新引擎[39]。

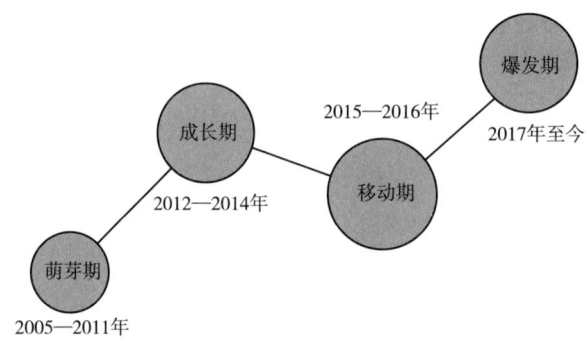

图 2-8 直播经济发展阶段

2005—2013 年，网络直播市场起步，由于当时互联网技术尚处 2G、3G 时代，移动网络网速慢，传输质量低，所以网络直播发展比较缓慢，移动直播也不具备发展条件。2014—2015 年，网络直播快速发展，电竞和手游产业让游戏直播"爆红"。2014 年仅用一年时间就完成移动 4G 普及的目标，也为后来移动直播的发展奠定了基础。2016 年是直播中最具里程碑意义的一年。这一年，用户通过手机移动客户端实现了网络直播，随时随地都可以直播。一时间几乎所有社交、电商、视频 App 等都开始做起了直播，所以这一年也被称为"移动直播元年"。2016 年底，国家互联网信息办公室发布了《互联网直播服务管理规定》，文化和旅游部印发《网络表演经营活动管理办法》，对直播进行了更细致的规定。

2017 年，社交平台电商带货崛起，大量中小电商开始往社交电商平台迁徙。这一年也是监管加强的一年，依法关停了很多非法、违规、影响恶劣的平台和主播。2018 年，直播平台争相上市。如果 2016—2017 年是"监管大洗牌"，那么 2018 年就是"资本大洗牌"，这一年盈利能力成为直播平台生存的关键。赴美国上市的虎牙成为游戏直播第一股；映客赴香港交易所（以下简称港交所）上市，成为港交所娱乐直播第一股。2019 年，直播平台陆续进入"直播+"布局，积极寻求转型，突破原先单一的商业模式，探索更多元的变现模式，与电竞、综艺、文化、旅游等产业相结合，构建多元与差异的直播生态体系，直播成为任何人都可以赚钱的渠道。同年，直播平台纷纷在海外开拓直播业务，成为"出海"主力军。2020年，受新冠疫情的影响，直播迎来了新的发展高潮，直播带货成为经济转型的突破口。政府大力推动且肯定了新冠疫情期间电商网购、在线服务等新业态对经济发挥的重要的作用，要继续出台支持政策，倡导各地因地制宜开展网络促销活动，以及把外贸生产企业也纳入其活动中，让"丝路电商"合作国驻华使馆官员也参与促销活动。

新冠疫情期间，防疫隔离措施令较多，进出口贸易中断，我国经济也受到一定的影响。在这一时期，直播电商等线上经济则繁荣发展，成为可以有效稳定市场经济发展的工具之一。2021年1—10月，全国网上零售额10万亿元，同比增长17.4%。其中，实物商品网上零售额84979亿元，同比增长14.6%；占社会消费品零售总额的比重为23.7%。中国网上零售额持续增长表明中国电商行业发展态势良好。

（2）直播的特点

①互动性强。在传统的消费模式下，消费者互相都是孤立的，消费者和商家之间也只有单线的联系。随着直播经济的发展，这种通过视频形式输出内容与用户互动的方式使得消费市场的社交化特点越来越明显，消费进入了"消费—分享—再消费"的模式。消费者之间不再孤立，消费者与商家也不再只是单线联系状态，在直播经济下，每个个体既是信息的接受者，也是传递者，甚至可以是生产者。

②多样化。在法律法规允许范围内"万物皆可播"，以特色化的产品、服务、宣介为主要直播内容。直播地点可以是多样化的，可以在直播间直播，也可以在线下门店直播，还可以去生产的原产地直播；直播的形式也是多样化的，游戏直播、电商直播、扶贫助农、网络教学、综艺直播以及盈利模式的多样化，打赏、付费内容、广告、带货收入、代理、会员、版权等。

③准入门槛低，时间空间限制小。随着4G、5G技术的发展和智能手机的普及，直播受时间和空间的限制越来越小。只要有一部手机，主播可以随时随地开始直播，消费者也可以随时随地观看并且参与互动。把移动互联网作为产品（或服务）的营销与信息互动沟通的主渠道，不受场地、时间等各种限制约束。

④大幅降低市场交易成本。直播经济通过"企业生产商品—电商主播网

络营销—消费者在线购买"的链条,大幅压缩了生产企业的广告成本,消费者购买商品或服务的时间成本大幅下降,极大地提升了市场交易的效率。

⑤发展前景广阔。直播经济体量日趋庞大且呈高速增长态势。据国家统计局数据显示,2020年,我国网络购物市场交易规模达到11.76万亿元,同比增长10.9%,且在"十三五"期间达到了年均27.4%的高增速。随着5G、大数据、人工智能、云计算等新技术的发展与普及,伴随着"一带一路"倡议的深入实施,我国直播经济无论是总量还是占比都将越来越大,也将更快走向世界,将更多优质的我国产品或服务推广到全球,成为拉动我国经济高速增长的新引擎。

2.2.3 直播营销的定义及优势

(1) 直播营销的定义

直播营销是指在随着事件的开端到结尾都进行实时播放的播出方式。该营销活动以直播平台为载体,以获得品牌的提升或是销量的增长为目的。直播的核心价值就在于其聚集注意力的能力。

近年来,直播已成为电商平台中常见的营销方式,淘宝和京东等主流电商平台都推出了类似淘宝直播和京东直播的方式来帮助销售商参与直播营销。2020年新冠疫情的发生如同催化剂般激发了电商直播行业的活力,市场规模相较于上年增长121%,达到了9610亿元。

电商平台中不同销售模式下的直播营销决策存在差异。直销模式下制造商参与零售因此可以决定是否参与直播以及对应的直播投入。例如,耐克和阿迪达斯等品牌都在其天猫或京东旗舰店中开设了直播间,这些制造商可以决定直播的时间段以及频数。分销模式下制造商不参与零售,因此由电商平台决定对应的直播策略。直销和分销的上述决策差异影响了直播营销策略和渠道成员的收益,进而影响了制造商的销售模式选择。

(2) 直播营销的优势

①新奇性和互动性。直播作为一种新兴的娱乐风潮,本身就具有很大的粉丝量。直播能够快速地抓住消费者的眼球,占领消费者流量,在很大程度上满足了消费者群体的猎奇心理。与之前的电视广告不同,直播营销注重与

消费者的互动，即消费者可以在直播的时候提出自己的问题，让商家做出详细回答。新奇性和互动性。直播作为一种新兴的娱乐风潮，本身就具有很大的粉丝量。直播能够快速地抓住消费者的眼球，占领消费者流量，极大程度地满足消费者群体的猎奇心理。跟之前的电视广告不同，直播营销注重于与消费者的互动即消费者可以在直播的时候提出自己的问题，让商家做出详细回答。这拉近了与消费者之间的距离，让消费者自身充满参与感，增强了消费者对于企业品牌的黏性。同时，直播营销运用群众的从众心理，让用户参与到品牌的整个建设过程之中，增加消费者对品牌后期的一种认同感。此外，直播营销拉近了与消费者之间的距离，让消费者自身充满参与感，增强了消费者对于企业品牌的黏性。同时，直播营销运用群众的从众心理，让用户参与品牌的整个建设过程之中，增加消费者对品牌后期的一种认同感。

②直接性和真实性。在直播营销过程中，一个直播主若想推销产品，就需要将商品完全展现给消费者。让消费者可以清晰地了解到商品的款式、功能、颜色等基本信息后决定是否购买。这给消费者带来了很大的便利，消费者可以对商家的产品及服务进行主动提问和选择，从而真正能拥有自己想要的产品，也让商家的投入更有效益。

③便利性和经济性。在人手一部手机智能设备的时代，可以随时随地观看直播，加之快递服务业的快速发展，看中商品线上付款后，直接快递到家十分便捷。直播营销的成本低，减少了线下的场地、人力、物资等的开销，一部智能手机就可以实现一对多的传播，再借助大数据信息平台将内容投放给目标用户、潜在用户，提高商品的销量。

2.3 大学生消费行为研究

大学生进行直播购物消费的目的是获取满足其自身需求的资源，包括物品资源、信息资源、软件资源等，在直播越发火热的情况下，越来越多的大学生选择通过网购来购买生活用品。

2.3.1 大学生消费者特点

大学生的消费具有很强的群体性。高校是人口密度非常高的地区，学生人数非常集中，一起学习、工作、生活，具有许多共同的消费特点。大学生人数多，消费容量大，拥有一定的即期购买力并且其消费呈现稳健增长趋势，消费变量相对容易描述和控制，是一个比较简单的市场。但是其消费具有"随大流"的特点，也是消费者中的弱者。

①消费的不平衡性。主要由于大学生都来自不同的地区，城乡发展存在一定的差距，使得来自农村的大学生与来自城市的大学生消费水平存在差异。而且家庭收入的不平衡会使得大学生消费的不平衡，家境优渥的大学生拥有较多生活费，而家境贫困的大学生生活拮据。

②消费的多样性。寻求多样性是由于需求强度的不同和需求层次的多样性而产生。现在的大学生消费不再局限于基本生活需求、学习需求，还会有休闲娱乐、人际交往等方面消费。

③盲目消费与个性消费并存。在现在的社会生活条件下，当代大学生的成长背景多数都是伴随着改革开放以及社会、经济快速发展，他们的物质生活条件较好，消费水平较高，对于消费会有自己的理解和想法，在总体上仍然能够呈现出理性消费的特点。大部分学生由于世界观、人生观和价值观并未完全形成，容易受到社会多元价值观的冲击，其中包括存在不良价值观的影响，因此大学生的消费观便容易偏离正确的发展轨道。

④超前消费增多，理财意识淡薄。作为一名当代大学生，他们的消费行为相对于其他社会成员具有较以往不同的明显特征，他们多数追求个性和自主性，不再只是简单地追随社会上的主流消费理念和西方流行的消费理念，因此部分大学生存在超前消费的行为。随着社会的快速发展和信息技术的普及，更多大学生会选择使用信用卡以及手机快捷支付的方式来代替传统的现金交易，这种支付方式虽然使商品交易更加便捷，但也在一定程度上促使部分大学生形成了超前消费观念，在这种超前消费观念的指引下，大学生群体会在当前收入条件低于其购买力的情况下，为了满足自己的购买欲望而采取贷款或者是预支的方式来购买其想要购买的商品。

⑤消费心理不健全现象明显。有生活条件较好的大学生，自然也有生活条件较差的学生。这两类群体在消费观念、消费行为以及消费方式上的两极分化也很明显。作为刚刚踏入大学生活的学生，虽然受到一定文化知识的熏陶，但是他们的自我认知以及理性思维能力仍存在着不同程度的差距，有的学生家庭条件不好但容易受到学校、社会中其他人的消费行为的影响，从而产生从众消费、攀比消费的心理，并在这种不良消费心理的影响下进行超前消费等行为，从而给自己带来负债等风险和困难。这些不健全的消费心理，会反过来影响学生自身正确价值观念的形成，不利于他们日后的成长成才。

2.3.2 大学生消费行为影响因素

大学生消费行为会受到方方面面多种因素的影响，通过查找文献主要概括了以下六大方面：家庭、社会环境、大学生自身原因、教育管理、商品因素和信誉因素。

（1）家庭

现在的大学生中独生子女占比更高，他们就是整个家庭的中心，父母基本上都会满足孩子的要求，这会导致独生子女更以自我为中心，更注重享受；家庭理财观教育对大学生的消费观会产生一定的影响，老一代的观念"再苦也不能苦孩子"，父母宁肯自己省吃俭用也要满足子女的要求，这容易导致大学生可能挥霍无度，产生不合理的消费观念。

（2）社会环境

社会上各种信息和价值观会直接或间接地影响大学生的消费观念。大学生接触到的人群会对其产生重要影响，如寝室成员、班级同学以及校内校外的朋友等，接触越密切影响越大，寝室作为一个小团体，大家在购物时肯定会互相探讨。

随着收入的提高传统的消费观念受到强烈冲击，个性化消费需求逐渐提高，而且在周边人的影响下，更易产生服从心理。目前大学生超前消费的现象已经变得十分普遍，由此也衍生出了很多不良问题，其中比较典型的就是过度消费的问题。究其原因主要有：电子支付的普及成熟，早在2018年移动支付就已经成为我国的主流支付模式了，每4个中国人中就有1个人在使用支付宝，同时移动支付平台还推出了如商家使用补贴（扫码领红包）等方法来刺激用户使用；电商业态的活跃发展，除了"淘宝""京东"等主流购物平台之外，越来越多的新平台不断涌现，如"小红书""抖音"等，电商平台的激烈竞争导致各个平台相继推出各类促销活动、购物节，种种促销行为都在很大程度上激发起了当代大学生的消费热情。

（3）大学生自身原因

大学生的消费心理还未真正成熟，大部分学生从小到大缺钱了都是直接问父母要，而父母几乎都会答应，毕竟在工作以前都以学习为重，父母为了避免孩子的精力分散，不会让孩子分担家里的经济压力，这也使得许多学生不知金钱来之不易，加之没有计划、不懂得如何理财使大学生更易丧失对自己的控制，从而导致他们在消费时无所节制，进而造成超前消费，特别是在毫无用处的物品上超前消费。此外，还有虚荣心作怪的"炫耀式消费"，不以实际需求进行消费而单纯为了满足自身的虚荣心或与身边同龄人进行物质上的攀比进行消费。

（4）教育管理

有人认为现在大学生的消费是偏高、不合理的。这与教育薄弱和管理有关。有的报刊、电影和电视进行错误的报道，片面报道一些高消费和享受的主题，给大学生做出了错误的消费导向。高校的教育工作者虽然也对学生进行国情教育和光荣传统教育，帮助学生树立正确的人生观和消费观，但遇到问题没有通过强有力的方法和措施去解决，没有教育到点子上，对有的问题没有及时有效的引导。学校内和周边地区开设的众多餐厅、歌舞厅、咖啡馆、游戏机室和桌球室等时刻吸引着大学生的消费。

（5）商品因素

对于还没有固定收入来源的大学生群体，价格相对较低的商品往往更能迎合其消费需求。实体经营所承担的固定成本相对较高，网络商家在经营成本方面的压力较小，因此其商品价格也比实体商店更为优惠一些，这也是大学生群体更倾向于网络消费的主要原因。

（6）信誉因素

大学生往往是通过商品的价格、质量和折扣情况去思考其所获得最大消费价值的,还有另一个需要去参考的指标就是商家的信誉问题。商品是否符合商家描述,由于网络的虚拟性使大学生无法获得直接感受而产生的退换货问题,并且根据多家购物网站对交易商品的规定,会让消费者承担退货邮费,这在一定程度上会影响大学生群体的消费热情和需求。

2.4 刺激—机体—反应理论

S-O-R(Stimuli-Organism-Response,即刺激有机体—反应)模型是基于行为主义 S-R 模型(刺激—反应)演变而来的,随着人们心理认识的变化,逐渐意识到人的信息处理过程,是从一个物理刺激开始,紧接着通过感观对外界刺激进行接收,经过神经系统加工后做出决定,最后才有动作反应的输出,简化后就是 S-O-R 模型[4]。S-O-R 理论模型如图 2-9 所示。

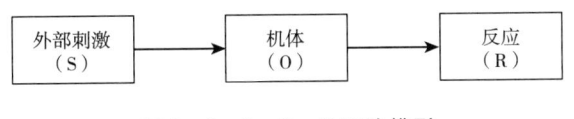

图 2-9 S-O-R 理论模型

S-O-R 模型是现代认知心理学的基础之一,具体解释了环境特征对用户情感反应以及随后行为的预测影响。亲近(Approach)和规避(Avoidance)行为是对环境刺激的两种直观回复。然而初始的 S-O-R 模型缺乏解释环境刺激和用户信息进程之间交互关系的能力。S-O-R 模型仅仅包括环境刺激的影响,缺乏认识信息进程方面的解释。人类行为的一般模式是 S-O-R 模式,即"刺激—个体生理、心理—反应"。该模式表明消费者的购买行为是由刺激所引起的,这种刺激既可能是来自消费者身体内部的生理、心理因素,也有可能是受到外部环境的影响。消费者在各种因素的综合刺激下产生购买动机并作出决策,实施购买行为,购后还会对购买的商品及其相关渠道和厂家做出评价,这样就完成了一次完整的购买决策过程。Mehrabian 和 Russell 于 1974 年提出刺激—机体—反应模型,将各种购物环境因素对消费者的刺激作为前因变量,消费者的心理动机如情绪和认知作为中介变量,趋近或规避的行为状态作为产出结果,该模型对消费者的心理变化和购买行为做出了较好的解释。后来,S－O－R模型被普遍用于研究网络购物环境下消费者的购买行为,研究主要集中在哪些刺激因素能够促使消费者产生购买行为[5]。目前,被国内外学者认可的刺激因素主要包括产品质量和价值、网站质量和信息量、网上商店的氛围、形象、品牌以及促销等。

将刺激—机体—反应(S－O－R)模型最早应用到消费者购买决策中的是Donovan和Rossiter,两位学者在1982年指出,购物环境会对消费者产生愉悦和唤醒的心理状态,认为愉悦和唤醒在购买决策中起到中介作用[1,2]。张爽等在刺激—机体—反应的理论基础上,使用结构方程模型,进行实证分析,得出消费者在购物时愉悦感越强,越有可能产生购买行为[3]。翟玉墨基于S－O－R理论模型,通过回归分析,证实了社会临场感和沉浸体验在社交媒体的互动性、个性化、参与性和个性化与购买意愿之间的中介作用[4]。李玉玺等基于刺激—机体—反应理论模型,通过发放问卷收集数据,进行实证分析,发现直播电商中的互动性、真实性、优惠性正向影响感知信任和需求释放,感知信任和需求释放正向影响购买意愿。闫苗苗在S－O－R模型的基础上构建理论模型,通过回归分析后得出结论,直播电商中的互动体验、信息质量、专业性、视觉呈现通过认知态度和情感态度的中介作用影响消费者购买意愿之间起到中介作用。刘洋等基于刺激—机体—反应理论模型,将直播购物的刺激要素分为互动性、娱乐性、真实性、可视性,将消费者心理分为信任、唤醒、愉悦,将购买行为分为冲动性购买和目的性购买,通过实证分析他们之间的影响关系。

2.5 结构方程模型

结构方程模型(Structural Equation Modeling,SEM)是基于变量的协方差矩阵来分析变量之间关系的一种统计方法。结构方程模型的特点:(1)同时处理多个因变量。结构方程分析可同时考虑并处理多个因变量。(2)容许自变量和因变量含测量误差。结构方程分析容许自变量和因变量均含测量误差。变量也可用多个指标测量。(3)同时估计因子结构和因子关系。结构方程中可以对因子与题项之间的关系和因子与因子之间的关系同时考虑。(4) 容许更大弹性的测量模型。传统上，只容许每一题项（指标）从属于单一因子，但结构方程分析容许更加复杂的模型。(5) 估计整个模型的拟合程度。通过结构方程模型建模分析数据是一个动态的不断修改的过程。

SEM 基本流程（见图 2-10）。

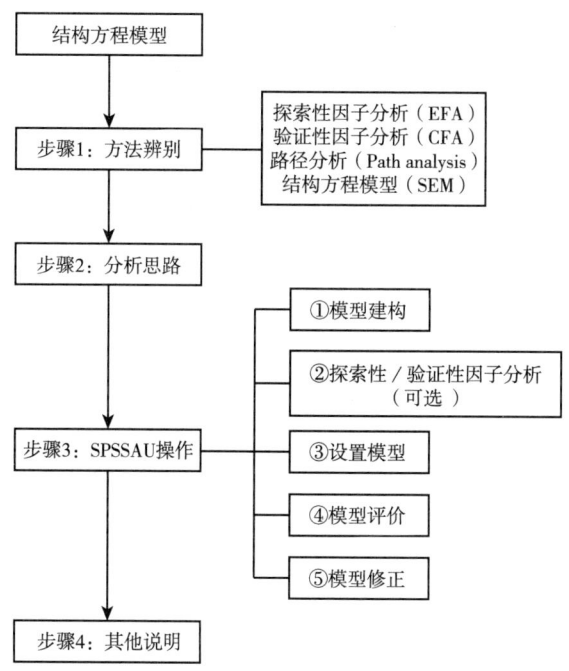

图 2-10 SEM 基本流程

结构方程模型可分为测量模型和结构模型。测量模型是指标和潜变量之间的关系。结构模型是指潜变量之间存在以下关系。

①同时处理多个因变量。结构方程分析可同时考虑并处理多个因变量。②容许自变量和因变量含测量误差。结构方程分析容许自变量和因变量均含测量误差。变量也可用多个指标测量。③同时估计因子结构和因子关系。结构方程中可以对因子与题项之间的关系和因子与因子之间的关系同时考虑。④容许更大弹性的测量模型。传统上，只容许每一题项（指标）从属于单一因子，但结构方程分析容许更加复杂的模型。⑤估计整个模型的拟合程度。

通过结构方程模型建模分析数据是一个动态的不断修改的过程。

结构方程模型通常包括 3 个矩阵方程式：

$y = \Lambda_y \eta + \varepsilon$

$x = \Lambda_x \xi + \delta$

$\eta = B\eta + \Gamma\xi + \zeta$

Λ_y——内生观测变量与内生潜变量直接的关系，是内生观测变量在内生潜变量上的因子载荷矩阵。

Λ_x——外生观测变量与外生潜变量之间的关系，是外生观测变量在外生潜变量上的因子载荷矩阵。

B——路径系数，表示内生潜变量间的关系。

Γ——路径系数，表示外生潜变量对内生潜变量的影响。

ζ——结构方程的残差项，反映了在方程中未能被解释的部分。

结构方程模型如图 2-11 所示，观测变量通常用长方形或方形表示，外生观测变量用 x 表示，内生观测变量用 y 表示。潜变量用圆或圆形表示，外生潜变量通常用 ξ 表示，内生潜变量通常用 η 表示，外生观测变量的误差用 ε 表示，内生观测变量的误差用 δ 表示。

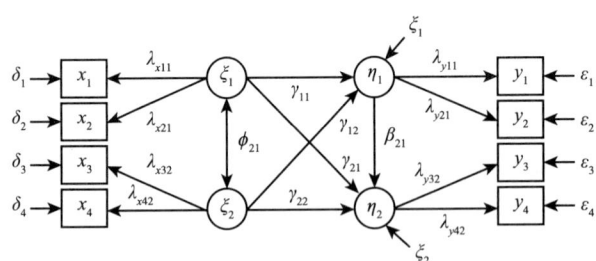

图 2-11　结构方程模型

2.6　中介效应模型

中介效应是指变量间的影响关系（$X-Y$）不是直接的因果链关系而是通

过一个或一个以上变量（M）的间接影响产生的，此时我们称 M 为中介变量，而 X 通过 M 对 Y 产生的间接影响称为中介效应（mediating effect）。

一般来看，实证分析论文至少包括两个部分：一是对研究问题做出是否回答，即某自变量是否对因变量产生影响；二是对影响机制进行探究，即这种影响是怎么产生的。此外，部分实证分析论文还会进行异质性研究，进一步说明这种影响在不同情况下的差别。而通常来说，对影响机制的探究将是一篇实证分析论文的主要和重要内容。在经管类论文中，中介效应模型（见图 2-12）是探究影响机制的常用方法。中介效应模型由中介变量、自变量以及因变量组成，三者之间的关系为：若自变量 X 通过某一变量 M 对因变量 Y 产生一定影响，则称 M 为 X 和 Y 的中介变量。中介效应模型可以把原有的关于同一现象的研究联系在一起，从而找出现象背后的原因。

$Y = cX + \varepsilon_1$

$M = aX + \varepsilon_2$

$Y = c'X + bM + \varepsilon_3$

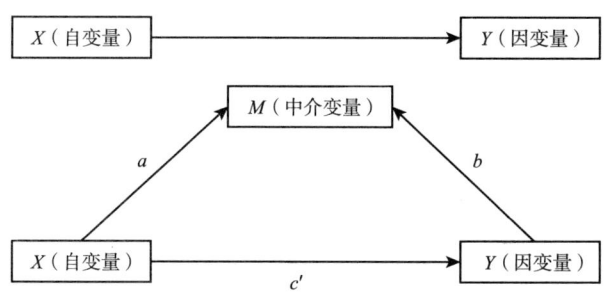

图 2-12　中介效应模型

系数 c 显著是使用中介效应模型的前提条件。

中介效应检验有以下几种情况（见图 2-13）：

①系数 a、b、c' 都显著时，则中介变量 M 发挥的是部分中介效应；

②系数 a、b 显著，系数 c' 不显著时，则中介变量 M 发挥的是完全中介效应；

③系数 a、b 不显著时，做 *Sobel* 检验，计算出 Z 统计量，再通过查表获

得 P 值,最后做出显著性判断。

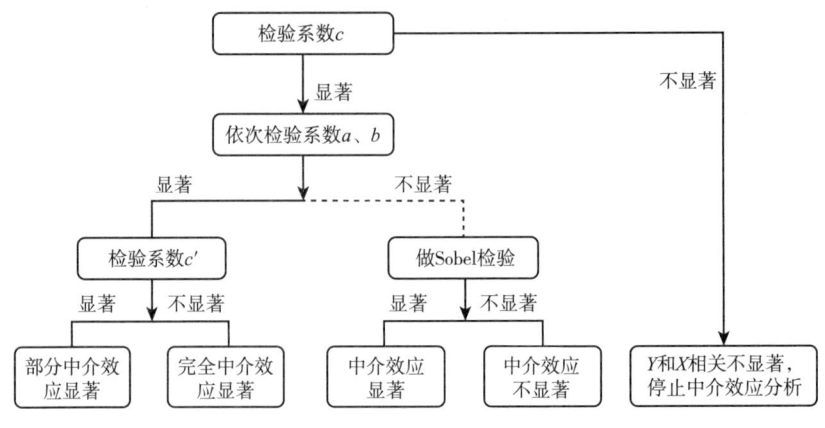

图 2-13 中介效应检验

2.7 本章小结

通过对已发表的"直播经济""大学生消费"以及两者结合的有关文献进行梳理,我们发现在近年来直播经济流行的大环境下,学术研究呈现与之相匹配的增长趋势,而且在将来也仍会是研究的新兴领域之一。对于大学生的消费心理和行为等研究已在多方面涉及,但本质内容大同小异。值得注意的是,已有研究在两者结合领域尚有缺口,大学生消费者在互联网特别是直播经济中的表现仍需要进一步研究。作为我国数量庞大且所处阶段特殊的消费者群体,大学生对直播经济的反馈和建议将对直播经济的未来发展起到一定的建设性作用。

第3章

研究假设与模型构建

第 3 章 研究假设与模型构建

3.1 变量定义与研究假设

3.1.1 主播特征

谢莹[17]指出，电商主播是指（可能是商家或其雇用者）在直播平台上通过对产品的试用和经验分享为消费者提供产品展示，进而促进消费者对商品点击购买的新型群体。在电商直播过程中，主播特征是提升消费唤醒程度与冲动性购买意愿的重要刺激因素（孙凯等，2022）。主播好的形象对顾客感知不确定性的影响更有效[23]，电商主播专业性、互动性正向显著影响消费者的购买意愿、感知质量，电商主播的魅力性显著正向影响消费者的购买意愿[21]。富有吸引力的网络红人能够在直播中对粉丝施加影响，尤其是以粉丝偏好的个人特征及扮演意见领袖角色来唤起品牌认同感[29]。电商直播实时性、交互性、直面性的特点加上直播间在环境、功能、布局和沟通的氛围线索，这些将会对消费者产生吸引[14]。部分学者从网红信息源角度来阐述网红直播带货对消费者购买意愿影响。刘凤军[15]等认为，网红具有信息源特性，这些特性作用于受众内心感受，增强对网红产品的关注，提升购买意愿。专家评论比普通消费者口碑更容易使消费者产生良好的品牌评价和购买意愿[20]。

主播所展现的不同特征会直接影响消费者消费决策（许悦，2021）。叶晶和胡翠兰（2021）指出，电商主播可依赖自身专业能力与知识解答消费者疑问，进而提升消费者消费意愿[8]。知名度高的电商主播依托粉丝宣传效应，能够迅速扩张消费群体并对消费者复购行为产生推动作用（任佳佳，2021）[9]。有研究表明，电商主播的魅力属性、推荐属性、展示属性、互动属性对消费者内在状态以及其在线购买意愿有直接影响作用[19]。陶安等（2021）研究发现，主播以积极的互动提升与消费者亲密感，打造良好场景氛围，提升消费者社会临场感[10]。实时的聊天可以影响消费者的感知交互性，互动过程增强了消费者的存在感，有助于降低产品的不确定性。电商主播的知名度有助于在观众进入直播间时迅速融入直播氛围，当观众提出有关产品的问题时，会有大量粉丝给出相应解答，降低观众陌生感，缩短消费者与主播间的心理距离（朱丽娜，2022）[13]。电商主播通过讲解、展示、推荐与顾客建立良好关系，消费者可以更好了解产品与自身是否合适。最终电商主播将获得消费者的信任，使消费者会减少感知不确定性[22]。

综合以上分析，本书提出以下假设：

H1a：直播主播特征与大学生感知有效性具有显著正向影响。

H1b：直播主播特征与大学生消费意愿具有显著正向影响。

3.1.2 直播激励机制

部分激励措施：①红包分享。主播通过红包设置的方法发送红包，用户领取红包的方式就是分享直播间才可以领取红包，这样可以提高直播间的人气和增加用户有效时长。②粉丝专属福利券。主播可以为新粉丝设置粉丝福利券，有效提升转粉率。③直播间福袋。主播可以设置不同类型的福袋，通过福袋礼物吸引用户停留，有效提升直播间观众停留时长。④抖币红包。主播通过在直播间送抖币红包，为粉丝发福利，吸引更多流量，也让粉丝停留时间更长。⑤随机福利。通过不定时的随机福利形式，吸引用户长时间停留在直播间。⑥直播间道具。在直播间展示合适的道具（如点赞、关注、抢购等），烘托直播间的气氛，吸引粉丝转化。⑦控库存玩法。针对不同的产品控制不同的库存数量，通过设置浅库存，营造稀缺感，突出抢购氛围，有效提升转化率。⑧粉丝猜价格。引导粉丝猜测直播间的价格，实际售卖时给出一个低于粉丝预期的福利价，吸引粉丝购买。⑨制造话题（节点/热点）。制造兴趣话题、热点话题、冲突话题，引导粉丝互动。

在传统营销模式下，消费者购买决策的影响因素可梳理为性格、收入等个人因素，激励、信息等心理因素，以及文化、价值观等社会因素[27]。刘平胜[28]认为相较传统营销媒介，产品线上促销的倍增效应更为明显。一方面，价格是消费者购物决策中考虑的必要因素，线上折扣、福利等都有助于商家在市场营销竞争中占据优势，直击客户价格痛点；另一方面，相比较而言，线上平台的营销场景往往立足于"一对多"，价格刺激效应能够得到充分体现，更容易开创商家与个人共赢的局面。在直播带货中推出限时抢购、发放礼品等激励，有助于刺激粉丝对优惠商品保持高度关注和兴趣，使其在既定时间约束下迅速作出购买决策，诱发观看及抢购人数的不断增加。最后他得出结论认为直播带货中优质内容、激励机制、网红的特有魅力、良好的互动、对网红的信任均能显著正向影响粉丝购买决策。适当的优惠折扣等激励措施也可为消费者带来释放压力、放松心情的效果，从而让消费者的体验更加丰富。价格折扣价格往往是影响消费者做出购买决策选购商品时的主要决定因素之一，尤其是对于那些品牌知名度高的产品。因此，价格优惠折价是对消费者冲击最大，也是最有效的促销方法。

综合以上分析，本书提出以下假设：

H2a：直播激励机制与大学生感知有效性具有显著正向影响。

H2b：直播激励机制与大学生消费意愿具有显著正向影响。

3.1.3 服务品质保障

直播电商不仅拉近了导购和消费者的关系之外，也帮助消费者节约了购物的成本，因为我们帮助消费者把货品全部集中，帮他们挑选适合他们的产品。消费者足不出户就可以在最短的时间内选择到最好的产品。虽然直播行业前景向好，但爆发式发展也不可避免地为行业带来了争议。2022年，直播行业频繁出现问题。在许多直播间内，产品的品质得不到保障、退换货服务不到位、流量数据也存在造假等问题，诸如此类的行业乱象得到了社会各界的广泛关注。

电商直播作为新业态，要行稳致远，必须牢固树立产品质量就是生命线的强烈意识，严把质量安全关，保障高品质供给。关于产品质量责任主体的界定问题，有一些规范性文件明确涉及这一问题。例如2021年发布的《网络直播营销管理办法（试行）》的第24条，就明确提到了商品质量审核问题。"直播间运营者、直播营销人员与直播营销人员服务机构合作开展商业合作的，应当与直播营销人员服务机构签订书面协议，明确信息安全管理、商品质量审核、消费者权益保护等义务并督促履行。"入驻的主播大体上分为两类，一类是销售型主播，就是在直播的同时也直接完成闭环的完整的销售行为，另外一类是宣传推广的导购型直播。主播的任务只限于介绍宣传相关的商品，但用户要下单购买，需要点击外链，去其他的平台和交易场所完成交易，并且相关的交易受跳入平台的交易规则以及与买家合同条款的约束。谁是产品或者服务的直接销售者，由谁来承担相应商品或服务的质量审核责任，这应该成为确定质量责任主体的基本原则。如果直播者与产品的销售者是不同的主体，则情况相对而言就比较复杂。在实践中的不少情况下，品牌方委托直播者进行具有宣传推广性质的直播。但在直播环节不直接销售。这就相当于品牌方委托主播为产品做了广告。对于这一问题，由于发货方和委托直播营销的品牌方之间，在质量责任方面的约定，有时候并不是特别清晰，的确可能会产生产品质量责任上的错位。事实上，售后服务问题不仅存在于电子商务领域，在传统的实体业务领域，大多数企业在售后服务方面做得不好。这主要是因为建立售后服务体系需要花费大量的金钱和时间，而且收入很少。现在一些电子商务虽然销量不小，但仍然没有能力建立起完善的售后服务体系。要知道，售后服务需要一个具有一定专业素质的团队，但是目前的电子商务售后服务团队不够专业，与消费者的沟通不畅，容易发生冲突。此外，许多电子商务企业没有建立自己的物流体系，需要与快递企业合作，而后者的服务质量由电子商务控制，容易发生纠纷。电子商务公司在维护需要技术支持的维修和保养方面处于特别不利的地位。即使是京东、国美、苏宁等电子商务企业，虽然建立了比较完善的售后服务体系，但专业化、社会化、产业化程度不高，员工的专业维护水平难以保证。其客观原因是制造商一直试图对其技术保密，而一些维护关键技术拒绝向第三方开放。对于电子商务，售后问题再困难，也需认真解决。毕竟，电子商务不同于传统的交易模式，实际上它从消费者订单时就已经进入了售后服务环节，这决定了售后服务在电子商务营销过程中的地位更为重要，几乎等同于电子商务的所有生存环节。据此有人评价电子商务是"便宜盖百丑，售后毁一切"。电子商务需要建立一支专业的团队，团队成员对商品信息了如指掌，掌握营销手段、消费者心理、商业利益等，能够很好地处理好上述关系，最大限度地满足消费者的消费心理，获得更好的信用评价，在保护商业利益的前提下建立长期的商业-客户关系。同时，要加快售后服务问题的处理，精简退货过程中不必要的环节，优化、压缩和简化售后服务流程，实施一站式服务，最大限度地提高服务效率。

我国消费者对品牌的品质服务的要求日益增加，对于商品质量、服务保障等更为严格，这对品牌商家提出了更高的要求，也带来新的发展契机。虽然网络购物是目前深受大众喜爱的购物方式，但随着一些产品质量、虚假促销等服务问题频发，这不仅严重影响了消费者体验，也会对商家造成不可估量的损失。

Arndt（1967）对口碑的定义是信息发出者与信息接受者对于商品、服务、品牌等进行的沟通，这种沟通是非正式的、无利益关系的。口碑可分为正面口碑与负面口碑，正面口碑影响着消费者对产品的第一印象和采购倾向。正面口碑传播是指消费者对其所购买的产品和服务感到满意后会主动对他人进行推荐，建议他人进行消费的行为。因此口碑对于企业和商家来说至关重要，它不仅可以影响消费者的购买意愿，而且还会左右他们消费后对产品和服务的态度与评价。有研究认为发生品牌危机或服务失败后，优质有效及时的服务补救能够在很大程度上安抚消费者的负面情绪，消除商家与消费者之间的仇怨，重塑交易关系，增加消费者满意度，最终留住现有顾客，收获重购和正面口碑传播。因此可以推断及时有效的补偿获取能取得消费者的宽恕，甚至重获信任。

综合以上分析，本书提出以下假设：

H3a：直播服务品质保障与大学生感知有效性具有显著正向影响。

H3b：直播服务品质保障与大学生消费意愿具有显著正向影响。

3.1.4 感知有效性

意愿是指一个人对行为的主观规范和对行为的态度的线性关系函数（Ajzen和Fishbein，1980），购买意愿在电子商务研究中常被定义为消费者在社交网站上进行在线购买的意愿（Hajli，2015）。感知风险用于消费者行为中主要是指消费者在产品与服务购买过程中，所感知到的由于无法预期购买结果所带来的一种不确定性。感知风险主要是源于消费者一种不确定性或他们感知到的所蒙受的损失。当消费者感知到购买所带来的风险时，他们会降低和减少对于产品的购买意向与行为[24]。已有学者研究了消费者网上购物的感知风险与购买意愿之间的关系[25][26]，大部分学者认为，消费者的感知风险与网络购买意愿之间负相关。赵大伟[21]指出，电商主播往往凭借自身的优势来降低消费者线上购买带来的这种不确定性，降低消费者的感知风险。消费者的购买意愿可以很好地预测其购买行为，许多研究者研究了影响消费者购买意愿的因素（Fogel，2017；Huang，2013；Hajli，2015）。史琳琳[31]认为，感知互动性的第一个维度控制感，主要体现在用户的感知易用性（源自 Davis 研究的 TAM 模型常用变量）方面，其定义为"用户认为使用某一特定系统时不耗费精力的程度"（Davis，1989）。虽然有研究者认为易用性是技术普及之后的一个不重要因素（Bhattacherjee，2001）。感知互动性的第二个维度娱乐性，其定义为"消费者在观看电商主播直播时，与主播及其他粉丝互动时感知到的乐趣"（Tedjamulia 等，2005）。研究发现，消费者感知到的乐趣显著影响使用（Hsu 和 Chiu，2004）某一系统的态度。感知互动性的第三个维度联结性，其定义为"当消费者通过直播间弹幕分享他们的购买或使用商品的经历和感受时，彼此之间产生的联系感"（Lee，2005）。联结性是用户想要通过使用特定技术获得亲密感的反映。事实上，在数字和社交媒体领域，消费者无法直观地想象和评估电商所展示产品的质量，因此，感知互动性中的联结性特征将强烈地塑造消费者感知与此类产品相关效用和利益的方式（Barreda 等，2016；Palla 等，2013）。电商直播主播通过烘托直播间的社交氛围，让消费者感觉自己和很多"志同道合"的朋友一起购物。感知互动性的第四个维度回应性，其定义为"反映消费者对电商直播过程中主播或其他消费者（粉丝）响应他/她的弹幕的速度和频数的感知程度"（Zhao 和 Lu，2012），观看电商直播的消费者发送弹幕并希望得到回应。回应性被 Rafaeli（1988）阐述为媒体平台提供及时响应的能力，而 Rice 和 Williams（1984）将回应性视为信息在双方间的实时交换。虽然一些研究将回应性视为一种技术属性，对电商直播工具来说，乐趣主要来自与主播和其他消费者的互动，回应性应被视为消费互动的一种激励（Tedjamulia，Olsen 和 Dean，2005）。

综合以上分析，本书提出以下假设：

H4：感知有效性与大学生消费意愿具有显著正向影响。

H5：感知有效性在主播特征和大学生消费意愿之间起中介作用。

H6：感知有效性在直播激励和大学生消费意愿之间起中介作用。

H7：感知有效性在服务品质保障和大学生消费意愿之间起中介作用。

3.1.5 消费意愿

李永诚和薛哲（2022）研究指出，心理距离缩短意味着消费者对商品的信心越强，其购买意愿也随之增强[12]。主播关注消费者评论与反馈信息，并给予个性化推荐，可提升消费者消费意愿（朱丽娜，2022）[13]。意愿是指一个人对行为的主观规范和对行为的态度的线性关系函数（Ajzen和Fishbein，1980），购买意愿在电子商务研究中常被定义为消费者在社交网站上进行在线购买的意愿（Hajli，2015）。

"剁手"也可以说是冲动购物、冲动购买，确切定义为：一种突然的、计划外的、强迫性的和享乐性的购买行为。从动物进化角度，拥有充足物资的个体更有可能在社会竞争中获胜，拥有别人没有的东西或者储备比别人更多的东西是一种社会竞争力和地位的显示，动物常用抢夺的方式获取这些东西，人类则更多通过购买获得想要的东西。从社会学角度，社会发展进步之后，与过去厉行节约反对浪费的传统观念不同，购物和消费是现代社会非常鼓励的一种行为，也是促进经济发展的一种重要手段。从生理心理角度，冲动购物引起的神经生理反应与其他成瘾行为类似。当一个人冲动购物时，大脑中的多巴胺分泌激增，就像沉浸热恋、品尝美食一样，直接提升各种快感。从消费心理角度，商品销售者会根据消费者的心理特征来诱导消费。例如，通过限量销售、限时限量折扣等来增加商品的稀缺性，通过捆绑优惠、折扣、满赠满减等活动来改变消费者的价格认知，通过广告把商品与魅力、快乐、成功和地位关联起来增加商品的享乐价值等，来刺激消费者的购物冲动。古典经济学中的"经济人"假设认为：人的行为都是目标理性的，可以做出让自己利益最大化的选择。1978年诺贝尔经济学奖得主西蒙的调查研究则修正了这一假设，并认为人是介于完全理性与非理性之间的"有限理性"状态。

在购物时，人的行为就处于有限理性状态，商品的功能不变，但买不买却并不单单由消费者的需求决定。从表面上看，购买这一行为是消费者根据自己的需求自主思考决定，实际上却是在各种营销手段和心理策略影响下发生的。直播带货不单有网购的优势，还增加了社交属性，对于冲动购物的诱导能力明显增强。目前心理学家已经对这种社会现象进行了大量研究，消费者在直播时更易冲动购买主要与以下因素有关：①社会临场感。丰富生动的展示和良好的互动能让观众产生"身临其境"的感觉（社交临场感），增强观众的存在感和参与度，从而提升观众对虚拟购物的安全感知和信任，促进冲动消费。②购买冲动。直播时主播可使用多种策略引起观众的购物冲动。主播可通过生动形象的语言来描述自己的商品使用体验，替代观众体验，使之对商品抱有积极的态度。主播会在直播时发放常规折扣之外的特殊限时折扣，来增加观众对商品的稀缺性感知和价格感知，甚至体验到其社会竞争水平的提高。③冲动型买家和名人效应。明星、名人代言会让人们对商品产生良好的印象，甚至爱屋及乌。④自控力。有效的自控力依赖于3个因素：标准、监控过程和改变行为的执行能力。与有着明确消费标准和规划的人相比，没有省钱目标和经济忧虑的人，更容易受广告、营销和主播的影响，更可能冲动购物。另外，如果标准相互抵触时，人抵制购物冲动的能力也会降低，比如长期目标省钱与短期购物改善情绪的目标就可能冲突。当个人对于自己的经济状况和日常开支有良好的规划和监控时，就不容易冲动消费，这种情况类似于减肥。人一天中抵制购物冲动的执行能力是有限的，会被各种认知活动消耗，会被压力削弱，而在休息、锻炼后得到补充。因此，遭受压力时人的执行能力降低，更可能冲动消费。⑤情绪状态。平和安定的情绪下，人更可能做出理智的决策。情绪过于低落或者过于积极时，人都可能冲动购物。消极的情绪状态比如焦虑、恐惧、无聊、抑郁、愤怒等会降低个人的自控力，让人更容易受他人影响。⑥冲动购物、强迫性购物与购物成瘾。通过购物改善情绪的方法也被称为购物疗法，冲动购物能激活大脑奖赏中枢，促进多巴胺释放，让人产生积极的情感体验。有限的冲动购物一般不会带来不良影响，但如果习惯性用冲动购物作为应对压力和改善情绪的方式，就可能购物成瘾。购物成瘾，也称"强迫性购物""购物狂"，虽然目前还没有确定它属于强迫症还是成瘾，但世界上心理学研究认为这是一种心理异常（mental disorder），也就是心理疾病。强迫性购物的英文名称是"compulsive shopping",患者则被称为"强迫性购物者"(compulsive shopper),或者购物狂(shopaholic)。美国的研究发现,强迫性购物者多半患有抑郁或者双相障碍,而这个群体90%以上是女性。与冲动购物相比,强迫性购物不仅使花费超出预期,还包括对于购买的强迫性需求。强迫性购物的人并不在意商品的实用性,他们在乎的是购物本身,会不断"买买买"来追求在购物过程中产生的欣快感。强迫性购物者将购物作为逃避消极情绪的一种方式,例如抑郁、焦虑、无聊和愤怒以及自我批评。他们希望通过购物改善情绪、改善自我形象、获得社会支持及应对压力,但这种逃避只是短暂的。购物后,他们会产生强烈的羞耻感、内疚感和自责感,而这种消极的情绪体验会促使他们继续购物来缓解,从而陷入恶性循环。

3.2 研究模型

近年来,S-O-R理论模型被广泛地运用到对网络消费者行为的研究。基于S-O-R反应模型,确定直播主要从心理方面影响消费意愿。所以,假设直播对消费者的影响路径为:通过主播特征、直播激励机制以及服务品质保障刺激影响生理,同时通过以上方面影响感知有效性心理方面,进而影响消费意愿(见图3-1)。这3个变量对消费意愿来说为潜变量,所以本书研究所用模型结合中介效应,运用结构方程模型对消费者消费意愿进行分析。

提升消费唤醒程度和冲动购买意愿的重要刺激因素在电商直播过程中,主播的特点功不可没。主播良好的形象对客户感知不确定性的影响更为有效,电商主播的专业性和交互性对消费者购买意愿和感知质量的正向影响明显,电商主播的魅力对消费者购买意愿的影响明显。极具吸引力的网红能够在直播中发挥对粉丝的影响力,特别是能够唤起品牌认同感的个人特质以及对粉丝喜好的意见领袖作用。产品线上的促销倍增效应较传统营销媒体更为明显。线上优惠、福利等有助于商家在营销竞争中占据优势,直击顾客价格痛点。

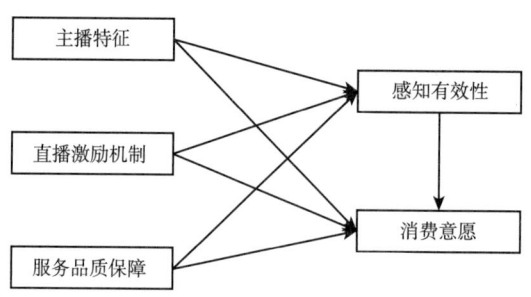

图 3-1　直播经济对大学生消费行为的影响模型

一方面,价格是消费者购物决策考虑的必要因素;另一方面,相比较而言,线上平台的营销场景往往以"一对一多"为基础,更容易在商家和个人之间打开共赢局面的同时,充分体现价格刺激效应。限时抢购、礼品发放等激励方式在直播带货中推出,有助于激发粉丝保持对优惠商品的高度关注与兴趣,使其在既定的时间限制下,诱发观看人数与抢购人数的齐头并进,快速做出购买决定。优质的内容、激励机制、网红特有的魅力、良好的互动以及直播带货中对网红的信任,这些都可以对粉丝的购买决策起到显著的正向影响。我国消费者的品牌意识越来越强,对品牌、对产品的需求越来越高。对于商品品质、服务体验、品牌个性等方面要求更为苛刻的女性、"90 后""00 后"等群体成为网购消费的中坚力量,这为品牌商家带来了新的发展契机。电商规模迅猛发展,网购成为时下最受大众青睐的消费方式之一,但随之而来的产品质量、虚假促销、售后服务差等服务质量不佳的问题,严重影响消费者体验,是网购中普遍存在的问题,不可忽视。服务频频失手,给网购商家带来的损失难以估量,不仅在利润上有所下降,在形象上更是雪上加霜。所以在发现不过关之后,及时有效地采取补救措施就显得尤为重要了。情感态度是指影响消费者选择和购买的相关因素以及与消费相关的观念,如兴趣、动机、信任、需求、情感价值等。看直播的年轻人越来越多,不是追求刺激,而是枯燥乏味的缘故。互联网创业者抓住机会纷纷投身直播领域,无聊已经是一种生产力了。用户观看直播也是一大动因,被"专业达人"或者"综合达人"吸引。在消费者行为中使用感知风险主要是指由于无法预期购买结果而导致消费者在购买产品和服务的过程中所感知到的一种不确定因素。知觉风险主要来自消费者受到的损失,这种损失是不确定的或者是他们知觉到的。消费者在感知购买所带来的风险的同时,对于产品的购买意向和购买行为都会有相应的减少和减轻。有学者对消费者网购知觉风险与购买意愿之间的关系进行了研究,多数学者认为消费者网购知觉风险与网购意愿之间存在一定的负相关性。赵大伟指出,电商主播降低消费者线上购买带来的这种不确定性,降低消费者的感知风险,往往是凭借自己的优势实现的。意愿是指电子商务研究中经常定义为消费者在社交网站进行网上购买意愿的一个人对行为的主观规范和行为态度的线性关系函数。许多研究人员对影响消费者购买意愿的因素进行了研究,消费者的购买意愿可以很好地预测其购买行为。

综上所述,本书将主播特征、直播激励机制、服务品质保障作为模型中的刺激变量,并提出了相应的假设。

3.3 问卷设计与调研

3.3.1 问卷设计

本书采用调查问卷方式收集数据,调查问卷主要分为3个部分:①答卷人观看直播的基本情况,包括观看频数、观看偏好、钟爱平台等方面。②答卷人对直播情况的评价,为了问卷的准确性和可靠性,将会对收集到的较为成熟量表进行筛选。如表3-1所示,量表主要包含电商主播特性、直播激励机制、服务品质保障、情感态度、感知有效性、购买意愿6个潜变量,每个潜变量设置3个问题。问卷中每个潜变量的题项都是采用李克特五级量表进行测量,从"非常不同意"到"非常同意"。③有关答卷人的基本信息情况,包括答卷人的性别、学校、专业、年级、生源地、经济状况、消费习惯与消费教育和理财教育情况。通过整理形成初始问卷,将设计好的初始问卷分发给若干位受访人进行预调研,将收回的有效问卷进行基本的分析并将部分题项进行相应的删除和修改,并将此作为最终的问卷进行发放。

表 3-1　　　　　　　　　直播情况评价量表

变量	测量题项
主播特征	主播形象与其推荐商品兼容度高
	主播可以清楚地讲解与展示商品的特性
	主播可以根据我的描述推荐适合的服务/商品
直播激励	直播间的商品是限时抢购或限量款而激起我的购买欲
	直播间的优惠促销活动越大我对商品越感兴趣
	直播中发放优惠券、礼物或抽奖更吸引我继续观看
服务品质保障	直播的商家都是经过平台严格审核的
	直播中推荐的商品质量是可靠的
	直播购物方式方便安全,且售后服务有保障
感知有效性	观看直播可以更全面地了解商品价值,改善我的购物判断
	观看直播可以更快速选择合适的服务或商品
	观看直播可以购买到更便宜的服务或商品
消费意愿	我会在观看直播时购买推荐的商品
	今后我会继续观看直播并购买更多商品
	我会推荐他人观看直播或购买直播间的商品

3.3.2　问卷发放

设计好的问卷主要采用线上的方式对数据进行收集,将"问卷星"小程序生成的链接以滚雪球的方式让身边的同学在微信"朋友圈"进行分享。本书的研究对象主要是在校大学生,最好是有电商直播购物经验的大学生消费人群,根据问卷的收集情况因此研究选取北京市内的、S 大学和 B 大学进行问卷调查及分析,并对比影响路径。

3.4　调研样本特征

3.4.1　调查样本个人特征分析

由表 3-2 可知在本次问卷调查中,共收集有效问卷 1947 份,其中男性填写者有 772 人,占 39.65%,女性填写者有 1175 人,占 60.35%,女性占比稍高；其中生源地是城镇的有 1475 人，占 75.75%，生源地是农村的有 472 人，占 24.25%，这与城镇人口占比较高相一致；北京的大学生共有 1634 人，占 83.92%，京外有 313 人，占 16.08%，本次调查主要集中在北京，因此北京调查占比较高；理工类专业学生有 796 人，占 40.88%，文史类专业学生有 661 人，占 33.95%，艺术类专业学生 186 人，占 9.55%；其他分类专业学生 304 人，占 15.62%，理工类和文史类占比较多；大一年级学生有 393 人，占 20.18%，大二年级学生有 509 人，占 26.14%，大三年级学生有 597 人，占 30.67%，大四年级学生有 448 人，占 23.01%，可见在年级方面分布较为均衡。

表 3-2　全部样本的个人特征情况

特征	特征值	频数（人）	百分比（%）	累计百分比（%）
性别	男	772	39.65	39.65
	女	1175	60.35	100.0
生源地	城镇	1475	75.75	75.75
	农村	472	24.25	100.0
地理位置	北京	1634	83.92	83.92
	京外	313	16.08	100.0
专业	理工类	796	40.88	40.88
	文史类	661	33.95	74.83
	艺术类	186	9.55	84.38
	其他	304	15.62	100.0
年级	大一年级	393	20.18	20.18
	大二年级	509	26.14	46.32
	大三年级	597	30.67	76.99
	大四年级	448	23.01	100.0

3.4.2　信度分析

信度（Reliability），即可靠性，是指采用同样的方法对同一对象重复测量时所得结果的一致性程度。信度指标多以相关系数表示，大致可分为 3 类：稳定系数（跨时间的一致性）、等值系数（跨形式的一致性）和内在一致性系数（跨项目的一致性）。信度分析的方法主要有以下 4 种：重测信度法、复本信度法、折半信度法、α信度系数法。信度取值范围为0~1，一般而言，如果量表信度系数低于0.6，则此量表调查结果不可信；信度系数在0.7以上，说明量表的信度良好；信度系数在0.8以上，说明量表的信度好；信度系数在0.9以上，说明量表的信度较好。

Cronbach's α信度系数是最常用的信度系数，其公式为：

$$\alpha = (k/(k-1)) \times (1 - (\sum S_i^2)/S_T^2) \qquad (3-1)$$

其中，量表共有k个题项，n个观测，S_i^2为第i题得分方差，S_x^2为测验总得分的方差。其中，k为量表中题项的总数，S_i^2为第i题得分的题内方差，S_T^2为全部题项总得分的方差。从式（3-1）中可以看出，α系数评价的是量表中各题项得分间的一致性，属于内在一致性系数。这种方法适用于态度、意见式问卷（量表）的信度分析。总量表的信度系数最好在0.8以上，0.7~0.8之间可以接受；分量表的信度系数最好在0.7以上，0.6~0.7还可以接受。Cronbach's α系数如果在0.6以下就要考虑重新编问卷。

由表3-3可知，对于预测变量的所有题项的"修正后的项与总计相关性"都大于0.5，3个预测变量的整体Cronbach's α系数都大于0.7，并且9个题项的"删除项后的克隆巴赫Alpha"值都小于各个整体的Cronbach's α系数，说明所有题项均有效，不需要剔除，都能通过信度检验。

表3-3　　　　　　　问卷预测变量量表的信度分析

变量	测量题项	修正后的项与总计相关性	删除项后的克隆巴赫Alpha	整体的克隆巴赫Alpha
主播特征	Q7行_1：主播形象匹配性	0.687	0.697	0.805
	Q7行_2：主播专业性	0.640	0.744	
	Q7行_3：主播互动性	0.629	0.758	
直播激励机制	Q7行_4：直播限时限量激励	0.588	0.760	0.789
	Q7行_5：直播优惠力度激励	0.656	0.687	
	Q7行_6：直播福利激励	0.647	0.695	
服务品质保障	Q7行_7：直播平台审核严格	0.710	0.803	0.851
	Q7行_8：直播商品质量可靠性	0.730	0.783	
	Q7行_9：直播购物安全保障性	0.723	0.791	

对感知有效性层面的3个题项进行信度检验分析（见表3-4），3个题项的"修正后的项与总计相关性"都大于0.5，变量整体Cronbach's α系数为0.827大于0.7，并且3个题项的"删除项后的克隆巴赫Alpha"值都小于各个整体的Cronbach's α系数，说明题项有效，不需要剔除，通过信度检验。

表3-4　问卷中介变量量表的信度分析

变量	测量题项	修正后的项与总计相关性	删除项后的克隆巴赫Alpha	整体的克隆巴赫Alpha
感知有效性	Q7行_10：观看直播可改善购物判断	0.699	0.746	0.827
	Q7行_11：观看直播可快速选购	0.701	0.744	
	Q7行_12：观看直播商品更便宜	0.652	0.792	

对购买层面的3个题项进行信度检验分析（见表3-5），3个题项的"修正后的项与总计相关性"都大于0.5，变量整体Cronbach's α系数为0.866大于0.7，信度好，并且3个题项的"删除项后的克隆巴赫Alpha"值都小于各个整体的Cronbach's α系数，说明题项有效，不需要剔除，通过信度检验。

表3-5　问卷因变量量表的信度分析

变量	测量题项	修正后的项与总计相关性	删除项后的克隆巴赫Alpha	整体的克隆巴赫Alpha
购买意愿	Q7行_13：愿意购买推荐商品	0.718	0.836	0.866
	Q7行_14：继续观看并购买	0.779	0.781	
	Q7行_15：推荐他人观看购买	0.739	0.818	

3.4.3　效度分析

效度检验主要测量问卷体现所要测量事物的程度，即在多大程度上反映了事物的客观真实性。效度越高，则表示测量结果越能显示其所要测量的特征，效度低则代表测量结果的真实性低。量表效度采用结构效度进行评价。

结构效度的指标主要包括KMO检验、Bartlett's球形检验等指标。KMO检验测量变量间是非存在偏相关性和简单相关性，KMO统计量取值在0~1，KMO值越接近1，变量之间存在的相关性越强，越适合作因子分析。当KMO

值大于 0.9 时，非常理想；当 KMO 值大于 0.7 时，可以进行因子分析；当 KMO 值小于 0.6 时，不合适进行因子分析。Bartlett's 球形检验是用来判断各个变量是否各自独立，当 Bartlett's 球形检验的显著性水平小于 0.05 时，表明各个变量间具有相关关系，可以进行因子分析。

由表 3-6 可知，预测变量 KMO 检验和巴特莱特球形检验的结果显示，KMO 统计量的值为 0.915，并且巴特利特球检验的 P 值近似为 0，说明在 0.05 的显著性水平下，巴特利特球检验拒绝相关阵为单位阵的原假设，调查问卷的数据效度非常好。

表 3-6　　　　　预测变量的 KMO 和巴特利特检验

KMO 取样适切性量数		0.915
巴特利特球形度检验	近似卡方	8611.329
	自由度	36
	显著性	0.000

由表 3-7 可知，中介变量 KMO 检验和巴特莱特球形检验的结果显示，KMO 统计量的值为 0.718，并且巴特利特球检验的 P 值近似为 0，说明在 0.05 的显著性水平下，巴特利特球检验拒绝相关阵为单位阵的原假设，调查问卷的数据效度较好。

表 3-7　　　　　中介变量的 KMO 和巴特利特检验

KMO 取样适切性量数		0.718
巴特利特球形度检验	近似卡方	2169.716
	自由度	3
	显著性	0.000

由表 3-8 可知，因变量 KMO 检验和巴特莱特球形检验的结果显示，KMO 统计量的值为 0.731，并且巴特利特球检验的 P 值近似为 0，说明在 0.05 的显著性水平下，巴特利特球检验拒绝相关阵为单位阵的原假设，调查问卷的数据效度较好。

表3-8　　　　　　　　因变量的 KMO 和巴特利特检验

KMO 取样适切性量数		0.731
巴特利特球形度检验	近似卡方	2847.892
	自由度	3
	显著性	0.000

3.5　本章小结

本章叙述了研究方程中各变量的定义、研究意义以及研究原理、构建模型的过程。深入剖析了各变量的影响原因、影响路径，归纳了各学者对变量的研究成果，解释了研究选取变量的意义。从而为直播经济对大学生消费行为的影响提出研究假设，阐述了模型建立的依据以及下一步分析的思维、可能选择的方向；之后简单叙述了有关问卷设计的步骤、设计依据以及问卷发放安排，最后对调查获取的样本个人特征进行简要的描述性统计分析，并对问卷中的量表进行信效度检验，得到调研数据具有较好的信度和效度。

第4章

大学生消费行为分析

4.1 消费水平

4.1.1 平均月消费情况

(1) 样本分布情况

从表4-1、图4-1中可以看出大部分被调查者的在校期间平均月消费主要是"1501~2000元",占总调查人数的42.99%,其次是"1500元及以下"和"2001~2500元",占比分别为26.55%、18.59%。

表4-1　　　全部样本在校期间平均月消费分布情况表

	频率	百分比(%)	有效百分比(%)	累计百分比(%)
1500元及以下	517	26.55	26.55	26.55
1501~2000元	837	42.99	42.99	69.54
2001~2500元	362	18.59	18.59	88.13
2500元以上	231	11.86	11.86	100.0
总计	1947	100.0	100.0	

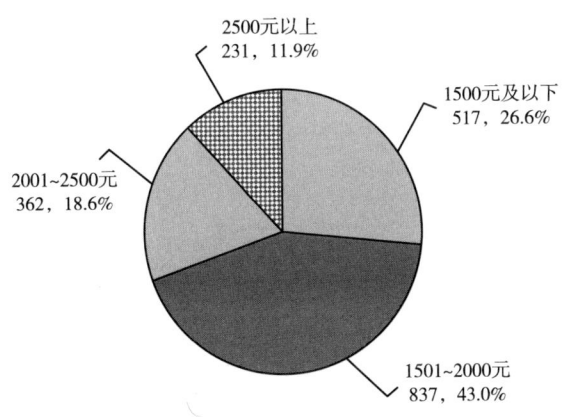

图4-1　全部样本校期间平均月消费分布情况

由图4-2、图4-3、图4-4、图4-5可知,大学生的平均月消费主要集中在1501~2000元,占比在36%~50%,2500元以上的占比较少,但其中S大学的同学在2500元以上的占比有23.05%,相较B大学占比更高。

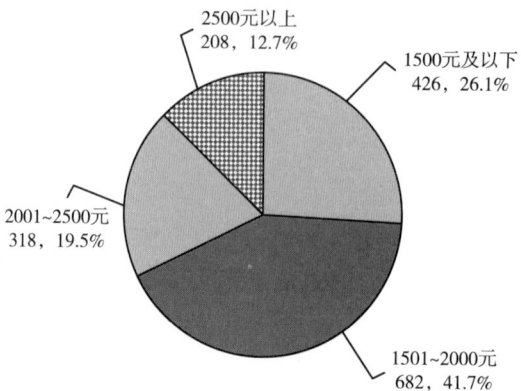

图4－2 北京样本分布情况

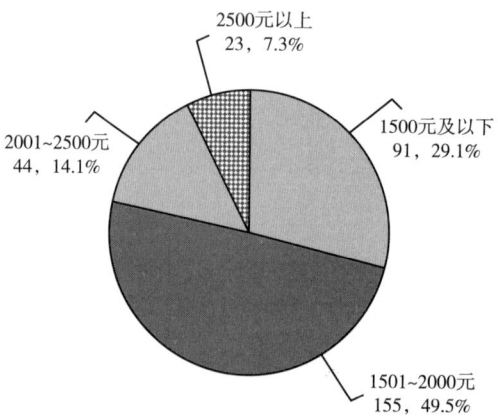

图4－3 京外样本分布情况

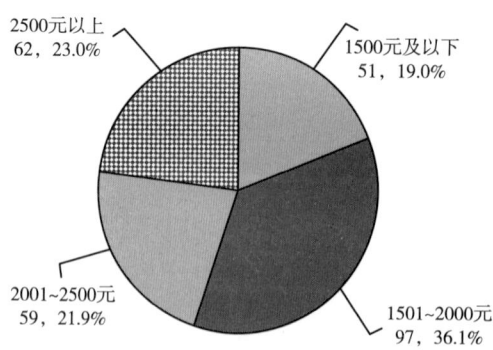

图4－4 S大学样本分布情况

第4章 大学生消费行为分析

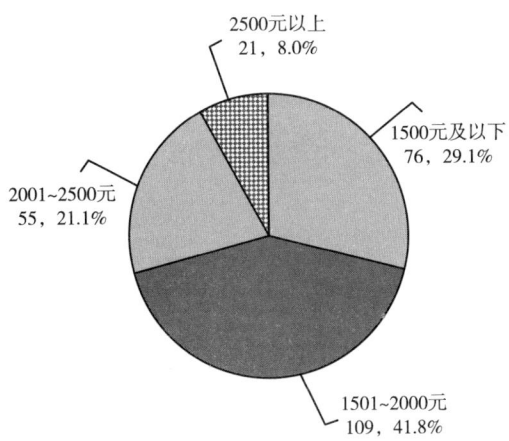

图4-5 B大学样本分布情况

(2) 不同性别样本分布情况

由表4-2和图4-6可以看出，男性和女性的平均月消费都主要是"1501~2000元"，分别占调查人数的44.17%和42.21%，其次是"1500元及以下"，分别占调查人数的27.33%和26.04%；再次是"2001~2500元"，分别占调查人数的16.84%和19.74%；最后是"2500元以上"，分别占11.66%和12.00%。可见，在大体分布上，男性和女性的月消费分布情况基本相同，但在"1501~2000元"中男性占比更高一点，在"2001~2500元"中女性占比偏高一些，女性平均消费水平略高于男性。这说明男性和女性的月消费分布也是存在细微差异的。

表4-2　　　　　全部样本的平均月消费与性别交叉表　　　　单位：人

		性别		总计
		男	女	
在校期间平均月消费	1500元及以下	211	306	517
	1501~2000元	341	496	837
	2001~2500元	130	232	362
	2500元以上	90	141	231
总计		772	1175	1947

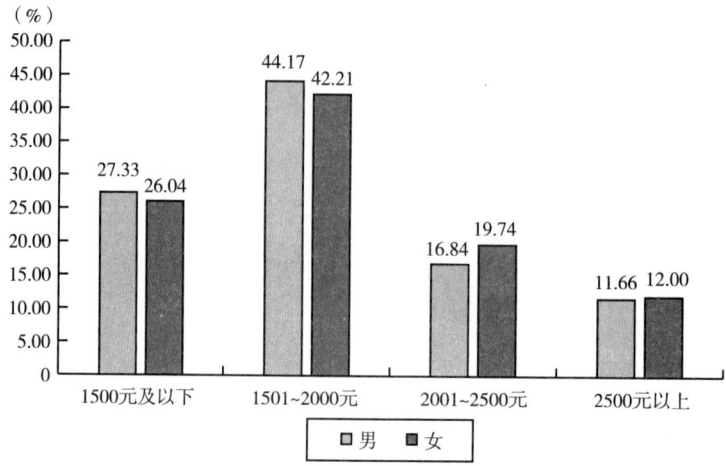

图4-6 不同性别的平均月消费分布情况

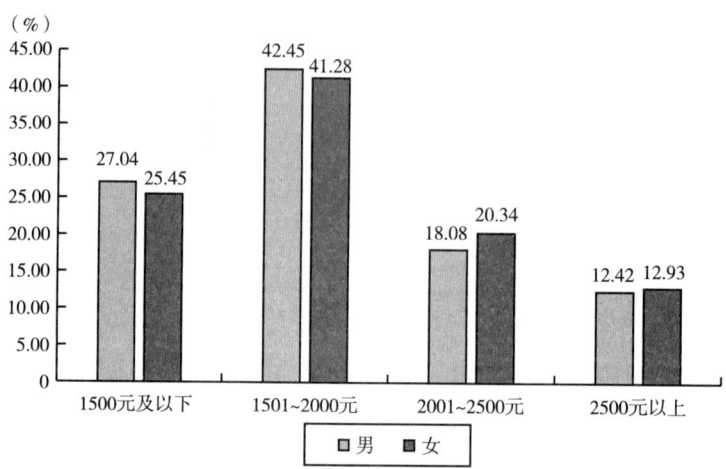

图4-7 不同性别北京样本分布情况

根据不同地区平均月消费与性别交叉分布图，北京、京外、S大学和B大学各年级大学生月消费在"1501~2000"元居多，除S大学之外，北京、京外、B大学平均月消费情况的分布都是"1501~2000元""1500元及以下""2001~2500元""2500元以上"从高到低分布，且男性和女性变化趋势整体相近。只有S大学的平均月消费分布是"1501~2000元""2500元以上""2001~2500元""1500元及以下"从高到低排列，可见S大学大学生平均月消费水平是较高的，这可能也与S大学的生源大多来自本地有关。

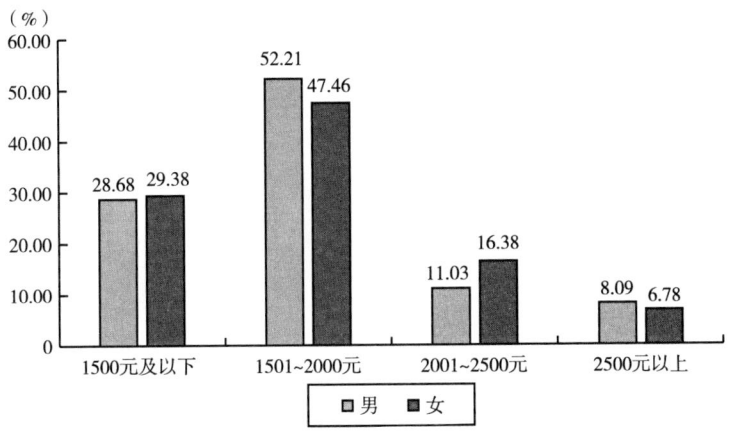

图 4-8　不同性别京外样本分布情况

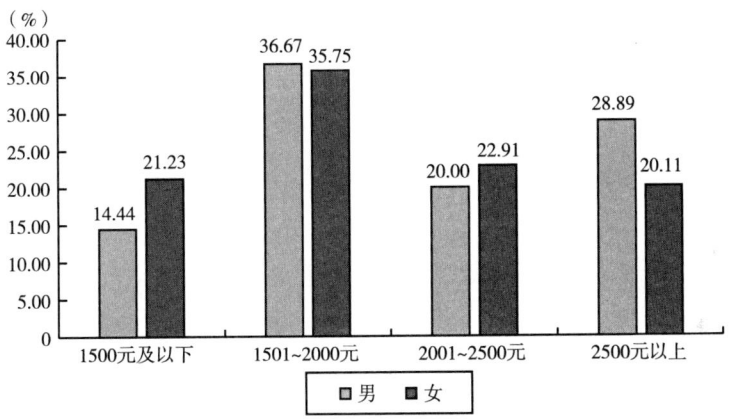

图 4-9　不同性别 S 大学样本分布情况

(3) 不同生源地样本分布情况

由表 4-3 和图 4-11 可以看出不同生源地的平均月消费分布情况是不同的。城镇的平均月消费情况分布是"1501~2000 元""1500 元及以下""2001~2500 元""2500 元以上"从高到低分布，且"1501~2000 元"占主要分布，"1500 元及以下"和"2001~2500 元"比例基本相同。而农村的平均月消费情况分布是"1500 元及以下""1501~2000 元""2001~2500 元""2500 元以上"从高到低分布，且"1501~2000 元""1500 元及以下"比例基本相同。"2001~2500 元""2500 元以上"占比人数非常少，说明城镇平均月消费高于农村平均月消费。

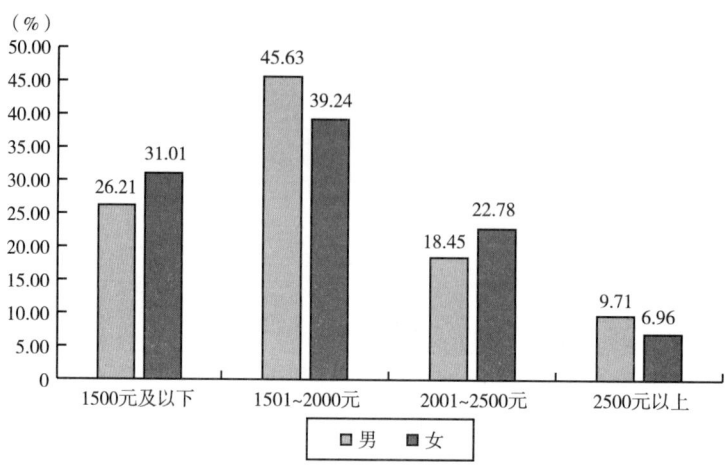

图 4-10　不同性别 B 大学样本分布情况

表 4-3　　　　全部样本平均月消费与生源地交叉表　　　单位：人

		生源地		总计
		城镇	农村	
在校期间平均月消费	1500 元及以下	321	196	517
	1501~2000 元	646	191	837
	2001~2500 元	306	56	362
	2500 元以上	202	29	231
总计		1475	472	1947

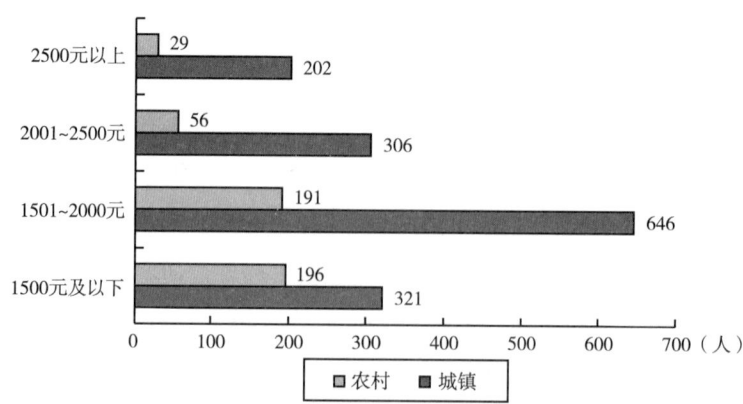

图 4-11　不同生源地的平均月消费分布情况

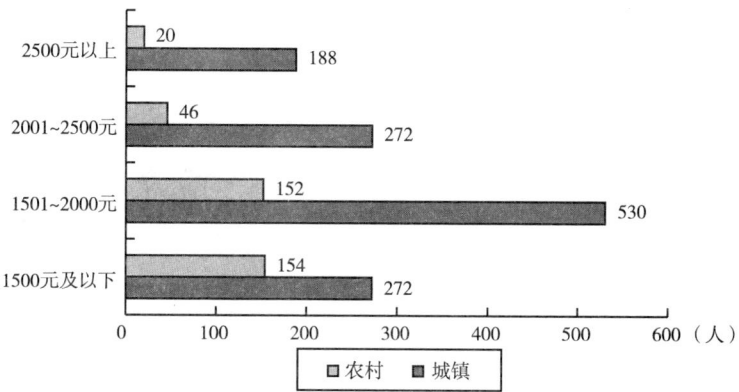

图 4-12　不同生源地北京样本分布情况

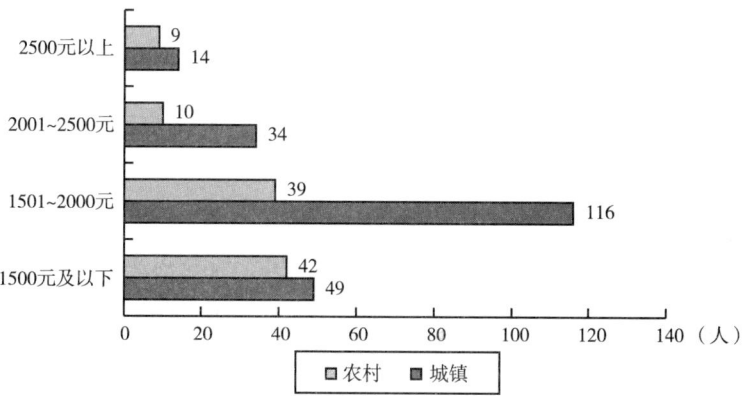

图 4-13　不同生源地京外样本分布情况

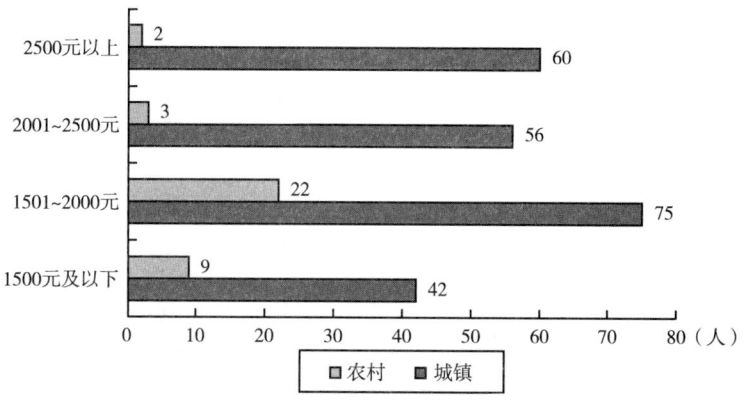

图 4-14　不同生源地 S 大学样本分布情况

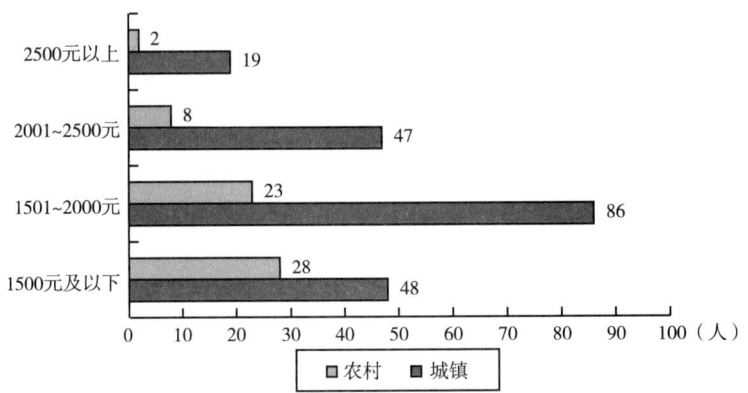

图 4-15 不同生源地 B 大学样本分布情况

根据不同地区平均月消费与生源地交叉图，除 S 大学之外，北京、京外、B 大学城镇的平均月消费情况分布都是"1501～2000 元""1500 元及以下""2001～2500 元""2500 元以上"从高到低分布；而北京、京外、B 大学农村的平均月消费情况分布是"1500 元及以下""1501～2000 元""2001～2500 元""2500 元以上"从高到低分布，且"1501～2000 元""1500 元及以下"比例基本相同。"2001～2500 元""2500 元以上"占比人数非常少，说明城镇平均月消费高于农村平均月消费。说明北京、京外、B 大学的不同生源地平均月消费分布情况与总体样本的分布情况是基本相同的。只有 S 大学的分布情况有所不同，"2500 元以上""2001～2500 元"占比较高，说明相同地区的不同学校也存在个体差异。

（4）不同年级样本分布情况

由表 4-4 和图 4-16 可以看出，总体的平均月消费情况分布是"1501～2000 元""1500 元及以下""2001～2500 元""2500 元以上"从高到低分布。除大三年级的平均月消费情况分布是"1501～2000 元""2001～2500 元""1500 元及以下""2500 元以上"从高到低分布与总体分布情况有所区别之外，其他年级的平均月消费情况都与总体平均月消费情况相同。

根据在校期间平均月消费与生源地所在地交叉表，各年级大学生月消费 1501～2000 元居多，占 43%。其中，大二年级学生月消费额分布最集中，其次为大三年级学生、大四年级学生、大一年级学生。可以看出，大一年级学生在

表 4-4　全部样本的评价月消费与年级交叉表　　　　单位：人

		年级				总计
		大一	大二	大三	大四	
在校期间平均月消费	1500 元及以下	141	120	130	126	517
	1501~2000 元	167	253	231	186	837
	2001~2500 元	46	91	140	85	362
	2500 元以上	39	45	96	51	231
总计		393	509	597	448	1947

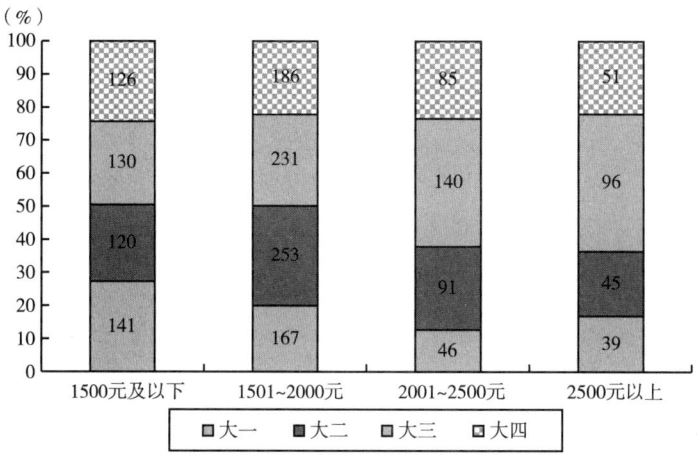

图 4-16　不同年级的平均月消费分布情况

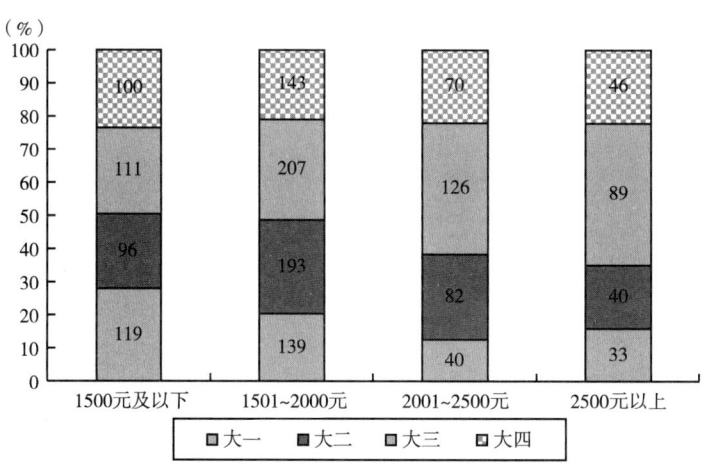

图 4-17　不同年级北京样本分布情况

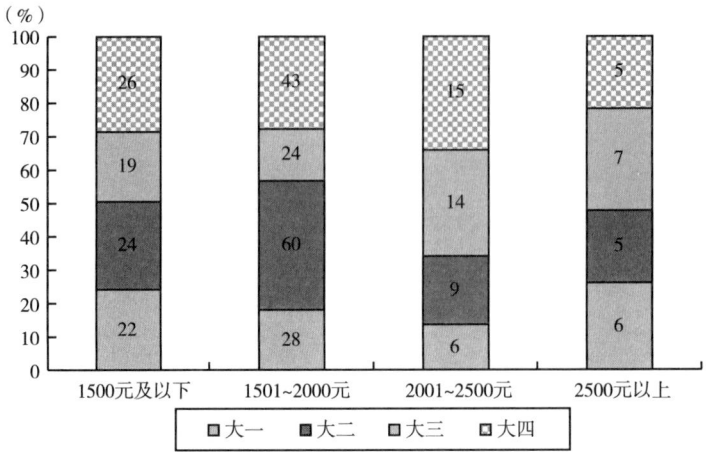

图 4-18 不同年级京外样本分布情况

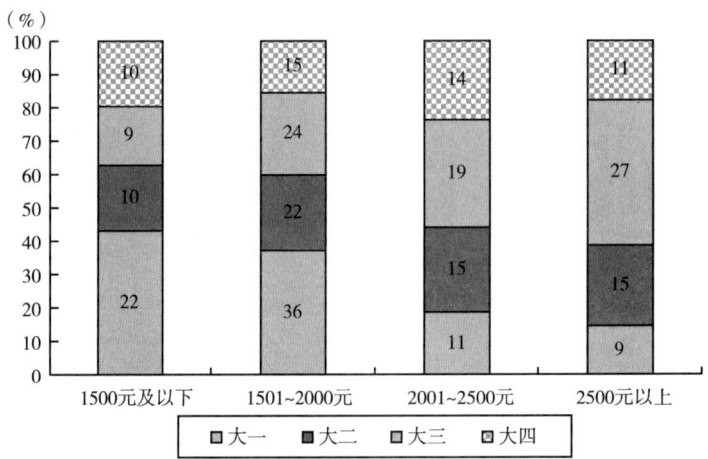

图 4-19 不同年级 S 大学样本分布情况

初入学时期还未形成较固定的消费习惯。随着月消费额的增加，大三年级学生占比增加，大二年级学生先升后降，大一年级学生先降后升。可以看出，平均月消费情况与所在年级关联更大。

4.1.2 直播消费情况

（1）样本分布情况

由表4-5、图4-21可以看出，大部分被调查者的直播购物消费比例是按照"0~25%""25%~50%""50%~75%""75%~100%"从高到低排列，

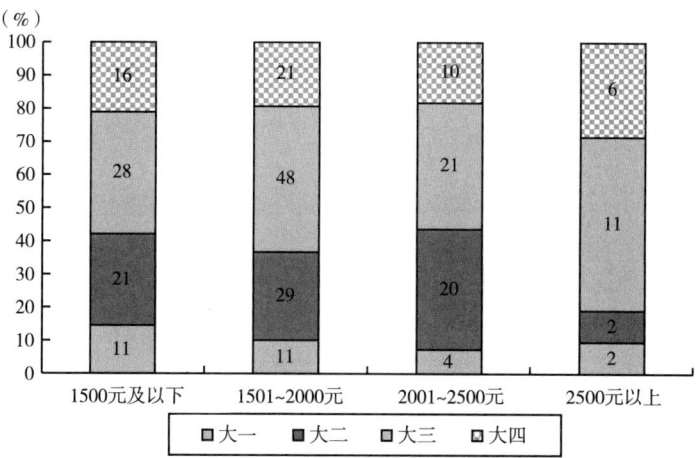

图 4-20 不同年级 B 大学样本分布情况

分别为 66.15%、26.86%、5.39% 和 1.59%。"0~25%""25%~50%"的消费者共占比 93.01%,已占据大部分比例。可见,直播购物消费在总体消费中占比是较低的,大多集中在 0~25%。

表 4-5　　　　　全部样本直播购物消费比例分布情况表

	频率	百分比(%)	有效百分比(%)	累计百分比(%)
0~25%	1288	66.15	66.15	66.15
25%~50%	523	26.86	26.86	93.01
50%~75%	105	5.39	5.39	98.41
75%~100%	31	1.59	1.59	100.00
总计	1947	100.0	100.0	

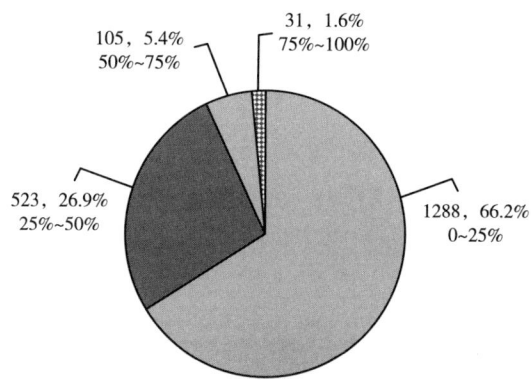

图 4-21 全部样本直播购物消费比例分布情况

由图 4-22、图 4-23、图 4-24、图 4-25 可知，大学生的直播购物消费比例主要在 0~25% 左右，其中选择"0~25%""25%~50%"的大学生占比都超过 90.0%，并且与全部样本对比发现，北京、京外、S 大学、B 大学样本的直播购物消费比例分布情况是与总体样本相同的。

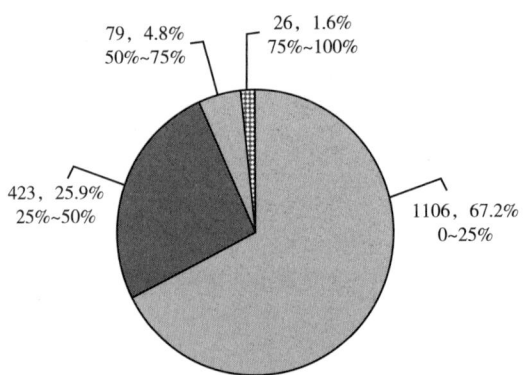

图 4-22 北京样本分布情况

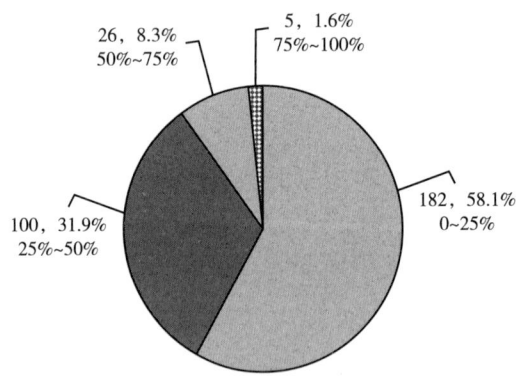

图 4-23 京外样本分布情况

（2）不同性别样本分布情况

由表 4-6 和图 4-26 可以看出，男性和女性直播购物消费比例分布情况是相同的，都是按照"0~25%""25%~50%""50%~75%""75%~100%"占比从高到低排列，其中"0~25%""25%~50%"的消费者占据大部分比例。可见，直播购物消费在总体消费中占比是较低的，大多集中在 0~25%，且男性和女性被调查者的直播购物消费比例分布情况是与总体样本

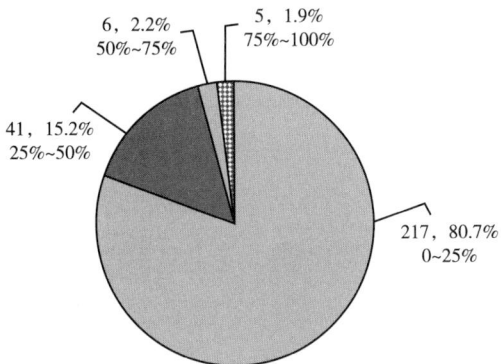

图 4-24 S 大学样本分布情况

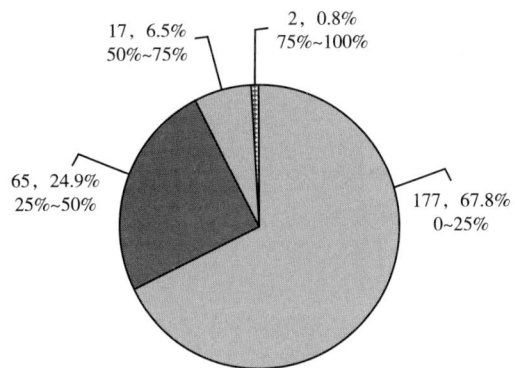

图 4-25 B 大学样本分布情况

相同的。由不同性别的直播购物消费比例分布情况可以看出,男性和女性的直播购物分配比例也大多集中在"1500 元及以下",这与上述结论是相同的。

表 4-6　　　　全部样本直播购物消费比例与性别交叉表　　　　单位:人

		性别		总计
		男	女	
直播购物消费比例	0~25%	504	784	1288
	25%~50%	208	315	523
	50%~75%	46	59	105
	75%~100%	14	17	31
总计		772	1175	1947

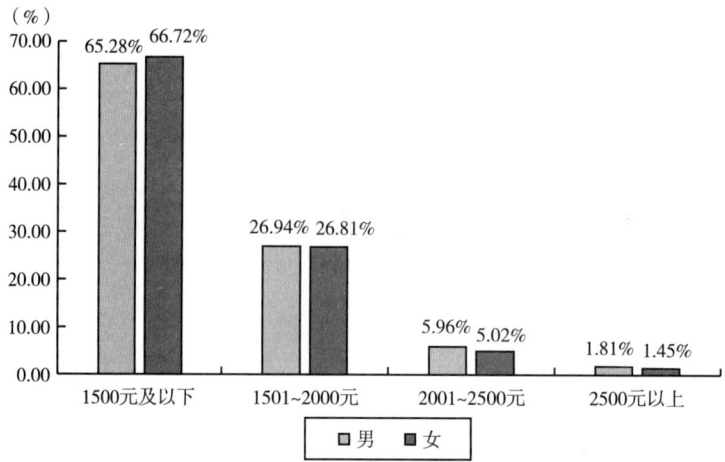

图 4-26 不同性别的直播购物消费比例分布情况

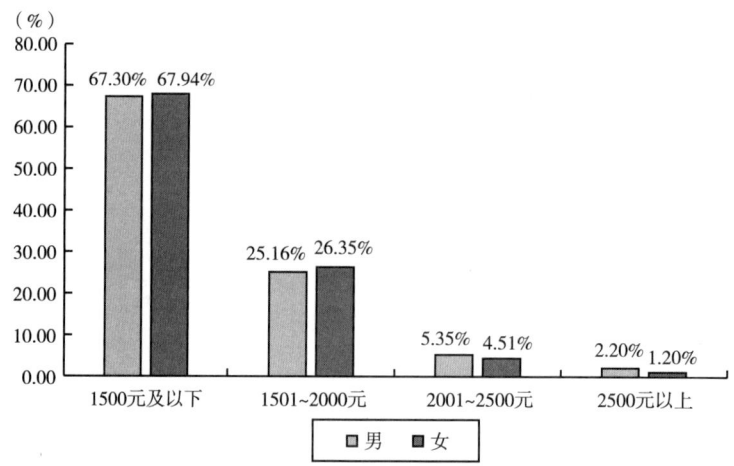

图 4-27 不同性别北京样本分布情况

根据直播购物消费比例与性别交叉表，接受调查的女性较男性更多，其中男性 65% 有 0~25% 的可支配收入用于直播购物，女性 67% 有 0~25% 的可支配收入用于直播购物。平均参与调查大学生有 66% 的人有 0~25% 的可支配收入用于直播购物。由此可见，年性别对直播购物占可支配收入比例没有显著影响，在性别与可支配收入维度中用 0~25% 的可支配收入用于直播购物的大学生居多。不同地区大学生用于直播购物的情况都是按照"1500 元以下""1501~2000 元""2001~2500 元""2500 元以上"从高到低分布的。

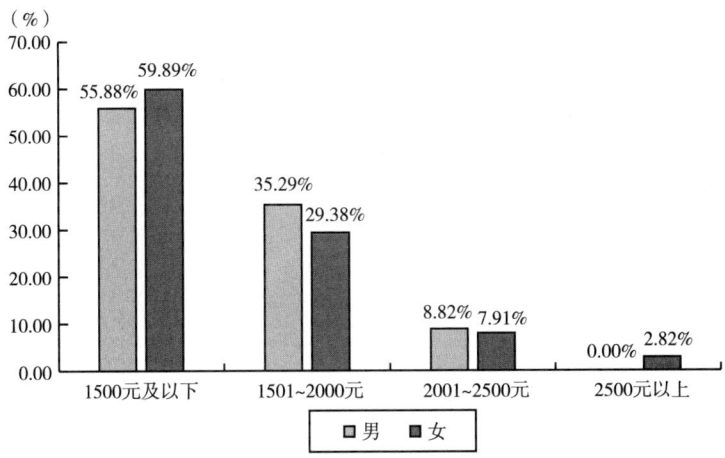

图 4-28 不同性别京外样本分布情况

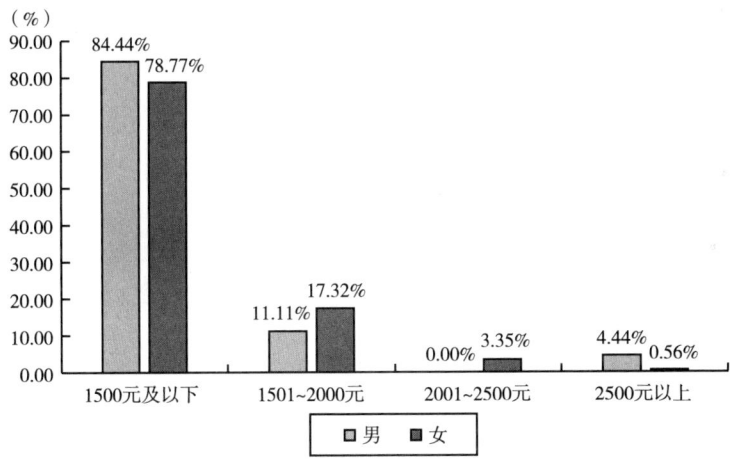

图 4-29 不同性别 S 大学样本分布情况

（3）不同生源地样本分布情况

由表 4-7 和图 4-31 可以看出，不同生源地的直播购物消费比例分布情况都是按照"0~25%""25%~50%""50%~75%""75%~100%"占比从高到低排列，其中"0~25%""25%~50%"的消费者已占据大部分比例。可见，直播购物消费在总体消费中占比是较低的，大多集中在 0~25%，且城镇和农村被调查者的直播购物消费比例分布情况与总体样本是相同的。

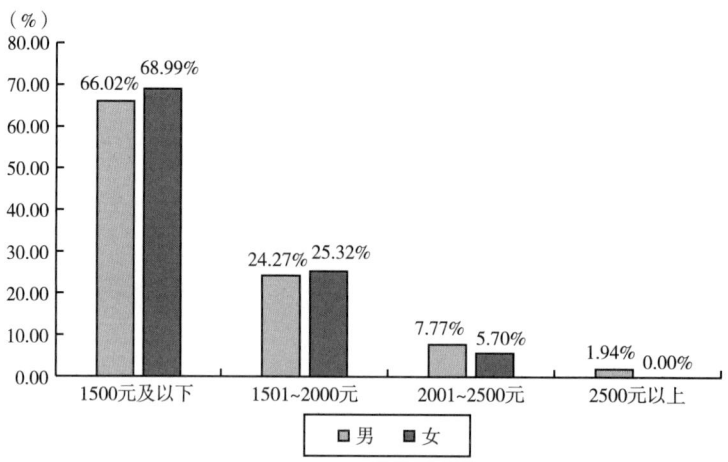

图 4-30 不同性别 B 大学样本分布情况

表 4-7　　　　全部样本直播购物消费比例与生源地交叉表

		生源地		总计
		城镇	农村	
直播购物消费比例	0~25%	1006	282	1288
	25%~50%	372	151	523
	50%~75%	76	29	105
	75%~100%	21	10	31
总计		1475	472	1947

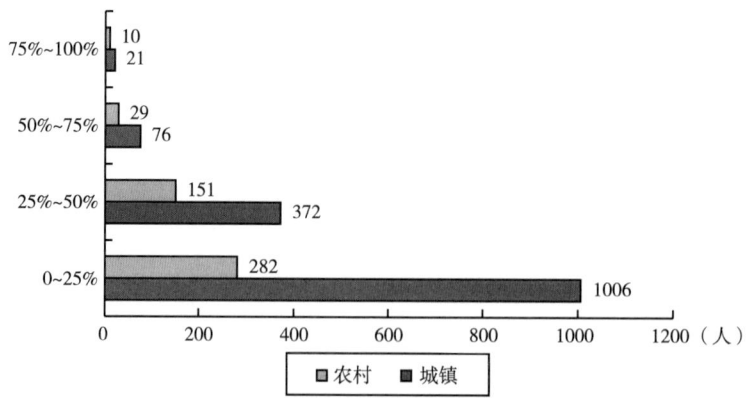

图 4-31 不同生源地的直播购物消费比例分布情况

根据直播购物消费比例与生源地交叉表，接受调查的城镇居民较农村居

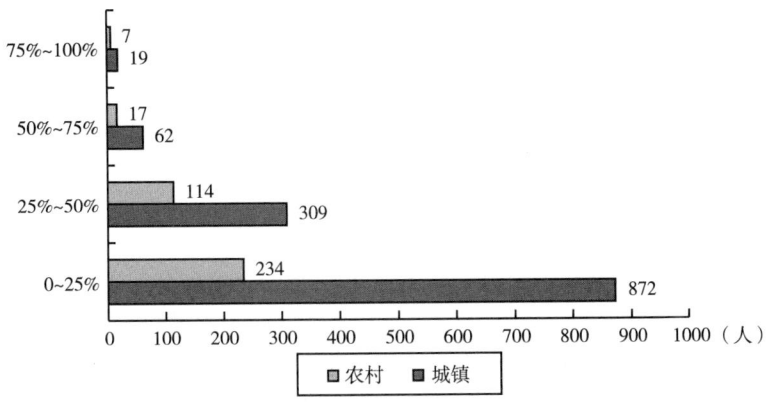

图4-32 不同生源地北京样本分布情况

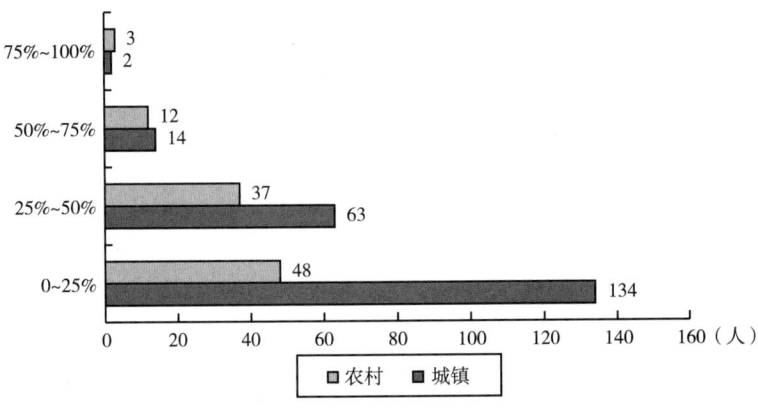

图4-33 不同生源地京外样本分布情况

民更多,其中城镇68%有0~25%的可支配收入用于直播购物,女性60%有0~25%的可支配收入用于直播购物。平均参与调查大学生有66%的人有0~25%的可支配收入用于直播购物。由此可见,生源地对直播购物占可支配收入比例没有显著影响,在生源地地与可支配收入维度中用0~25%的可支配收入用于直播购物的大学生居多。

(4) 不同年级样本分布情况

由表4-8和图4-36可以看出,4个年级参加调查人数相近,大三年级的学生稍多,其中大一年级专业71.5%有0~25%的可支配收入用于直播购物,大二年级61%有0~25%的可支配收入用于直播购物,大三年级68.5%有0~25%的可支配收入用于直播购物,大四年级64%有0~25%的可支配收入用

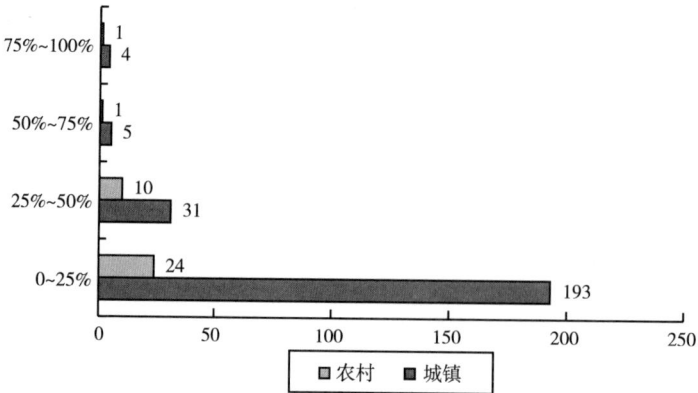

图 4-34 不同生源地 S 大学样本分布情况

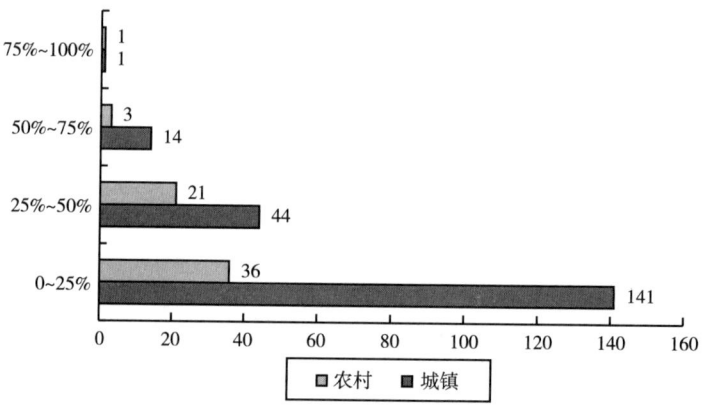

图 4-35 不同生源地 B 大学样本分布情况

于直播购物。平均参与调查大学生有 66% 的人有 0~25% 的可支配收入用于直播购物。由此可见,年级对直播购物占可支配收入比例没有显著影响,在年级与可支配收入维度中用 0~25% 的可支配收入用于直播购物的大学生居多。

表 4-8　　全部样本直播购物消费比例与年级交叉表

		年级				总计
		大一	大二	大三	大四	
直播购物消费比例	0~25%	281	311	409	287	1288
	25%~50%	89	160	148	126	523
	50%~75%	16	30	36	23	105
	75%~100%	7	8	4	12	31
总计		393	509	597	448	1947

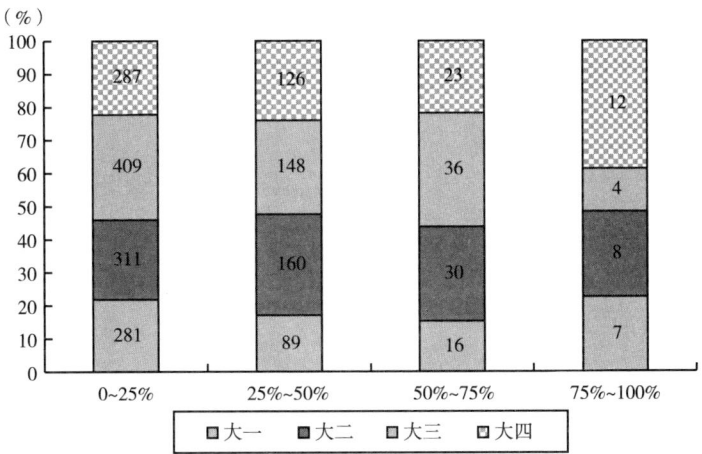

图 4-36 不同年级的直播购物消费比例分布情况

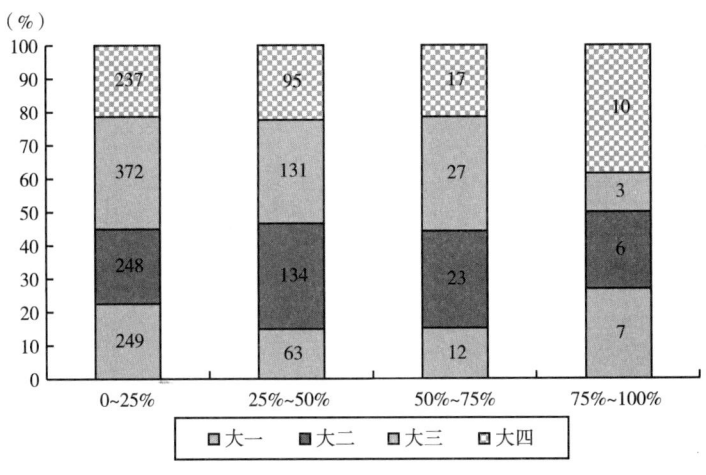

图 4-37 不同年级北京样本分布情况

根据直播购物消费比例与年级交叉表,在年级对直播购物占可支配收入比例没有显著影响的前提下,不同地区的大学生对于直播消费情况影响效果并不明显。

(5)不同月消费水平与直播购物消费情况

根据直播购物消费比例与月平均消费交叉表,其中1500元及以下76%有0~25%的可支配收入用于直播购物,1501~2000元65%有0~25%的可支配

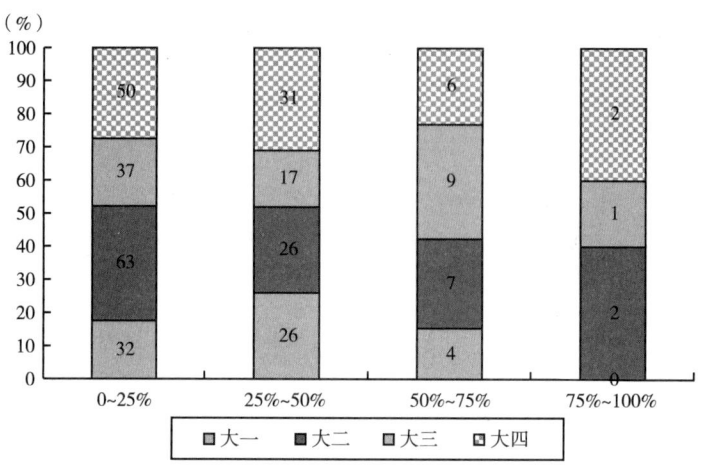

图 4-38 不同年级京外样本分布情况

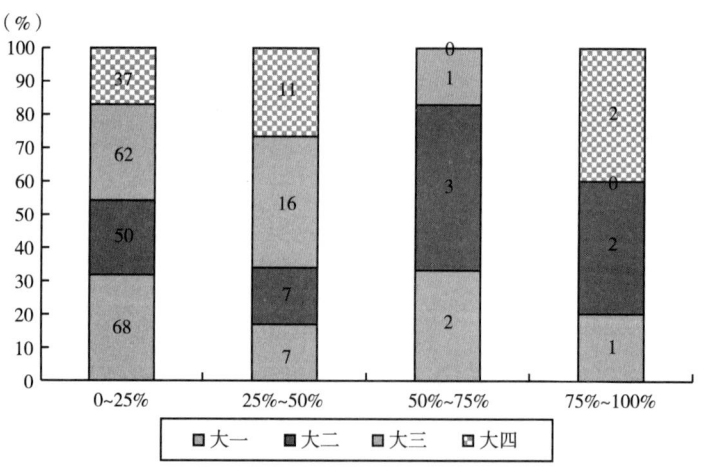

图 4-39 不同年级 S 大学样本分布

收入用于直播购物，2001~2500 元 56% 有 0~25% 的可支配收入用于直播购物，2500 元以上 63% 有 0~25% 的可支配收入用于直播购物。平均参与调查大学生有 66% 的人有 0~25% 的可支配收入用于直播购物。由此可见，月平均消费与直播购物占可支配收入比例呈正相关关系，月平均消费与可支配收入维度中有 0~25% 的可支配收入用于直播购物的大学生居多。

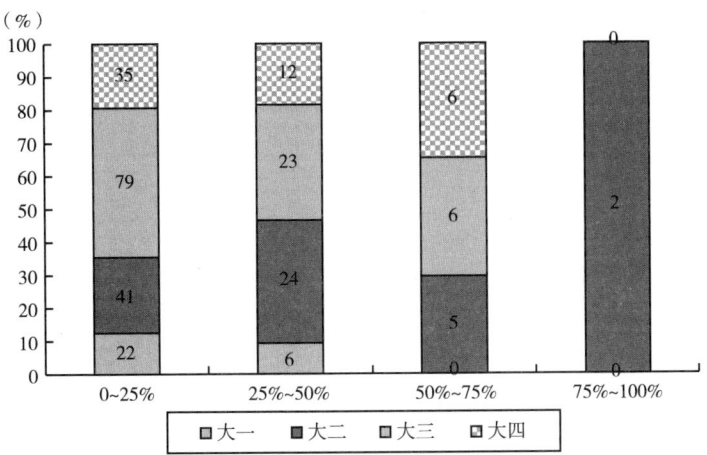

图 4-40 不同年级 B 大学样本分布

表 4-9 全部样本平均月消费与直播购物消费交叉表

		在校期间平均月消费				总计
		1500 元及以下	1501~2000 元	2001~2500 元	2500 元以上	
直播购物消费比例	0~25%	392	546	204	146	1288
	25%~50%	109	251	113	50	523
	50%~75%	14	35	36	20	105
	75%~100%	2	5	9	15	31
总计		517	837	362	231	1947

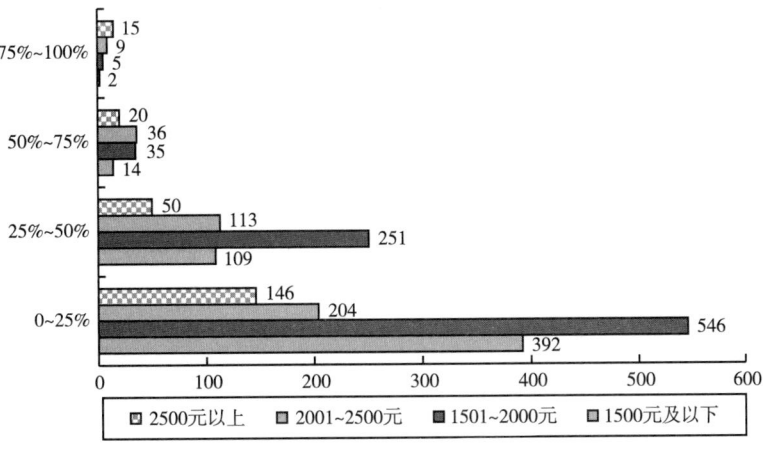

图 4-41 不同平均月消费与直播购物消费分布

4.2 经济来源

4.2.1 经济来源情况

(1) 样本分布情况

由表4-10和图4-42可以看出,大部分被调查者的经济来源情况是"全部来自家庭"和"部分来自家庭"的,分别占比49.97%和47.1%,"全部自己赚取"仅占比2.93%,说明大学生经济来源绝大多数是需要家庭的支持的。

表4-10　　　　　　　全部样本经济来源分布情况

	频率	百分比(%)	有效百分比(%)	累积百分比(%)
全部来自家庭	973	49.97	49.97	49.97
部分来自家庭,部分自己赚取(奖金、兼职)	917	47.10	47.10	97.07
全部自己赚取	57	2.93	2.93	100.0
总计	1947	100.0	100.0	

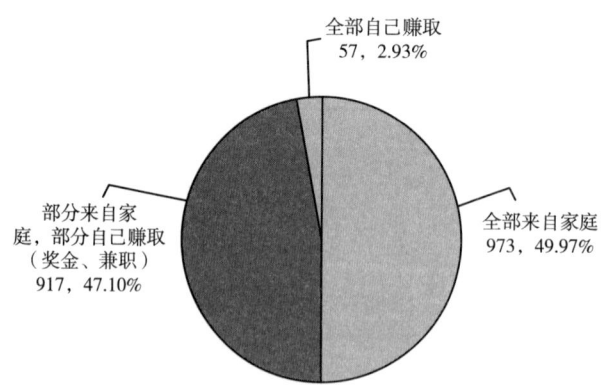

图4-42　全部样本经济来源分布情况分布

由图4-43、图4-44、图4-45、图4-46可知,大学生的经济来源主要是"全部来自家庭"和"部分来自家庭,部分自己赚取"的,"全部自己赚取"占比都是最低的,说明大学生经济来源绝大多数是需要家庭的支持的;但是与总体样本不同的是,北京样本经济来源分布情况中"部分来自家庭,部分自己赚取"占比最高,说明北京大学生虽然需要家庭的一定支持,但也是有一定经济来源是靠自己赚取的。

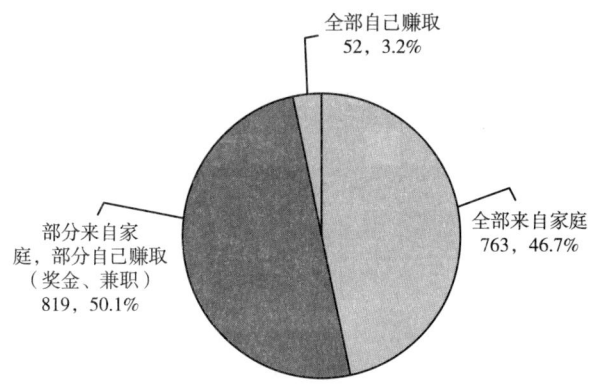

图 4-43 北京样本分布情况

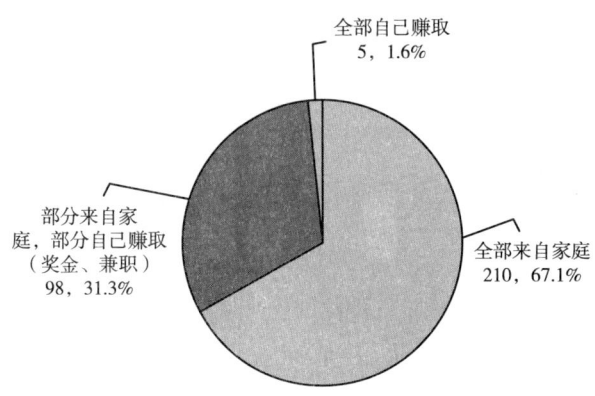

图 4-44 京外样本分布情况

(2) 不同性别样本分布情况

由表 4-11 和图 4-47 可以看出,女性的经济来源情况是"全部来自家庭""部分来自家庭,部分自己赚取""全部自己赚取"从高到低排列,分别占比 51.06%、45.96% 和 2.98%。男性的经济来源情况是"部分来自家庭,部分自己赚取""全部来自家庭""全部自己赚取"从高到低排列,分别占比

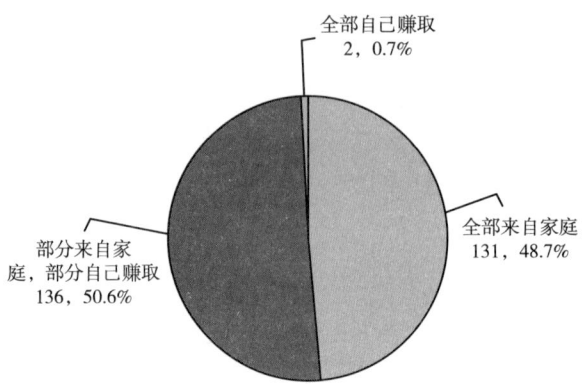

图 4-45　S 大学样本分布

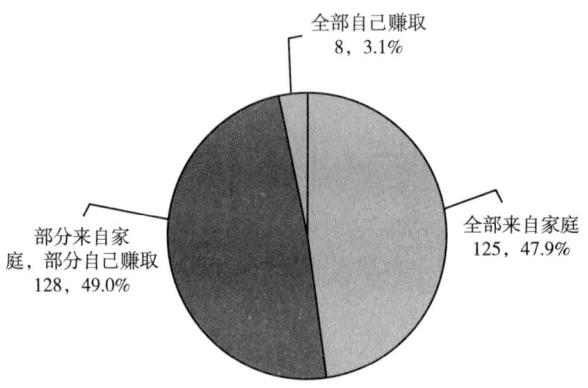

图 4-46　B 大学样本分布

48.83%、48.32% 和 2.85%。这说明男性被调查者虽然需要家庭的一定支持，但也是有一定经济来源是靠自己赚取的，女性被调查者更多经济来源是全部来自家庭的。

表 4-11　　　　　　全部样本经济来源与性别交叉表

		性别		总计
		男	女	
经济来源	全部来自家庭	373	600	973
	部分来自家庭，部分自己赚取	377	540	917
	全部自己赚取	22	35	57
	总计	772	1175	1947

第4章 大学生消费行为分析

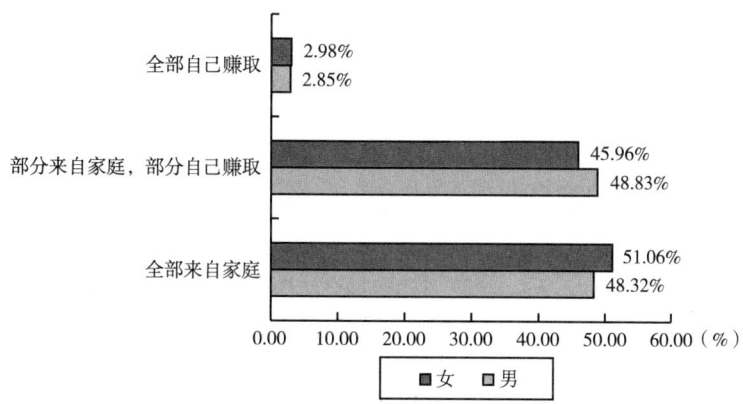

图 4-47 不同性别的经济来源分布情况

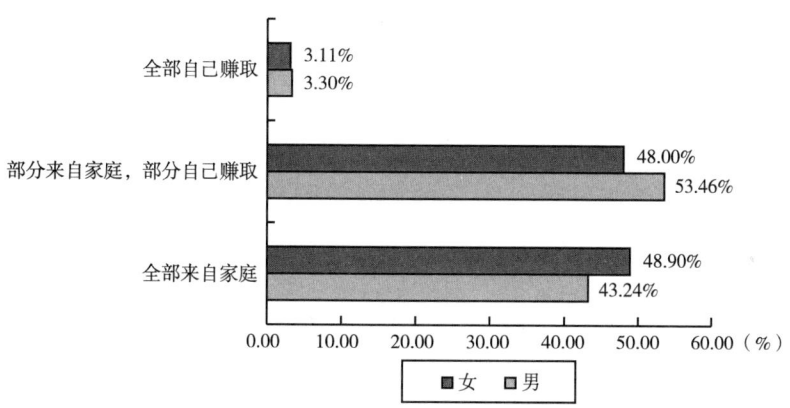

图 4-48 不同性别北京样本分布情况

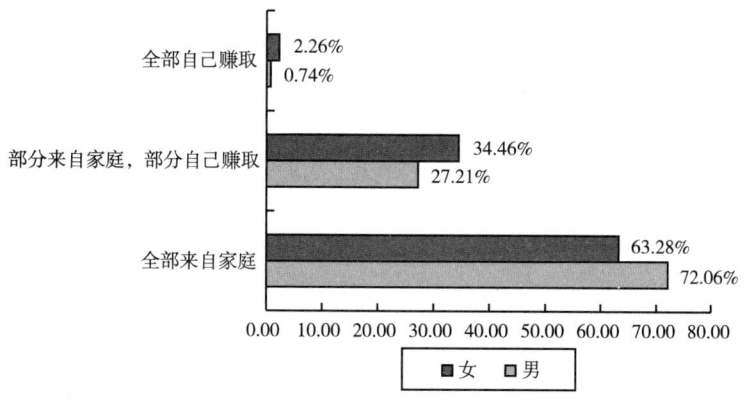

图 4-49 不同性别京外样本分布情况

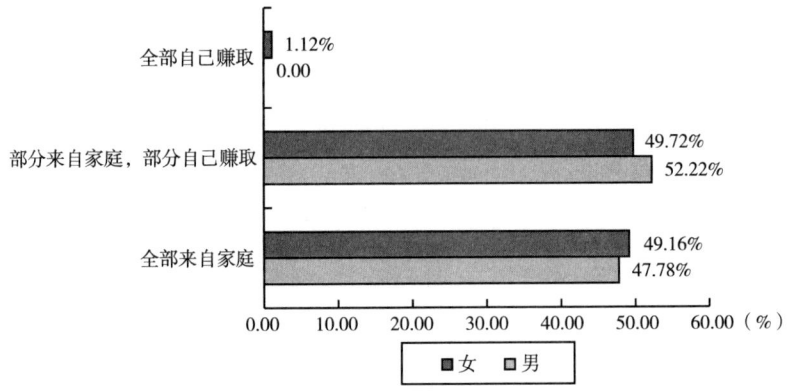

图 4-50　不同性别 S 大学样本分布情况

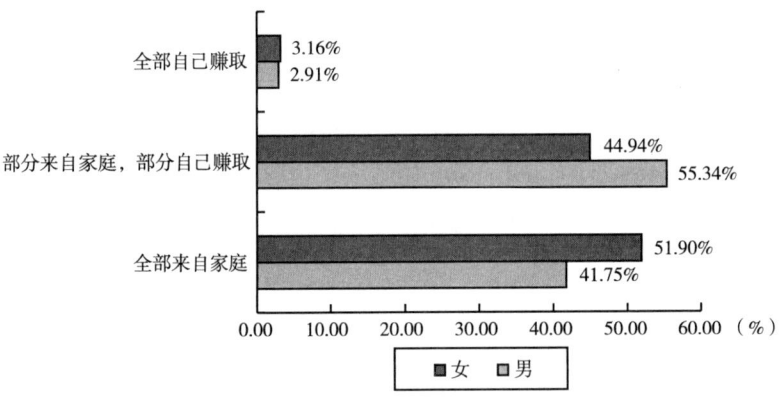

图 4-51　不同性别 B 大学样本分布情况

根据用于直播购物的经济来源与性别交叉表，由于调查女性较多，因此普遍女性占比较多，3 种情况男女比例相同。女性的全部来源于家庭数量略多于两者都有的数量，男性比例相同。结论依然符合上述京外和北京的经济来源分布情况。

（3）不同生源地样本分布情况

由表 4-12 和图 4-52 可以看出，城镇的经济来源情况是"全部来自家庭""部分来自家庭，部分自己赚取""全部自己赚取"从高到低排列；农村的经济来源情况是"部分来自家庭，部分自己赚取""全部来自家庭""全部自己赚取"从高到低排列。这说明农村被调查者虽然需要家庭的一定支持，但也有一定经济来源是靠自己赚取的,而城镇被调查者更多经济来源是全部来自家庭的。

表 4-12 全部样本经济来源与生源地交叉表

		生源地		总计
		城镇	农村	
经济来源	全部来自家庭	755	218	973
	部分来自家庭,部分自己赚取	685	232	917
	全部自己赚取	35	22	57
总计		1475	472	1947

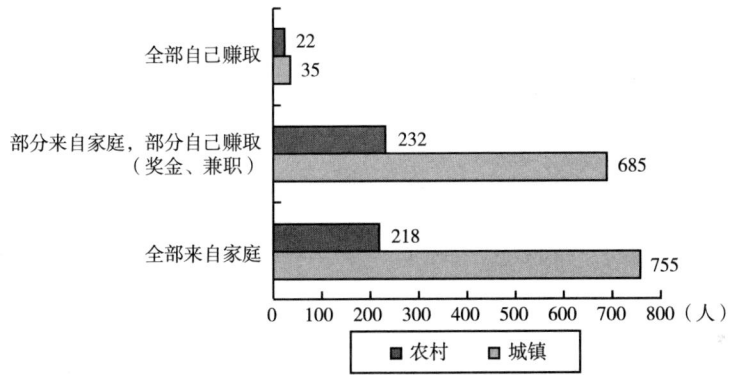

图 4-52 不同生源地的经济来源分布情况

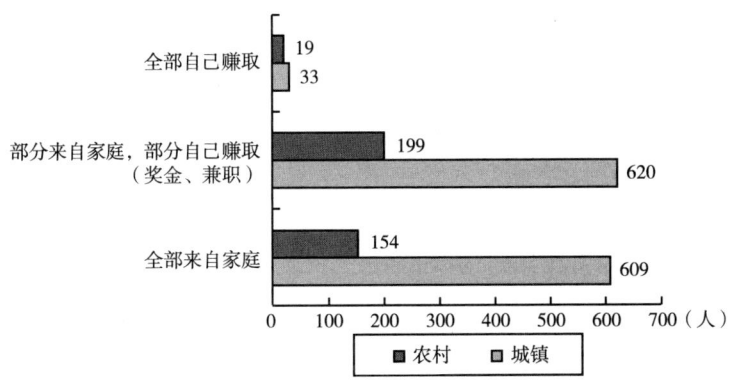

图 4-53 不同生源地北京样本分布情况

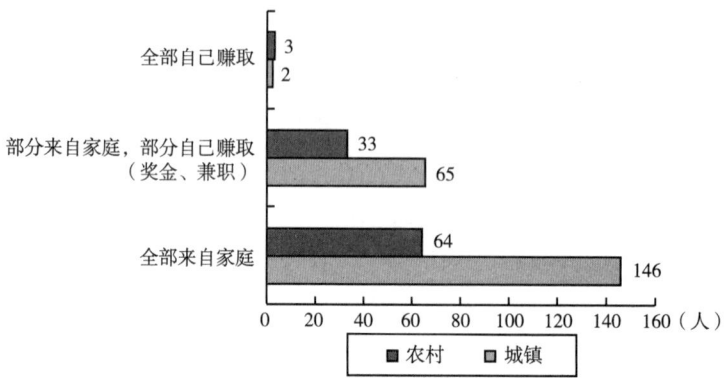

图 4-54 不同生源地京外样本分布情况

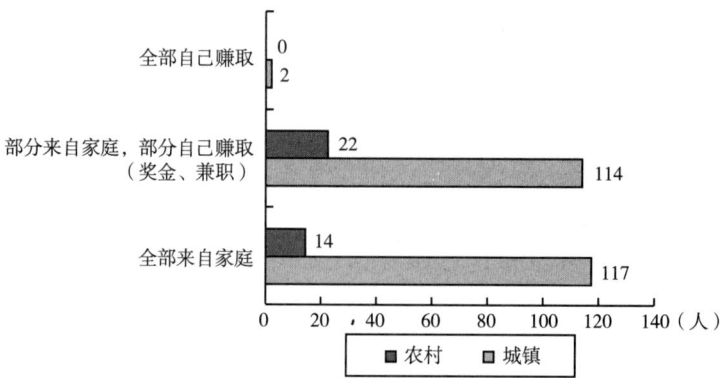

图 4-55 不同生源地 S 大学样本分布情况

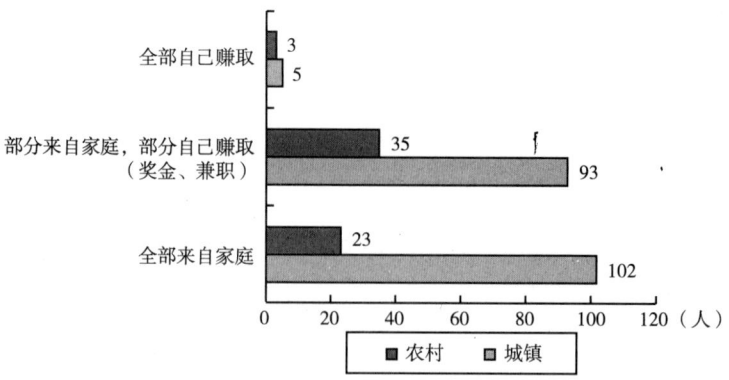

图 4-56 不同生源地 B 大学样本分布情况

根据用于直播购物的经济来源与生源地交叉表,随着自己赚取资金占比的增加,农村地区的学生占比也随着增加,由此可以看出,农村地区的学生在自己赚取资金方面积极性更加高,而来自城镇被调查的学生更多经济来源是全部来自家庭的。

(4) 不同年级样本分布情况

由表4-13和图4-57可以看出,除大四年级的被调查者以外,其他年级的被调查者的经济来源情况是"全部来自家庭""部分来自家庭,部分自己赚取""全部自己赚取"从高到低排列;大四年级经济来源情况是"部分来自家庭,部分自己赚取""全部来自家庭""全部自己赚取"从高到低排列。说明大四年级被调查者虽然需要家庭的一定支持,但也是有一定经济来源是靠自己赚取的,而其他年级被调查者更多经济来源全部来自家庭。这可能与大四年级具有更多的社会经验,面临实习、找工作等情况有关。

表4-13 全部样本经济来源与年级交叉表

		年级				总计
		大一	大二	大三	大四	
经济来源	全部来自家庭	237	260	298	178	973
	部分来自家庭,部分自己赚取	144	238	293	242	917
	全部自己赚取	12	11	6	28	57
总计		393	509	597	448	1947

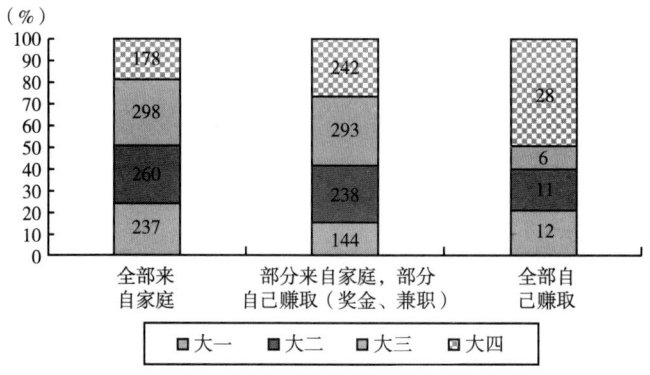

图4-57 不同年级的经济来源分布情况

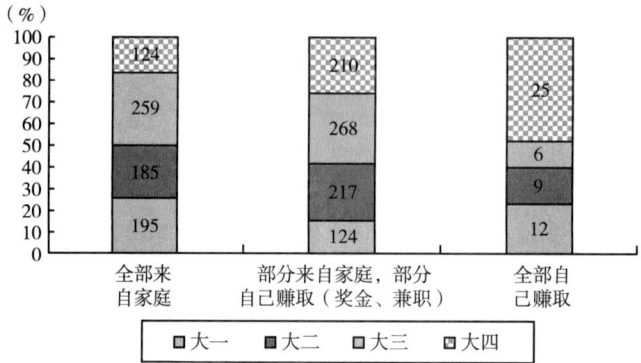

图4-58 不同年级北京样本分布情况

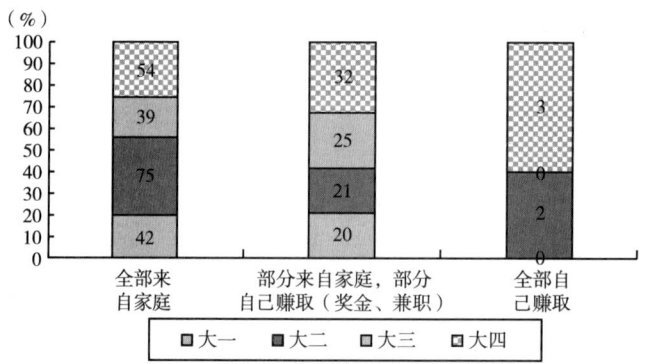

图4-59 不同年级京外样本分布情况

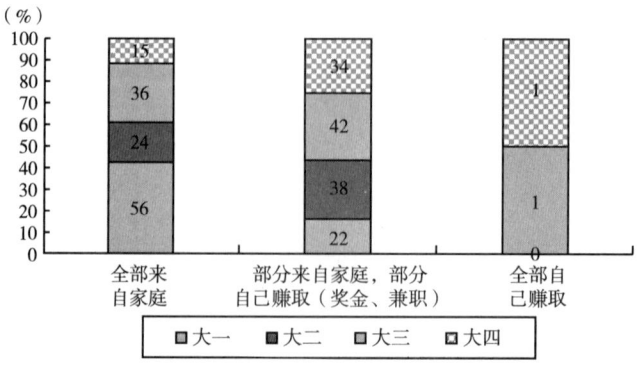

图4-60 不同年级S大学样本分布情况

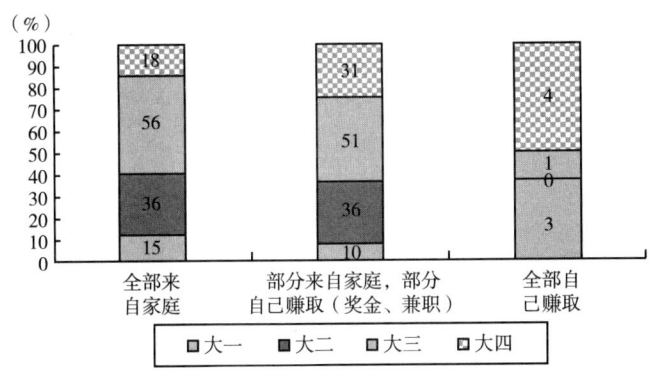

图 4-61 不同年级 B 大学样本分布情况

根据用于直播购物的经济来源与年级交叉表，可以发现随自己赚取资金占比的增多，大四年级学生占比明显增加，大三年级学生明显减少，这可能与大三年级学生的各类考试、大四年级学生有更多闲暇时间有关，且大四年级学生具有更多的社会经验，如面临实习、找工作等情况。

4.2.2 对消费行为的影响

相关系数是由统计学家卡尔·皮尔逊设计的统计指标，是研究变量之间线性相关程度的量，一般用字母 r 表示。由于研究对象的不同，相关系数有多种定义方式，较为常用的是皮尔逊相关系数。

皮尔逊相关系数是表达两变量线性相关程度及方向的统计指标，相关系数的取值范围为 $-1 \leqslant r \leqslant 1$，小于 0 为负相关，大于 0 为正相关，等于 0 表示不存在相关。相关系数的绝对值越大，表示两变量间的相关程度越密切。Sig.（双尾），即显著性 p 值，一般情况下以 0.05 为界，p 值小于 0.05 即认为两个变量之间有显著性相关性。

（1）全部样本

通过对表 4-14 的相关性的分析，经济来源与平均和消费、直播购物消费比例在 0.01 显著性水平上具有显著性相关性，相关系数分别为 0.059、0.167，说明经济来源选择部分来自家庭部分自己赚取、全部自己赚取的学生的每月消费水平以及直播购物消费水平更高，即当大学生可以自食其力赚钱时，其每个月的开销以及用于直播消费水平会增加。

表4－14　全部样本大学生经济来源与消费行为的相关性分析

		平均月消费	直播购物消费比例	经济来源
平均月消费	皮尔逊相关性	1	0.169**	0.059**
	Sig.（双尾）		0.000	0.009
	个案数	1947	1947	1947
直播购物消费比例	皮尔逊相关性	0.169**	1	0.167**
	Sig.（双尾）	0.000		0.000
	个案数	1947	1947	1947
经济来源	皮尔逊相关性	0.059**	0.167**	1
	Sig.（双尾）	0.009	0.000	
	个案数	1947	1947	1947

注："**"表示在0.01级别（双尾），相关性显著。

（2）北京与京外样本分析

通过表4－15和表4－16相关性分析，北京经济来源与平均与消费、直播购物消费比例在0.01显著性水平上具有显著性相关性，相关系数分别为0.029、0.172；京外经济来源与平均与消费、直播购物消费比例也在0.01显著性水平上具有显著性相关性，相关系数分别为0.18、0.223，说明经济来源选择部分来自家庭部分自己赚取、全部自己赚取的大学生的每月消费水平以及直播购物消费水平更高，即当大学生可以自食其力赚钱时，其每个月的开销以及用于直播消费水平会增加。这与总体样本的结论是相同的。

表4－15　北京样本大学生经济来源与消费行为的相关性分析

		平均月消费	直播购物消费比例	经济来源
平均月消费	皮尔逊相关性	1	0.166**	0.029
	Sig.（双尾）		0.000	0.249
	个案数	1634	1634	1634
直播购物消费比例	皮尔逊相关性	0.166**	1	0.172**
	Sig.（双尾）	0.000		0.000
	个案数	1634	1634	1634
经济来源	皮尔逊相关性	0.029	0.172**	1
	Sig.（双尾）	0.249	0.000	
	个案数	1634	1634	1634

注："**"表示在0.01级别（双尾），相关性显著。

表4-16　京外样本大学生经济来源与消费行为的相关性分析

		平均月消费	直播购物消费比例	经济来源
平均月消费	皮尔逊相关性	1	0.229**	0.180**
	Sig.（双尾）		0.000	0.001
	个案数	313	313	313
直播购物消费比例	皮尔逊相关性	0.229**	1	0.223**
	Sig.（双尾）	0.000		0.000
	个案数	313	313	313
经济来源	皮尔逊相关性	0.180**	0.223**	1
	Sig.（双尾）	0.001	0.000	
	个案数	313	313	313

注："**"表示在0.01级别（双尾），相关性显著。

（3）S大学与B大学样本分析

由表4-17可知，S大学学生的经济来源与平均月消费无显著相关性，与直播购物消费比例在0.05显著性水平上具有显著性相关性，相关系数为0.008；从表4-18中可知，B大学学生的经济来源与平均月消费无显著相关性，与直播购物消费比例在0.05显著性水平上具有显著性相关性，相关系数为0.140，说明S大学和B大学学生的经济来源与其参与直播购物消费比例呈正相关关系。

表4-17　S大学样本大学生经济来源与消费行为的相关性分析

		平均月消费	直播购物消费比例	经济来源
平均月消费	皮尔逊相关性	1	0.095	-0.039
	Sig.（双尾）		0.121	0.519
	个案数	269	269	269
直播购物消费比例	皮尔逊相关性	0.095	1	0.008
	Sig.（双尾）	0.121		0.903
	个案数	269	269	269
经济来源	皮尔逊相关性	-0.039	0.008	1
	Sig.（双尾）	0.519	0.903	
	个案数	269	269	269

表 4－18　　B 大学样本大学生经济来源与消费行为的相关性分析

		平均月消费	直播购物消费比例	经济来源
平均月消费	皮尔逊相关性	1	0.063	－0.066
	Sig.（双尾）		0.313	0.292
	个案数	261	261	261
直播购物消费比例	皮尔逊相关性	0.063	1	0.140*
	Sig.（双尾）	0.313		0.024
	个案数	261	261	261
经济来源	皮尔逊相关性	－0.066	0.140*	1
	Sig.（双尾）	0.292	0.024	
	个案数	261	261	261

注："*"表示在 0.05 级别（双尾），相关性显著。

4.3　消费观念

4.3.1　消费标准分布情况

（1）样本分布情况

由表 4－19 可以看出，大部分被调查者的选择主要是"以经济适用为主"，占总调查人数的 72.3%，其次是"以价格便宜为主"和"追求轻奢个性化"，占比分别为 13.5%、10.3%。

表 4－19　　全部样本衣食住行方面的标准分布情况

	频率	百分比（%）	有效百分比（%）	累积百分比（%）
以价格便宜为主	263	13.5	13.5	13.5
以经济适用为主	1408	72.3	72.3	85.8
追求轻奢个性化	201	10.3	10.3	96.1
追求高标准和品牌化	75	3.9	3.9	100.0
总计	1947	100.0	100.0	

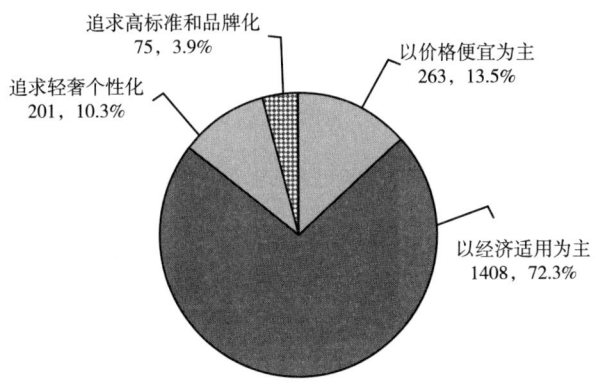

图 4-62 全部样本衣食住行方面的标准分布

由图 4-63 和图 4-64 可以看出,北京和京外各个选项的占比由大到小都是:"以经济适用为主 > 以价格便宜为主 > 追求轻奢个性化 > 追求高标准和品牌化"。不过,相对来说,京外选择以价格便宜为主的被调查者占比更高为 20.4%,北京占比为 12.2% 形成较为明显的区别。就北京两所高校的数据来看,各个选项的占比由大到小都是:"以经济适用为主 > 追求轻奢个性化 > 以价格便宜为主 > 追求高标准和品牌化",而且两所学校的数据与整体汇总的数据各个比例是相近的,不过与总体不一致的是追求轻奢个性化的占比高于以价格便宜为主。由此可见,单独考虑学校可知有部分大学生喜欢追求个性,喜欢独特有风格的产品和品牌。

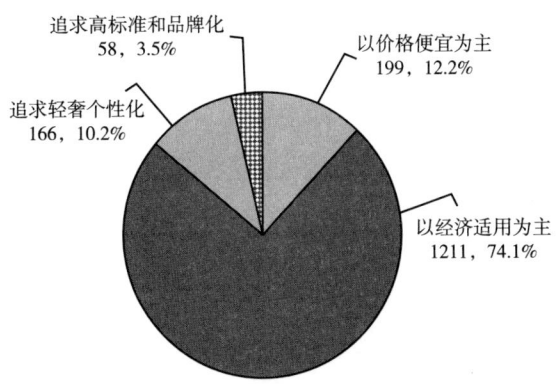

图 4-63 北京样本分布情况

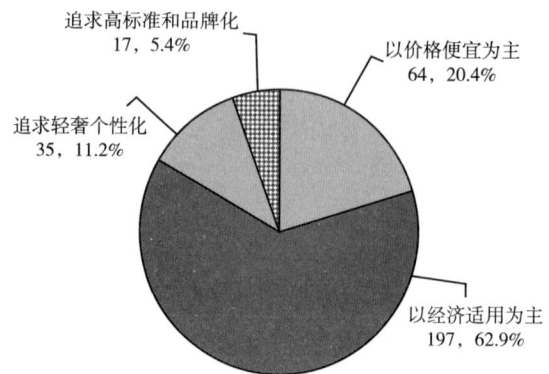

图 4-64 京外样本分布情况

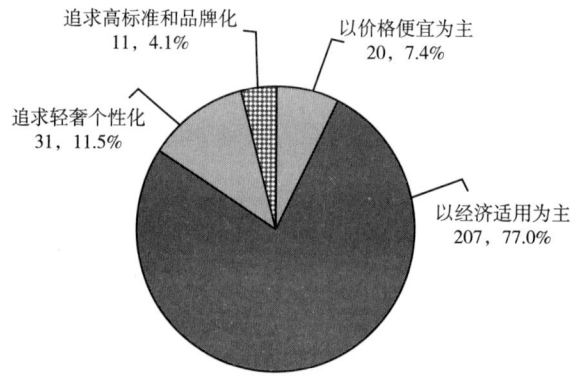

图 4-65 S 大学样本分布情况

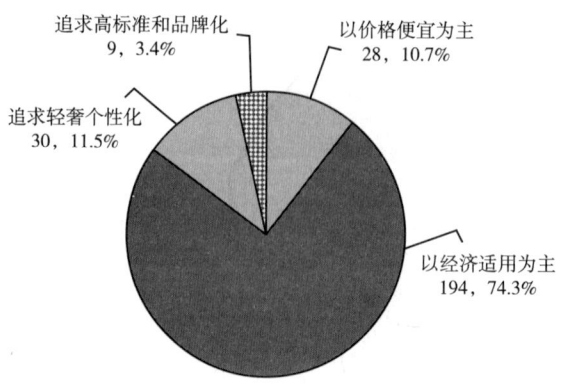

图 4-66 B 大学样本分布情况

(2) 不同性别样本分布情况

由表 4-20 和图 4-67 可以看出，男性和女性都更加注重追求经济适用，占全部男性和女性的 66.84% 和 75.91%。按比例来说，注重价格便宜、追求轻奢个性化、追求高标准和品牌化方面的女性比例低于男性，女性相比男性更注重经济适用，说明在性别方面的衣食住行标准存在一定的差异。

表 4-20　　全部样本的衣食住行方面的标准与性别交叉表

		性别		总计
		男性	女性	
衣食住行方面的标准	以价格便宜为主	126	137	263
	以经济适用为主	516	892	1408
	追求轻奢个性化	100	101	201
	追求高标准和品牌化	30	45	75
总计		772	1175	1947

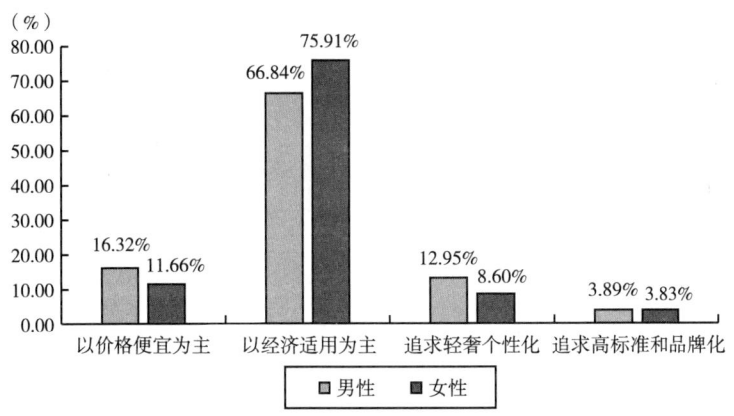

图 4-67　不同性别的衣食住行标准分布情况

对比北京外的数据来看，京外所看重的顺序都是从以经济适用为主、以价格便宜为主、追求轻奢个性化和追求高标准和个性化从高到低排序。京外以价格便宜为主、追求轻奢个性化的男性比例高于北京的比例，而追求经济适用为主和追求高标准和品牌化的男性比例低于北京的比例。而京外以价格便宜为主的女性比例高于北京的比例，其他三个方面：以经济适用为主、追求轻奢个性化、追求高标准和品牌化的比例均低于北京的比例。综上可见，

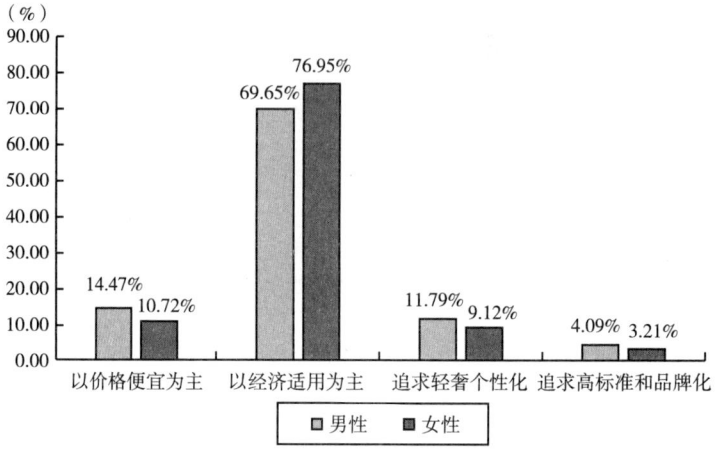

图 4-68　不同性别北京样本分布情况

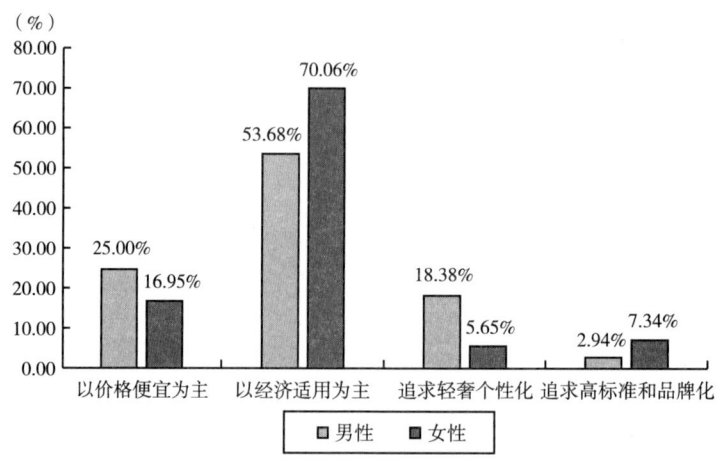

图 4-69　不同性别京外样本分布情况

无论是北京与京外，还是男性和女性在对于这 4 个方面选择的权重比例都是存在一定差别的。

从 B 大学和 S 大学的数据看出，两所学校所看重的顺序均是从以经济适用为主、追求轻奢个性化、以价格便宜为主和追求高标准和个性化从高到低排序，且两所学校的各个标准的男女比例相近，说明在北京高校之间，在大学生群体之间都存在一定共同性。但在追求轻奢个性化方面，B 大学的比例远超过 S 大学，可见，虽然北京高校之间存在一定的共通性，但也是存在着

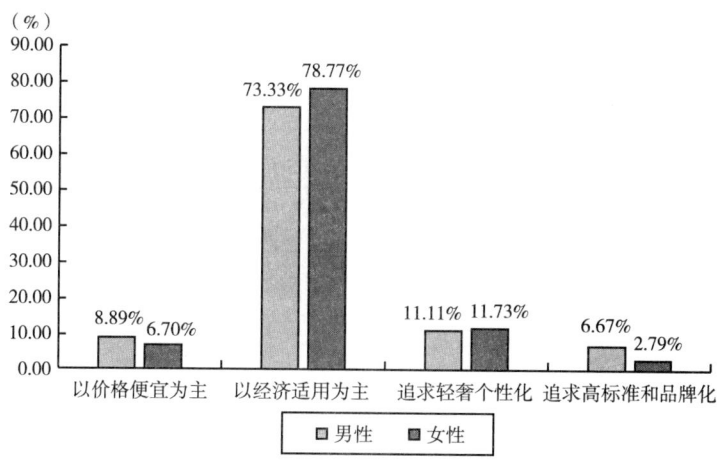

图 4-70 不同性别 S 大学样本分布情况

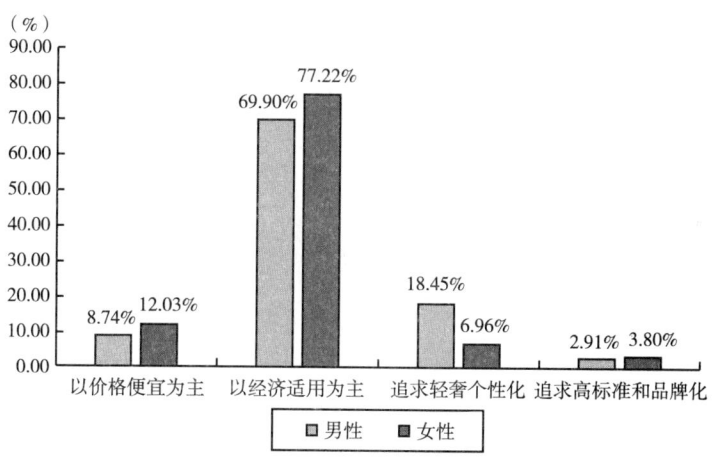

图 4-71 不同性别 B 大学样本分布情况

一定差异的。

(3) 不同生源地样本分布情况

由表 4-21 和图 4-72 可以看出,城镇和农村都更加注重追求经济适用,占全部城镇和农村的 74.00% 和 75.41%。按比例来说,注重价格便宜、追求轻奢个性化、追求高标准和品牌化方面的农村比例低于城镇,农村相比城镇更注重经济适用,说明在不同生源地方面的衣食住行标准存在着一定的差异。

表 4-21　全部样本的衣食住行方面的标准与生源地交叉表

		生源地		总计
		城镇	农村	
衣食住行方面的标准	以价格便宜为主	163	100	263
	以经济适用为主	1094	314	1408
	追求轻奢个性化	165	36	201
	追求高标准和品牌化	53	22	75
总计		1475	472	1947

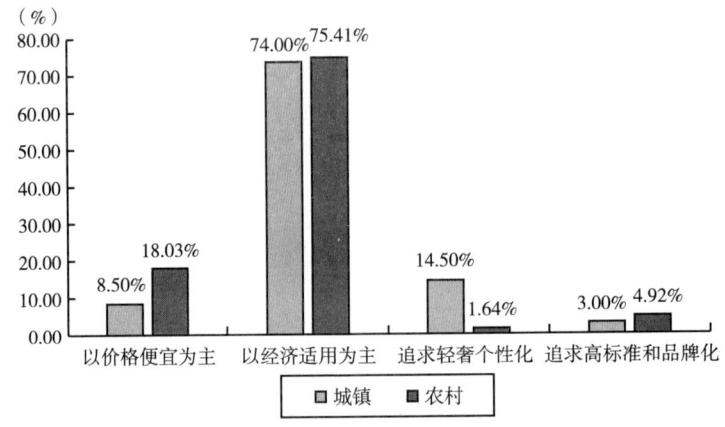

图 4-72　不同生源地的衣食住行标准分布情况

对比京外（见图 4-73、图 4-74）的数据来看，京外所看重的顺序都是以经济适用为主、以价格便宜为主、追求轻奢个性化和追求高标准和个性化从高到低排序。京外以价格便宜为主、追求轻奢个性化、追求高标准和品牌化的农村比例高于北京的比例，而追求经济适用为主的农村比例低于北京的比例。而京外以价格便宜为主的城镇比例高于北京的比例，其他 3 个方面：以经济适用为主、追求轻奢个性化、追求高标准和品牌化的比例均低于北京城镇被调查者的比例。综上可见，不论是北京与京外，还是城镇和农村在对于这 4 个方面选择的权重比例都是存在一定差别的。

从 B 大学和 S 大学的数据（见图 4-75、图 4-76）看出，两所学校所看重的顺序均是从以经济适用为主、以价格便宜为主、追求轻奢个性化和追求高标准和个性化从高到低排序，并且两所学校的各个标准的城镇和农村比例

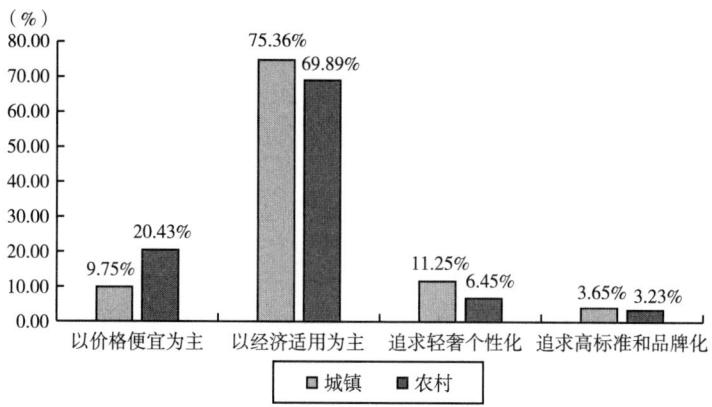

图4-73 不同生源地北京样本分布情况

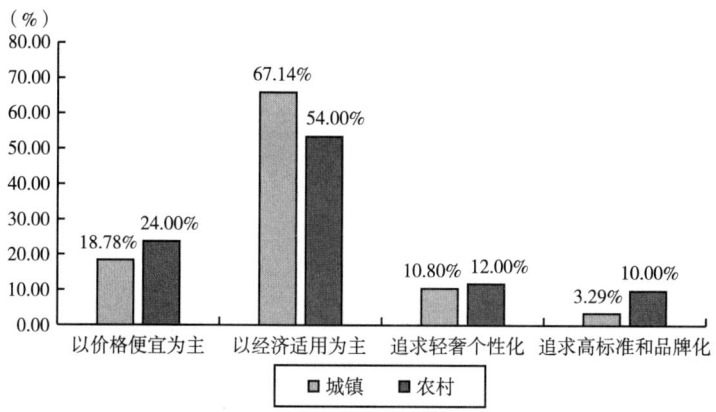

图4-74 不同生源地京外样本分布情况

相近,说明在北京高校之间,在大学生群体之间都存在一定共同性。但在追求以价格便宜为主上,S大学的比例超过B大学;在追求轻奢个性化方面,B大学的比例超过S大学。可见,虽然北京高校之间存在一定的共通性,但也是存在着一定差异的。

(4) 不同年级样本分布情况

由表4-22和图4-77可以看出,大学所有年级都更加注重追求经济适用,分别占大一、大二、大三、大四年级学生总数的69.72%、71.12%、73.20%和74.78%。按比例来说,大一年级学生更加注重价格便宜,大二年级、大三年级和大四年级更加注重轻奢个性化和高标准和品牌化方面。这说

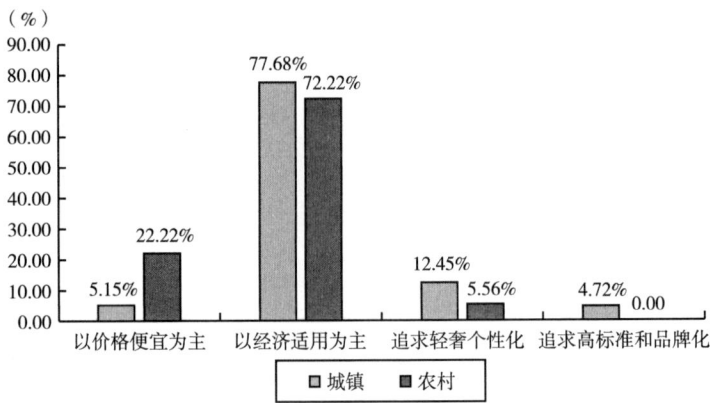

图 4-75 不同生源地 S 大学样本分布情况

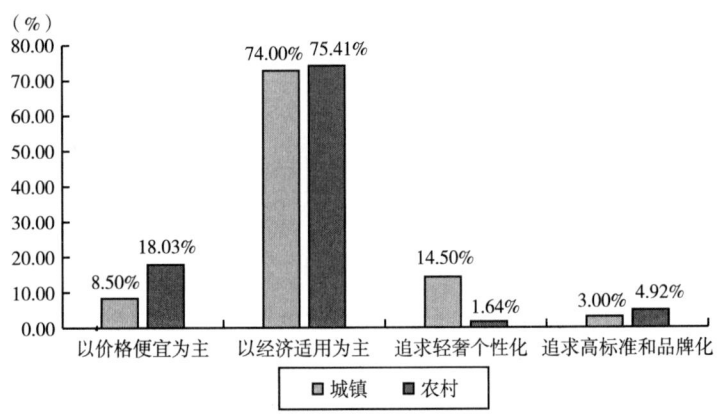

图 4-76 不同生源地 B 大学样本分布情况

明在年级方面的衣食住行标准存在一定的差异。

表 4-22 全部样本的衣食住行方面的标准与年级交叉表

		年级				总计
		大一	大二	大三	大四	
衣食住行方面的标准	以价格便宜为主	76	66	69	52	263
	以经济适用为主	274	362	437	335	1408
	追求轻奢个性化	29	66	69	37	201
	追求高标准和品牌化	14	15	22	24	75
总计		393	509	597	448	1947

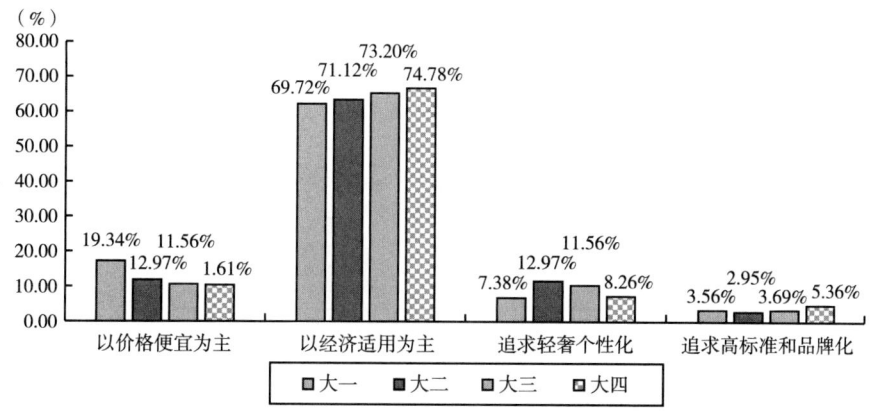

图 4-77 不同年级的衣食住行标准分布情况

对比京外的数据（见图 4-78、图 4-79），京外所看重的顺序都是从以经济适用为主、以价格便宜为主、追求轻奢个性化、追求高标准和个性化从高到低排序。北京、京外以价格便宜为主的大一年级比例均高于北京的比例，其他 3 个方面：以经济适用为主、追求轻奢个性化、追求高标准和品牌化的大二年级、大三年级、大四年级占比更大。综上可见，不论是北京与京外，还是不同年级在对于这 4 个方面选择的权重比例都是存在一定差别的。

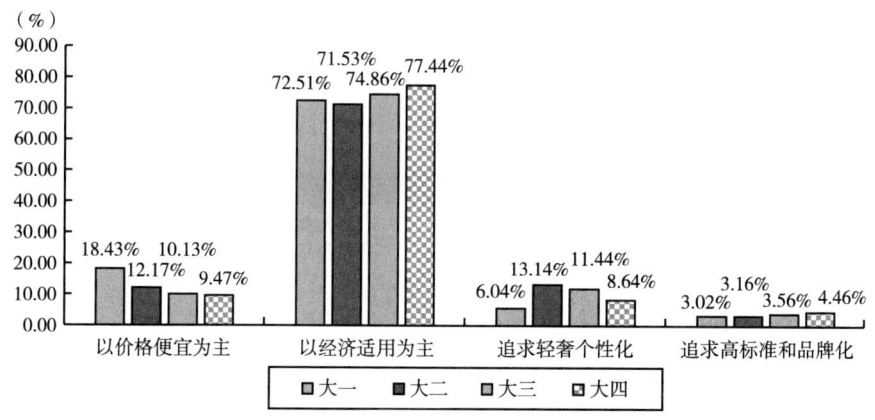

图 4-78 不同年级北京样本分布情况

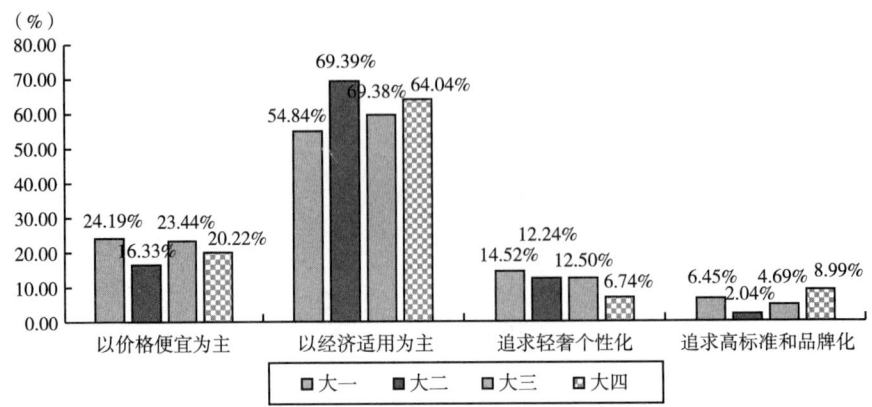

图4-79 不同年级京外样本分布情况

由 B 大学和 S 大学的数据（见图 4-80、图 4-81）可以看出，两所学校所看重的顺序均是从以经济适用为主、追求轻奢个性化、以价格便宜为主和追求高标准和个性化从高到低排序，并且两所学校的各个标准的年纪人数比例相近，说明在北京高校之间，在大学生群体之间都存在着一定共同性。

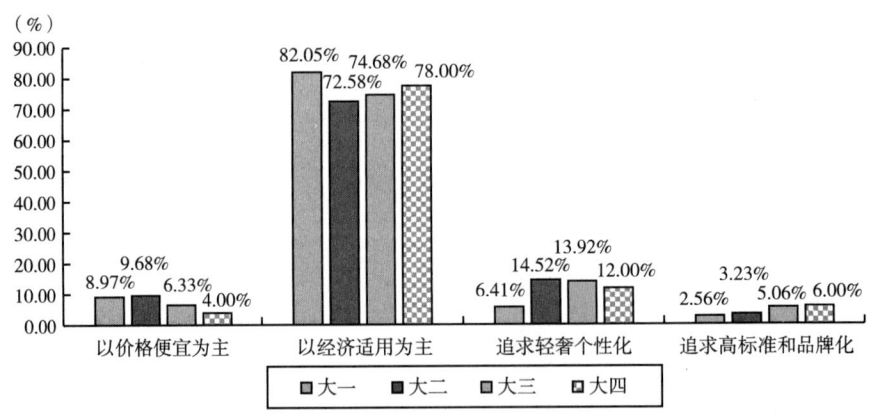

图4-80 不同年级 S 大学样本分布情况

4.3.2 计划消费分布情况

（1）样本分布情况

由表 4-23 和图 4-82 可以看出，平时有计划消费观念的占多数，占比

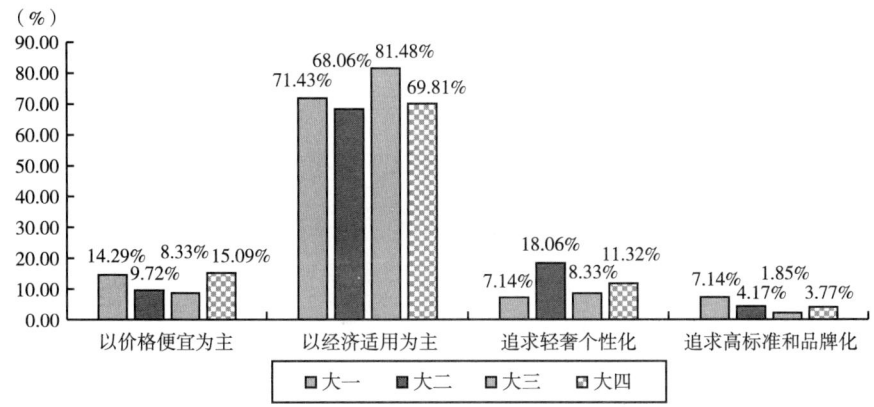

图 4-81 不同年级 B 大学样本分布情况

为总调查人数的 67.5%，平时没有计划消费观念的人数仅占 32.5%，说明大部分大学生是具有一定计划观念和规划行为的。

表 4-23　　　　　全部样本平时计划消费方面分布情况

	频率	百分比（%）	有效百分比（%）	累积百分比（%）
是	1315	67.5	67.5	67.5
否	632	32.5	32.5	100.0
总计	1947	100.0	100.0	

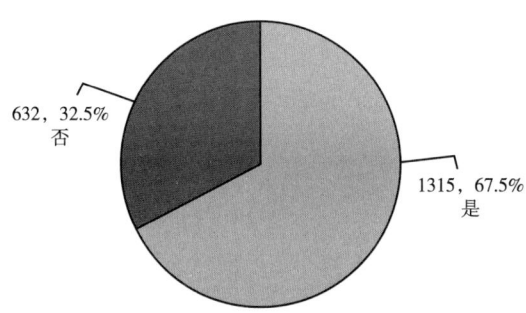

图 4-82　全部样本计划消费方面分布

从地域来看，北京外的数据差异较大。这可以看出北京有高达 70.4% 的调查人群表示平时有计划消费的习惯，但是京外的数据显示仅有 52.4%。

这说明北京学生更多人具有计划消费和规划的能力。北京两所高校的数据显示均达到了60%以上调查人群有计划消费的习惯，与北京样本分布情况相同。

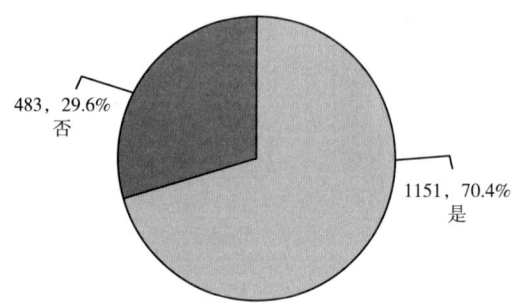

图4-83　北京样本分布情况

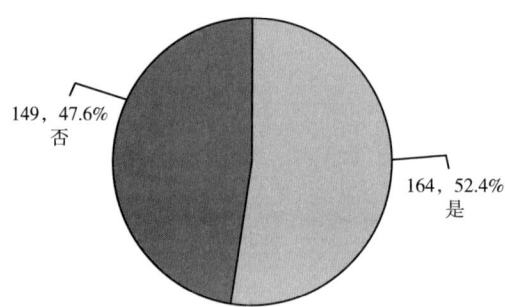

图4-84　京外样本分布情况

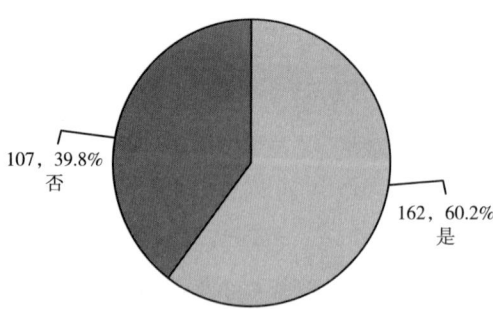

图4-85　S大学样本分布情况

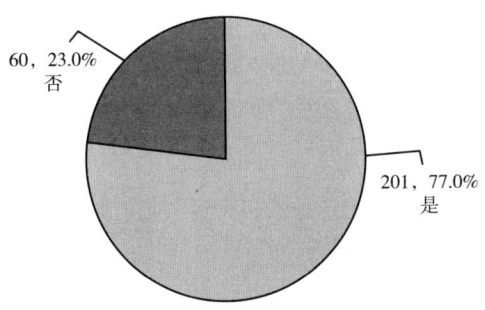

图 4-86　B 大学样本分布情况

（2）不同性别样本分布

由表 4-24 和图 4-87 可以看出，在接受调查的大学生群体中，女性较多，达到了 1175 人，男性共 772 人。其中，无论男性还是女性均是平时有计划消费的占多数，男性和女性有计划消费的比例分别占 66.97% 和 67.91%。可见，有计划消费和无计划消费的比例为 3∶1，与性别关联不大。

表 4-24　　　　　全部样本平时计划消费方面与性别交叉表

		性别		总计
		男	女	
计划消费情况	有计划	517	798	1315
	无计划	255	377	632
总计		772	1175	1947

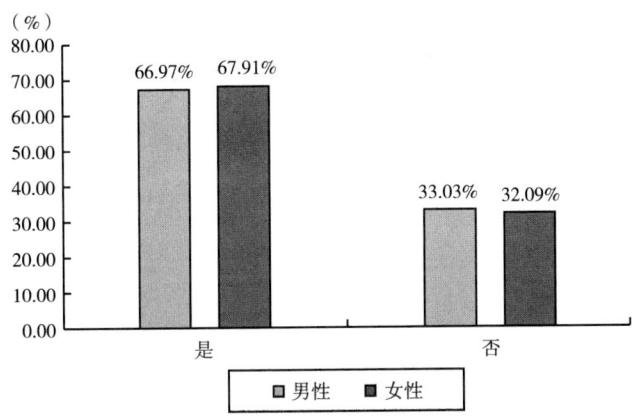

图 4-87　不同性别的计划消费方面分布情况

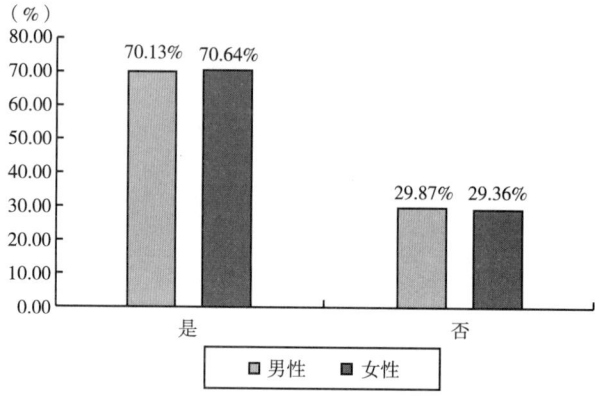

图 4-88 北京样本分布情况

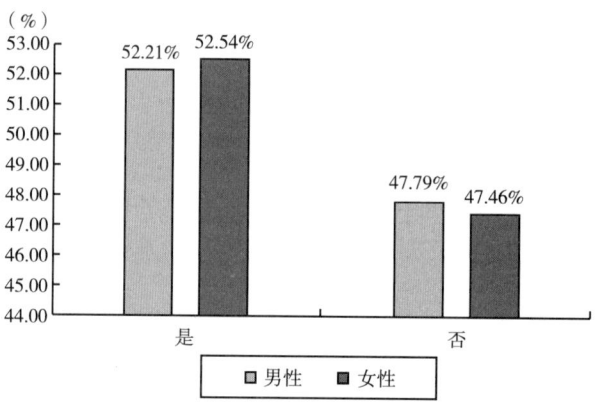

图 4-89 境外样本分布情况

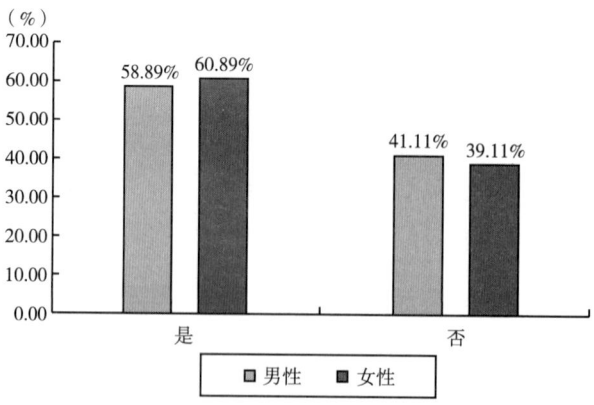

图 4-90 S 大学样本分布情况

第4章 大学生消费行为分析

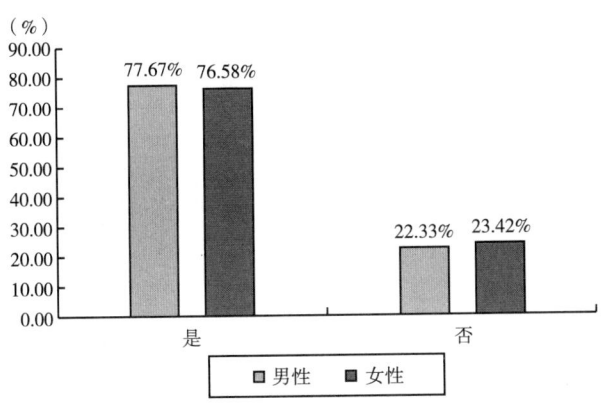

图4-91　B大学样本分布情况

对比京外的数据，京外的差距较大。可以看出，北京有高达70.4%的调查人群表示平时有计划消费的习惯，但是京外的数据显示仅有52.4%，男女比例相近，说明北京学生更多人具有计划消费和规划的能力且与性别关联不大。从B大学和S大学的数据看出，北京两所高校的数据显示均达到了60%以上调查人群有计划消费的习惯，与北京样本分布情况相同，且与男女性别关联不大。

（3）不同生源地样本分布

由表4-25和图4-92可以看出，在接受调查的大学生群体中，城镇人数占比较多，达到1475人，乡村人数472人。其中，无论城镇还是农村均是平时有计划消费的占多数，城镇和农村有计划消费的比例分别占67.86%和66.53%。可见，有计划消费和无计划消费的比例为3∶1，与生源地关联不大。

表4-25　　　　　全部样本计划消费方面与生源地交叉表

		生源地		总计
		城镇	乡村	
计划消费情况	有计划	1001	314	1315
	无计划	474	158	632
总计		1475	472	1947

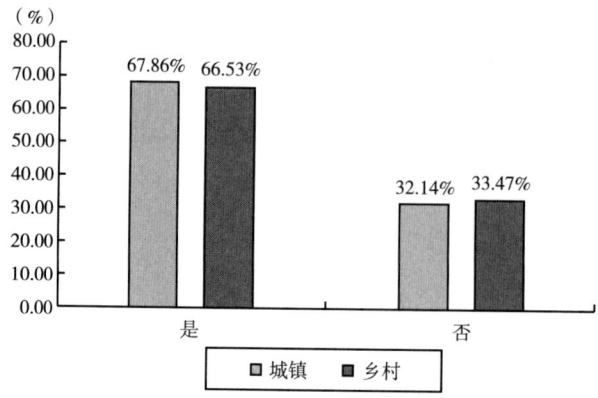

图 4-92　不同生源地的计划消费方面分布情况

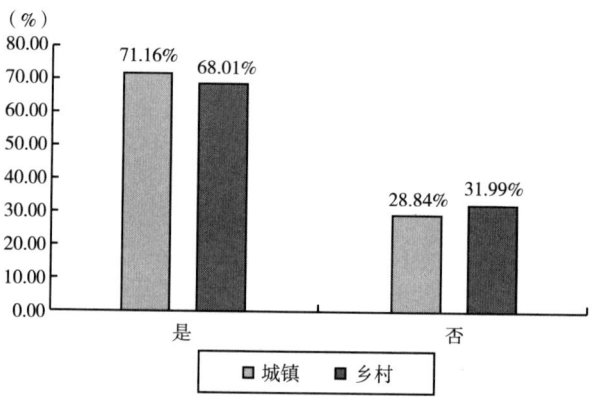

图 4-93　不同生源地北京样本分布情况

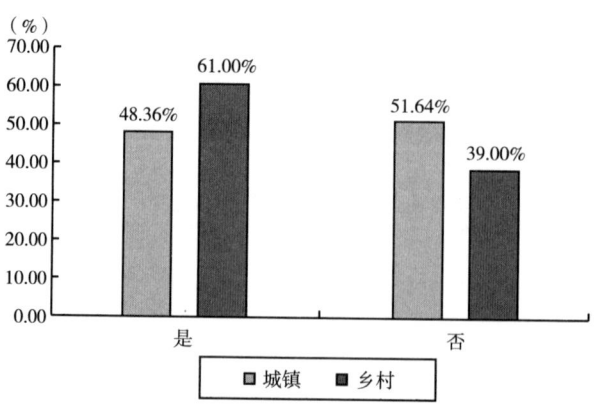

图 4-94　不同生源地京外样本分布情况

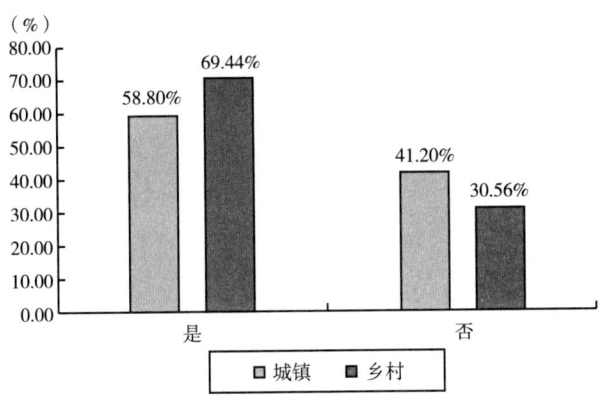

图 4-95 不同生源地的 S 大学样本分布情况

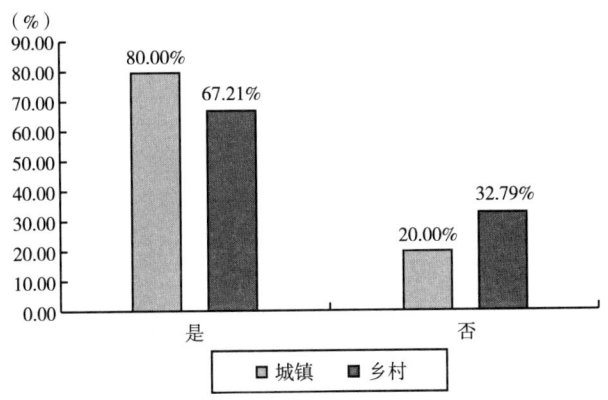

图 4-96 不同生源地的 B 大学样本分布情况

对比京外的数据，北京平时有计划消费的占多数，城镇和农村有计划消费和无计划消费的比例为 3∶1，京外城镇人口有计划人数比例少于无计划消费人数比例为 1∶1；京外农村人口平时有计划消费的占多数，有计划消费和无计划消费的比例为 3∶2，与总体样本有所不同。

由 B 大学和 S 大学的数据看出，两所学校平时有计划消费的占多数，说明在北京高校之间，在大学生群体之间都存在一定共同性。但 S 大学更多农村大学生有计划消费，B 大学更多城镇大学生有计划消费。可见，虽然北京高校之间存在一定的共通性，但也是存在着一定差异的。

（4）不同年级样本分布

由表4-26和图4-97可以看出，在接受调查的大学生群体中，基本上每个年级都有近70%的学生是有计划消费，其中大一年级有计划消费的学生占70.74%，在4个年级中占比最高，大二年级有计划消费的学生占比64.83%占比最低，但总的来说，有计划消费有计划消费和无计划消费的比例为2∶1，与年级关联不大。

表4-26　　　　　　　　全部样本计划消费方面与年级交叉表

		年级				总计
		大一	大二	大三	大四	
计划消费情况	有计划	278	330	411	296	1315
	无计划	115	179	186	152	632
总计		393	509	597	448	1947

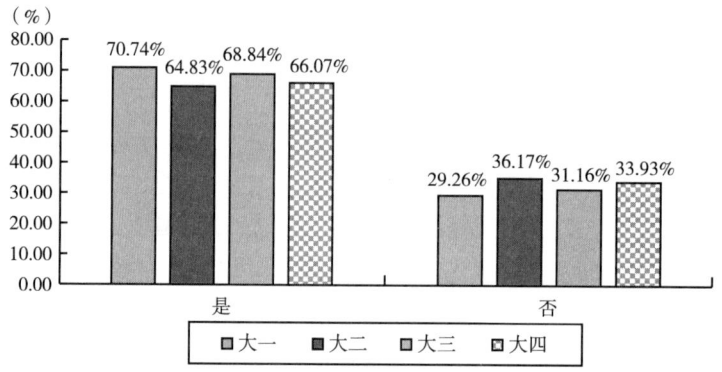

图4-97　不同年级的计划消费方面分布情况

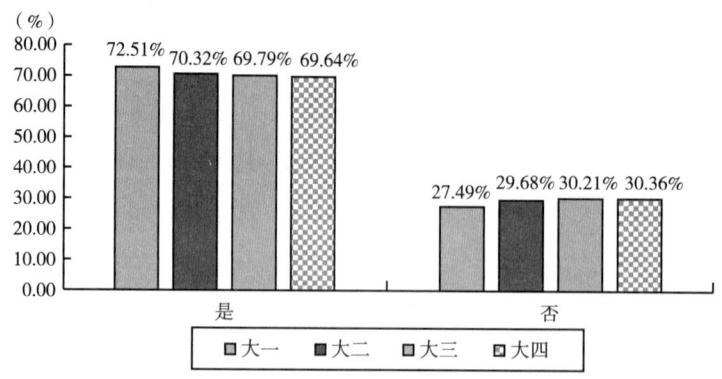

图4-98　不同年级北京样本分布情况

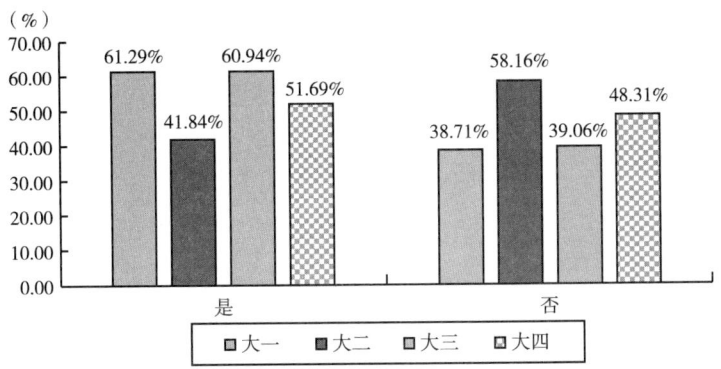

图 4-99 不同年级京外样本分布情况

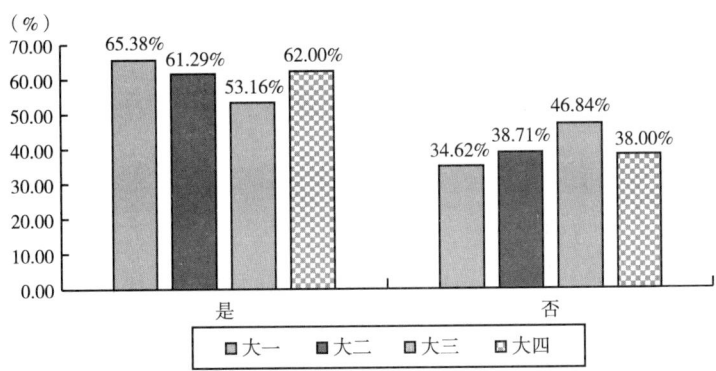

图 4-100 不同年级 S 大学样本分布情况

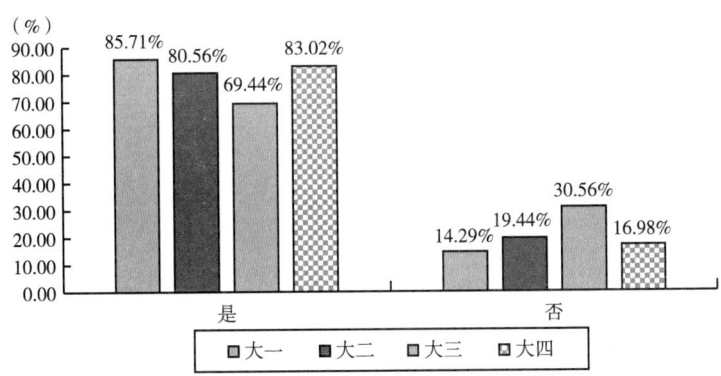

图 4-101 不同年级 B 大学样本分布情况

对比北京外的数据来看，北京的大一年级学生、大二年级学生、大三年级学生、大四年级学生平时有计划消费的占多数，有计划消费和无计划消费的比例上均为2∶1，京外大一年级学生、大三年级学生有计划人数比例多于无计划消费人数比例为3∶2；京外大四年级学生平时有计划消费与无计划消费人数比例为1∶1；京外大二年级学生有计划消费人数少于无计划消费人数比例为2∶3。可见，京外地区有计划消费人数较少，且在不同年级上的比例分布是有差异的。

由B大学和S大学的数据看出，两所学校平时有计划消费的占多数，说明在北京高校之间，在大学生群体之间都存在一定共同性。但S大学大三年级学生比例为1∶1。可见，虽然北京高校之间存在一定的共通性，但也是存在一定差异的。

4.3.3 对消费行为的影响

（1）全部样本分析

通过表4-27相关性分析可以看出，大学生在衣食住行方面的标准与平均月消费、直播购物消费比例的相关系数为0.304、0.174，并且在0.01的显著性水下呈现正相关关系，说明当大学生在衣食住行方面的标准要求越高则其每月的消费水平和直播购物消费占比也是相对应较高。大学生是否有计划消费与平均月消费在0.01显著性水平上显著，相关系数为0.069，很小表明两者之间的相关性较低，影响微弱，而是否有计划消费与直播购物消费比例之间的相关系数为-0.015，但P值为0.510，相关性不显著。

表4-27　　　　全部样本消费观念与消费行为的相关性分析

		衣食住行方面的标准	计划消费与否	平均月消费	直播购物消费比例
衣食住行方面的标准	皮尔逊相关性	1	0.024	0.304**	0.174**
	显著性（双尾）		0.298	0.000	0.000
	个案数	1947	1947	1947	1947
计划消费与否	皮尔逊相关性	0.024	1	0.069**	-0.015
	显著性（双尾）	0.298		0.002	0.510
	个案数	1947	1947	1947	1947

续表

		衣食住行方面的标准	计划消费与否	平均月消费	直播购物消费比例
平均月消费	皮尔逊相关性	0.304**	0.069**	1	0.169**
	显著性（双尾）	0.000	0.002		0.000
	个案数	1947	1947	1947	1947
直播购物消费比例	皮尔逊相关性	0.174**	-0.015	0.169**	1
	显著性（双尾）	0.000	0.510	0.000	
	个案数	1947	1947	1947	1947

注："**"表示在0.01级别（双尾），相关性显著。

（2）北京与京外样本分析

通过表4-28相关性分析可以看出，北京大学生在衣食住行方面的标准与平均月消费、直播购物消费比例的相关系数为0.316、0.072，并且在0.01的显著性水下呈现正相关关系，说明当大学生在衣食住行方面的标准要求越高则其每月的消费水平和直播购物消费占比也是相对应的较高。大学生是否有计划消费与平均月消费在0.01显著性水平上显著，相关系数为0.172，不明显地表明两者之间的相关性较低、影响微弱，而是否有计划消费与直播购物消费比例之间的相关系数为-0.02，但P值为0.42，相关性不显著。

表4-28　北京样本消费观念与消费行为的相关性分析

		平均月消费	直播购物消费比例	衣食住行方面的标准	计划消费与否
平均月消费	皮尔逊相关性	1	0.166**	0.316**	0.072**
	显著性（双尾）		0.000	0.000	0.003
	个案数	1634	1634	1634	1634
直播购物消费比例	皮尔逊相关性	0.166**	1	0.172**	-0.020
	显著性（双尾）	0.000		0.000	0.420
	个案数	1634	1634	1634	1634
衣食住行方面的标准	皮尔逊相关性	0.316**	0.172**	1	0.039
	显著性（双尾）	0.000	0.000		0.116
	个案数	1634	1634	1634	1634
计划消费与否	皮尔逊相关性	0.072**	-0.020	0.039	1
	显著性（双尾）	0.003	0.420	0.116	
	个案数	1634	1634	1634	1634

注："**"表示在0.01级别（双尾），相关性显著。

通过表 4-29 相关性分析可以看出，京外大学生在衣食住行方面的标准与平均月消费、直播购物消费比例的相关系数为 0.257、0.192，并且在 0.01 的显著性水下呈现正相关关系，说明当大学生在衣食住行方面的标准要求越高则其每月的消费水平和直播购物消费占比也是相对应的较高。大学生是否有计划消费与平均月消费在 0.01 显著性水平上显著，相关系数为 0.124，很小表明两者之间的相关性较低、影响微弱，而是否有计划消费与直播购物消费比例之间的相关系数为 -0.049，但 P 值为 0.386，相关性不显著。

表 4-29　京外样本消费观念与消费行为的相关性分析

		衣食住行方面的标准	计划消费与否	平均月消费	直播购物消费比例
衣食住行方面的标准	皮尔逊相关性	1	-0.021	0.257**	0.192**
	显著性（双尾）		0.713	0.000	0.001
	个案数	313	313	313	313
计划消费与否	皮尔逊相关性	-0.021	1	0.124*	-0.049
	显著性（双尾）	0.713		0.029	0.386
	个案数	313	313	313	313
平均月消费	皮尔逊相关性	0.257**	0.124*	1	0.229**
	显著性（双尾）	0.000	0.029		0.000
	个案数	313	313	313	313
直播购物消费比例	皮尔逊相关性	0.192**	-0.049	0.229**	1
	显著性（双尾）	0.001	0.386	0.000	
	个案数	313	313	313	313

注："*"表示在 0.05 级别（双尾），相关性显著。"**"表示在 0.01 级别（双尾），相关性显著。

北京和京外的相关性数据会汇总的数据相同，学生在衣食住行方面的标准与平时有计划消费与在校期间的平均月消费数之间在 0.01 的显著性水下呈现正相关关系。同时，大学生在衣食住行方面的标准与可支配收入用于直播购物的比例在 0.01 的显著性水下呈现正相关关系。

（3）S 大学与 B 大学样本分析

S 大学与 B 大学两所学校的相关性数据与汇总数据存在差异，可能是由于样本数量较少，相关性不够突出所致。

第4章 大学生消费行为分析

表4-30　　S大学样本消费观念与消费行为的相关性分析

		衣食住行方面的标准	计划消费与否	平均月消费	直播购物消费比例
衣食住行方面的标准	皮尔逊相关性	1	-0.002	0.293**	0.181**
	显著性（双尾）		0.978	0.000	0.003
	个案数	269	269	269	269
计划消费与否	皮尔逊相关性	-0.002	1	0.113	0.038
	显著性（双尾）	0.978		0.065	0.533
	个案数	269	269	269	269
平均月消费	皮尔逊相关性	0.293**	0.113	1	0.095
	显著性（双尾）	0.000	0.065		0.121
	个案数	269	269	269	269
直播购物消费比例	皮尔逊相关性	0.181**	0.038	0.095	1
	显著性（双尾）	0.003	0.533	0.121	
	个案数	269	269	269	269

注："**"表示在0.01级别（双尾），相关性显著。

表4-31　　B大学样本消费观念与消费行为的相关性分析

		衣食住行方面的标准	计划消费与否	平均月消费	直播购物消费比例
衣食住行方面的标准	皮尔逊相关性	1	0.067	0.409**	0.019
	显著性（双尾）		0.278	0.000	0.754
	个案数	261	261	261	261
计划消费与否	皮尔逊相关性	0.067	1	0.072	-0.044
	显著性（双尾）	0.278		0.245	0.476
	个案数	261	261	261	261
平均月消费	皮尔逊相关性	0.409**	0.072	1	0.063
	显著性（双尾）	0.000	0.245		0.313
	个案数	261	261	261	261
直播购物消费比例	皮尔逊相关性	0.019	-0.044	0.063	1
	显著性（双尾）	0.754	0.476	0.313	
	个案数	261	261	261	261

注："**"表示在0.01级别（双尾），相关性显著。

4.4 消费教育

4.4.1 家长教育分布情况

(1) 样本分布情况

由表 4-32 和图 4-102 中可以看出，全部样本被调查者中，有 60% 被调查者在消费中有家长教育，40% 被调查者没有，两者占比 3∶2，说明有家长教育的人数较多。

表 4-32　　　　　全部样本是否有家长教育的分布情况

	频率	百分比（%）	有效百分比（%）	累积百分比（%）
是	1169	60.0	60.0	60.0
否	778	40.0	40.0	100.0
总计	1947	100.0	100.0	

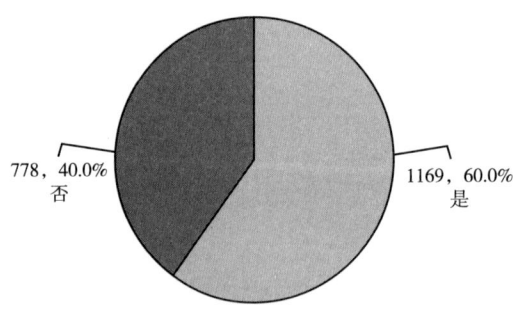

图 4-102　全部样本是否有家长教育分布情况

从地域来看，北京外的数据差异较大。这可以看出，北京有高达 63.5% 的调查人群表示有家长教育的参与在内，但是京外的数据显示仅有 41.9%。这说明京外地区在家长教育方面是有差别的。

北京两所高校的数据显示调查人群均达到了 60% 以上有家长教育的习惯，与北京样本分布情况相同。

第 4 章 大学生消费行为分析

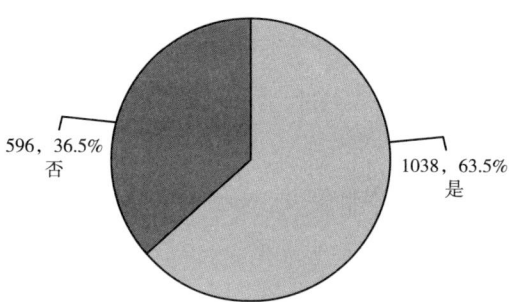

图 4-103 北京样本分布情况

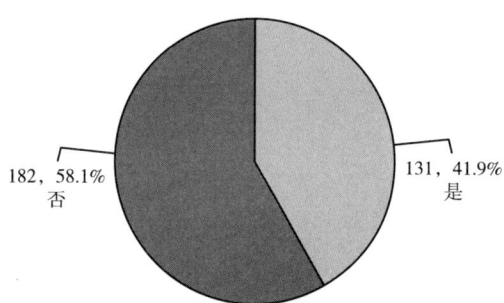

图 4-104 京外样本分布情况

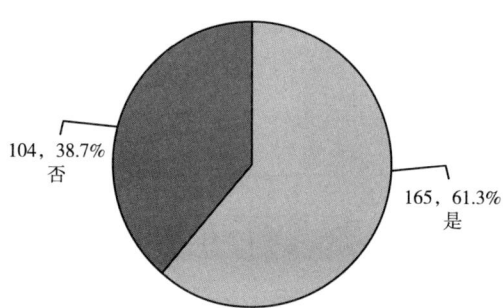

图 4-105 S 大学样本分布情况

（2）不同性别样本分布情况

由表 4-33 和图 4-107 可以看出，男性和女性均有 60% 左右的大学生是受家长教育的。其中，受家长教育的男性占比 63.34%，女性占比 57.87%，男性占比更多，说明在性别方面受家长教育存在一定的差异。

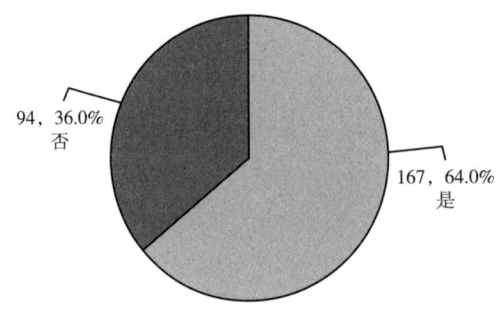

图 4-106　B 大学样本分布情况

表 4-33　　　　全部样本受家长教育与性别交叉表

		性别		总计
		男	女	
家长是否经常进行消费和理财教育	是	489	680	1169
	否	283	495	778
总计		772	1175	1947

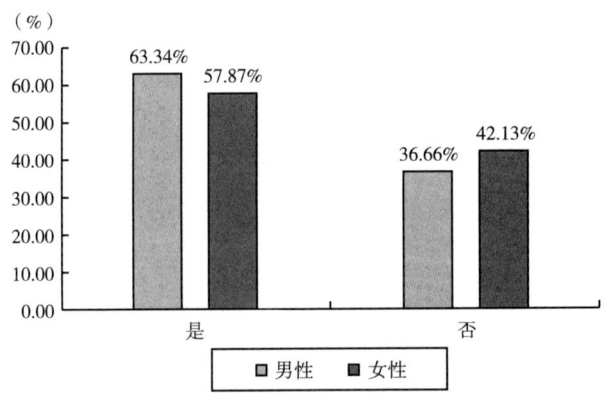

图 4-107　不同性别受家长消费和理财教育分布情况

从性别来看，京外的数据差异较大。这可以看出，北京都是男性和女性受家长教育的占比人数多于不受教育的人数，而京外男性和女性受家长教育的人数均少于不受家长教育的人数，说明北京、京外大学生在受家长教育方面是有显著差异的，但在性别上没有显著差异。

北京两所高校的数据显示均达到了 60% 以上调查人群有家长教育的习惯，

第4章 大学生消费行为分析

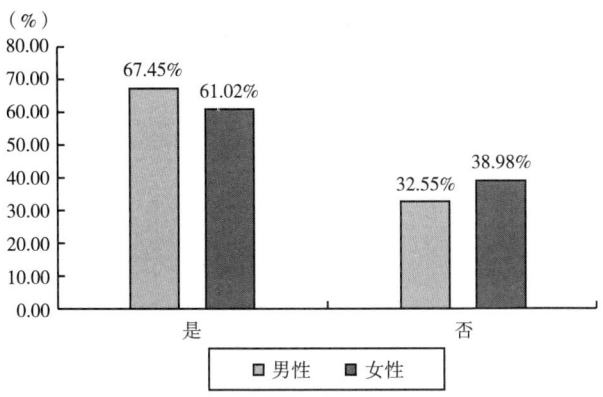

图4-108 不同性别北京样本分布情况

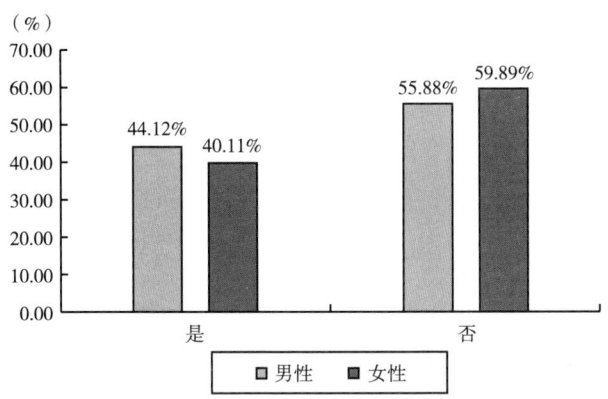

图4-109 不同性别京外样本分布情况

与北京样本分布情况相同，但男性和女性的比例分布没有显著差异，说明在性别方面关联不大。

(3) 不同生源地样本分布情况

由表4-34和图4-112可以看出，无论城镇还是农村，家长经常对其进行消费教育和理财教育的比重更大。本次调查城镇人口人数更多，共1169人。其中，62.51%的城镇大学生家长经常对其进行消费教育和理财教育，但在农村人口中有52.33%的农村大学生家长经常对其进行消费教育和理财教育，略少于城镇占比，说明城镇和农村在家长经常对其进行消费教育和理财教育方面有细微的差异。

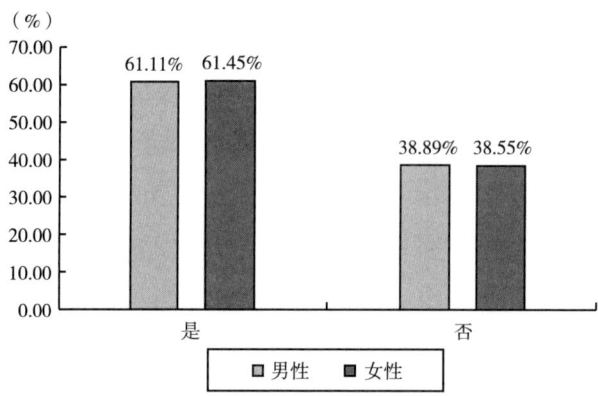

图 4-110　不同性别 S 大学样本分布情况

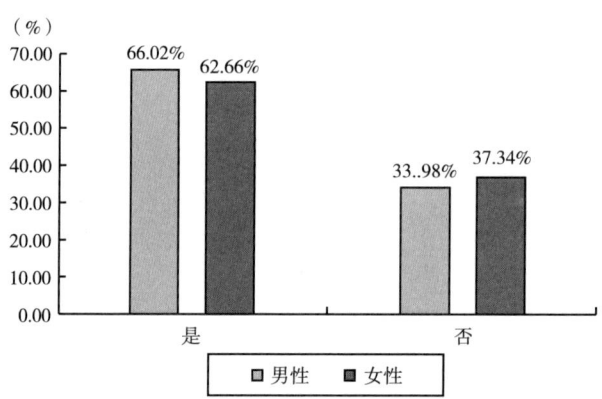

图 4-111　不同性别 B 大学样本分布情况

表 4-34　全部样本受家长教育与生源地交叉表

		生源地		总计
		城镇	乡村	
家长是否经常进行消费和理财教育	是	922	247	1169
	否	553	225	778
总计		1475	472	1947

从地域来看，京外的数据差异较大。这可以看出，北京城镇和农村均是家长经常对其进行消费教育和理财教育的比重更大，但京外城镇和农村均是家长经常对其进行消费教育和理财教育的比重更小，是有显著差异的。

北京两所高校的数据显示，60%以上的被调查城镇学生家长经常对其进

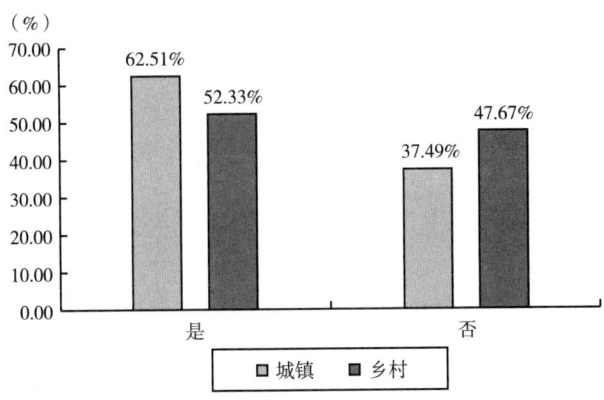

图 4-112　不同生源地的受家长消费和理财教育分布情况

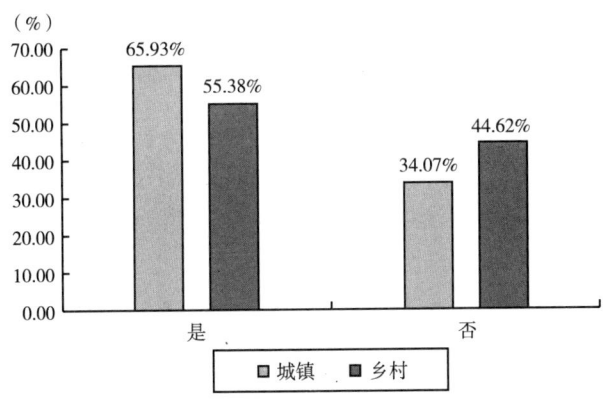

图 4-113　不同生源地北京样本分布情况

行消费教育和理财教育，但在乡村人群中，S 大学家长经常对其进行消费教育和理财教育，与家长不经常对其进行消费教育和理财教育的比重是 1∶1。这说明不同学校之间也是有差异的。

（4）不同年级样本分布情况

由表 4-35 和图 4-117 可以看出，大一年级、大二年级、大三年级、大四年级均是家长经常进行消费教育占比更大。其中，大一年级、大三年级学生家长经常进行消费教育和理财教育与家长不经常进行消费教育和理财教育的比重均约为 2∶1；大二年级学生家长经常进行消费教育和理财教育与家长不经常进行消费教育和理财教育的比重均约为 3∶2；大四年级学生家长经常进行消费教育和理财教育与家长不经常进行消费教育和理财教育的比重均约

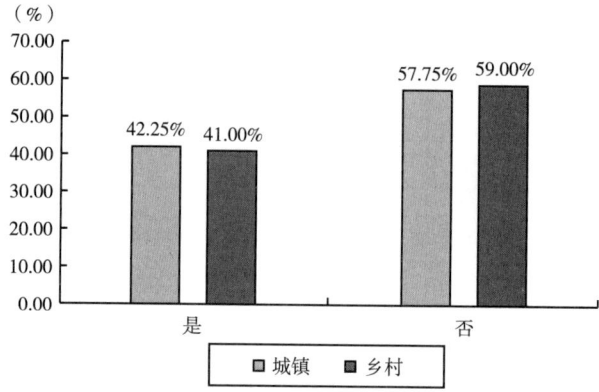

图 4-114 不同生源地京外样本分布情况

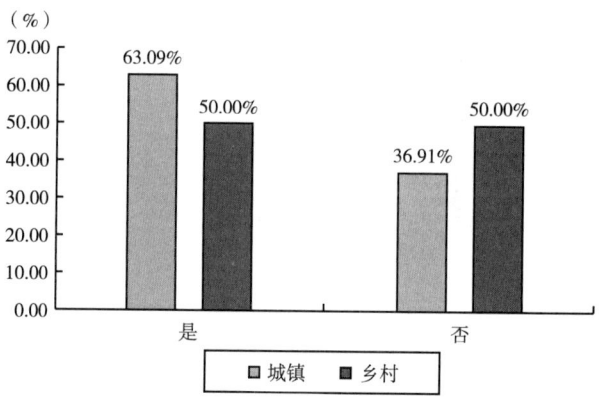

图 4-115 不同生源地 S 大学样本分布情况

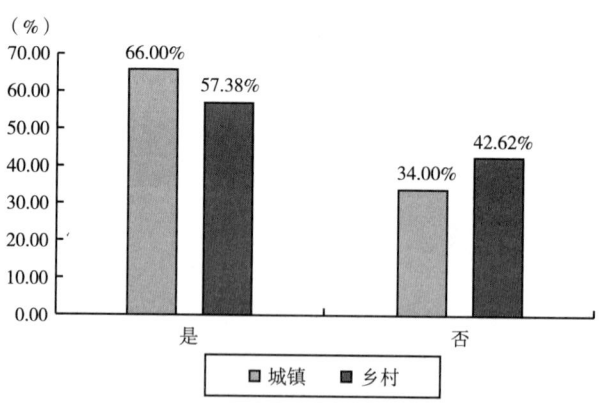

图 4-116 不同生源地 B 大学样本分布情况

为1∶1。可见，不同年级的全部样本受家长教育情况分布是有差异的。

表4-35　　　　　　　全部样本受家长教育与年级交叉表

		年级				总计
		大一	大二	大三	大四	
家长是否经常进行消费和理财教育	是	260	294	385	230	1169
	否	133	215	212	218	778
总计		393	509	597	448	1947

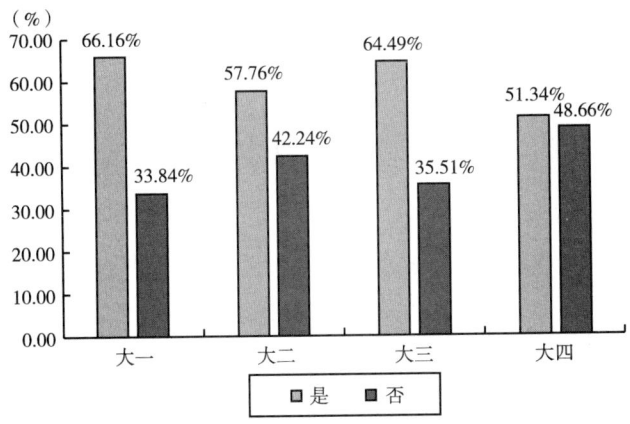

图4-117　不同年级的全部样本受家长教育情况分布

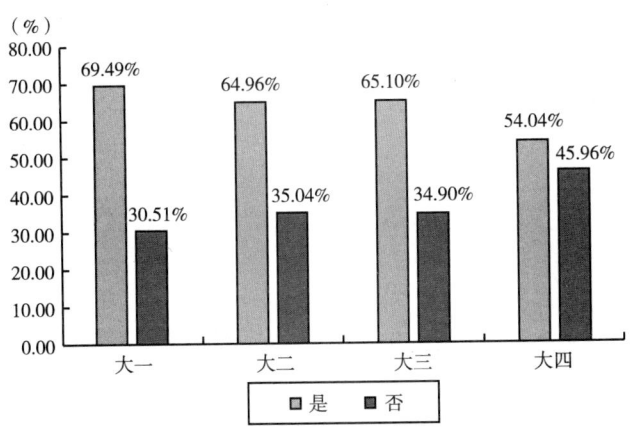

图4-118　不同年级北京样本分布情况

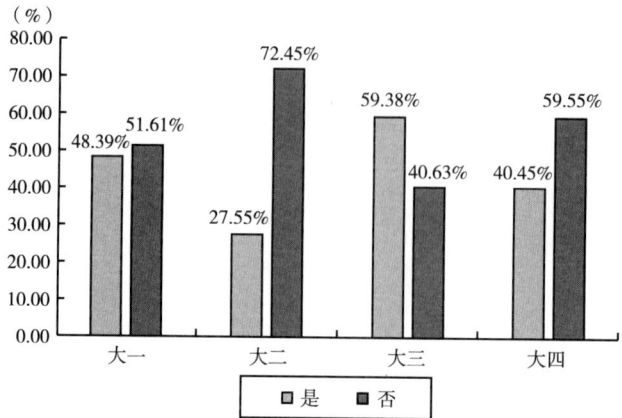

图 4-119 不同年级京外样本分布情况

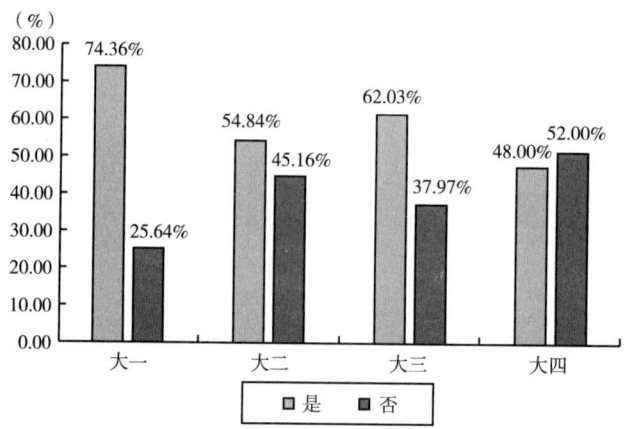

图 4-120 不同年级 S 大学样本分布情况

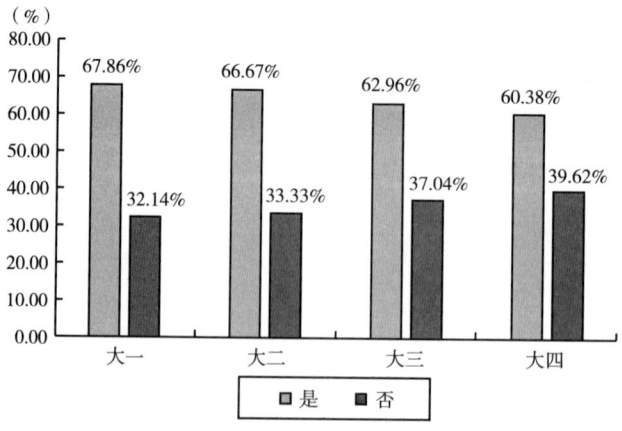

图 4-121 不同年级 B 大学样本分布情况

对比北京和京外的数据，北京的大一年级、大二年级、大三年级、大四年级均是家长经常对其进行消费教育占比更大；京外除了大三年级外，均是家长经常对其进行消费教育占比更小。可见，北京、京外的差异是较大的。

由B大学和S大学的数据看出，两所学校除S大学的大四年级外，大一年级、大二年级、大三年级、大四年级均是家长经常对其进行消费教育占比更大，与北京样本分布情况是相同的。

4.4.2 学校教育分布情况

（1）样本分布情况

由表4-36和图4-122中可以看出，全部样本被调查者中，有50.2%被调查者受过学校关于消费和理财方面的教育，49.8%被调查者没有，两者占比1∶1，说明有多数学校未开展该方面的教育。

表4-36　全部样本是否受过学校关于消费和理财教育的分布情况

	频率	百分比（%）	有效百分比（%）	累积百分比（%）
是	978	50.2	50.2	50.2
否	969	49.8	49.8	100.0
总计	1947	100.0	100.0	

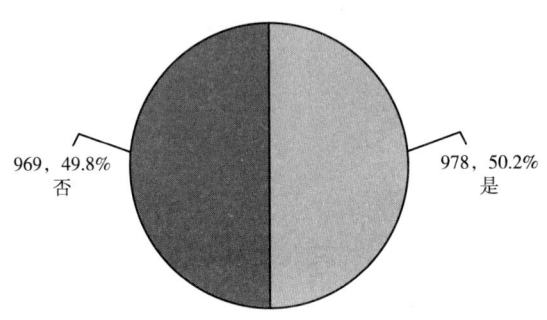

图4-122　全部样本的受学校教育分布

从地域来看，北京、京外的数据差异较大。北京样本受过学校消费和理财教育的分布情况，受教育人数更多，受学校教育与不受学校教育占比约为1∶1，京外样本受学校相关教育分布情况受教育人数更少，受学校教育与不受

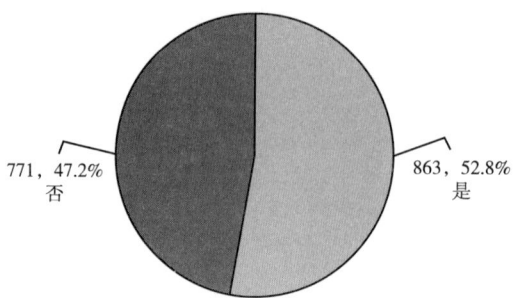

图 4-123 北京样本分布情况

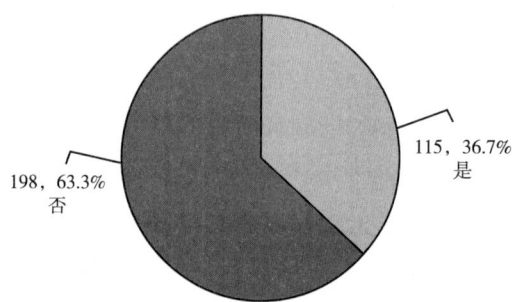

图 4-124 京外样本分布情况

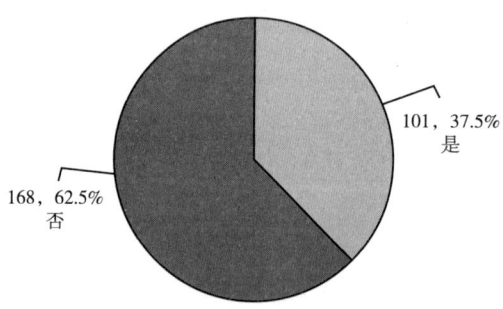

图 4-125 S 大学样本分布情况

学校教育占比约为 2∶3。可见，北京、京外样本差异是较大的。

北京两所高校的数据显示，S 大学受学校教育分布情况受教育人数更少，受学校教育与不受学校教育占比约为 2∶3，与北京样本分布不同。B 大学受学校教育分布情况受教育人数更少，受学校教育与不受学校教育占比约为 1∶1，与北京样本分布情况相同。可见，不同学校在学校教育分布情况也是有显著差异的。

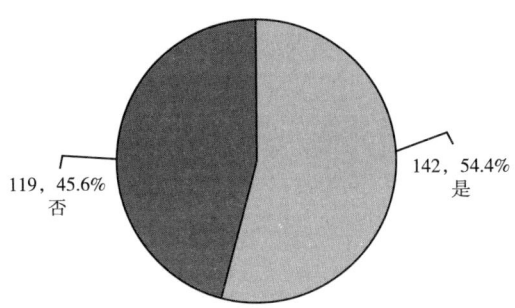

图 4-126　B 大学样本分布情况

(2) 不同性别样本分布情况

由表 4-37 和图 4-127 可以看出,男性学校消费教育和理财教育开展情况占比更大,占比 55.31%,而女性学校消费教育和理财教育开展情况占比较小,占比 46.89%。说明不同性别受学校教育情况分布是不同的。

表 4-37　　　　　全部样本受学校教育情况与性别交叉表

		性别		总计
		男	女	
学校消费教育和理财教育开展情况	是	427	551	978
	否	345	624	969
总计		772	1175	1947

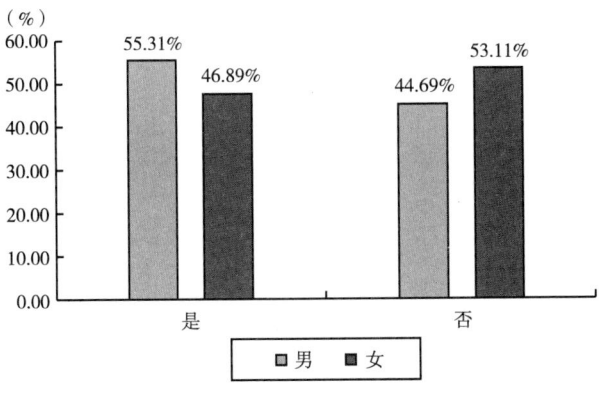

图 4-127　不同性别的全部样本的受学校教育情况分布

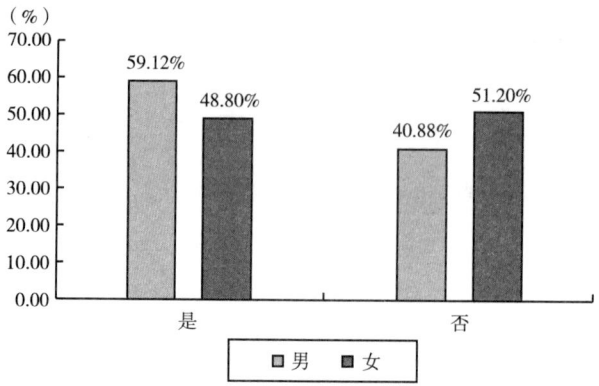

图4-128 不同性别北京样本分布情况

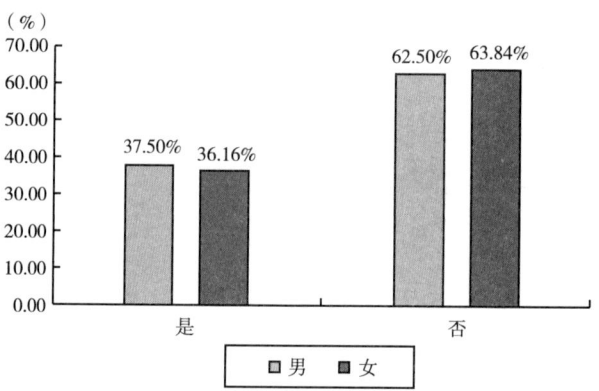

图4-129 不同性别京外样本分布情况

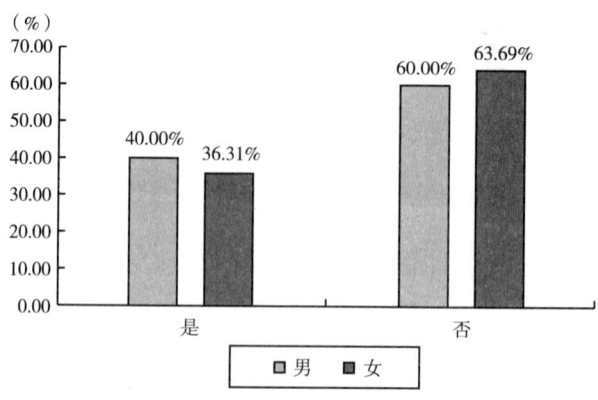

图4-130 不同性别S大学样本分布情况

第4章 大学生消费行为分析

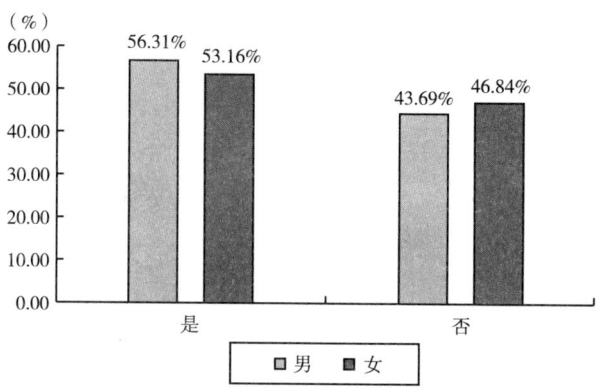

图4-131 不同性别B大学样本分布情况

对比北京外的数据，北京学校城镇消费教育和理财教育开展情况较好，占比更大，占比59.12%；但北京学校农村、京外学校城镇和京外学校农村的理财教育开展情况均是未接收人数比重更多，说明在这方面有待加强，北京学校消费教育和理财教育开展情况相对较好。

从B大学和S大学的数据看出，S大学城镇和农村的学校理财教育开展情况均是未接收人数比重更多，说明在这方面有待加强；B大学城镇和农村的理财教育开展情况均是接收人数比重更多，说明B大学在消费教育和理财教育开展情况相对较好。

（3）不同生源地样本分布情况

由表4-38和图4-132可以看出，城镇和乡村学校理财教育开展情况水平持平，乡村开展乡村学校理财教育的人数占比50.64%，而城镇开展乡村学校理财教育的人数比为50：10，与未开展乡村学校理财教育的人数比例均约为1：1。可见，在这方面虽然半数学校是开展乡村学校理财教育了的，但仍有很大的发展空间。

表4-38　　全部样本受学校消费和理财教育与生源地交叉表

		生源地		总计
		城镇	乡村	
学校是否开展过消费和理财教育	是	739	239	978
	否	736	233	969
	总计	1475	472	1947

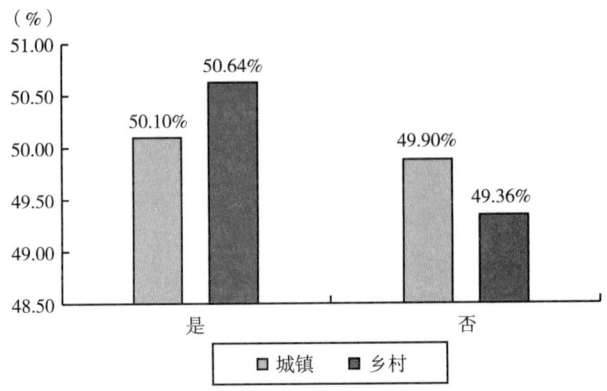

图4-132 不同生源地全部样本受学校消费和理财教育分布

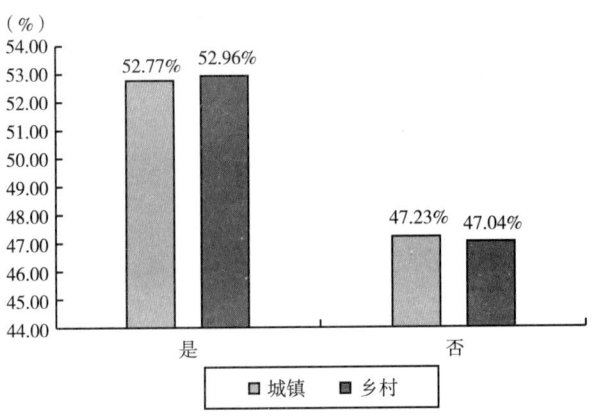

图4-133 不同生源地北京样本分布情况

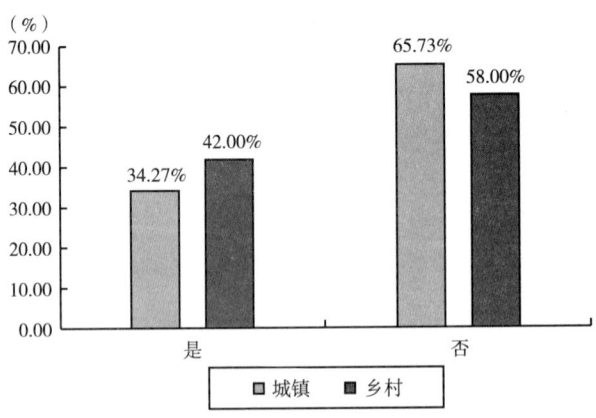

图4-134 不同生源地京外样本分布情况

第4章 大学生消费行为分析

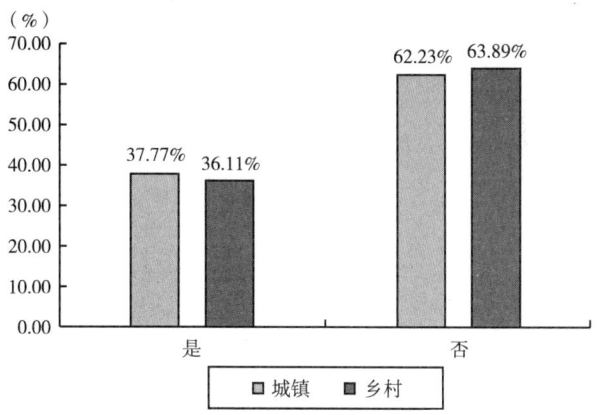

图4-135 不同生源地S大学样本分布情况

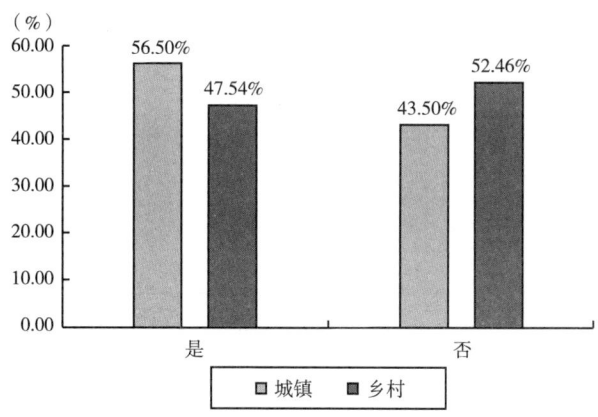

图4-136 不同生源地B大学样本分布情况

对比京外的数据，北京城镇和乡村学校理财教育开展情况水平持平，分别占比52.77%、52.96%，占大半部分，说明北京学校理财教育开展情况是较好的；京外城镇和乡村开展乡村学校理财教育的人数较少，分别占比34.27%和42.00%，说明在学校理财教育开展方面，京外学校还需要加强。

从B大学和S大学的数据看出，除B大学城镇被调查者学校理财教育开展情况是较好，占比56.50%之外，B大学乡村被调查者、S大学城镇和农村被调查者的学校理财教育开展情况都有很大的进步空间。

（4）不同年级样本分布情况

由表4-39和图4-137可以看出，大学是否开展过消费教育和理财教育与大学生的年级交叉表显示，各个年级中受访的大学生选择是与否的比例均接近1/2。说明大学是否开展过消费教育和理财教育与大学生的年级关联不大。

表 4 - 39　　　　全部样本受学校消费和理财教育与年级交叉表

		年级				总计
		大一	大二	大三	大四	
学校开展过消费教育和理财教育与否	是	205	257	311	205	978
	否	188	252	286	243	969
总计		393	509	597	448	1947

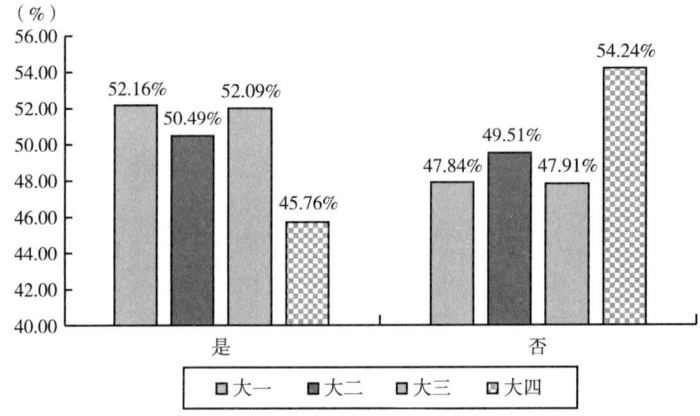

图 4 - 137　不同年级全部样本受学校消费和理财教育的分布情况

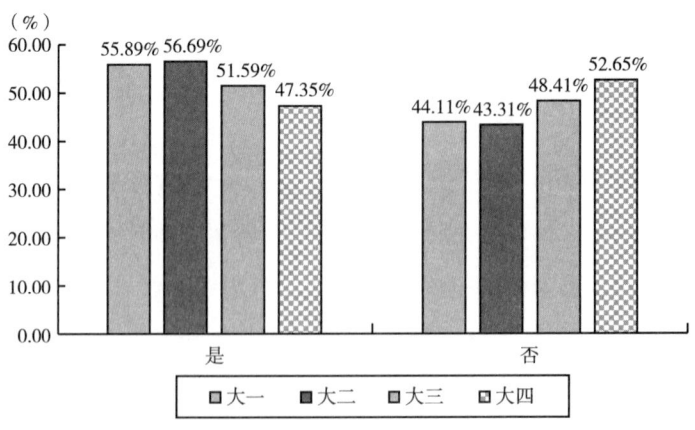

图 4 - 138　不同年级北京样本分布情况

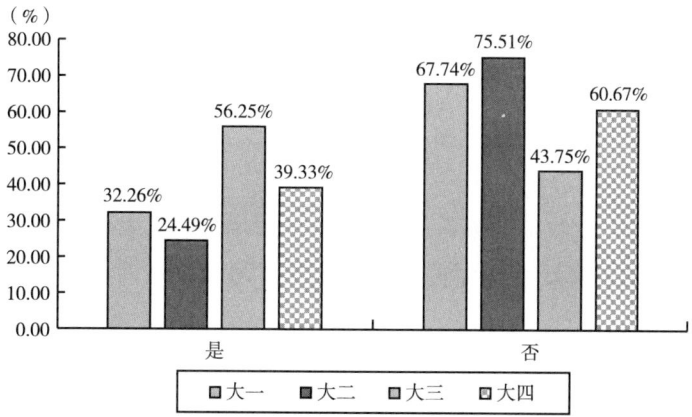

图 4-139 不同年级京外样本分布情况

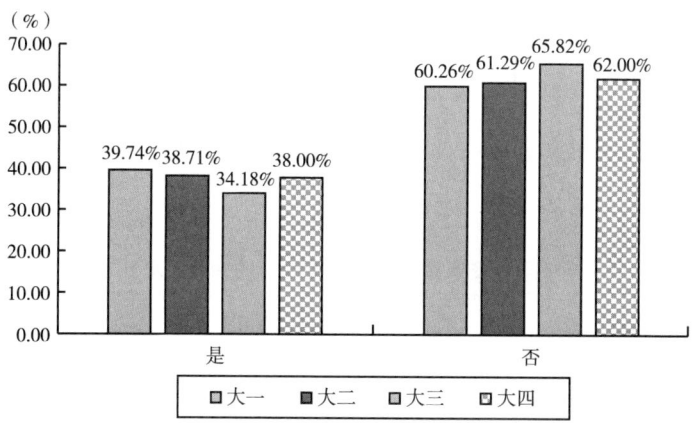

图 4-140 不同年级 S 大学样本分布情况

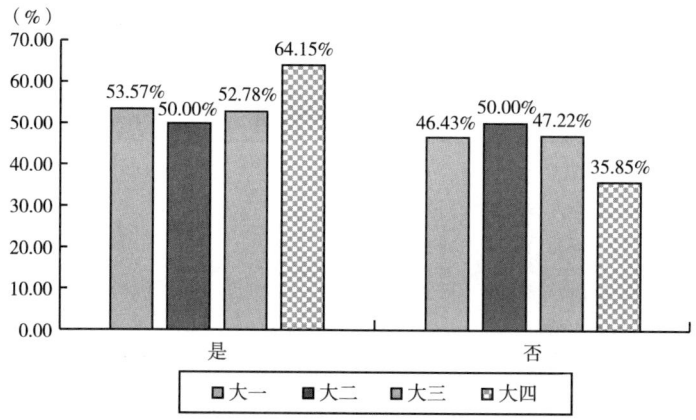

图 4-141 不同年级 B 大学样本分布情况

对比北京外的数据来看，北京样本不同年级大学是否开展过消费教育和理财教育占比基本相同，呈现约为 1∶1 的比例；京外除大三年级外，其他年级开展过消费教育和理财教育的学校较少，说明在这方面是需要加强的。从 B 大学和 S 大学的数据看出，S 大学消费教育和理财教育情况并不良好，是有很大进步空间的，而 B 大学的消费教育和理财教育情况较好，比重略大于 1∶1。综合来看，大学是否开展过消费教育和理财教育与大学生的年级关联不大，反而与不同地区的关联更大。

4.4.3 对消费行为的影响

（1）全部样本

通过表 4-40 相关性分析可以看出，家长经常进行消费教育和理财教育与月平均消费水平在 0.05% 的显著性水平下呈现负相关，而学校开展过消费教育和理财教育与大学生可支配收入用于直播购物的比例在 0.01% 的显著性水平下呈现负相关。

表 4-40　　　　全部样本受消费教育与消费行为的相关性分析

		月平均消费	直播购物消费比例	受家长教育	受学校消费教育
月平均消费	皮尔逊相关性	1	0.169**	-0.056*	-0.013
	显著性（双尾）		0.000	0.014	0.574
	个案数	1947	1947	1947	1947
直播购物消费比例	皮尔逊相关性	0.169**	1	-0.019	-0.106**
	显著性（双尾）	0.000		0.405	0.000
	个案数	1947	1947	1947	1947
受家长教育	皮尔逊相关性	-0.056*	-0.019	1	0.402**
	显著性（双尾）	0.014	0.405		0.000
	个案数	1947	1947	1947	1947
受学校消费教育	皮尔逊相关性	-0.013	-0.106**	0.402**	1
	显著性（双尾）	0.574	0.000	0.000	
	个案数	1947	1947	1947	1947

注："**"表示在 0.01 级别（双尾），相关性显著；"*"表示在 0.05 级别（双尾），相关性显著。

(2) 北京与京外样本分析

由表4-40和表4-41相关性分析可以看出,北京家长经常进行消费教育和理财教育与月平均消费水平在0.05%的显著性水平下呈现负相关,而北京学校开展过消费教育和理财教育与大学生可支配收入用于直播购物的比例在0.01%的显著性水平下呈现负相关。可见,北京的相关性分析结果与汇总的数据相同。

表4-41　北京样本受消费教育与消费行为的相关性分析

		月平均消费	直播购物消费比例	受家长教育	受学校消费教育
月平均消费	皮尔逊相关性	1	0.166**	-0.052*	0.019
	显著性（双尾）		0.000	0.036	0.451
	个案数	1634	1634	1634	1634
直播购物消费比例	皮尔逊相关性	0.166**	1	-0.041	-0.112**
	显著性（双尾）	0.000		0.095	0.000
	个案数	1634	1634	1634	1634
受家长教育	皮尔逊相关性	-0.052*	-0.041	1	0.392**
	显著性（双尾）	0.036	0.095		0.000
	个案数	1634	1634	1634	1634
受学校消费教育	皮尔逊相关性	0.019	-0.112**	0.392**	1
	显著性（双尾）	0.451	0.000	0.000	
	个案数	1634	1634	1634	1634

注:"**"表示在0.01级别（双尾）,相关性显著;"*"表示在0.05级别（双尾）,相关性显著。

表4-42　京外样本受消费教育与消费行为的相关性分析

		月平均消费	直播购物消费比例	受家长教育	受学校消费教育
月平均消费	皮尔逊相关性	1	0.229**	-0.003	-0.143*
	显著性（双尾）		0.000	0.955	0.011
	个案数	313	313	313	313
直播购物消费比例	皮尔逊相关性	0.229**	1	0.017	-0.136*
	显著性（双尾）	0.000		0.762	0.016
	个案数	313	313	313	313

续表

		月平均消费	直播购物消费比例	受家长教育	受学校消费教育
受家长教育	皮尔逊相关性	-0.003	0.017	1	0.388**
	显著性（双尾）	0.955	0.762		0.000
	个案数	313	313	313	313
受学校消费教育	皮尔逊相关性	-0.143*	-0.136*	0.388**	1
	显著性（双尾）	0.011	0.016	0.000	
	个案数	313	313	313	313

注："**"表示在0.01级别（双尾），相关性显著；"*"表示在0.05级别（双尾），相关性显著。

与汇总的数据相关性不同的是，京外的数据显示大学生在校期间平均月消费与学校开展过消费教育和理财教育与在校期间平均月消费呈现在0.05%的显著性水平下负相关，学校开展过消费教育和理财教育与可支配收入用于直播购物的比例在0.05%的显著性水平下负相关。

（3）S大学与B大学样本分析：

由表4-43可以看出，S大学"家长经常进行消费教育和理财教育"与"大学生可支配收入用于直播购物的比例"在0.05的显著性水平下呈现负相关，而其他方面的相关性并不显著。

表4-43　　S大学样本受消费教育与消费行为的相关性分析

		月平均消费	直播购物消费比例	受家长教育	受学校消费教育
平均月消费	皮尔逊相关性	1	0.095	-0.103	0.019
	显著性（双尾）		0.121	0.093	0.758
	个案数	269	269	269	269
直播购物消费比例	皮尔逊相关性	0.095	1	0.126*	0.046
	显著性（双尾）	0.121		0.039	0.451
	个案数	269	269	269	269

续表

		月平均消费	直播购物消费比例	受家长教育	受学校消费教育
受家长教育	皮尔逊相关性	-0.103	0.126*	1	0.411**
	显著性（双尾）	0.093	0.039		0.000
	个案数	269	269	269	269
受学校消费教育	皮尔逊相关性	0.019	0.046	0.411**	1
	显著性（双尾）	0.758	0.451	0.000	
	个案数	269	269	269	269

注："*"表示在0.05级别（双尾），相关性显著。"**"表示在0.01级别（双尾），相关性显著。

表4-44　B大学样本受消费教育与消费行为的相关性分析

		月平均消费	直播购物消费比例	受家长教育	受学校消费教育
月平均消费	皮尔逊相关性	1	0.063	-0.031	-0.022
	显著性（双尾）		0.313	0.613	0.725
	个案数	261	261	261	261
直播购物消费比例	皮尔逊相关性	0.063	1	-0.208**	-0.225**
	显著性（双尾）	0.313		0.001	0.000
	个案数	261	261	261	261
受家长教育	皮尔逊相关性	-0.031	-0.208**	1	0.291**
	显著性（双尾）	0.613	0.001		0.000
	个案数	261	261	261	261
受学校消费教育	皮尔逊相关性	-0.022	-0.225**	0.291**	1
	显著性（双尾）	0.725	0.000	0.000	
	个案数	261	261	261	261

注："**"表示在0.01级别（双尾），相关性显著。

由表4-44可以看出，B大学"家长经常进行消费教育和理财教育"与"大学生可支配收入用于直播购物的比例"在0.01的显著性水平下呈现负相关，学校开展过消费教育和理财教育与可支配收入用于直播购物的比例在0.01的显著性水平下呈负相关。

4.5　本章小结

本章针对样本的消费水平和经济来源情况进行了详细的分析,具体包括性别、年级、生源地、专业和学校位置等分别与消费水平和经济来源的关系,具体分析方法包括通过数据交叉表判断大致情况、通过柱状图、折现图判断消费水平及经济来源的走势、变化情况,通过相关性分析分析各类因素对消费行为的影响程度。由相关性分析可以看出,大学生在衣食住行方面的标准与平时有计划消费与在校期间的平均月消费数之间在0.01的显著性水下呈现正相关关系,同时大学生在衣食住行方面的标准与可支配收入用于直播购物的比例在0.01的显著性水下呈现正相关关系。家长经常进行消费教育和理财教育与月平均消费水平在0.05的显著性水平下呈现负相关,而学校开展过消费教育和理财教育与大学生可支配收入用于直播购物的比例在0.01的显著性水平下呈现负相关关系。

由上述结论均可看出,性别、年级、生源地、专业和学校位置等分别与消费水平和经济来源有着或多或少、或正向或负向的关系,要紧密结合各项结果指标进行分析,从而提出最佳建议。

第5章

大学生参与"直播经济"情况

第 5 章 大学生参与"直播经济"情况

5.1 观看直播情况分析

5.1.1 观看直播频率情况

如表 5-1 和图 5-1 所示,全部样本的大学生每周观看直播的频数(如淘宝、京东、斗鱼、映客、快手、抖音、微博、小红书等平台的直播)时,选择"没看过"的有 309 人(占 15.87%),选择"1~3 次"的有 747 人(占 38.37%),选择"4~6 次"的有 430 人(占 22.09%),选择"7 次以上"的有 461 人(占 23.67%)。

表 5-1　　　　　　全部样本每周观看直播频率的频数分析

	频数	百分比(%)	有效百分比(%)	累积百分比(%)
没看过	309	15.87	15.87	15.87
1~3 次	747	38.37	38.37	54.24
4~6 次	430	22.09	22.09	76.33
7 次及以上	461	23.67	23.68	100.01
总计	1947	100		

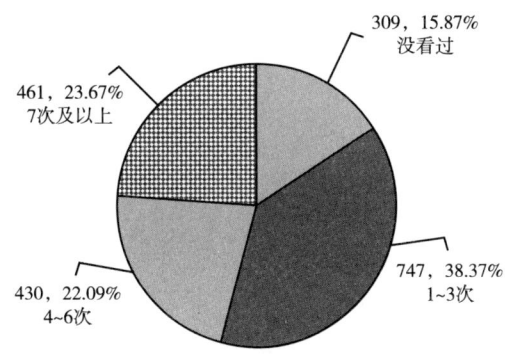

图 5-1　全部样本每周观看直播频率分布

总的来看,仅有 15.9% 的北京市大学生没有观看直播的行为,说明绝大部分的大学生平时会观看直播,且其中 45.8% 的大学生每周观看直播的频数在 4 次以上，说明大部分学生有看直播的习惯。每周在各大平台上观看 1~3 次的大学生比例最高，为 38.4%，为直播轻度观众，其次，每周观看 7 次及以上直播的比例在人群中占比第二，为 23.7%，侧面说明大学生中经常观看直播的人数基础庞大。

对比图 5-2、图 5-3，北京大学生总体上比京外大学生观看直播频数更低，京外大学生每周观看直播频率主要集中在 5~6 次，北京大学生每周看直播频率主要集中 3~4 次。对比图 5-4 和图 5-5，B 大学同学高频率（7 次以上）观看直播的比例相较于 S 大学较多，两个学校在低频数观看直播（1~3 次）的人数比例较北京市大学生相同，都是占比最高的。

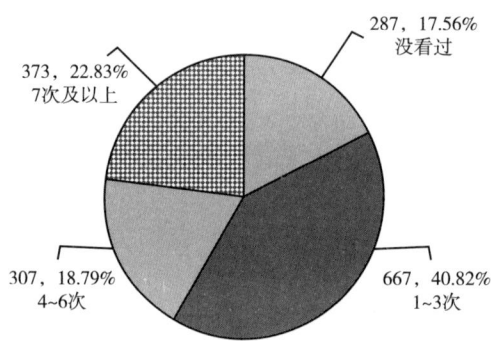

图 5-2 北京样本每周观看直播频率分布

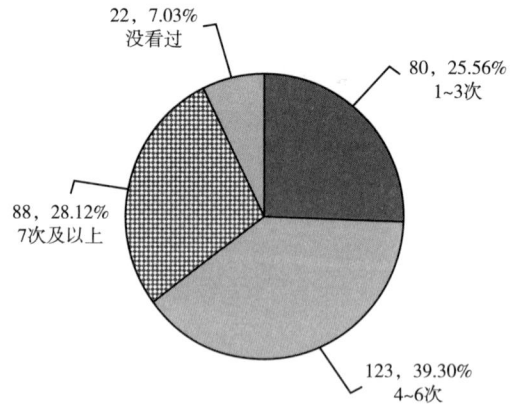

图 5-3 京外样本每周观看直播频率分布

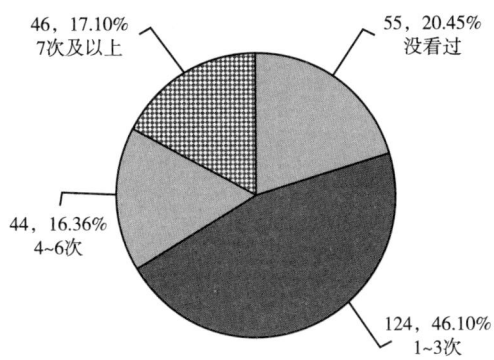

图 5-4 S 大学样本每周观看直播频率分布

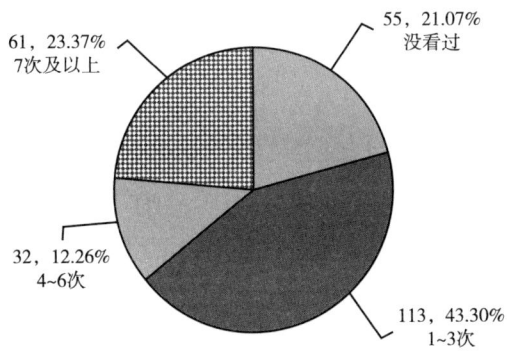

图 5-5 B 大学样本每周观看直播频率分布

5.1.2 观看直播类型

(1) 观看直播平台情况

根据表 5-2 和图 5-6 可知,大学生最经常观看直播的平台是快手、抖音等短视频平台,占调查总人数的 52.39%,其次是 Youtube、哔哩哔哩等短视频平台,微博、小红书、微信等社交平台和淘宝、京东等电商平台,均约 32%~33% 的大学生经常观看此类平台的直播,最少人观看斗鱼、映客等直播平台的直播。

表 5-2　　　　全部样本观看直播平台的频数分析

直播平台	频数（人）	百分比（%）
淘宝、京东等电商平台	623	32.00
斗鱼、映客等直播平台	407	20.90
快手、抖音等短视频平台	1020	52.39
微博、小红书、微信等社交平台	647	33.23
Youtube、哔哩哔哩等视频平台	650	33.38

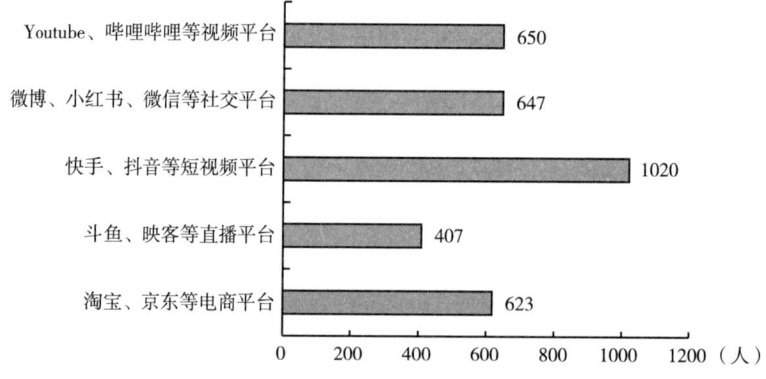

图 5-6　全部样本观看直播平台分布

对比图 5-7 和图 5-8 发现，北京大学生选择在快手、抖音短视频平台上观看直播人数较多，京外大学生在 Youtube、哔哩哔哩等视频平台观看直播人数最多。对比图 5-9 和图 5-10 发现，S 大学和 B 大学学生在直播平台的偏好上趋向性一致，与图 5-7 的北京大学生的选择倾向一致。

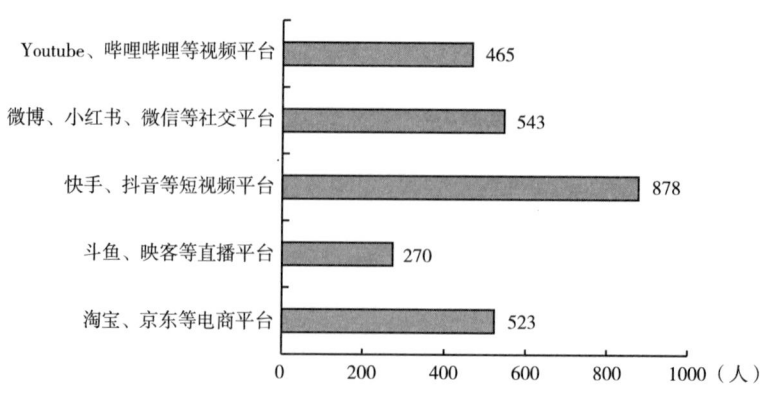

图 5-7　北京样本观看直播平台分布

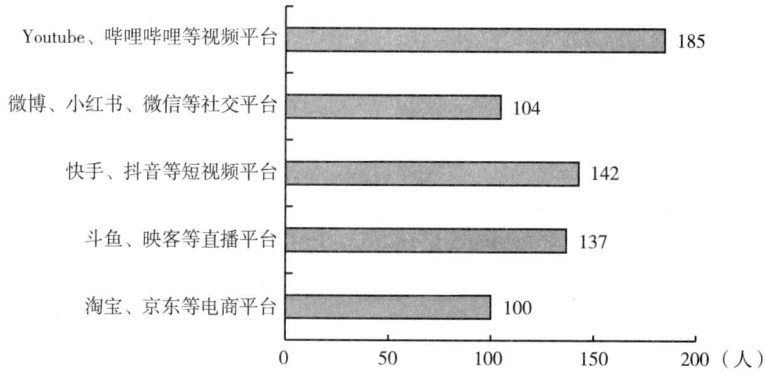

图 5-8 京外样本观看直播平台分布

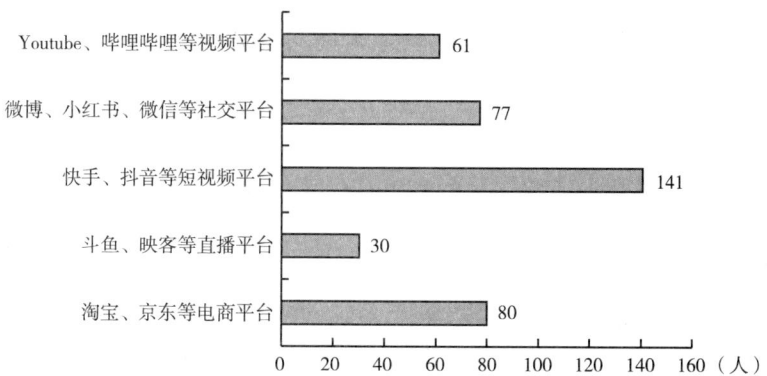

图 5-9 S 大学样本观看直播平台分布

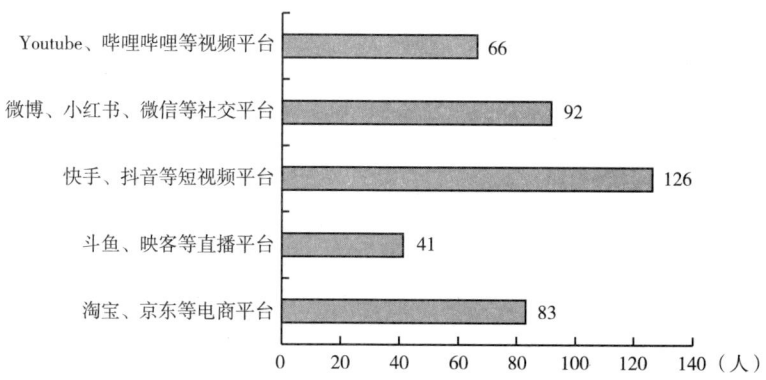

图 5-10 B 大学样本观看直播平台分布

(2) 观看直播类型情况

由表 5-3 和图 5-11 可知,大学生最常观看的直播类型时美食直播,占调查总人数的 41.14%,美妆直播收看率略低于美食直播,约 39.55% 的大学生收看此类直播。另外,34.36% 的大学生平时观看才艺直播,电商直播、游戏直播紧跟其后,最少人观看体育直播。

表 5-3　　　　　全部样本观看直播类型的频数分析

直播类型	频数	百分比（%）
才艺类直播	669	34.36
美食直播	801	41.14
美妆直播	770	39.55
体育直播	478	24.55
游戏直播	630	32.36
电商直播	639	32.82

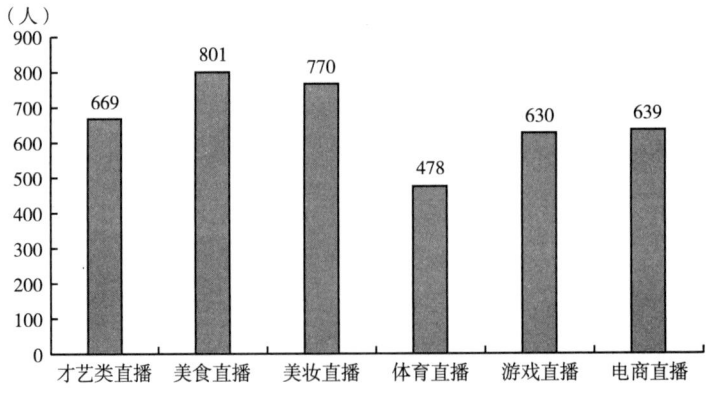

图 5-11　全部样观看直播类型分布

对比图 5-12 和图 5-13 发现北京大学生选择观看美食、美妆、游戏类型直播的人数较多,京外大学生主要是观看美妆、才艺、电商等直播人数较多。由此可见,北京京外存有差异。对比图 5-14 和图 5-15 发现,S 大学学生看游戏、电商类型的直播人数较多,而 B 大学学生偏向于看美食、美妆类直播较多,与北京样本分布趋向较为一致。

第 5 章 大学生参与"直播经济"情况

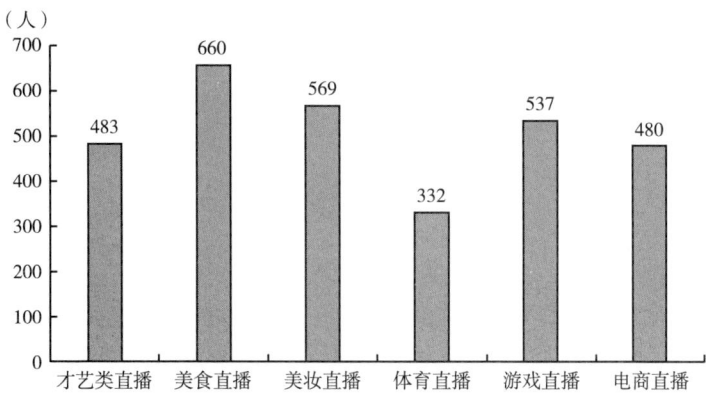

图 5-12 北京样本观看直播类型分布

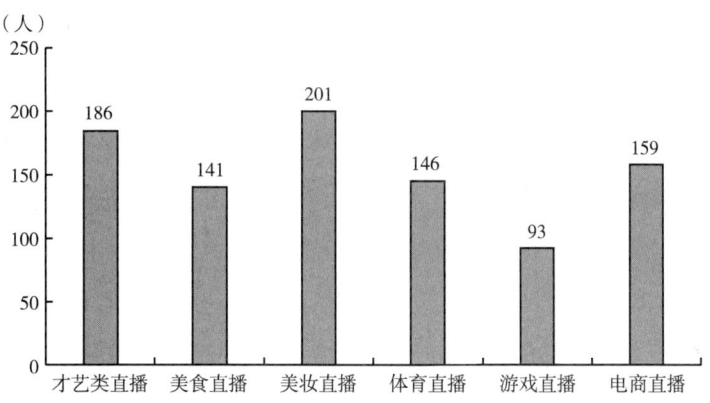

图 5-13 京外样本观看直播类型分布

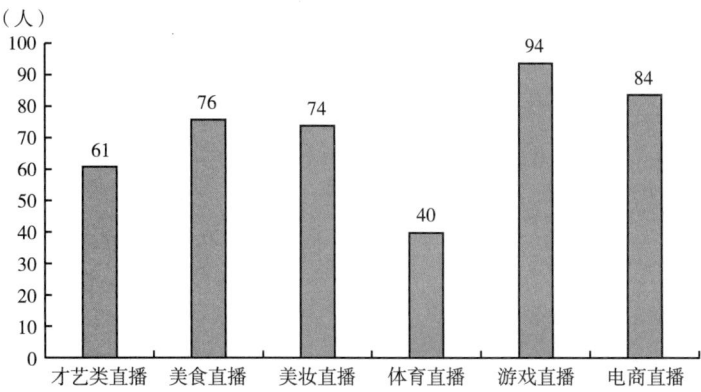

图 5-14 S 大学样本观看直播类型分布

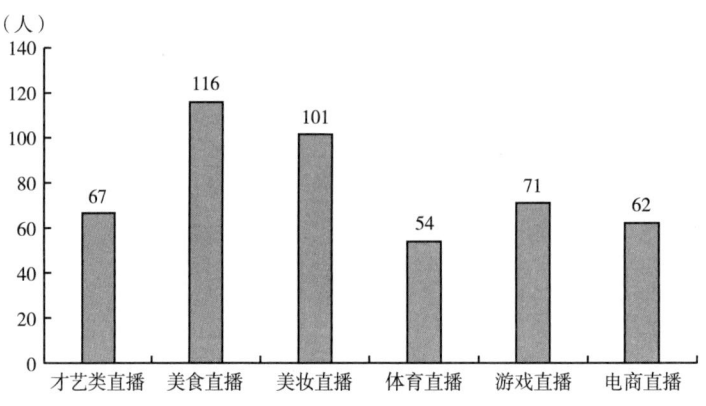

图 5-15 B 大学样本观看直播类型分布

5.1.3 观看直播驱动因素

大学生选择某些事物时并非盲目的，或多或少带有一定的目的，通过分析影响大学生观看直播的驱动因素可以发现其喜好，并进一步精准定位，为直播的将来发展找到更好的落脚点。

由前面的表 5-1 可知，有 1638 人看过直播，统计其观看直播的原因得表 5-4 和图 5-16，有 63.19% 的大学生观看直播是为了缓解无聊打发时间，50.73% 的大学生观看直播是为了获取愉悦感。此外，约 37%~40% 的大学生观看直播的目的是了解习惯商品信息、学习新知识、与喜欢的主播互动和欣赏主播的才华。

表 5-4　　　　　　　　　观看直播原因

观看直播原因	频数（人）	百分比（%）
欣赏其才华	651	39.74
与喜欢的主播互动	545	33.27
缓解无聊打发时间	1035	63.19
学习新技能、新知识	639	39.01
获取愉悦感	831	50.73
了解相关商品信息	620	37.85

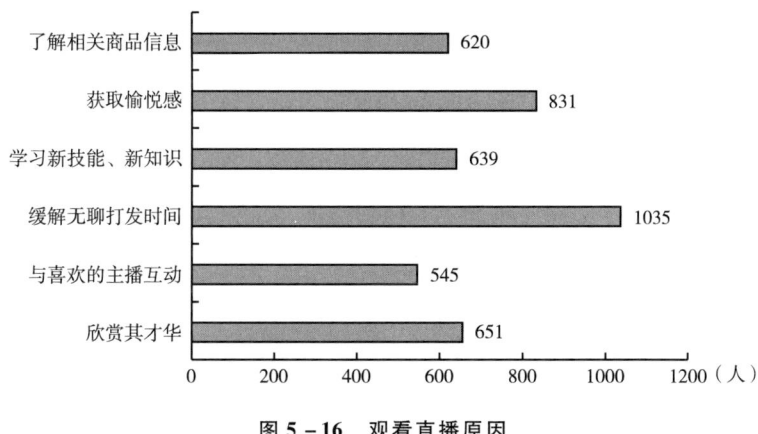

图 5-16 观看直播原因

此外,还有309人没有看过直播,由表5-5和图5-17可知大多数大学生不看直播的原因是没有兴趣看,占没看过直播的88.35%,其次是没有时间看,占35.60%,而担心隐私安全问题选择人数最少,占7.44%,由此表明驱动大学生观看直播的因素主要是兴趣;还有人表示"观看直播比较费时,喜欢直接看产品推荐",还有人表示"直播介绍商品时间过久不能跳过""直播界面过于繁杂且直播间较为吵闹",说明直播也存在一些问题,不是受所有人喜爱。

表 5-5　　　　　　　　　　不观看直播的原因

观看直播原因	频数	百分比 (%)
没兴趣看	273	88.35
没钱买	54	17.48
没时间看	110	35.60
担心隐私安全问题	23	7.44
其他	8	2.59

由表5-6和图5-18所示,统计数据结果表明,大学生观看直播时购买的商品种类最多的是服装鞋帽,占总调查样本量的23.32%,其次是美妆洗护类和食物类商品也占比较高,大学生直播购物时购买最少的是电子产品和书籍影音类商品,没有直播购物过的大学生只占总人数的21.43%。由此可见,大部分观看直播的大学生会购买直播间推荐的商品。

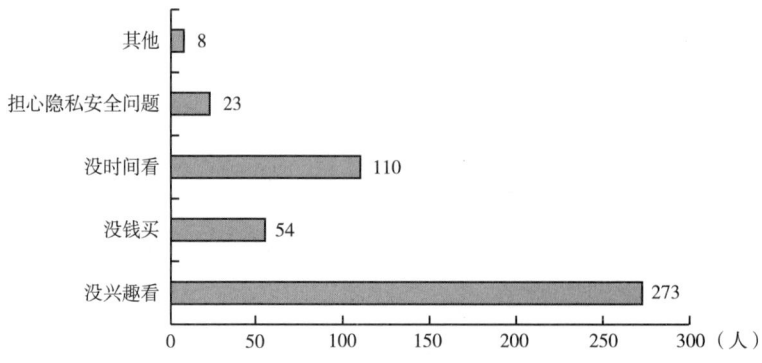

图 5-17 不观看直播的原因

表 5-6 观看直播时购买商品的主要种类

	频率	百分比（%）	有效百分比（%）	累积百分比（%）
没买过	351	21.43	21.43	21.4
美妆洗护类	366	22.34	22.34	43.8
服装鞋帽	382	23.32	23.32	67.1
书籍影音	115	7.02	7.02	74.1
食物	348	21.25	21.25	95.4
电子产品	69	4.21	4.21	99.6
其他	7	0.43	0.43	100.0
总计	1638	100.0	100.0	

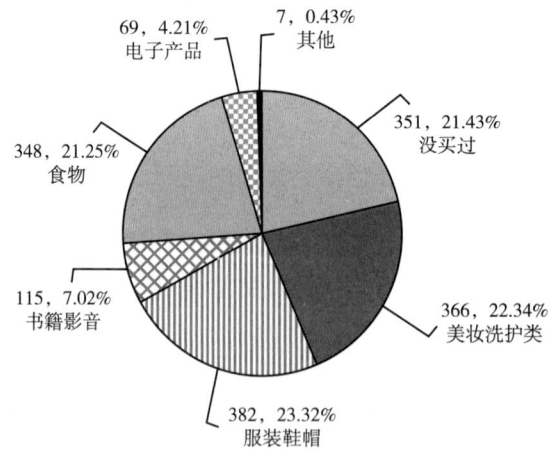

图 5-18 观看直播时购买商品的主要种类

5.1.4 对消费行为的影响

由表 5-7 相关性分析可以看出，大学生每周观看直播频率与购买直播推荐商品、直播购物消费比例在 0.01 的显著性水下呈现正相关关系，相关系数分别为 0.654、0.133，说明大学生每周看直播的时间越久越会对推荐的产品产生购买兴趣，在直播购物消费所用支出占生活费更高。

表 5-7　全部样本观看直播频率与消费行为的相关性分析

		每周观看直播的频率	购买直播推荐商品	直播购物消费比例
每周观看直播的频率	皮尔逊相关性	1	0.654**	0.133**
	Sig.（双尾）		0.000	0.000
	个案数	1947	1947	1947
购买直播推荐商品	皮尔逊相关性	0.654**	1	0.120**
	Sig.（双尾）	0.000		0.000
	个案数	1947	1947	1947
直播购物消费比例	皮尔逊相关性	0.133**	0.120**	1
	Sig.（双尾）	0.000	0.000	
	个案数	1947	1947	1947

注："**"表示在 0.01 级别（双尾），相关性显著。

5.2　主播特征

针对主播特征，我们设置了"Q7_1 主播形象与其推荐商品兼容度高、Q7_2 主播可以清楚地讲解与展示商品的特性、Q7_3 主播可以根据我的描述推荐适合的服务/商品"3 个测量题项来调查大学生在观看直播营销过程中的感受。

5.2.1　全部样本分析

（1）样本频数分析

①主播形象匹配性认同度分布情况：

从表 5-8 中可知，"Q7_1 主播形象与其推荐商品兼容度高"的调查结果表明,针对调查的全部样本的大学生,选择"同意"的同学多达818人,占比最多达到42.01%;选择"非常不同意"的同学仅有83人,占比最少为4.26%。其他3个选项按选择人数从多到少排列分别为:选择"不确定"的同学有609人,占比为31%;选择"非常同意"的同学有295人,占比为15.15%;选择"不同意"的同学有142人,占比为7.29%。从图5-19可见,数据分布主要集中在"不确定"和"同意"选项。

表5-8　　全部样本对主播形象匹配性认同度分布情况

	频数	百分比(%)	有效百分比(%)	累积百分比(%)
非常不同意	83	4.26	4.26	4.26
不同意	142	7.29	7.29	11.56
不确定	609	31.28	31.28	42.84
同意	818	42.01	42.01	84.85
非常同意	295	15.15	15.15	100.00
总计	1947	100.0	100.0	

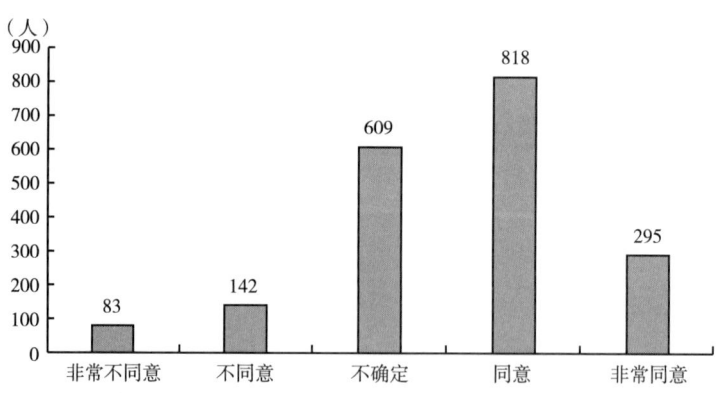

图5-19　全部样本对主播形象匹配性认同度分布

②主播专业性认同度分布情况:

由表5-9中可知,"Q7_2主播可以清楚的讲解与展示商品的特性"的调查结果表明,针对调查的全部样本的大学生,选择"同意"的同学多达815人,占比最多达到41.86%;选择"非常不同意"的同学仅有88人,占比最少为4.52%。其他3个选项按选择人数从多到少排列分别为:选择"不确定"的同学有551人,占比为28.3%;选择"非常同意"的同学有364人,占比为 18.70%；选择"不同意"的同学有 129 人，占比为 6.63%。从图 5-20 可见数据分布主要集中在"不确定"和"同意"选项。

表 5-9　　　　　全部样本对主播专业性认同度分布情况

	频数	百分比（%）	有效百分比（%）	累积百分比（%）
非常不同意	88	4.52	4.52	4.52
不同意	129	6.63	6.63	11.15
不确定	551	28.30	28.30	39.45
同意	815	41.86	41.86	81.30
非常同意	364	18.70	18.70	100.00
总计	1947	100.0	100.0	

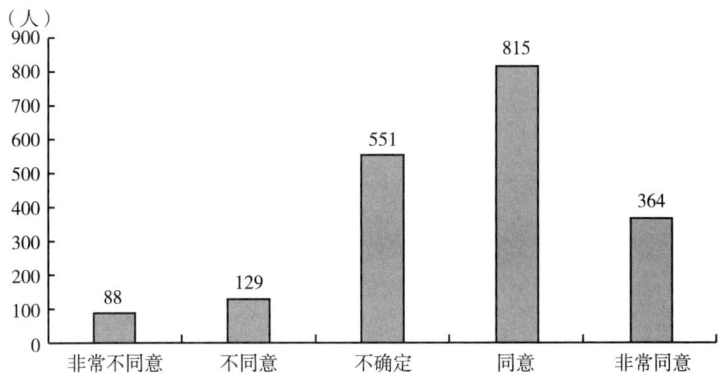

图 5-20　全部样本对主播专业性认同度分布

③主播互动性认同度分布情况：

由表 5-10 可知，"Q7_3 主播可以根据我的描述推荐适合的服务/商品"的调查结果表明，针对调查的全部样本的大学生，选择"同意"的同学多达 707 人，占比最多达到 36.31%；选择"非常不同意"的同学仅有 98 人，占比最少为 5.03%。其他 3 个选项按选择人数从多到少排列分别为：选择"不确定"的同学有 617 人，占比为 31.69%；选择"非常同意"的同学有 325 人，占比 16.69%；选择"不同意"的同学有 200 人，占比为 10.27%。由图 5-21可见，数据分布主要集中在"不确定"和"同意"选项。

表 5-10　　全部样本对主播互动性认同度分布情况

	频数	百分比（%）	有效百分比（%）	累积百分比（%）
非常不同意	98	5.03	5.03	5.03
不同意	200	10.27	10.27	15.31
不确定	617	31.69	31.69	47.00
同意	707	36.31	36.31	83.31
非常同意	325	16.69	16.69	100.00
总计	1947	100.0	100.0	

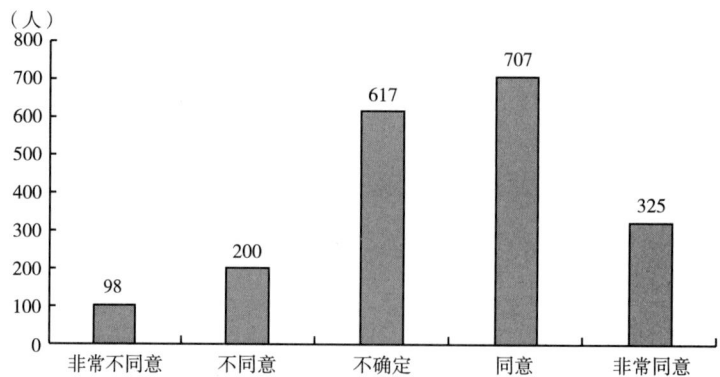

图 5-21　全部样本对主播互动性认同度分布

（2）描述性统计分析

由表 5-11 可知，3 个测量题项的平均数在 3 以上，标准差 1.5 以下，表明样本数据和平均数之间并未出现较大的离散，偏度和峰度的绝对值都在 2 以内，符合正态分布对偏度和峰度的要求。

表 5-11　　全部样本主播特征描述性统计分析结果

	N 统计	最小值 统计	最大值 统计	均值 统计	标准偏差 统计	偏度		峰度	
						统计	标准错误	统计	标准错误
Q7_1 主播形象匹配性	1947	1	5	3.56	0.975	-0.619	0.055	0.294	0.111
Q7_2 主播专业性	1947	1	5	3.64	1.005	-0.687	0.055	0.300	0.111
Q7_3 主播互动性	1947	1	5	3.49	1.045	-0.477	0.055	-0.176	0.111

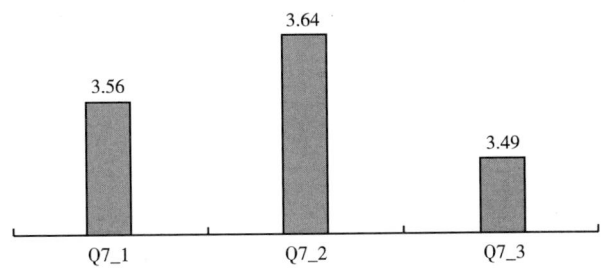

图 5-22　全部样本大学生对主播特征认同度的均值统计

通过图 5-22 对比 3 个题项调查结果的均值，可以发现大学生对 Q7_3 主播特征的认同程度偏向于不确定，对 Q7_1 和 Q7_2 主播特征的认同程度偏向于认同，其中对"主播可以清楚的讲解与展示商品的特性"这一特质的认同程度最高，对"主播可以根据我的描述推荐适合的服务/商品"这一特质的认同程度最低。

（3）相关性分析

通过表 5-12 相关性分析可以得到 3 个题项之间的相关性显著，相关系数均大于 0.5，可以说明题项的设置以及问卷收集到的结果说合理有效的。

表 5-12　全部样本大学生对主播特征认同度与消费行为的相关性分析

		主播形象匹配性	主播专业性	主播互动性	月平均消费	直播购物消费比例
主播形象匹配性	皮尔逊相关性	1	0.610**	0.594**	-0.022	0.075**
	Sig.（双尾）		0.000	0.000	0.334	0.001
	个案数	1947	1947	1947	1947	1947
主播专业性	皮尔逊相关性	0.610**	1	0.536**	0.023	0.019
	Sig.（双尾）	0.000		0.000	0.309	0.404
	个案数	1947	1947	1947	1947	1947
主播互动性	皮尔逊相关性	0.594**	0.536**	1	-0.031	0.084**
	Sig.（双尾）	0.000	0.000		0.167	0.000
	个案数	1947	1947	1947	1947	1947

续表

		主播形象匹配性	主播专业性	主播互动性	月平均消费	直播购物消费比例
月平均消费	皮尔逊相关性	-0.022	0.023	-0.031	1	0.169**
	Sig.（双尾）	0.334	0.309	0.167		0.000
	个案数	1947	1947	1947	1947	1947
直播购物消费比例	皮尔逊相关性	0.075**	0.019	0.084**	0.169**	1
	Sig.（双尾）	0.001	0.404	0.000	0.000	
	个案数	1947	1947	1947	1947	1947

注"**"表示在0.01级别（双尾），相关性显著。

在消费行为方面，在校期间平均月消费与Q7_1、Q7_2、Q7_3均无显著性相关性，可支配收入用于直播购物的比例与Q7_1、Q7_3在0.01显著性水平上具有显著性相关性，相关系数分别为0.075、0.084，与Q7-2无显著性相关性，说明学生参与直播消费水平与主播形象的匹配性以及主播能否与其进行良性有效的互动有一定的正向关系，即当其认同主播形象或是获得主播的回馈，会有小幅影响其参与直播消费行为。在校期间平均月消费与可支配收入用于直播购物的比例在0.01显著性水平上具有显著性相关性，相关系数为0.169，说明两者之间存在正向影响。

5.2.2 北京样本分析

（1）样本频数分析

①主播形象匹配性认同度分布情况：

由表5-13可知，对北京市大学生选择"Q7_1主播形象与其推荐商品兼容度高"的调查结果表明，针对调查样本的大学生，选择"同意"的同学多达675人，占比最多达到41.31%；选择"非常不同意"的同学仅有74人，占比最少为4.53%。其他3个选项按选择人数从多到少排列分别为：选择"不确定"的同学有530人，占比为32.44%；选择"非常同意"的同学有241人，占比14.75%；选择"不同意"的同学有114人，占比为6.98%。由图5-23可见，数据分布主要集中在"不确定"和"同意"选项。

表 5-13　　北京样本对主播形象匹配性认同度分布情况

	频数	百分比（%）	有效百分比（%）	累积百分比（%）
非常不同意	74	4.53	4.53	4.53
不同意	114	6.98	6.98	11.51
不确定	530	32.44	32.44	43.94
同意	675	41.31	41.31	85.25
非常同意	241	14.75	14.75	100.00
总计	1634	100.0	100.0	

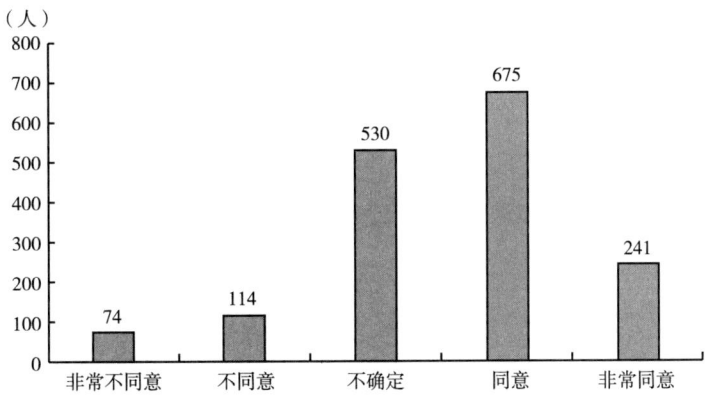

图 5-23　北京样本对主播形象匹配性认同度分布

②主播专业性认同度分布情况：

由表 5-14 可知，对北京市大学生选择"Q7_2 主播可以清楚地讲解与展示商品的特性"的调查结果表明，针对调查样本的大学生，选择"同意"的同学多达 708 人，占比最多达到 43.33%；选择"非常不同意"的同学仅有 73 人，占比最少为 4.47%。其他 3 个选项按选择人数从多到少排列分别为：选择"不确定"的同学有 468 人，占比为 28.64%；选择"非常同意"的同学有 293 人，占比 17.93%；选择"不同意"的同学有 92 人，占比为 5.63%。从图 5-24 可见数据分布主要集中在"不确定"和"同意"选项。

表 5-14　　　　　　　北京样本对主播专业性认同度分布情况

	频数	百分比（%）	有效百分比（%）	累积百分比（%）
非常不同意	73	4.47	4.47	4.47
不同意	92	5.63	5.63	10.10
不确定	468	28.64	28.64	38.74
同意	708	43.33	43.33	82.07
非常同意	293	17.93	17.93	100.00
总计	1634	100.0	100.0	

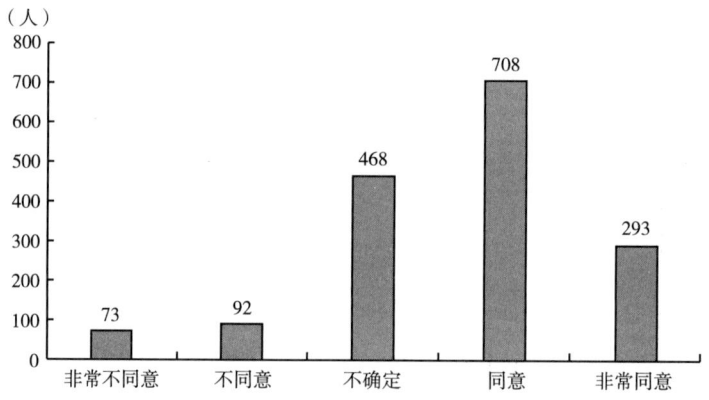

图 5-24　北京样本对主播专业性认同度分布

③主播互动性认同度分布情况：

由表 5-15 可知，对北京市大学生选择"Q7_3 主播可以根据我的描述推荐适合的服务/商品"的调查结果表明，针对调查的全部样本的大学生，选择"同意"的同学多达 589 人，占比最多达到 36.05%，其次是选择"不确定"的有 529 人，占比为 32.37%；选择"非常不同意"的同学仅有 86 人，占比最少为 5.26%。其他两个选项按选择人数从多到少排列分别为：选择"非常同意"的同学有 258 人，占比为 15.79%；选择"不同意"的同学有 172 人，占比为 10.53%。由图 5-25 可见，数据分布主要集中在"不确定"和"同意"选项。

第5章 大学生参与"直播经济"情况

表 5-15 北京样本对主播互动性认同度分布情况

	频数	百分比（%）	有效百分比（%）	累积百分比（%）
非常不同意	86	5.26	5.26	5.26
不同意	172	10.53	10.53	15.79
不确定	529	32.37	32.37	48.16
同意	589	36.05	36.05	84.21
非常同意	258	15.79	15.79	100.00
总计	1634	100.0	100.0	

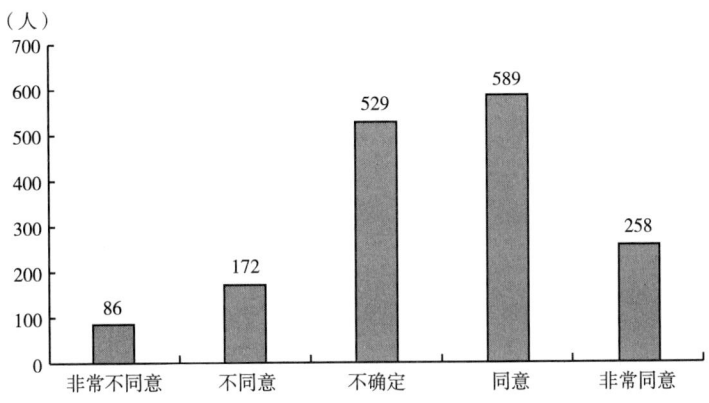

图 5-25 北京样本对主播互动性认同度分布

（2）描述性统计分析

由表 5-16 中可知，3 个测量题项的平均数在 3 以上，标准差 1.5 以下，表明样本数据和平均数之间并未出现较大的离散，偏度和峰度的绝对值都在 2 以内，符合正态分布对偏度和峰度的要求。

表 5-16 北京样本主播特征描述性统计分析结果

	N 统计	最小值 统计	最大值 统计	均值 统计	标准偏差 统计	偏度 统计	偏度 标准错误	峰度 统计	峰度 标准错误
Q7_1 主播形象匹配性	1634	1	5	3.55	0.977	-0.613	0.061	0.313	0.121
Q7_2 主播专业性	1634	1	5	3.65	0.984	-0.728	0.061	0.489	0.121
Q7_3 主播互动性	1634	1	5	3.47	1.045	-0.464	0.061	-0.181	0.121

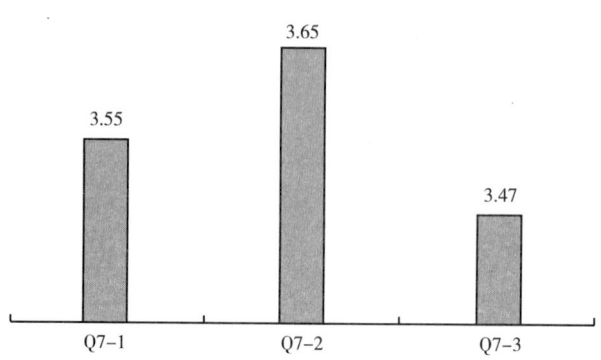

图 5-26 北京样本大学生对主播特征认同度的均值统计

通过对比 3 个题项调查结果的均值，可以发现大学生对 Q7_3 主播特征的认同程度偏向于不确定，对 Q7_1 和 Q7_2 主播特征的认同程度偏向于认同，其中对于"Q7_2 主播可以清楚地讲解与展示商品的特性"这一特质的认同程度最高，对于"Q7_3 主播可以根据我的描述推荐适合的服务/商品"这一特质的认同程度最低，这与全部样本所得结果一致。

（3）相关性分析

通过表 5-17 相关性分析，可以得到 3 个题项之间的相关性显著，相关系数均大于 0.5，可以说明题项的设置以及问卷收集到的结果是合理有效的。

表 5-17 北京样本大学生对主播特征认同度与消费行为的相关性分析

		主播形象匹配性	主播专业性	主播互动性	月平均消费	直播购物消费比例
主播形象匹配性	皮尔逊相关性	1	0.624**	0.586**	-0.003	0.111**
	Sig.（双尾）		0.000	0.000	0.902	0.000
	个案数	1634	1634	1634	1634	1634
主播专业性	皮尔逊相关性	0.624**	1	0.580**	0.036	0.060*
	Sig.（双尾）	0.000		0.000	0.145	0.016
	个案数	1634	1634	1634	1634	1634
主播互动性	皮尔逊相关性	0.586**	0.580**	1	-0.009	0.122**
	Sig.（双尾）	0.000	0.000		0.723	0.000
	个案数	1634	1634	1634	1634	1634

续表

		主播形象匹配性	主播专业性	主播互动性	月平均消费	直播购物消费比例
月平均消费	皮尔逊相关性	-0.003	0.036	-0.009	1	0.166**
	Sig.（双尾）	0.902	0.145	0.723		0.000
	个案数	1634	1634	1634	1634	1634
直播购物消费比例	皮尔逊相关性	0.111**	0.060*	0.122**	0.166**	1
	Sig.（双尾）	0.000	0.016	0.000	0.000	
	个案数	1634	1634	1634	1634	1634

注："**"表示在 0.01 级别（双尾），相关性显著；"*"表示在 0.05 级别（双尾），相关性显著。

在消费行为方面，在校期间平均月消费与 Q7_1、Q7_2、Q7_3 均无显著性相关性，可支配收入用于直播购物的比例与 Q7_1、Q7_2、Q7_3 均在 0.01 显著性水平上具有显著性相关性，相关系数分别为 0.111、0.060、0.122，正向影响由大到小为主播互动性、主播形象的匹配性、主播的专业性。这说明北京市的同学们参与直播消费与主播形象的匹配性、主播的专业性以及主播能否与其进行良性有效的互动有一定关联，并且三者相比而言更关注主播是否做出回应与其沟通交流；与全部样本分析所得结果相比可知主播的专业性还是对北京市大学生直播消费行为存在微弱的影响。

5.2.3 京外样本分析

（1）样本频数分析

①主播形象匹配性认同度分布情况：

由表 5-18 可知，对京外大学生选择"Q7_1 主播形象与其推荐商品兼容度高"的调查结果表明，针对调查样本的大学生，选择"同意"的同学多达 143 人，占比最多达到 45.69%；选择"非常不同意"的同学仅有 9 人，占比最少为 2.88%。其他 3 个选项按选择人数从多到少排列分别为：选择"不确定"的同学有 79 人，占比为 25.24%；选择"非常同意"的同学有 54 人，占比 17.25%；选择"不同意"的同学有 28 人，占比为 8.95%。由图 5-27 可见，数据分布主要集中在"不确定"和"同意"选项。

表 5-18　京外样本对主播形象匹配性认同度分布情况

	频数	百分比（%）	有效百分比（%）	累积百分比（%）
非常不同意	9	2.88	2.88	2.88
不同意	28	8.95	8.95	11.82
不确定	79	25.24	25.24	37.06
同意	143	45.69	45.69	82.75
非常同意	54	17.25	17.25	100.00
总计	313	100.0	100.0	

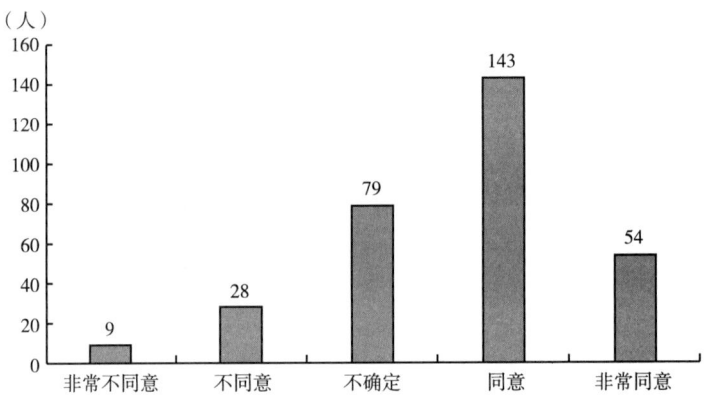

图 5-27　京外样本对主播形象匹配性认同度分布

②主播专业性认同度分布情况：

由表 5-19 可知，对京外大学生选择"Q7_2 主播可以清楚的讲解与展示商品的特性"的调查结果表明，针对调查的全部样本的大学生，选择"同意"的同学多达 107 人，占比最多达到 34.19%；选择"非常不同意"的同学仅有 15 人，占比最少为 4.79%。其他 3 个选项按选择人数从多到少排列分别为：选择"不确定"的同学有 83 人，占比为 26.52%；选择"非常同意"的同学有 71 人，占比 22.68%；选择"不同意"的同学有 37 人，占比为 11.82%。由图 5-28 可见，数据分布主要集中在"不确定""同意"和"非常同意"3 个选项。

表 5-19　　　　　　　京外样本对主播专业认同度分布情况

	频数	百分比（%）	有效百分比（%）	累积百分比（%）
非常不同意	15	4.79	4.79	4.79
不同意	37	11.82	11.82	16.61
不确定	83	26.52	26.52	43.13
同意	107	34.19	34.19	77.32
非常同意	71	22.68	22.68	100.00
总计	313	100.0	100.0	

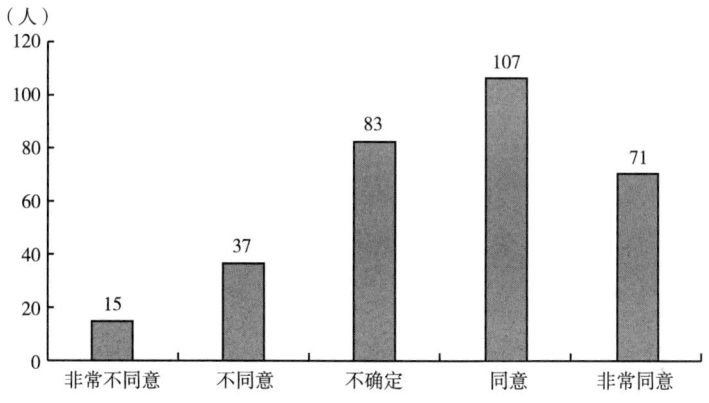

图 5-28　京外样本对主播专业性认同度分布

③主播互动性认同度分布情况：

由表 5-20 中可知，对京外大学生选择"Q7_3 主播可以根据我的描述推荐适合的服务/商品"的调查结果表明，针对调查的全部样本的大学生，选择"同意"的学生多达 118 人，占比最多达到 37.70%；选择"非常不同意"的学生仅有 12 人，占比最少为 3.83%。其他 3 个选项按选择人数从多到少排列分别为：选择"不确定"的学生有 88 人，占比为 28.12%；选择"非常同意"的学生有 67 人，占比 21.41%；选择"不同意"的学生有 28 人，占比为 8.95%。由图 5-29 可见，数据分布主要集中在"不确定""同意"和"非常同意"3 个选项。

表 5-20　　京外样本对主播互动性认同度分布情况

	频数	百分比（%）	有效百分比（%）	累积百分比（%）
非常不同意	12	3.83	3.83	3.83
不同意	28	8.95	8.95	12.78
不确定	88	28.12	28.12	40.89
同意	118	37.70	37.70	78.59
非常同意	67	21.41	21.41	100.00
总计	313	100.0	100.0	

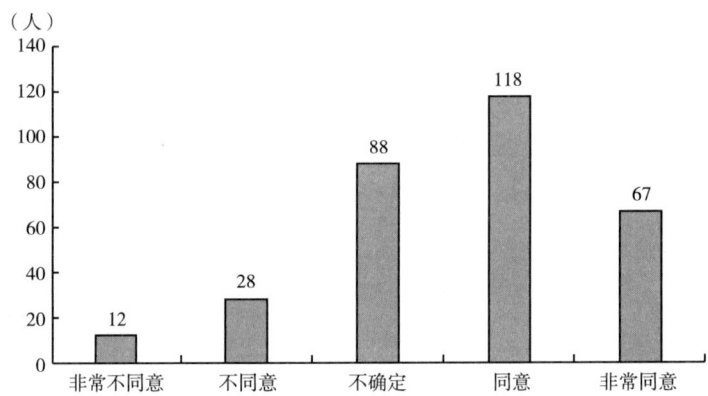

图 5-29　京外样本对主播互动性认同度分布

（2）描述性统计分析

由表 5-21 可知，3 个测量题项的平均数在 3.5 以上，标准差在 1.5 以下，表明样本数据和平均数之间并未出现较大的离散，偏度和峰度的绝对值都在 2 以内，符合正态分布对偏度和峰度的要求。

表 5-21　　京外样本主播特征描述性统计分析结果

	N 统计	最小值 统计	最大值 统计	均值 统计	标准偏差 统计	偏度		峰度	
						统计	标准错误	统计	标准错误
Q7_1 主播形象匹配性	313	1	5	3.65	0.962	-0.653	0.138	0.216	0.275
Q7_2 主播专业性	313	1	5	3.58	1.107	-0.500	0.138	-0.421	0.275
Q7_3 主播互动性	313	1	5	3.64	1.035	-0.560	0.138	-0.094	0.275

第5章 大学生参与"直播经济"情况

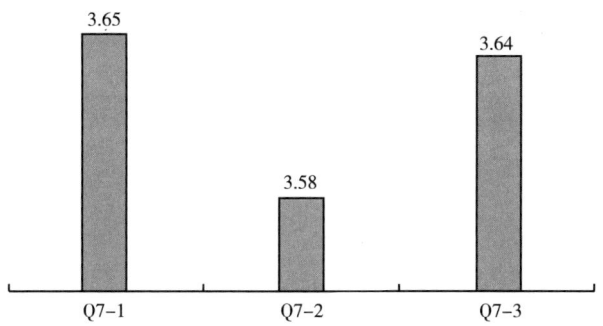

图5-30 京外样本大学生对主播特征认同度的均值统计

通过对比3个题项调查结果的均值,可以发现京外学校大学生对3项主播特征的认同程度均偏向于认同,其中对于"Q7_1 主播形象与其推荐商品兼容度高"这一特质的认同程度最高,对于"Q7_2 主播可以清楚的讲解与展示商品的特性"这一特质的认同程度最低。

(3) 相关性分析

通过表5-22相关性分析可以得到3个题项之间的相关性显著,相关系数均大于0.3,可以说明题项的设置以及问卷收集到的结果是合理有效的。

表5-22 京外样本大学生对主播特征认同度与消费行为的相关性分析

		主播形象匹配性	主播专业性	主播互动性	月平均消费	直播购物消费比例
主播形象匹配性	皮尔逊相关性	1	0.559**	0.631**	-0.115*	-0.113*
	Sig.(双尾)		0.000	0.000	0.043	0.045
	个案数	313	313	313	313	313
主播专业性	皮尔逊相关性	0.559**	1	0.346**	-0.056	-0.146**
	Sig.(双尾)	0.000		0.000	0.326	0.010
	个案数	313	313	313	313	313
主播互动性	皮尔逊相关性	0.631**	0.346**	1	-0.136*	-0.124*
	Sig.(双尾)	0.000	0.000		0.016	0.028
	个案数	313	313	313	313	313

续表

		主播形象匹配性	主播专业性	主播互动性	月平均消费	直播购物消费比例
月平均消费	皮尔逊相关性	-0.115*	-0.056	-0.136*	1	0.229**
	Sig.（双尾）	0.043	0.326	0.016		0.000
	个案数	313	313	313	313	313
直播购物消费比例	皮尔逊相关性	-0.113*	-0.146**	-0.124*	0.229**	1
	Sig.（双尾）	0.045	0.010	0.028	0.000	
	个案数	313	313	313	313	313

注："**"表示在0.01级别（双尾），相关性显著；"*"表示在0.05级别（双尾），相关性显著。

在消费行为方面，在校期间平均月消费与Q7_1、Q7_3在0.05显著性水平上具有显著性相关性，且呈现负相关与Q7_2无显著性相关性；可支配收入用于直播购物的比例与Q7_1、Q7_2、Q7_3均在0.01显著性水平上具有显著性相关性，相关系数分别为-0.113、-0.146、-0.124。在校期间平均月消费、可支配收入用于直播购物的比例与主播特征的3个要素成大致呈负相关，表明就该部分京外样本而言，大学生对主播相关特征的认同感并不会正向促进其消费水平或是直播消费行为，这与北京样本分析的结果完全不同，有可能是京外样本涉及区域过广产生差异。

5.2.4 S大学样本分析

（1）样本频数分析

①主播形象匹配性认同度分布情况：

由表5-23中可知，"Q7_1主播形象与其推荐商品兼容度高"的调查结果表明，针对调查的S大学样本的同学，选择"同意"的同学多达116人，占比最多达到43.12%；选择"非常不同意"的同学仅有10人，占比最少为3.72%。其他3个选项按选择人数从多到少排列分别为：选择"不确定"的同学有98人，占比为36.43%；选择"非常同意"的同学有26人，占比9.67%；选择"不同意"的同学有19人，占比为7.06%。由图5-31可见，数据分布主要集中在"不确定"和"同意"选项。

表 5-23　　S大学样本对主播形象匹配性认同度分布情况

	频数	百分比（%）	有效百分比（%）	累积百分比（%）
非常不同意	10	3.72	3.72	3.72
不同意	19	7.06	7.06	10.78
不确定	98	36.43	36.43	47.21
同意	116	43.12	43.12	90.33
非常同意	26	9.67	9.67	100.00
总计	269	100.0	100.0	

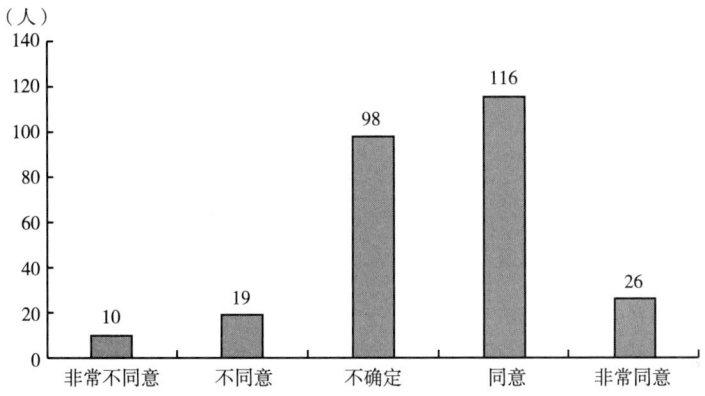

图 5-31　S大学样本对主播形象匹配性认同度分布

②主播专业性认同度分布情况：

由表 5-24 中可知，"Q7_2 主播可以清楚的讲解与展示商品的特性"的调查结果表明，针对调查的 S 大学样本的同学生，选择"同意"的同学多达 130 人，占比最多达到 48.33%；选择"非常不同意"的同学仅有 10 人，占比最少为 3.72%。其他 3 个选项按选择人数从多到少排列分别为：选择"不确定"的同学有 75 人，占比为 27.88%；选择"非常同意"的同学有 35 人，占比 13.01%；选择"不同意"的同学有 19 人，占比为 7.06%。由图 5-32 可见，数据分布主要集中在"不确定"和"同意"选项。

表 5-24　　　　S 大学样本对主播专业性认同度分布情况

	频数	百分比（%）	有效百分比（%）	累积百分比（%）
非常不同意	10	3.72	3.72	3.72
不同意	19	7.06	7.06	10.78
不确定	75	27.88	27.88	38.66
同意	130	48.33	48.33	86.99
非常同意	35	13.01	13.01	100.00
总计	269	100.0	100.0	

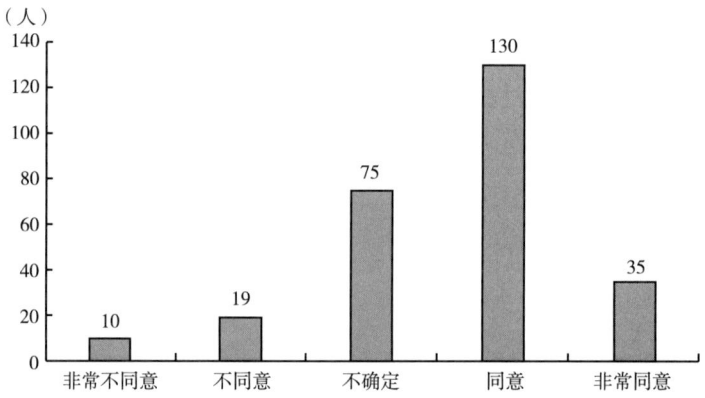

图 5-32　S 大学样本对主播专业性认同度分布

③主播互动性认同度分布情况：

由表 5-25 可知，"Q7_3 主播可以根据我的描述推荐适合的服务/商品"的调查结果表明，针对调查的 S 大学样本的同学，选择"同意"的同学多达 110 人，占比最多达到 40.89%；选择"非常不同意"的同学仅有 11 人，占比最少为 4.09%。其他 3 个选项按选择人数从多到少排列分别为：选择"不确定"的同学有 84 人，占比为 31.23%；选择"不同意"的同学有 37 人，占比 13.75%；选择"非常同意"的同学有 27 人，占比为 10.04%。由图 5-33 可见，数据分布主要集中在"不确定"和"同意"选项，其中选择不同意选项的人数要高于选择非常同意的人数，这与前面北京市样本分析不太一致。

第5章 大学生参与"直播经济"情况

表5-25　　　S大学样本对主播互动性认同度分布情况

	频数	百分比（%）	有效百分比（%）	累积百分比（%）
非常不同意	11	4.09	4.09	4.09
不同意	37	13.75	13.75	17.84
不确定	84	31.23	31.23	49.07
同意	110	40.89	40.89	89.96
非常同意	27	10.04	10.04	100.00
总计	269	100.0	100.0	

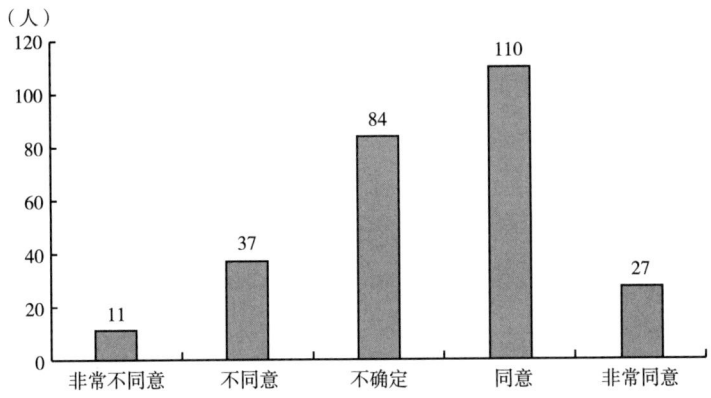

图5-33　S大学样本对主播互动性认同度分布

（2）描述性统计分析

由表5-26可知，3个测量题项的平均数在3.3~3.6，标准差在1.0以下，表明样本数据和平均数之间并未出现较大的离散，偏度和峰度的绝对值都在2以内，符合正态分布对偏度和峰度的要求。

表5-26　　　S大学样本主播特征描述性统计分析结果

	N 统计	最小值 统计	最大值 统计	均值 统计	标准偏差 统计	偏度		峰度	
						统计	标准错误	统计	标准错误
Q7_1 主播形象匹配性	269	1	5	3.48	0.900	-0.603	0.149	0.580	0.296
Q7_2 主播专业性	269	1	5	3.60	0.932	-0.764	0.149	0.653	0.296
Q7_3 主播互动性	269	1	5	3.39	0.981	-0.466	0.149	-0.169	0.296

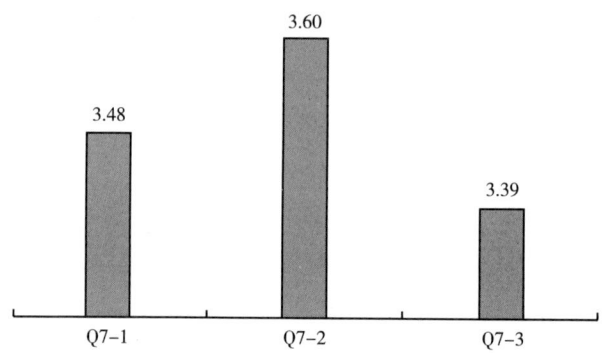

图 5-34　S 大学样本大学生对主播特征认同度的均值统计

通过对比"Q7_1 主播形象与其推荐商品兼容度高、Q7_2 主播可以清楚地讲解与展示商品的特性、Q7_3 主播可以根据我的描述推荐适合的服务/商品"3个题项调查结果的均值，可以发现 S 大学的同学们对 Q7_1 和 Q7_3 主播特征的认同程度偏向于不确定，对 Q7_2 主播特征的认同程度偏向于认同，其中对于"主播可以清楚的讲解与展示商品的特性"这一特质的认同程度最高，对于"主播可以根据我的描述推荐适合的服务/商品"这一特质的认同程度最低。

（3）相关性分析

通过表 5-27 相关性分析可以得到 Q7_1 主播形象与其推荐商品兼容度高、Q7_2 主播可以清楚地讲解与展示商品的特性、Q7_3 主播可以根据我的描述推荐适合的服务/商品 3 个题项之间的相关性显著，相关系数均在 0.5 ~ 0.7，可以说明题项的设置以及问卷收集到的结果是合理有效的。

表 5-27　S 大学样本大学生对主播特征认同度与消费行为的相关性分析

		主播形象匹配性	主播专业性	主播互动性	月平均消费	直播购物消费比例
主播形象匹配性	皮尔逊相关性	1	0.662**	0.586**	0.031	-0.004
	Sig.（双尾）		0.000	0.000	0.618	0.944
	个案数	269	269	269	269	269
主播专业性	皮尔逊相关性	0.662**	1	0.531**	0.031	-0.073
	Sig.（双尾）	0.000		0.000	0.617	0.234
	个案数	269	269	269	269	269

续表

		主播形象匹配性	主播专业性	主播互动性	月平均消费	直播购物消费比例
主播互动性	皮尔逊相关性	0.586**	0.531**	1	0.031	-0.016
	Sig.（双尾）	0.000	0.000		0.615	0.788
	个案数	269	269	269	269	269
月平均消费	皮尔逊相关性	0.031	0.031	0.031	1	0.095
	Sig.（双尾）	0.618	0.617	0.615		0.121
	个案数	269	269	269	269	269
直播购物消费比例	皮尔逊相关性	-0.004	-0.073	-0.016	0.095	1
	Sig.（双尾）	0.944	0.234	0.788	0.121	
	个案数	269	269	269	269	269

注："**"表示在0.01级别（双尾），相关性显著。

消费行为方面，在校期间平均月消费和可支配收入用于直播购物的比例与Q7_1、Q7_2、Q7_3在0.01显著性水平上均无显著性相关性，表明就该S大学样本的同学们参与直播消费与主播形象的匹配性、主播的专业性以及主播能否与其进行良性有效的互动无关联，这与北京市样本相关性分析结果并不一致。

5.2.5　B大学样本分析

（1）样本频数分析

①主播形象匹配性认同度分布情况：

由表5-28可知，"Q7_1主播形象与其推荐商品兼容度高"的调查结果表明，针对调查B大学样本的大学生，选择"同意"的同学多达107人，占比最多达到41.00%；选择"非常不同意"的同学仅有15人，占比最少为5.75%。其他3个选项按选择人数从多到少排列分别为：选择"不确定"的同学有80人，占比为30.65%；选择"非常同意"的同学有37人，占比14.18%；选择"不同意"的同学有22人，占比为8.43%。由图5-35可见，数据分布主要集中在"不确定"和"同意"选项。

表 5-28　　　B 大学样本对主播形象匹配性认同度分布情况

	频数	百分比（%）	有效百分比（%）	累积百分比（%）
非常不同意	15	5.75	5.75	5.75
不同意	22	8.43	8.43	14.18
不确定	80	30.65	30.65	44.83
同意	107	41.00	41.00	85.82
非常同意	37	14.18	14.18	100.00
总计	261	100.0	100.0	

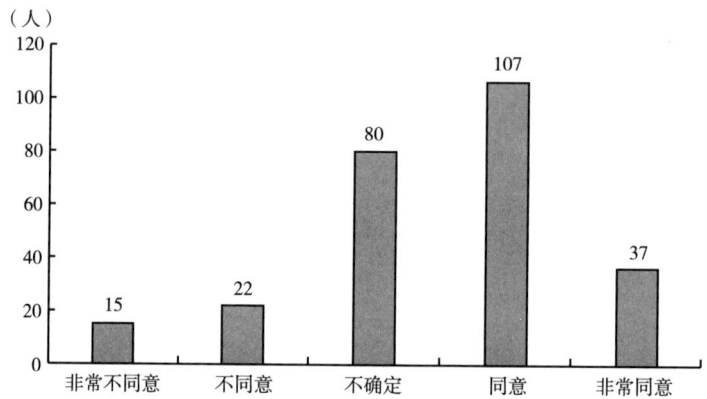

图 5-35　B 大学样本对主播形象匹配性认同度分布

②主播专业性认同度分布情况：

由表 5-29 可知，"Q7_2 主播可以清楚的讲解与展示商品的特性"的调查结果表明，针对调查 B 大学样本的大学生，选择"同意"的同学多达 114人，占比最多达到 43.68%；选择"不同意"的同学仅有 12 人，占比最少为 4.60%。其他 3 个选项按选择人数从多到少排列分别为：选择"不确定"的同学有 72 人，占比为 27.59%；选择"非常同意"的同学有 46 人，占比 17.62%；选择"非常不同意"的同学有 17 人，占比为 6.51%。由图 5-36 可见，虽然选择非常不同意的人数稍高于选择不同意的人，但数据分布主要集中在"不确定"和"同意"选项。

表 5-29　B 大学样本对主播专业性认同度分布情况

	频数	百分比（%）	有效百分比（%）	累积百分比（%）
非常不同意	17	6.51	6.51	6.51
不同意	12	4.60	4.60	11.11
不确定	72	27.59	27.59	38.70
同意	114	43.68	43.68	82.38
非常同意	46	17.62	17.62	100.00
总计	261	100.0	100.0	

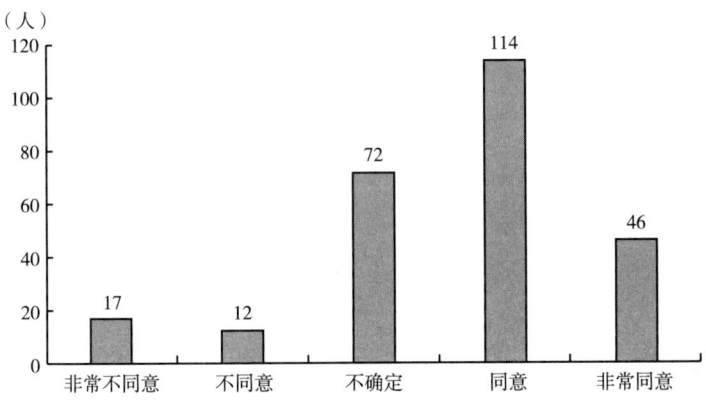

图 5-36　B 大学样本对主播专业性认同度分布

③主播互动性认同度分布情况：

由表 5-30 可知，"Q7_3 主播可以根据我的描述推荐适合的服务/商品"的调查结果表明，针对调查 B 大学样本的大学生，选择"同意"的同学多达 104 人，占比最多达到 39.85%；选择"非常不同意"的同学仅有 16 人，占比最少为 6.13%。其他 3 个选项按选择人数从多到少排列分别为：选择"不确定"的同学有 81 人，占比为 31.03%；选择"非常同意"的同学有 35 人，占比 13.41%；选择"不同意"的同学有 25 人，占比为 9.58%。由图 5-37 可见，数据分布主要集中在"不确定"和"同意"选项。

表 5-30　　B 大学样本对主播互动性认同度分布情况

	频数	百分比（%）	有效百分比（%）	累积百分比（%）
非常不同意	16	6.13	6.13	6.13
不同意	25	9.58	9.58	15.71
不确定	81	31.03	31.03	46.74
同意	104	39.85	39.85	86.59
非常同意	35	13.41	13.41	100.00
总计	261	100.0	100.0	

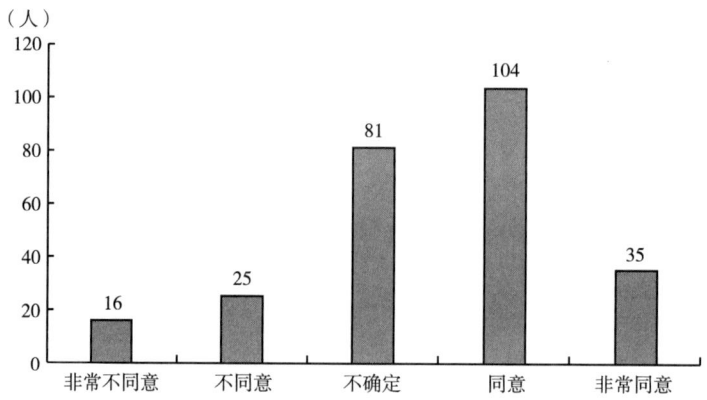

图 5-37　B 大学样本对主播互动性认同度分布

（2）描述性统计分析

由表 5-31 可知，3 个测量题项的平均数在 3.5 左右，标准差为 1~1.5，表明样本数据和平均数之间并未出现较大的离散，偏度和峰度的绝对值都在 2 以内，符合正态分布对偏度和峰度的要求。

表 5-31　　B 大学样本主播特征描述性统计分析结果

	N 统计	最小值 统计	最大值 统计	均值 统计	标准偏差 统计	偏度 统计	偏度 标准错误	峰度 统计	峰度 标准错误
Q7_1 主播形象匹配性	261	1	5	3.49	1.025	-0.632	0.151	0.145	0.300
Q7_2 主播专业性	261	1	5	3.61	1.038	-0.836	0.151	0.554	0.300
Q7_3 主播互动性	261	1	5	3.45	1.039	-0.587	0.151	0.010	0.300

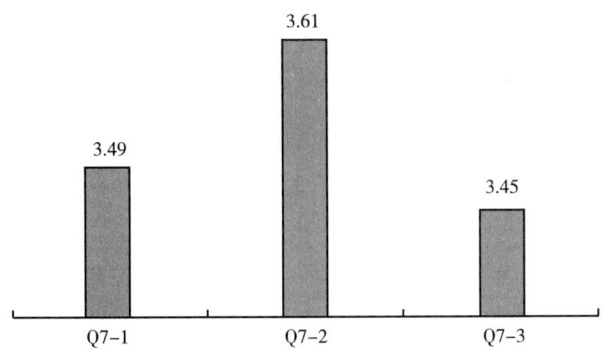

图 5-38 B 大学样本大学生对主播特征认同度的均值统计

通过对比 3 个题项调查结果的均值，可以发现 B 大学的同学们对 Q7_1 和 Q7_3 主播特征的认同程度偏向于不确定，对 Q7_2 主播特征的认同程度偏向于认同，其中对于"主播可以清楚的讲解与展示商品的特性"这一特质的认同程度最高，对于"主播可以根据我的描述推荐适合的服务/商品"这一特质的认同程度最低。

（3）相关性分析

通过表 5-32 相关性分析，可以得到 3 个题项之间的相关性显著，相关系数均在 0.4～0.7，可以说明题项的设置以及问卷收集到的结果是合理有效的。

表 5-32 B 大学样本大学生对主播特征认同度与消费行为的相关性分析

		主播形象匹配性	主播专业性	主播互动性	月平均消费	直播购物消费比例
主播形象匹配性	皮尔逊相关性	1	0.567**	0.492**	-0.118	0.233**
	Sig.（双尾）		0.000	0.000	0.058	0.000
	个案数	261	261	261	261	261
主播专业性	皮尔逊相关性	0.567**	1	0.536**	-0.069	0.233**
	Sig.（双尾）	0.000		0.000	0.266	0.000
	个案数	261	261	261	261	261

续表

		主播形象匹配性	主播专业性	主播互动性	月平均消费	直播购物消费比例
主播互动性	皮尔逊相关性	0.492**	0.536**	1	-0.034	0.223**
	Sig.（双尾）	0.000	0.000		0.580	0.000
	个案数	261	261	261	261	261
月平均消费	皮尔逊相关性	-0.118	-0.069	-0.034	1	0.063
	Sig.（双尾）	0.058	0.266	0.580		0.313
	个案数	261	261	261	261	261
直播购物消费比例	皮尔逊相关性	0.233**	0.233**	0.223**	0.063	1
	Sig.（双尾）	0.000	0.000	0.000	0.313	
	个案数	261	261	261	261	261

注："**"表示在0.01级别（双尾），相关性显著。

在消费行为方面，在校期间平均月消费与Q7_1、Q7_2、Q7_3在0.01显著性水平上均无显著性相关性；可支配收入用于直播购物的比例与Q7_1、Q7_2、Q7_3均在0.01显著性水平上具有显著性相关性，相关系数分别为0.233、0.233、0.223，正向影响由大到小为主播形象的匹配性主播的专业性、主播互动性。这说明B大学的学生参与直播消费与主播形象的匹配性、主播的专业性以及主播能否与其进行良性有效的互动有一定关联，并且三者相比而言更关注主播形象匹配性和主播专业性，这也符合北京市样本相关性分析结果。

5.3 直播激励机制

针对直播激励机制，我们设置了"Q7_4直播间的商品是限时抢购或限量款而激起我的购买欲""Q7_5直播间的优惠促销活动越大我对商品越感兴趣""Q7_6直播中发放优惠券、礼物或抽奖更吸引我继续观看"3个测量题项来调查大学生在观看直播营销过程中的感受。

5.3.1 全部样本分析

(1) 样本频数分析

①直播限时限量激励认同度分布情况:

由表5-33可知,"Q7_4 直播间的商品是限时抢购或限量款而激起我的购买欲"的调查结果表明,针对调查的全部样本的大学生,选择"同意"的学生多达648人,占比最多达到33.28%;选择"非常不同意"的学生仅有167人,占比最少为8.58%。其他3个选项按选择人数从多到少排列分别为:选择"不确定"的同学有499人,占比为25.63%;选择"非常同意"的学生有401人,占比20.60%;选择"不同意"的学生有167人,占比为8.58%。由图5-39可见,数据分布主要集中在"不确定""同意"和"非常同意"3个选项。

表5-33 全部样本对直播限时限量激励认同度分布情况

	频数	百分比 (%)	有效百分比 (%)	累积百分比 (%)
非常不同意	167	8.58	8.58	8.58
不同意	232	11.92	11.92	20.49
不确定	499	25.63	25.63	46.12
同意	648	33.28	33.28	79.40
非常同意	401	20.60	20.60	100.00
总计	1947	100.0	100.0	

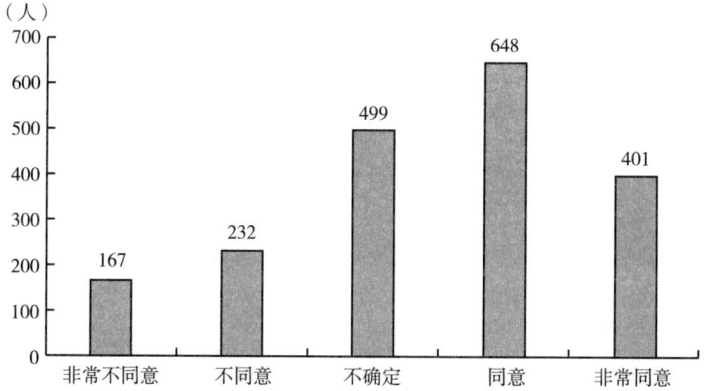

图5-39 全部样本对直播限时限量激励认同度分布

②直播优惠力度激励认同度分布情况：

由表5-34可知,"Q7_5 直播间的优惠促销活动越大我对商品越感兴趣"的调查结果表明，针对调查的全部样本的大学生，选择"同意"的学生多达724人，占比最多达到21.37%；选择"非常不同意"的学生仅有110人，占比最少为5.65%。其他3个选项按选择人数从多到少排列分别为：选择"非常同意"的学生有550人，占比28.25%；选择"不确定"的学生有416人，占比为21.37%；选择"不同意"的学生有147人，占比为7.55%。由图5-40可见，数据分布主要集中在"不确定""同意"和"非常同意"3个选项。

表5-34　　　全部样本对直播优惠力度激励认同度分布情况

	频数	百分比（%）	有效百分比（%）	累积百分比（%）
非常不同意	110	5.65	5.65	5.65
不同意	147	7.55	7.55	13.20
不确定	416	21.37	21.37	34.57
同意	724	37.19	37.19	71.75
非常同意	550	28.25	28.25	100.00
总计	1947	100.0	100.0	

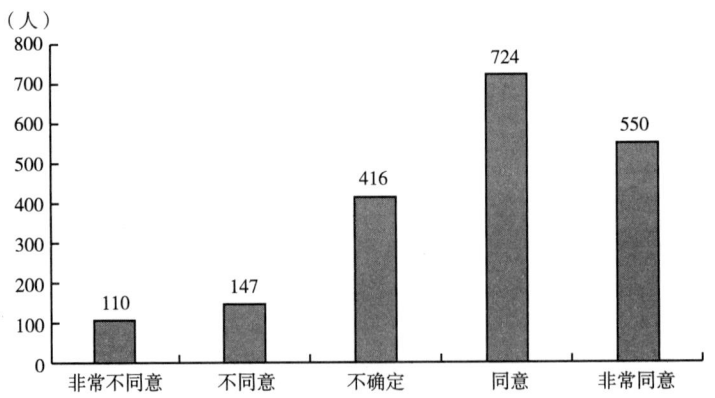

图5-40　全部样本对直播优惠力度激励认同度分布

③直播福利激励认同度分布情况：

由表5-35可知,"Q7_6 直播中发放优惠券、礼物或抽奖更吸引我继续观看"的调查结果表明，针对调查的全部样本的大学生，选择"同意"的学生多达710人,占比最多达到36.47%;选择"非常不同意"的学生仅有139人,占比最少为7.14%。其他3个选项按选择人数从多到少排列分别为:选择"不确定"的学生有479人,占比为24.60%;选择"非常同意"的学生有448人,占比23.01%;选择"不同意"的学生有171人,占比为8.78%。由图5-41可见,数据分布主要集中在"不确定""同意"和"非常同意"3个选项。

表5-35　　　　　　全部样本对直播福利激励认同度分布情况

	频数	百分比(%)	有效百分比(%)	累积百分比(%)
非常不同意	139	7.14	7.14	7.14
不同意	171	8.78	8.78	15.92
不确定	479	24.60	24.60	40.52
同意	710	36.47	36.47	76.99
非常同意	448	23.01	23.01	100.00
总计	1947	100.0	100.0	

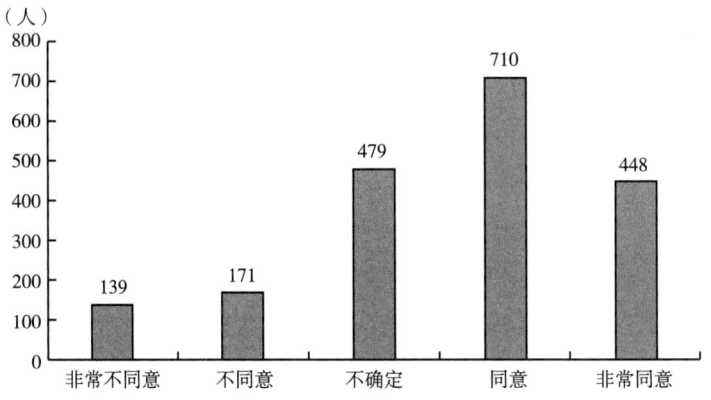

图5-41　全部样本对直播福利激励认同度分布

(2) 描述性统计分析

由表5-36可知,3个测量题项的平均数在3.4~3.8,标准差在1.1~1.2,表明样本数据和平均数之间并未出现较大的离散,偏度和峰度的绝对值都在2以内,符合正态分布对偏度和峰度的要求。

表 5-36　　　　全部样本直播激励描述性统计分析结果

	N 统计	最小值 统计	最大值 统计	均值 统计	标准偏差 统计	偏度 统计	偏度 标准错误	峰度 统计	峰度 标准错误
Q7_4 直播限时限量激励	1947	1	5	3.45	1.189	-0.502	0.055	-0.563	0.111
Q7_5 直播优惠力度激励	1947	1	5	3.75	1.115	-0.798	0.055	0.038	0.111
Q7_6 直播福利激励	1947	1	5	3.59	1.143	-0.665	0.055	-0.215	0.111

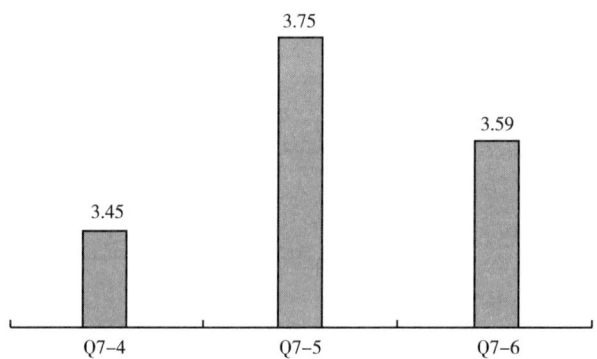

图 5-42　全部样本大学生对直播激励认同度的均值统计

通过对比 3 个测量题项调查结果的均值，可以发现大学生对 Q7_4 直播激励机制的认同程度偏向于不确定，对 Q7_5 和 Q7_6 直播激励机制的认同程度偏向于认同，其中对于"直播间的优惠促销活动越大我对商品越感兴趣"这一激励机制的认同程度最高，对于"直播间的商品是限时抢购或限量款而激起我的购买欲"这一激励机制的认同程度最低。

（3）相关性分析

通过表 5-37 相关性分析，可以得到 3 个测量题项之间的相关性显著，相关系数均大于 0.5，可以说明题项的设置以及问卷收集到的结果是合理有效的。

表 5-37 全部样本大学生对直播激励机制认同度与消费行为的相关性分析

		直播限时限量激励	直播优惠力度激励	直播福利激励	月平均消费	直播购物消费比例
直播限时限量激励	皮尔逊相关性	1	0.533**	0.523**	0.001	0.099**
	Sig.（双尾）		0.000	0.000	0.958	0.000
	个案数	1947	1947	1947	1947	1947
直播优惠力度激励	皮尔逊相关性	0.533**	1	0.613**	-0.002	0.017
	Sig.（双尾）	0.000		0.000	0.936	0.450
	个案数	1947	1947	1947	1947	1947
直播福利激励	皮尔逊相关性	0.523**	0.613**	1	-0.031	0.081**
	Sig.（双尾）	0.000	0.000		0.165	0.000
	个案数	1947	1947	1947	1947	1947
月平均消费	皮尔逊相关性	0.001	-0.002	-0.031	1	0.169**
	Sig.（双尾）	0.958	0.936	0.165		0.000
	个案数	1947	1947	1947	1947	1947
直播购物消费比例	皮尔逊相关性	0.099**	0.017	0.081**	0.169**	1
	Sig.（双尾）	0.000	0.450	0.000	0.000	
	个案数	1947	1947	1947	1947	1947

注："**"表示在 0.01 级别（双尾），相关性显著。

在消费行为方面，在校期间平均月消费与 Q7_4、Q7_5、Q7_6 在 0.01 显著性水平上均无显著性相关性；可支配收入用于直播购物的比例与 Q7_4、Q7_6 在 0.01 显著性水平上具有显著性相关性，相关系数分别为 0.099、0.081，与 Q7-5 无显著性相关性，说明学生参与直播消费水平与直播限时限量激励以及直播福利激励有一定的正向影响关系，即当直播间开展限量购买、抽奖等营销手段，会有小幅影响其参与直播消费行为。

5.3.2 北京样本分析

（1）样本频数分析

①直播限时限量激励认同度分布情况：

由表 5-38 可知，"Q7_4 直播间的商品是限时抢购或限量款而激起我的购买欲"的调查结果表明，针对调查的北京样本的大学生，选择"同意"的学生多达 549 人，占比最多达到 33.60%；选择"非常不同意"的同学仅有 549 人，占比最少为 9.00%。其他 3 个选项按选择人数从多到少排列分别为：选择"不确定"的学生有 413 人，占比为 25.28%；选择"非常同意"的学生有 326 人，占比 19.95%；选择"不同意"的学生有 199 人，占比为 12.18%。从图 5-43 可见数据分布主要集中在"不确定""同意"和"非常同意"3 个选项。

表 5-38　北京样本对直播限时限量激励认同度分布情况

	频数	百分比（%）	有效百分比（%）	累积百分比（%）
非常不同意	147	9.00	9.00	9.00
不同意	199	12.18	12.18	21.18
不确定	413	25.28	25.28	46.45
同意	549	33.60	33.60	80.05
非常同意	326	19.95	19.95	100.00
总计	1634	100.0	100.0	

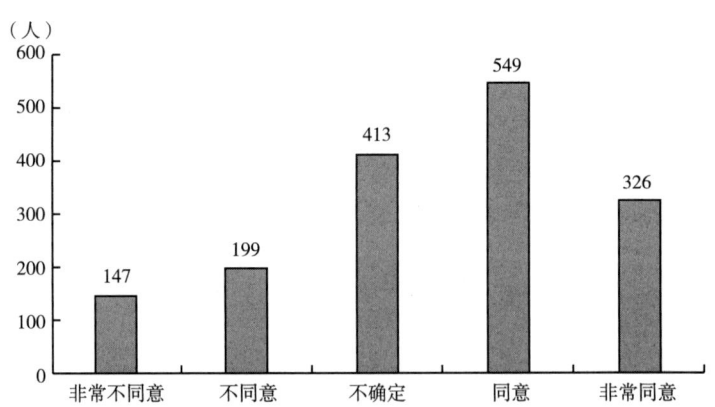

图 5-43　北京样本对直播限时限量激励认同度分布

②直播优惠力度激励认同度分布情况：

由表 5-39 可知，"Q7_5 直播间的优惠促销活动越大我对商品越感兴趣"的调查结果表明，针对调查的北京样本的大学生，选择"同意"的学生多达 617 人，占比最多达到 37.76%；选择"非常不同意"的学生仅有 88 人，占比最少为 5.39%。其他 3 个选项按选择人数从多到少排列分别为：选择"非常同意"的学生有 467 人,占比 28.58%;选择"不确定"的学生有 343 人,占比为 20.99%;选择"不同意"的学生有 119 人,占比为 7.28%。由图 5-44 可见,数据分布主要集中在"不确定""同意"和"非常同意"3 个选项。

表 5-39 北京样本对直播优惠力度激励认同度分布情况

	频数	百分比(%)	有效百分比(%)	累积百分比(%)
非常不同意	88	5.39	5.39	5.39
不同意	119	7.28	7.28	12.67
不确定	343	20.99	20.99	33.66
同意	617	37.76	37.76	71.42
非常同意	467	28.58	28.58	100.00
总计	1634	100.0	100.0	

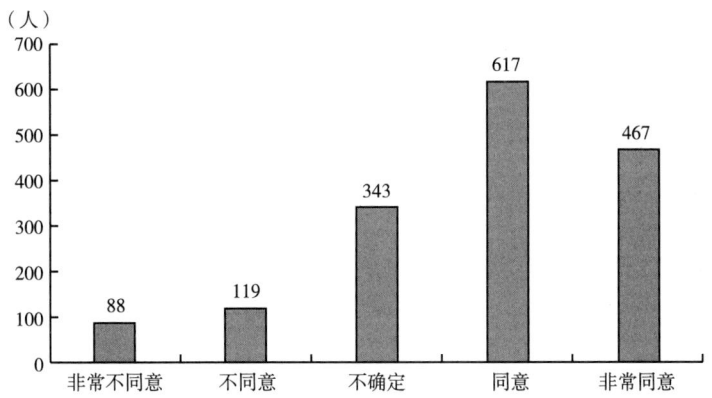

图 5-44 北京样本对直播优惠力度激励认同度分布

③直播福利激励认同度分布情况:

由表 5-40 可知,"Q7_6 直播中发放优惠券、礼物或抽奖更吸引我继续观看"的调查结果表明,针对调查的北京样本的大学生,选择"同意"的学生多达 600 人,占比最多达到 36.72%;选择"非常不同意"的学生仅有 120 人,占比最少为 7.34%。其他 3 个选项按选择人数从多到少排列分别为:选择"不确定"的学生有 401 人,占比为 25.54%;选择"非常同意"的学生有 373 人,占比 22.83%;选择"不同意"的学生有 140 人,占比为 8.57%。由图 5-45 可见,数据分布主要集中在"不确定""同意"和"非常同意"3 个选项。

表 5-40　　　　北京样本对直播福利激励认同度分布情况

	频数	百分比（%）	有效百分比（%）	累积百分比（%）
非常不同意	120	7.34	7.34	7.34
不同意	140	8.57	8.57	15.91
不确定	401	24.54	24.54	40.45
同意	600	36.72	36.72	77.17
非常同意	373	22.83	22.83	100.00
总计	1634	100.0	100.0	

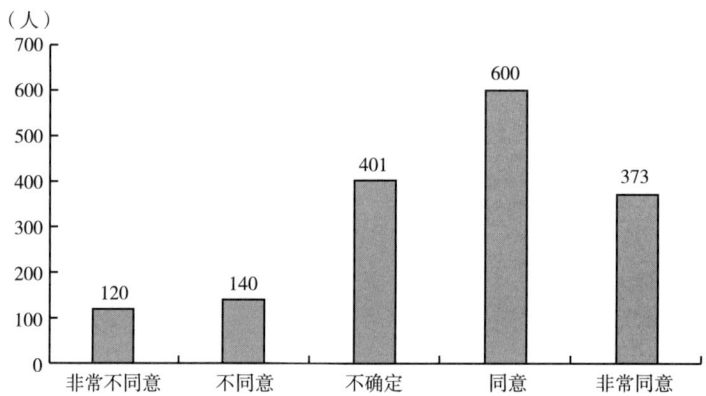

图 5-45　北京样本对直播福利激励认同度分布

（2）描述性统计分析

由表 5-41 可知，3 个测量题项的平均数在 3.4~3.8，标准差在 1.1~1.2，表明样本数据和平均数之间并未出现较大的离散，偏度和峰度的绝对值都在 2 以内，符合正态分布对偏度和峰度的要求。

表 5-41　　　　北京样本直播激励描述性统计分析结果

	N 统计	最小值 统计	最大值 统计	均值 统计	标准偏差 统计	偏度 统计	偏度 标准错误	峰度 统计	峰度 标准错误
Q7_4 直播限时限量激励	1634	1	5	3.43	1.195	-0.497	0.061	-0.588	0.121
Q7_5 直播优惠力度激励	1634	1	5	3.77	1.104	-0.821	0.061	0.109	0.121
Q7_6 直播福利激励	1634	1	5	3.59	1.145	-0.674	0.061	-0.201	0.121

第5章 大学生参与"直播经济"情况

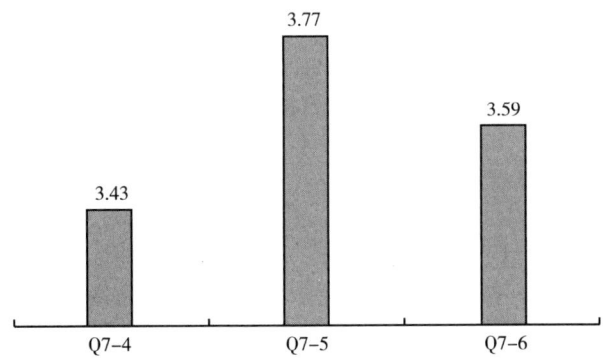

图 5-46 北京样本大学生对直播激励认同度的均值统计

通过对比 3 个测量题项调查结果的均值可以发现大学生对 Q7_4 直播激励机制的认同程度偏向于不确定，对 Q7_5 和 Q7_6 直播激励机制的认同程度偏向于认同，其中对于"直播间的优惠促销活动越大我对商品越感兴趣"这一激励机制的认同程度最高，对于"直播间的商品是限时抢购或限量款而激起我的购买欲"这一激励机制的认同程度最低，这与全部样本分析所得结果一致。

（3）相关性分析

通过表 5-42 相关性分析，可以得到 3 个测量题项之间的相关性显著，相关系数均大于 0.5，可以说明题项的设置以及问卷收集到的结果说合理有效的。

表 5-42 北京样本大学生对直播激励机制认同度与消费行为的相关性分析

		直播限时限量激励	直播优惠力度激励	直播福利激励	月平均消费	直播购物消费比例
直播限时限量激励	皮尔逊相关性	1	0.556**	0.534**	0.018	0.126**
	Sig.（双尾）		0.000	0.000	0.458	0.000
	个案数	1634	1634	1634	1634	1634
直播优惠力度激励	皮尔逊相关性	0.556**	1	0.638**	0.010	0.054*
	Sig.（双尾）	0.000		0.000	0.689	0.028
	个案数	1634	1634	1634	1634	1634

续表

		直播限时限量激励	直播优惠力度激励	直播福利激励	月平均消费	直播购物消费比例
直播福利激励	皮尔逊相关性	0.534**	0.638**	1	-0.029	0.099**
	Sig.（双尾）	0.000	0.000		0.234	0.000
	个案数	1634	1634	1634	1634	1634
月平均消费	皮尔逊相关性	0.018	0.010	-0.029	1	0.166**
	Sig.（双尾）	0.458	0.689	0.234		0.000
	个案数	1634	1634	1634	1634	1634
直播购物消费比例	皮尔逊相关性	0.126**	0.054*	0.099**	0.166**	1
	Sig.（双尾）	0.000	0.028	0.000	0.000	
	个案数	1634	1634	1634	1634	1634

注："**"表示在0.01级别（双尾），相关性显著；"*"表示在0.05级别（双尾），相关性显著。

在消费行为方面，在校期间平均月消费与Q7_4、Q7_5、Q7_6在0.01显著性水平上均无显著性相关性；可支配收入用于直播购物的比例与Q7_4、Q7_6在0.01显著性水平上具有显著性相关性，相关系数分别为0.126、0.099，与Q7_5在0.05显著性水平上具有显著性相关性，相关系数为0.054，正向影响由大到小为直播限时限量激励、直播福利激励、直播优惠力度激励，说明北京市大学生参与直播消费水平会受到直播间开展限量购买、优惠活动、抽奖等营销手段的影响。

5.3.3 京外样本分析

（1）样本频数分析

①直播限时限量激励认同度分布情况：

由表5-43可知，"Q7_4直播间的商品是限时抢购或限量款而激起我的购买欲"的调查结果表明，针对调查的京外样本的大学生，选择"同意"的学生多达99人，占比最多达到31.63%；选择"非常不同意"的学生仅有20人，占比最少为6.39%。其他3个选项按选择人数从多到少排列分别为：选择"不确定"的学生有86人，占比为27.48%；选择"非常同意"的学生有75人，占比23.96%；选择"不同意"的学生有33人，占比为10.54%。由

图 5-47 可见,数据分布主要集中在"不确定""同意"和"非常同意"3 个选项。

表 5-43 京外样本对直播限时限量激励认同度分布情况

	频数	百分比(%)	有效百分比(%)	累积百分比(%)
非常不同意	20	6.39	6.39	6.39
不同意	33	10.54	10.54	16.93
不确定	86	27.48	27.48	44.41
同意	99	31.63	31.63	76.04
非常同意	75	23.96	23.96	100.00
总计	313	100.0	100.0	

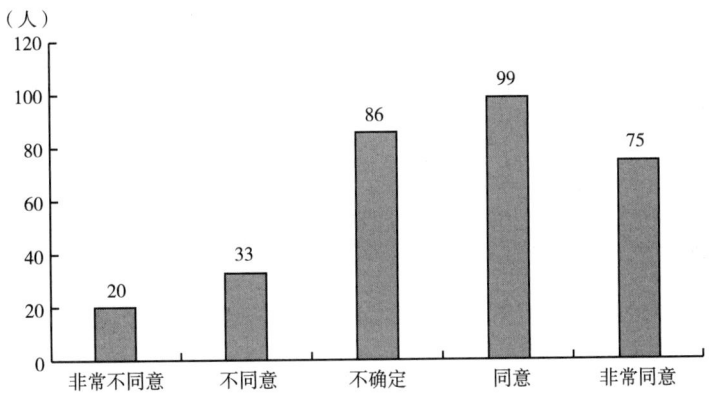

图 5-47 京外样本对直播限时限量激励认同度分布

②直播优惠力度激励认同度分布情况:

由表 5-44 可知,"Q7_5 直播间的优惠促销活动越大我对商品越感兴趣"的调查结果表明,针对调查的京外样本的大学生,选择"同意"的学生多达 107 人,占比最多达到 34.19%;选择"非常不同意"的学生仅有 22 人,占比最少为 7.03%。其他 3 个选项按选择人数从多到少排列分别为:选择"非常同意"的学生有 83 人,占比 26.52%;选择"不确定"的学生有 73 人,占比为 23.32%;选择"不同意"的学生有 28 人,占比为 8.95%。由图 5-48 可见,数据分布主要集中在"不确定""同意"和"非常同意"3 个选项。

表 5-44　　京外样本对直播优惠力度激励认同度分布情况

	频数	百分比（%）	有效百分比（%）	累积百分比（%）
非常不同意	22	7.03	7.03	7.03
不同意	28	8.95	8.95	15.97
不确定	73	23.32	23.32	39.30
同意	107	34.19	34.19	73.48
非常同意	83	26.52	26.52	100.00
总计	313	100.0	100.0	

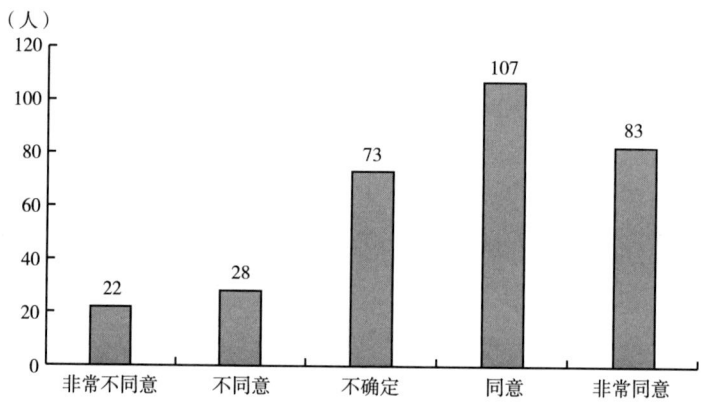

图 5-48　京外样本对直播优惠力度激励认同度分布

③直播福利激励认同度分布情况：

由表 5-45 可知，"Q7_6 直播中发放优惠券、礼物或抽奖更吸引我继续观看"的调查结果表明，针对调查的北京样本的大学生，选择"同意"的学生多达 110 人，占比最多达到 35.14%；选择"非常不同意"的学生仅有 19 人，占比最少为 6.07%。其他 3 个选项按选择人数从多到少排列分别为：选择"不确定"的学生有 78 人，占比为 24.92%；选择"非常同意"的学生有 75 人，占比 23.96%；选择"不同意"的学生有 31 人，占比为 9.90%。由图 5-49 可见，数据分布主要集中在"不确定""同意"和"非常同意"3 个选项。

第5章 大学生参与"直播经济"情况

表 5-45　　　　京外样本对直播福利激励认同度分布情况

	频数	百分比（%）	有效百分比（%）	累积百分比（%）
非常不同意	19	6.07	6.07	6.07
不同意	31	9.90	9.90	15.97
不确定	78	24.92	24.92	40.89
同意	110	35.14	35.14	76.04
非常同意	75	23.96	23.96	100.00
总计	313	100.0	100.0	

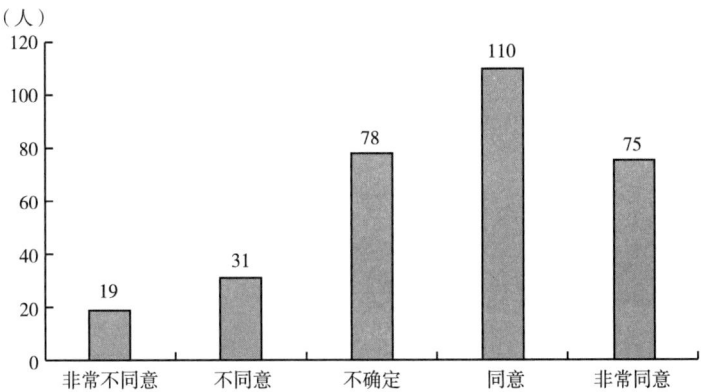

图 5-49　京外样本对直播福利激励认同度分布

（2）描述性统计分析

由表 5-46 可知，3 个测量题项的平均数在 3.5～3.7，标准差在 1.1～1.2，表明样本数据和平均数之间并未出现较大的离散，偏度和峰度的绝对值都在 2 以内，符合正态分布对偏度和峰度的要求。

表 5-46　　　　京外样本直播激励描述性统计分析结果

	N 统计	最小值 统计	最大值 统计	均值 统计	标准偏差 统计	偏度 统计	偏度 标准错误	峰度 统计	峰度 标准错误
Q7_4 直播限时限量激励	313	1	5	3.56	1.151	-0.522	0.138	-0.435	0.275
Q7_5 直播优惠力度激励	313	1	5	3.64	1.168	-0.680	0.138	-0.273	0.275
Q7_6 直播福利激励	313	1	5	3.61	1.133	-0.615	0.138	-0.285	0.275

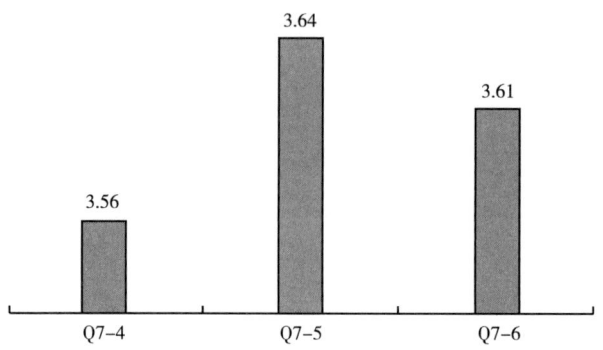

图 5-50 京外样本大学生对直播激励认同度的均值统计

通过对比 3 个测量题项调查结果的均值,可以发现大学生对对 Q7_4、Q7_5 和 Q7_6 直播激励机制的认同程度偏向于认同,其中对于"直播间的优惠促销活动越大我对商品越感兴趣"这一激励机制的认同程度最高,对于"直播间的商品是限时抢购或限量款而激起我的购买欲"这一激励机制的认同程度最低,这与全部样本分析所得结果一致。

(3) 相关性分析

通过表 5-47 相关性分析可以得到 3 个测量题项之间的相关性显著,相关系数在 0.4~0.5,可以说明题项的设置以及问卷收集到的结果说合理有效的。

表 5-47 京外样本大学生对直播激励机制认同度与消费行为的相关性分析

		直播限时限量激励	直播优惠力度激励	直播福利激励	月平均消费	直播购物消费比例
直播限时限量激励	皮尔逊相关性	1	0.434**	0.464**	-0.083	-0.050
	Sig.(双尾)		0.000	0.000	0.143	0.376
	个案数	313	313	313	313	313
直播优惠力度激励	皮尔逊相关性	0.434**	1	0.497**	-0.088	-0.135*
	Sig.(双尾)	0.000		0.000	0.120	0.017
	个案数	313	313	313	313	313
直播福利激励	皮尔逊相关性	0.464**	0.497**	1	-0.041	-0.008
	Sig.(双尾)	0.000	0.000		0.469	0.894
	个案数	313	313	313	313	313

续表

		直播限时限量激励	直播优惠力度激励	直播福利激励	月平均消费	直播购物消费比例
月平均消费	皮尔逊相关性	-0.083	-0.088	-0.041	1	0.229**
	Sig.（双尾）	0.143	0.120	0.469		0.000
	个案数	313	313	313	313	313
直播购物消费比例	皮尔逊相关性	-0.050	-0.135*	-0.008	0.229**	1
	Sig.（双尾）	0.376	0.017	0.894	0.000	
	个案数	313	313	313	313	313

注："**"表示在0.01级别（双尾），相关性显著；"*"表示在0.05级别（双尾），相关性显著。

在消费行为方面，在校期间平均月消费与Q7_4、Q7_5、Q7_6在0.01显著性水平上均无显著性相关性；可支配收入用于直播购物的比例与Q7_5在0.05显著性水平上具有显著性相关性，相关系数为-0.135，与Q7_4和Q7_6在0.05显著性水平上无显著性相关性。这说明北京市外大学生参与直播消费水平会受到直播间优惠活动的影响，且影响是负向的。这与前面5.2节京外大学生参与直播消费行为受主播特征负向影响相对应，表明本次收集京外大学生样本中有大部分对直播并不感兴趣。

5.3.4 S大学样本分析

（1）样本频数分析

①直播限时限量激励认同度分布情况：

由表5-48可知，"Q7_4直播间的商品是限时抢购或限量款而激起我的购买欲"的调查结果表明，针对调查的S大学样本的学生，选择"同意"的学生多达107人，占比最多达到39.78%；选择"非常不同意"的学生仅有20人，占比最少为7.43%。其他3个选项按选择人数从多到少排列分别为：选择"不确定"的学生有59人，占比为21.93%；选择"不同意"的学生有45人，占比为16.73%；选择"非常同意"的学生有38人，占比14.13%。由图5-51可见，数据分布主要集中在"不同意""不确定"和"同意"3个选项，说明 S 大学学生对该题的意见趋于离散，选择不认同的人数相对较多。

表 5-48　S 大学样本对直播限时限量激励认同度分布情况

	频数	百分比（%）	有效百分比（%）	累积百分比（%）
非常不同意	20	7.43	7.43	7.43
不同意	45	16.73	16.73	24.16
不确定	59	21.93	21.93	46.10
同意	107	39.78	39.78	85.87
非常同意	38	14.13	14.13	100.00
总计	269	100.0	100.0	

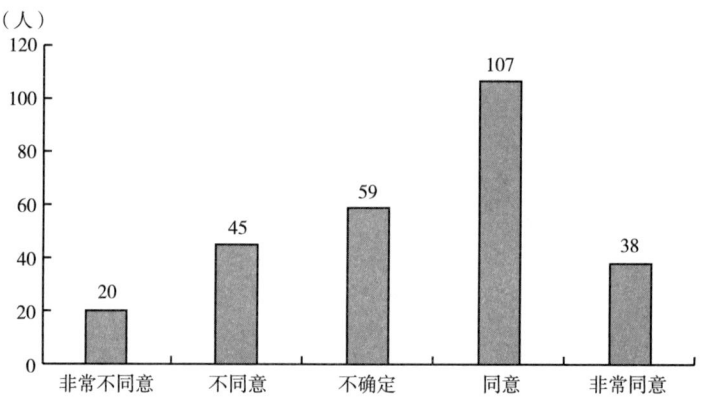

图 5-51　S 大学样本对直播限时限量激励认同度分布

②直播优惠力度激励认同度分布情况：

由表 5-49 可知，"Q7_5 直播间的优惠促销活动越大我对商品越感兴趣"的调查结果表明，针对调查的 S 大学样本的学生，选择"同意"的学生多达 119 人，占比最多达到 44.24%；选择"不同意"的学生仅有 10 人，占比最少为 3.72%。其他 3 个选项按选择人数从多到少排列分别为：选择"非常同意"的学生有 72 人，占比 26.77%；选择"不确定"的学生有 41 人，占比为 15.24%；选择"非常不同意"的学生有 27 人，占比为 10.04%。由图 5-52 可见，数据分布主要集中在"不确定""同意"和"非常同意"3 个选项。

表 5-49　　S 大学样本对直播优惠力度激励认同度分布情况

	频数	百分比（%）	有效百分比（%）	累积百分比（%）
非常不同意	10	3.72	3.72	3.72
不同意	27	10.04	10.04	13.75
不确定	41	15.24	15.24	29.00
同意	119	44.24	44.24	73.23
非常同意	72	26.77	26.77	100.00
总计	269	100.0	100.0	

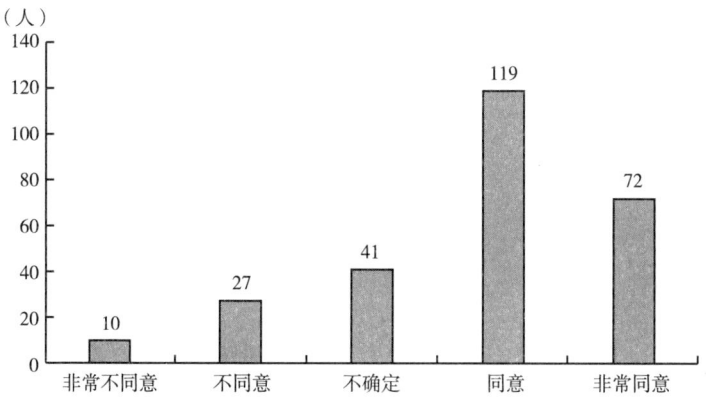

图 5-52　S 大学样本对直播优惠力度激励认同度分布

③直播福利激励认同度分布情况：

由表 5-50 可知，"Q7_6 直播中发放优惠券、礼物或抽奖更吸引我继续观看"的调查结果表明，针对调查的 S 大学样本的学生，选择"同意"的学生多达 110 人，占比最多达到 40.89%；选择"不同意"的学生仅有 14 人，占比最少为 5.20%。其他 3 个选项按选择人数从多到少排列分别为：选择"不确定"的学生有 62 人，占比为 23.05%；选择"非常同意"的学生有 47 人，占比 17.47%；选择"非常不同意"的学生有 36 人，占比为 13.38%。由图 5-53 可见，数据分布主要集中在"不确定""同意"和"非常同意"3 个选项。

表 5-50　　S 大学样本对直播福利激励认同度分布情况

	频数	百分比（%）	有效百分比（%）	累积百分比（%）
非常不同意	14	5.20	5.20	5.20
不同意	36	13.38	13.38	18.59
不确定	62	23.05	23.05	41.64
同意	110	40.89	40.89	82.53
非常同意	47	17.47	17.47	100.00
总计	269	100.0	100.0	

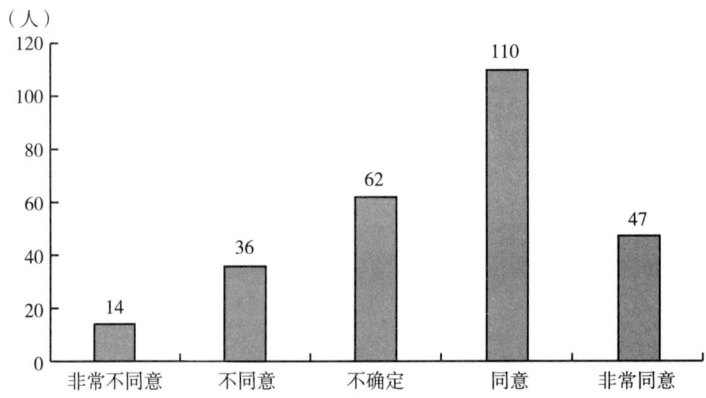

图 5-53　S 大学样本对直播福利激励认同度分布

（2）描述性统计分析

由表 5-51 可知，3 个测量题项的平均数在 3.3~3.8，标准差在 1.0~1.2，表明样本数据和平均数之间并未出现较大的离散，偏度和峰度的绝对值都在 2 以内，符合正态分布对偏度和峰度的要求。

表 5-51　　S 大学样本直播激励描述性统计分析结果

	N 统计	最小值 统计	最大值 统计	均值 统计	标准偏差 统计	偏度		峰度	
						统计	标准错误	统计	标准错误
Q7_4 直播限时限量激励	269	1	5	3.36	1.140	-0.476	0.149	-0.613	0.296
Q7_5 直播优惠力度激励	269	1	5	3.80	1.059	-0.871	0.149	0.205	0.296
Q7_6 直播福利激励	269	1	5	3.52	1.088	-0.570	0.149	-0.328	0.296

第 5 章 大学生参与"直播经济"情况

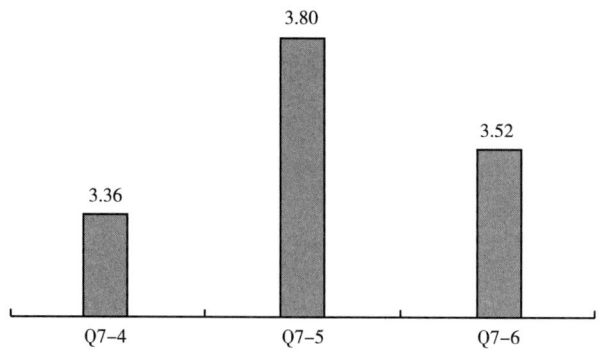

图 5-54 S 大学样本大学生对直播激励认同度的均值统计

通过对比 3 个测量题项调查结果的均值可以发现 B 大学学生对于 Q7_5 和 Q7_6 两项直播激励机制的认同程度偏向于认同,对于 Q7_4 直播激励机制的认同程度偏向于不确定,其中对于"直播间的优惠促销活动越大我对商品越感兴趣"这一激励机制的认同程度最高,对于"直播间的商品是限时抢购或限量款而激起我的购买欲"这一激励机制的认同程度最低。这与全部样本分析所得结果一致。

(3) 相关性分析

通过表 5-52 相关性分析可以得到 3 个测量题项之间的相关性显著,相关系数在 0.4~0.7,可以说明题项的设置以及问卷收集到的结果说合理有效的。

表 5-52 S 大学样本大学生对直播激励机制认同度与消费行为的相关性分析

		直播限时限量激励	直播优惠力度激励	直播福利激励	月平均消费	直播购物消费比例
直播限时限量激励	皮尔逊相关性	1	0.495**	0.439**	0.084	0.057
	Sig.(双尾)		0.000	0.000	0.168	0.353
	个案数	269	269	269	269	269
直播优惠力度激励	皮尔逊相关性	0.495**	1	0.624**	-0.037	-0.069
	Sig.(双尾)	0.000		0.000	0.545	0.256
	个案数	269	269	269	269	269

续表

		直播限时限量激励	直播优惠力度激励	直播福利激励	月平均消费	直播购物消费比例
直播福利激励	皮尔逊相关性	0.439**	0.624**	1	-0.019	0.021
	Sig.（双尾）	0.000	0.000		0.760	0.731
	个案数	269	269	269	269	269
月平均消费	皮尔逊相关性	0.084	-0.037	-0.019	1	0.095
	Sig.（双尾）	0.168	0.545	0.760		0.121
	个案数	269	269	269	269	269
直播购物消费比例	皮尔逊相关性	0.057	-0.069	0.021	0.095	1
	Sig.（双尾）	0.353	0.256	0.731	0.121	
	个案数	269	269	269	269	269

注："**"表示在0.01级别（双尾），相关性显著。

在消费行为方面，在校期间平均月消费、可支配收入用于直播购物的比例与Q7_4、Q7_5、Q7_6在0.05显著性水平上均无显著性相关性，这与全部样本分析结果完全不一致，但这与5.2节分析主播特征与在校期间平均月消费、可支配收入用于直播购物的比例也不存在相关关系相对应。

5.3.5 B大学样本分析

（1）样本频数分析

①直播限时限量激励认同度分布情况：

由表5-53可知，"Q7_4 直播间的商品是限时抢购或限量款而激起我的购买欲"的调查结果表明，针对调查的B大学样本的学生，选择"同意"的学生多达94人，占比最多达到36.02%；选择"非常不同意"的学生仅有27人，占比最少为10.34%。其他3个选项按选择人数从多到少排列分别为：选择"不确定"的学生有57人，占比为21.84%；选择"非常同意"的学生有52人，占比19.92%；选择"不同意"的学生有31人，占比为11.88%。由图5-55可见，数据分布主要集中在"不确定""同意"和"非常同意"3个选项。

第5章 大学生参与"直播经济"情况

表 5-53　B 大学样本对直播限时限量激励认同度分布情况

	频数	百分比（%）	有效百分比（%）	累积百分比（%）
非常不同意	27	10.34	10.34	10.34
不同意	31	11.88	11.88	22.22
不确定	57	21.84	21.84	44.06
同意	94	36.02	36.02	80.08
非常同意	52	19.92	19.92	100.00
总计	261	100.0	100.0	

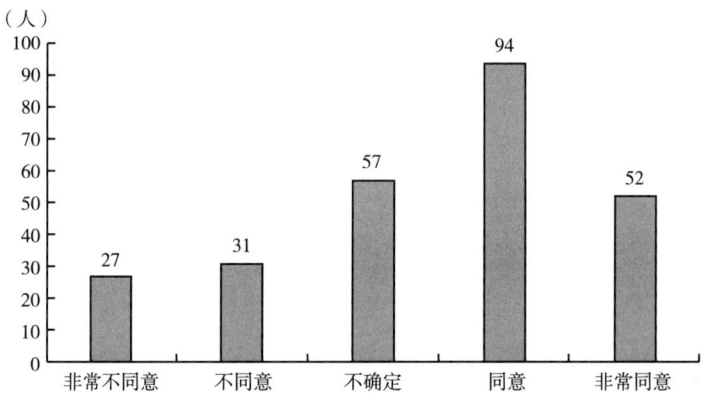

图 5-55　B 大学样本对直播限时限量激励认同度分布

②直播优惠力度激励认同度分布情况：

由表 5-54 可知，"Q7_5 直播间的优惠促销活动越大我对商品越感兴趣"的调查结果表明，针对调查的 B 大学样本的学生，选择"同意"的同学多达 116 人，占比最多达到 44.44%；选择"不同意"的学生仅有 12 人，占比最少为 4.60%。其他 3 个选项按选择人数从多到少排列分别为：选择"非常同意"的学生有 66 人，占比 25.29%；选择"不确定"的学生有 45 人，占比为 17.24%；选择"非常不同意"的学生有 22 人，占比为 8.43%。由图 5-56 可见，数据分布主要集中在"不确定""同意"和"非常同意"3 个选项，其中非常不同意的人数要高于不同意的人数，说明在一定程度上学生认为直播间的优惠力度不到位。

表 5-54　　B 大学样本对直播优惠力度激励认同度分布情况

	频数	百分比（%）	有效百分比（%）	累积百分比（%）
非常不同意	22	8.43	8.43	8.43
不同意	12	4.60	4.60	13.03
不确定	45	17.24	17.24	30.27
同意	116	44.44	44.44	74.71
非常同意	66	25.29	25.29	100.00
总计	261	100.0	100.0	

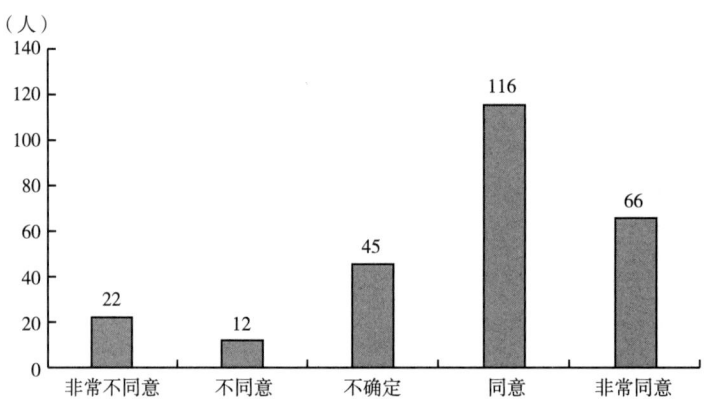

图 5-56　B 大学样本对直播优惠力度激励认同度分布

③直播福利激励认同度分布情况：

由表 5-55 可知，"Q7_6 直播中发放优惠券、礼物或抽奖更吸引我继续观看"的调查结果表明，针对调查的 B 大学样本的学生，选择"同意"的学生多达 98 人，占比最多达到 37.55%；选择"不同意"的学生仅有 18 人，占比最少为 6.90%。其他 3 个选项按选择人数从多到少排列分别为：选择"非常同意"的学生有 61 人，占比 23.37%；选择"不确定"的学生有 59 人，占比为 22.61%；选择"非常不同意"的学生有 25 人，占比为 9.58%。从图 5-57 可见，数据分布主要集中在"不确定""同意"和"非常同意"3 个选项，同时非常同意和不确定之间的差距较小，表明 B 大学的学生对该项的选择趋于认同。

表 5-55　　　　B 大学样本对直播福利激励认同度分布情况

	频数	百分比（%）	有效百分比（%）	累积百分比（%）
非常不同意	25	9.58	9.58	9.58
不同意	18	6.90	6.90	16.48
不确定	59	22.61	22.61	39.08
同意	98	37.55	37.55	76.63
非常同意	61	23.37	23.37	100.00
总计	261	100.0	100.0	

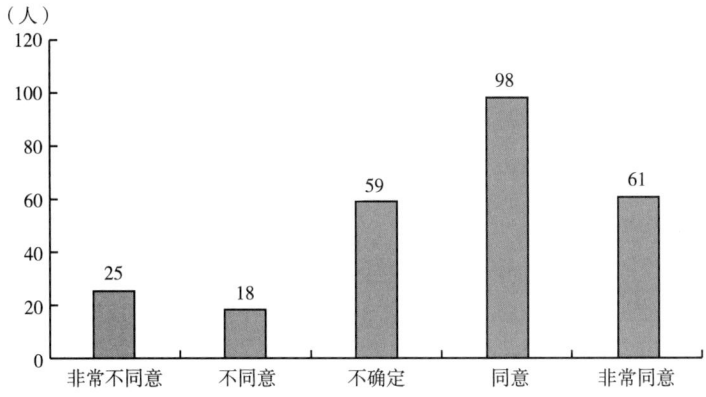

图 5-57　B 大学样本对直播福利激励认同度分布

（2）描述性统计分析

由表 5-56 可知，3 个测量题项的平均数在 3.4～3.8，标准差在 1.1～1.3，表明样本数据和平均数之间并未出现较大的离散，偏度和峰度的绝对值都在 2 以内，符合正态分布对偏度和峰度的要求。

表 5-56　　　　B 大学样本直播激励描述性统计分析结果

	N 统计	最小值 统计	最大值 统计	均值 统计	标准偏差 统计	偏度		峰度	
						统计	标准错误	统计	标准错误
Q7_4 直播限时限量激励	261	1	5	3.43	1.228	-0.560	0.151	-0.608	0.300
Q7_5 直播优惠力度激励	261	1	5	3.74	1.141	-1.031	0.151	0.497	0.300
Q7_6 直播福利激励	261	1	5	3.58	1.195	-0.755	0.151	-0.180	0.300

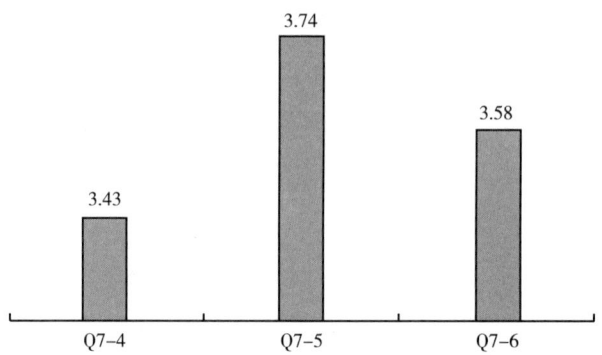

图 5-58　B 大学样本大学生对直播激励认同度的均值统计

通过对比 3 个测量题项调查结果的均值，可以发现 B 大学学生对于 Q7_5 和 Q7_6 两项直播激励机制的认同程度偏向于认同，对于 Q7_4 直播激励机制的认同程度偏向于不确定，其中对于"直播间的优惠促销活动越大我对商品越感兴趣"这一激励机制的认同程度最高，对于"直播间的商品是限时抢购或限量款而激起我的购买欲"这一激励机制的认同程度最低。这与全部样本分析所得结果一致。

（3）相关性分析

通过表 5-57 相关性分析，可以得到 3 个测量题项之间的相关性显著，相关系数在 0.4~0.7，可以说明题项的设置以及问卷收集到的结果说合理有效的。

表 5-57　B 大学样本大学生对直播激励机制认同度与消费行为的相关性分析

		直播限时限量激励	直播优惠力度激励	直播福利激励	月平均消费	直播购物消费比例
直播限时限量激励	皮尔逊相关性	1	0.499**	0.475**	-0.139*	0.182**
	Sig.（双尾）		0.000	0.000	0.025	0.003
	个案数	261	261	261	261	261
直播优惠力度激励	皮尔逊相关性	0.499**	1	0.632**	-0.054	0.098
	Sig.（双尾）	0.000		0.000	0.387	0.115
	个案数	261	261	261	261	261

续表

		直播限时限量激励	直播优惠力度激励	直播福利激励	月平均消费	直播购物消费比例
直播福利激励	皮尔逊相关性	0.475**	0.632**	1	-0.086	0.134*
	Sig.（双尾）	0.000	0.000		0.166	0.031
	个案数	261	261	261	261	261
月平均消费	皮尔逊相关性	-0.139*	-0.054	-0.086	1	0.063
	Sig.（双尾）	0.025	0.387	0.166		0.313
	个案数	261	261	261	261	261
直播购物消费比例	皮尔逊相关性	0.182**	0.098	0.134*	0.063	1
	Sig.（双尾）	0.003	0.115	0.031	0.313	
	个案数	261	261	261	261	261

注："**"表示在0.01级别（双尾），相关性显著；"*"表示在0.05级别（双尾），相关性显著。

在消费行为方面，在校期间平均月消费与Q7_4在0.05显著性水平上显著性相关性，相关系数为-0.139，而与Q7_5、Q7_6在0.01显著性水平上均无显著性相关性，表明B大学学生月消费水平会受到直播限时限量激励的负向影响；可支配收入用于直播购物的比例与Q7_4和Q7_6在0.05显著性水平上具有显著性相关性，相关系数分别为0.182和0.134，与Q7_5在0.05显著性水平上无显著性相关性，说明B大学学生参与直播消费水平会主要受到直播间优惠与直播限时限量激励以及直播福利激励有一定的正向关系，这与全部样本分析结果一致。

5.4 服务品质保障

针对服务品质保障，我们设置了"Q7_7直播的商家都是经过平台严格审核的、Q7_8直播中推荐的商品质量是可靠的、Q7_9直播购物方式方便安全且售后服务有保障"3个题项来调查大学生在观看直播营销过程中的感受。

5.4.1 全部样本分析

（1）样本频数分析

①直播平台审核严格认同度分布情况：

由表 5-58 可知，"Q7_7 直播的商家都是经过平台严格审核的，改善我的购物判断"的调查结果表明，针对调查的全部样本的大学生，选择"不确定"的学生多达 636 人，占比最多达到 32.67%；选择"非常不同意"的学生有 141 人，占比最少为 7.24%。其他 3 个选项按选择人数从多到少排列分别为：选择"同意"的同学有 575 人，占比为 29.53%；选择"非常同意"的学生有 312 人，占比 16.02%；选择"不同意"的学生有 283 人，占比为 14.54%。由图 5-59 可见，数据分布主要集中在"不确定"和"同意"两个选项，这表明大部分学生都比较赞同直播平台是对商家进行严格审核的。

表 5-58　　全部样本对直播平台审核严格认同度分布情况

	频数	百分比（%）	有效百分比（%）	累积百分比（%）
非常不同意	141	7.24	7.24	7.24
不同意	283	14.54	14.54	21.78
不确定	636	32.67	32.67	54.44
同意	575	29.53	29.53	83.98
非常同意	312	16.02	16.02	100.00
总计	1947	100.0	100.0	

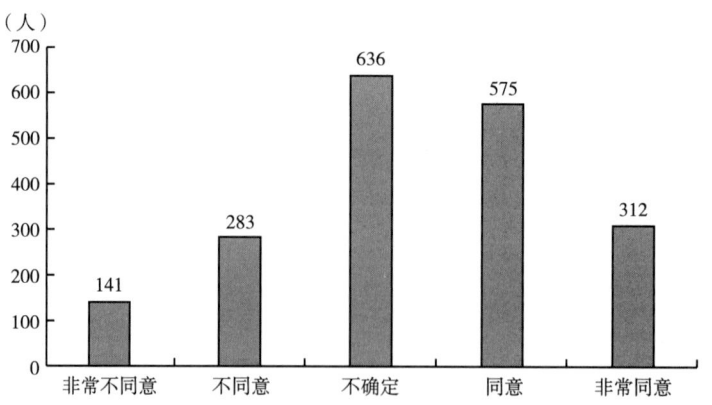

图 5-59　全部样本对直播平台审核严格认同度分布

②直播商品质量可靠性认同度分布情况：

由表 5-59 可知，"Q7_8 直播中推荐的商品质量是可靠的"的调查结果表明，针对调查的全部样本的大学生，选择"不确定"的学生多达 695 人，占比最多达到 35.70%；选择"非常不同意"的学生仅有 157 人，占比最少为 8.06%。其他 3 个选项按选择人数从多到少排列分别为：选择"同意"的学生有 506 人，占比为 25.99%；选择"不同意"的学生有 311 人，占比为 14.28%；选择"非常同意"的学生有 278 人，占比 14.28%。由图 5-60 可见，数据分布主要集中在"不确定"和"同意"两个选项，这表明大部分大学生都比较认同直播间商品质量是可靠的，但是也有近 1/4 的大学生不同意，占比 24.04%。

表 5-59　　全部样本对直播商品质量可靠性认同度分布情况

	频数	百分比（%）	有效百分比（%）	累积百分比（%）
非常不同意	157	8.06	8.06	8.06
不同意	311	15.97	15.97	24.04
不确定	695	35.70	35.70	59.73
同意	506	25.99	25.99	85.72
非常同意	278	14.28	14.28	100.00
总计	1947	100.0	100.0	

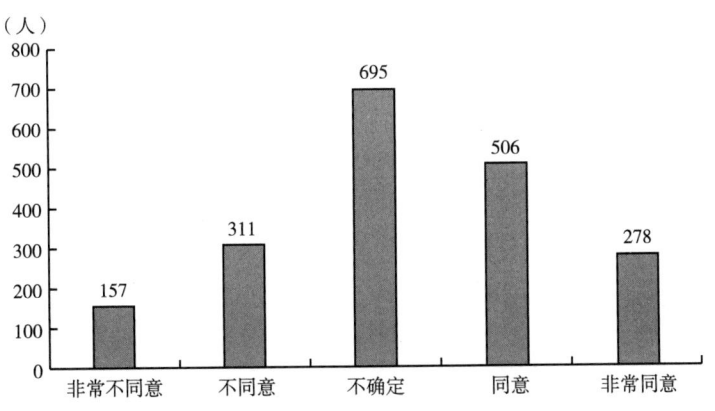

图 5-60　全部样本对直播商品质量可靠性认同度分布

③直播购物安全保障性认同度分布情况：

由表 5-60 可知，"Q7_9 直播购物方式方便安全且售后服务有保障"的调查结果表明，针对调查的全部样本的大学生，选择"不确定"的学生多达 536 人，占比最多达到 38.52%；选择"非常不同意"的学生仅有 134 人，占比最少为 6.88%。其他 3 个选项按选择人数从多到少排列分别为：选择"同意"的学生有 577 人，占比为 29.64%；选择"非常同意"的学生有 303 人，占比 15.56%；选择"不同意"的学生有 280 人，占比为 14.38%。由图 5-61 可见，数据分布主要集中在"不确定"和"同意"两个选项，这表明大部分大学生认可直播购物的方式，相信直播是安全的并且有相应的售后服务。

表 5-60　　全部样本对直播购物安全保障性认同度分布情况

	频数	百分比（%）	有效百分比（%）	累积百分比（%）
非常不同意	134	6.88	6.88	6.88
不同意	280	14.38	14.38	21.26
不确定	653	33.54	33.54	54.80
同意	577	29.64	29.64	84.44
非常同意	303	15.56	15.56	100.00
总计	1947	100.0	100.0	

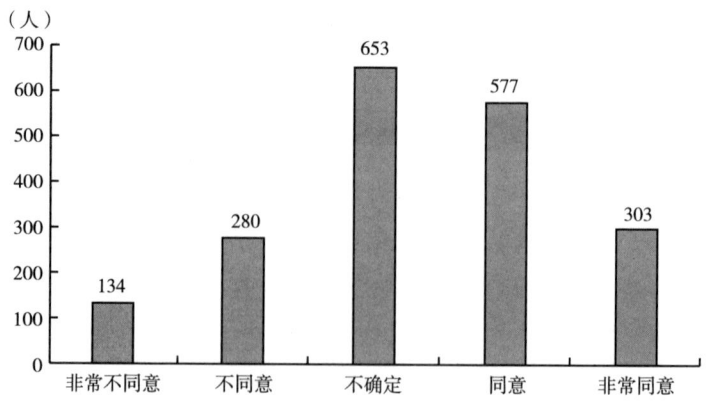

图 5-61　全部样本对直播购物安全保障性认同度分布

第5章 大学生参与"直播经济"情况

(2) 描述性统计分析

由表5-61可知,3个测量题项的平均数均小于3.5,分别为3.33、3.22、3.33,标准差小于1.2,表明样本数据和平均数之间并未出现较大的离散,偏度和峰度的绝对值都在2以内,符合正态分布对偏度和峰度的要求。

表5-61　　　　　全部样本服务品质保障描述性统计分析结果

	N 统计	最小值 统计	最大值 统计	均值 统计	标准偏差 统计	偏度 统计	偏度 标准错误	峰度 统计	峰度 标准错误
Q7_7 直播平台审核严格	1947	1	5	3.33	1.125	-0.294	0.055	-0.568	0.111
Q7_8 直播商品质量可靠性	1947	1	5	3.22	1.124	-0.186	0.055	-0.586	0.111
Q7_9 直播购物安全保障性	1947	1	5	3.33	1.110	-0.288	0.055	-0.528	0.111

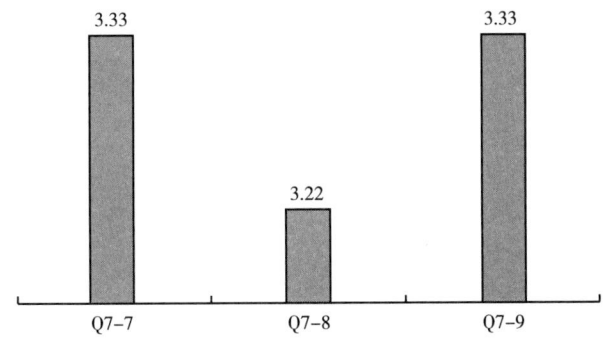

图5-62　全部样本大学生对服务品质保障认同度的均值统计

通过对比3个测量题项调查结果的均值,可以发现大学生对Q7_7、Q7_8和Q7_9感知有效性的认同程度偏向于不确定,其中对于"直播中推荐的商品质量是可靠的"这一服务品质保障的评价最低。

(3) 相关性分析

通过表5-62相关性分析,可以得到3个测量题项之间的相关性显著,相关系数均大于0.6,表明3个测量题项之间具有相关性,可以说明题项的设置以及问卷收集到的结果说合理有效的。

表 5-62 全部样本大学生对服务品质保障认同度与消费行为的相关性分析

		直播平台审核严格	直播商品质量可靠性	直播购物安全保障性	月平均消费	直播购物消费比例
直播平台审核严格	皮尔逊相关性	1	0.654**	0.644**	-0.037	0.117**
	Sig.（双尾）		0.000	0.000	0.107	0.000
	个案数	1947	1947	1947	1947	1947
直播商品质量可靠性	皮尔逊相关性	0.654**	1	0.671**	-0.033	0.136**
	Sig.（双尾）	0.000		0.000	0.143	0.000
	个案数	1947	1947	1947	1947	1947
直播购物安全保障性	皮尔逊相关性	0.644**	0.671**	1	-0.004	0.149**
	Sig.（双尾）	0.000	0.000		0.861	0.000
	个案数	1947	1947	1947	1947	1947
月平均消费	皮尔逊相关性	-0.037	-0.033	-0.004	1	0.169**
	Sig.（双尾）	0.107	0.143	0.861		0.000
	个案数	1947	1947	1947	1947	1947
直播购物消费比例	皮尔逊相关性	0.117**	0.136**	0.149**	0.169**	1
	Sig.（双尾）	0.000	0.000	0.000	0.000	
	个案数	1947	1947	1947	1947	1947

注："**"表示在 0.01 级别（双尾），相关性显著。

在消费行为方面，在校期间平均月消费与 Q7_7、Q7_8 和 Q7_9 无显著相关性；可支配收入用于直播购物的比例与 Q7_7、Q7_8 和 Q7_9 在 0.01 显著性水平上具有显著性相关性，相关系数分别为 0.117、0.136、0.149，正向影响由大到小为直播购物安全保障性、直播商品质量可靠性、直播平台审核严格。这说明学生参与直播消费水平与对直播平台、商品、售后等方面密切相关，即大学生越认同直播购物方式及直播商品具有较好的质量，其越会积极参与直播消费。

5.4.2　北京样本分析

（1）样本频数分析

①直播平台审核严格认同度分布情况：

由表 5-63 可知，"Q7_7 直播的商家都是经过平台严格审核的，改善我的购物判断"的调查结果表明,针对调查的北京样本的大学生,选择"不确定"的学生多达557人,占比最多达到34.09%;选择"非常不同意"的学生有115人,占比最少为7.04%。其他3个选项按选择人数从多到少排列分别为:选择"同意"的学生有462人,占比为28.27%;选择"非常同意"的学生有251人,占比15.36%;选择"不同意"的学生有249人,占比为15.24%。由图5-63可见,数据分布主要集中在"不确定"和"同意"两个选项,这表明大部分北京市大学生都比较赞同直播平台是对商家进行严格审核的。

表 5-63　　　　　北京样本对直播平台审核严格认同度分布情况

	频数	百分比(%)	有效百分比(%)	累积百分比(%)
非常不同意	115	7.04	7.04	7.04
不同意	249	15.24	15.24	22.28
不确定	557	34.09	34.09	56.36
同意	462	28.27	28.27	84.64
非常同意	251	15.36	15.36	100.00
总计	1634	100.0	100.0	

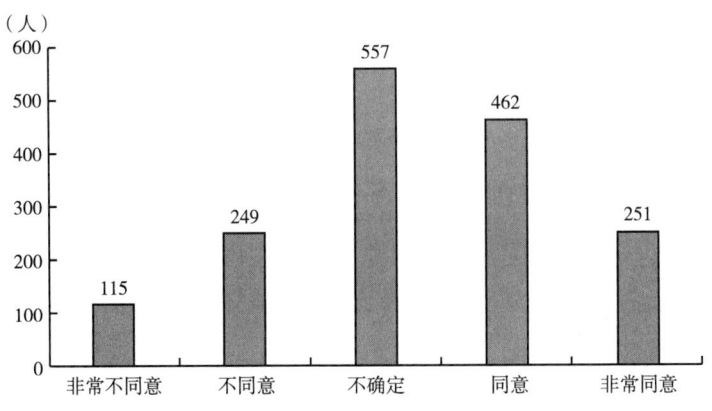

图 5-63　北京样本对直播平台审核严格认同度分布

②直播商品质量可靠性认同度分布情况:

由表5-64可知,"Q7_8直播中推荐的商品质量是可靠的"的调查结果表明,针对调查的北京样本的大学生,选择"不确定"的同学多达608人,占比最多达到 37.21%；选择"非常不同意"的同学仅有 132 人，占比最少为 8.08%。其他 3 个选项按选择人数从多到少排列分别为：选择"同意"的学生有 410 人，占比为 25.09%；选择"不同意"的学生有 271 人，占比为 16.59%；选择"非常同意"的学生有 213 人，占比 13.04%。由图 5-64 可见，数据分布主要集中在"不确定"和"同意"两个选项，这表明大部分北京市大学生都比较认同直播间商品质量是可靠的，但是也有近 1/4 不认同，占比 24.66%。

表 5-64　　　　北京样本对直播商品质量可靠性认同度分布情况

	频数	百分比（%）	有效百分比（%）	累积百分比（%）
非常不同意	132	8.08	8.08	8.08
不同意	271	16.59	16.59	24.66
不确定	608	37.21	37.21	61.87
同意	410	25.09	25.09	86.96
非常同意	213	13.04	13.04	100.00
总计	1634	100.0	100.0	

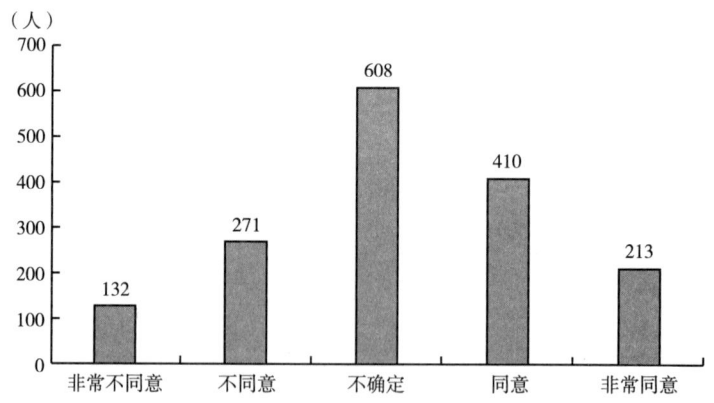

图 5-64　北京样本对直播商品质量可靠性认同度分布

③直播购物安全保障性认同度分布情况：

由表 5-65 可知，"Q7_9 直播购物方式方便安全且售后服务有保障"的调查结果表明，针对调查的北京样本的大学生，选择"不确定"的学生多达 559 人，占比最多达到 34.21%；选择"非常不同意"的学生仅有 112 人，占比最少为 6.85%。其他 3 个选项按选择人数从多到少排列分别为：选择 "同意" 的学生有 492 人，占比为 30.11%；选择 "不同意" 的学生有 239 人，占比为 14.63%；选择 "非常同意" 的学生有 232 人，占比 14.20%。由图 5 - 65 可见，数据分布主要集中在 "不确定" 和 "同意" 两个选项。

表 5 - 65　　　　　北京样本对直播购物安全保障性认同度分布情况

	频数	百分比（%）	有效百分比（%）	累积百分比（%）
非常不同意	112	6.85	6.85	6.85
不同意	239	14.63	14.63	21.48
不确定	559	34.21	34.21	55.69
同意	492	30.11	30.11	85.80
非常同意	232	14.20	14.20	100.00
总计	1634	100.0	100.0	

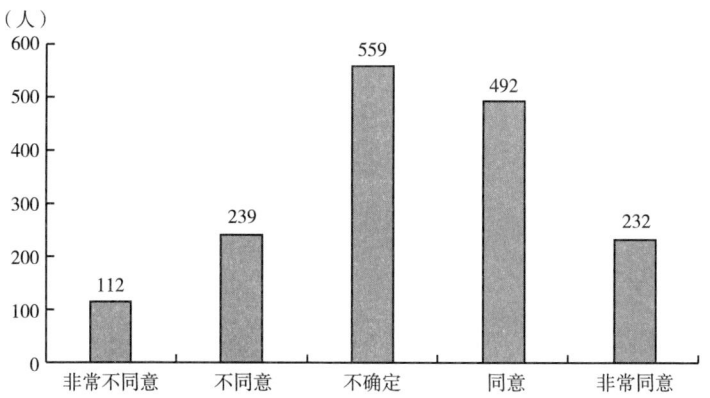

图 5 - 65　北京样本对直播购物安全保障性认同度分布

（2）描述性统计分析

由表 5 - 66 可知，3 个测量题项的平均数均小于 3.5，分别为 3.30、3.18、3.30，标准差小于 1.2，表明样本数据和平均数之间并未出现较大的离散，偏度和峰度的绝对值都在 2 以内，符合正态分布对偏度和峰度的要求。

表 5-66　北京样本服务品质保障描述性统计分析结果

	N 统计	最小值 统计	最大值 统计	均值 统计	标准偏差 统计	偏度 统计	偏度 标准错误	峰度 统计	峰度 标准错误
Q7_7 直播平台审核严格	1634	1	5	3.30	1.115	-0.243	0.061	-0.568	0.121
Q7_8 直播商品质量可靠性	1634	1	5	3.18	1.108	-0.149	0.061	-0.546	0.121
Q7_9 直播购物安全保障性	1634	1	5	3.30	1.095	-0.282	0.061	-0.492	0.121

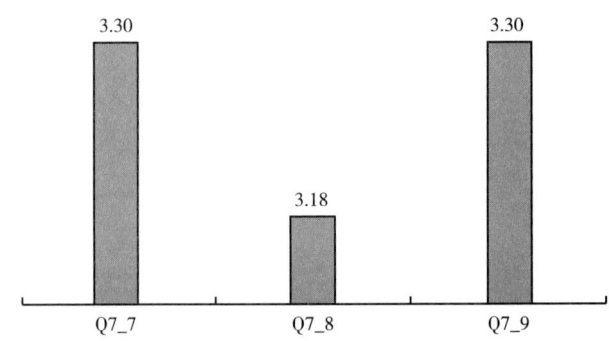

图 5-66　北京样本大学生对服务品质保障认同度的均值统计

通过对比3个测量题项调查结果的均值可以发现大学生对Q7_7、Q7_8和Q7_9感知有效性的认同程度偏向于不确定，其中对于"直播中推荐的商品质量是可靠的"这一服务品质保障的评价最低，与全部样本分析所得结果一致。

（3）相关性分析

通过表5-67相关性分析可以得到3个测量题项之间的相关性显著，相关系数均大于0.6，表明3个测量题项之间具有较强相关性，可以说明题项的设置以及问卷收集到的结果说合理有效的。

表 5-67　北京样本大学生对服务品质保障认同度与消费行为的相关性分析

		直播平台审核严格	直播商品质量可靠性	直播购物安全保障性	月平均消费	直播购物消费比例
直播平台审核严格	皮尔逊相关性	1	0.689**	0.675**	-0.020	0.157**
	Sig.（双尾）		0.000	0.000	0.415	0.000
	个案数	1634	1634	1634	1634	1634

续表

		直播平台审核严格	直播商品质量可靠性	直播购物安全保障性	月平均消费	直播购物消费比例
直播商品质量可靠性	皮尔逊相关性	0.689**	1	0.704**	-0.022	0.168**
	Sig.（双尾）	0.000		0.000	0.382	0.000
	个案数	1634	1634	1634	1634	1634
直播购物安全保障性	皮尔逊相关性	0.675**	0.704**	1	0.006	0.188**
	Sig.（双尾）	0.000	0.000		0.813	0.000
	个案数	1634	1634	1634	1634	1634
月平均消费	皮尔逊相关性	-0.020	-0.022	0.006	1	0.166**
	Sig.（双尾）	0.415	0.382	0.813		0.000
	个案数	1634	1634	1634	1634	1634
直播购物消费比例	皮尔逊相关性	0.157**	0.168**	0.188**	0.166**	1
	Sig.（双尾）	0.000	0.000	0.000	0.000	
	个案数	1634	1634	1634	1634	1634

注："**"表示在 0.01 级别（双尾），相关性显著。

在消费行为方面，在校期间平均月消费与 Q7_7、Q7_8 和 Q7_9 无显著相关性；可支配收入用于直播购物的比例与 Q7_7、Q7_8 和 Q7_9 在 0.01 显著性水平上具有显著相关性，相关系数分别为 0.157、0.168、0.188，正向影响由大到小为直播购物安全保障性、直播商品质量可靠性、直播平台审核严格，这与全部样本分析所得结果一致，表明北京市大学生参与直播消费水平与直播平台、商品、售后等方面是否可靠密切相关。

5.4.3 京外样本分析

（1）样本频数分析

①直播平台审核严格认同度分布情况：

由表 5-68 可知，"Q7_7 直播的商家都是经过平台严格审核的，改善我的购物判断"的调查结果表明，针对调查的京外样本的大学生，选择"同意"的学生多达 113 人，占比最多达到 36.10%；选择"非常不同意"的学生有 26 人，占比最少为 8.31%。其他 3 个选项按选择人数从多到少排列分别为：

选择"不确定"的学生有79人,占比为25.24%;选择"非常同意"的学生有61人,占比19.49%;选择"不同意"的学生有34人,占比为10.86%。由图5-67可见,数据分布主要集中在"不确定""同意"和"非常同意"3个选项,这表明大部分京外大学生都比较赞同直播平台是对商家进行严格审核的。

表 5-68　　　　京外样本对直播平台审核严格认同度分布情况

	频数	百分比(%)	有效百分比(%)	累积百分比(%)
非常不同意	26	8.31	8.31	8.31
不同意	34	10.86	10.86	19.17
不确定	79	25.24	25.24	44.41
同意	113	36.10	36.10	80.51
非常同意	61	19.49	19.49	100.00
总计	313	100.0	100.0	

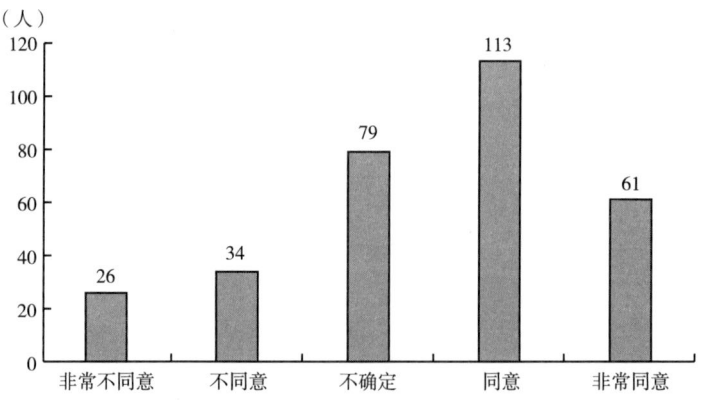

图 5-67　京外样本对直播平台审核严格认同度分布

②直播商品质量可靠性认同度分布情况:

由表5-69可知,"Q7_8直播中推荐的商品质量是可靠的"的调查结果表明,针对调查的京外样本的大学生,选择"同意"的学生多达96人,占比最多达到30.67%;选择"非常不同意"的学生仅有25人,占比最少为7.99%。其他3个选项按选择人数从多到少排列分别为:选择"不确定"的学生有87人,占比为27.80%;选择"非常同意"的学生有65人,占比

20.77%；选择"不同意"的学生有 40 人，占比为 12.18%。由图 5-68 可见，数据分布主要集中在"不确定""同意"和"非常同意"3 个选项，这表明大部分北京市大学生都比较认同直播间商品质量是可靠的。

表 5-69　　　　京外样本对直播商品质量可靠性认同度分布情况

	频数	百分比（%）	有效百分比（%）	累积百分比（%）
非常不同意	25	7.99	7.99	7.99
不同意	40	12.78	12.78	20.77
不确定	87	27.80	27.80	48.56
同意	96	30.67	30.67	79.23
非常同意	65	20.77	20.77	100.00
总计	313	100.0	100.0	

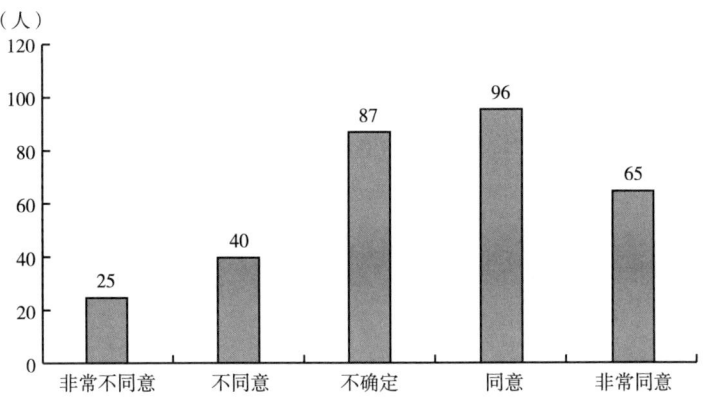

图 5-68　京外样本对直播商品质量可靠性认同度分布

③直播购物安全保障性认同度分布情况：

由表 5-70 可知，"Q7_9 直播购物方式方便安全且售后服务有保障"的调查结果表明，针对调查的京外样本的大学生，选择"不确定"的学生多达 94 人，占比最多达到 30.03%；选择"非常不同意"的学生仅有 22 人，占比最少为 7.03%。其他 3 个选项按选择人数从多到少排列分别为：选择"同意"的学生有 85 人，占比为 27.16%；选择"非常同意"的学生有 71 人，占比 22.68%；选择"不同意"的学生有 41 人，占比为 13.10%。由图 5-69 可见，数据分布主要集中在"不确定""同意"和"非常同意"3 个选项，说明京外大学生比较认可直播购物方式。

表 5-70 京外样本对直播购物安全保障性认同度分布情况

	频数	百分比（%）	有效百分比（%）	累积百分比（%）
非常不同意	22	7.03	7.03	7.03
不同意	41	13.10	13.10	20.13
不确定	94	30.03	30.03	50.16
同意	85	27.16	27.16	77.32
非常同意	71	22.68	22.68	100.00
总计	313	100.0	100.0	

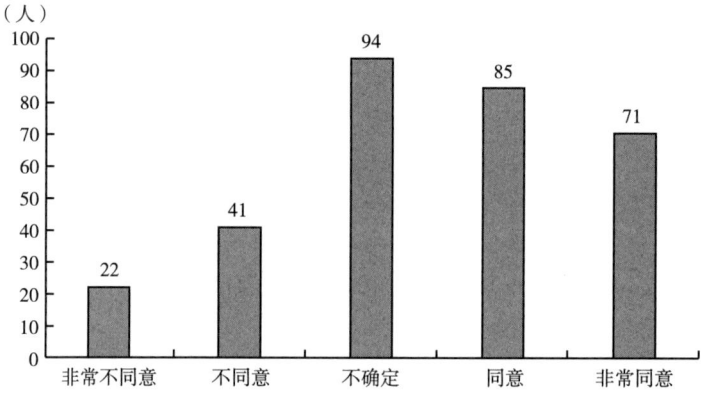

图 5-69 京外样本对直播购物安全保障性认同度分布

（2）描述性统计分析

由表 5-71 可知，3 个测量题项的平均数均小于 3.5，分别为 3.48、3.43、3.45，标准差小于 1.2，表明样本数据和平均数之间并未出现较大的离散，偏度和峰度的绝对值都在 2 以内，符合正态分布对偏度和峰度的要求。

表 5-71 京外样本服务品质保障描述性统计分析结果

	N 统计	最小值 统计	最大值 统计	均值 统计	标准偏差 统计	偏度 统计	偏度 标准错误	峰度 统计	峰度 标准错误
Q7_7 直播平台审核严格	313	1	5	3.48	1.166	-0.571	0.138	-0.411	0.275
Q7_8 直播商品质量可靠性	313	1	5	3.43	1.183	-0.427	0.138	-0.612	0.275
Q7_9 直播购物安全保障性	313	1	5	3.45	1.179	-0.361	0.138	-0.664	0.275

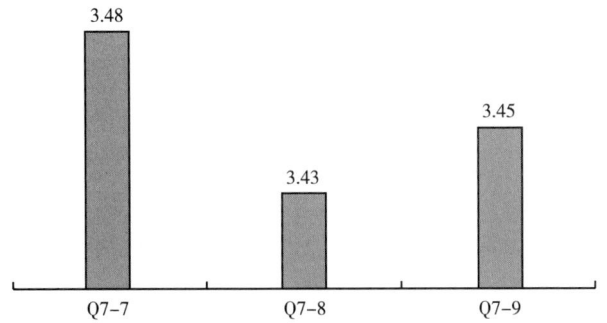

图 5-70 京外样本大学生对服务品质保障认同度的均值统计

通过图 5-70 对比 3 个测量题项调查结果的均值可以发现京外学校大学生对于 3 项服务品质保障的认同程度均偏向于不确定，其中对于"直播的商家都是经过平台严格审核的"这一服务品质保障的认同程度最高，对于"直播中推荐的商品质量是可靠的"这一服务品质保障的认同程度最低。

（3）相关性分析

通过表 5-72 相关性分析，可以得到 3 个测量题项之间的相关性显著，相关系数均在 0.4~0.6，表明 3 个测量题项之间具有一般相关性，可以说明题项的设置以及问卷收集到的结果说合理有效的。

表 5-72 京外样本大学生对服务品质保障认同度与消费行为的相关性分析

		直播平台审核严格	直播商品质量可靠性	直播购物安全保障性	月平均消费	直播购物消费比例
直播平台审核严格	皮尔逊相关性	1	0.484**	0.495**	-0.102	-0.086
	Sig.（双尾）		0.000	0.000	0.073	0.127
	个案数	313	313	313	313	313
直播商品质量可靠性	皮尔逊相关性	0.484**	1	0.513**	-0.059	-0.040
	Sig.（双尾）	0.000		0.000	0.298	0.481
	个案数	313	313	313	313	313
直播购物安全保障性	皮尔逊相关性	0.495**	0.513**	1	-0.034	-0.041
	Sig.（双尾）	0.000	0.000		0.553	0.471
	个案数	313	313	313	313	313

续表

		直播平台审核严格	直播商品质量可靠性	直播购物安全保障性	月平均消费	直播购物消费比例
月平均消费	皮尔逊相关性	-0.102	-0.059	-0.034	1	0.229**
	Sig.（双尾）	0.073	0.298	0.553		0.000
	个案数	313	313	313	313	313
直播购物消费比例	皮尔逊相关性	-0.086	-0.040	-0.041	0.229**	1
	Sig.（双尾）	0.127	0.481	0.471	0.000	
	个案数	313	313	313	313	313

注："**"表示在0.01级别（双尾），相关性显著。

在消费行为方面，在校期间平均月消费与Q7_7、Q7_8和Q7_9无显著相关性；可支配收入用于直播购物的比例与Q7_7、Q7_8和Q7_9也无显著相关性，表明就该京外样本无法得出服务品质保障与大学生参与直播消费水平之间具有相关性。

5.4.4　S大学样本分析

（1）样本频数分析

①直播平台审核严格认同度分布情况：

由表5-72可知，"Q7_7直播的商家都是经过平台严格审核的，改善我的购物判断"的调查结果表明，针对调查的S大学样本的学生，选择"不确定"的学生多达102人，占比最多达到37.92%；选择"非常不同意"的学生有16人，占比最少为5.95%。其他3个选项按选择人数从多到少排列分别为：选择"同意"的学生有77人，占比为28.62%；选择"不同意"的学生有49人，占比18.22%；选择"非常同意"的学生都有25人，占比9.29%。从图5-71可见，数据分布主要集中在"不确定"和"同意"两个选项，这表明S大学的学生都比较赞同直播平台是对商家进行严格审核的。

表 5-73　　　　S 大学对直播平台审核严格认同度分布情况

	频数	百分比（%）	有效百分比（%）	累积百分比（%）
非常不同意	16	5.95	5.95	5.95
不同意	49	18.22	18.22	24.16
不确定	102	37.92	37.92	62.08
同意	77	28.62	28.62	90.71
非常同意	25	9.29	9.29	100.00
总计	269	100.0	100.0	

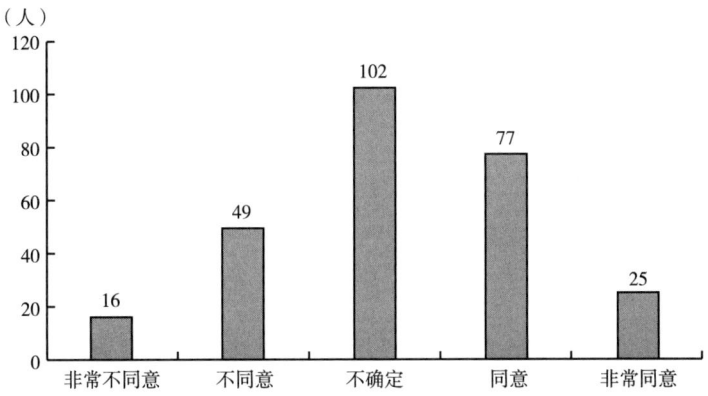

图 5-71　S 大学样本对直播平台审核严格认同度分布

②直播商品质量可靠性认同度分布情况：

由表 5-74 可知，"Q7_8 直播中推荐的商品质量是可靠的"的调查结果表明，针对调查的 S 大学样本的同学，选择"不确定"的学生多达 125 人，占比最多达到 46.47%；选择"非常同意"的学生仅有 17 人，占比最少为 6.32%。其他 3 个选项按选择人数从多到少排列分别为：选择"不同意"的学生有 63 人，占比为 23.42%；选择"同意"的学生有 46 人，占比 17.10%；选择"非常不同意"的学生有 18 人，占比为 6.69%。由图 5-72 可见，数据分布主要集中在"不确定"选项，"不同意"选项占比也较高，表明 S 大学的学生对该选项认同度不高。

表 5-74　S 大学样本对直播商品质量可靠性认同度分布情况

	频数	百分比（%）	有效百分比（%）	累积百分比（%）
非常不同意	18	6.69	6.69	6.69
不同意	63	23.42	23.42	30.11
不确定	125	46.47	46.47	76.58
同意	46	17.10	17.10	93.68
非常同意	17	6.32	6.32	100.00
总计	269	100.0	100.0	

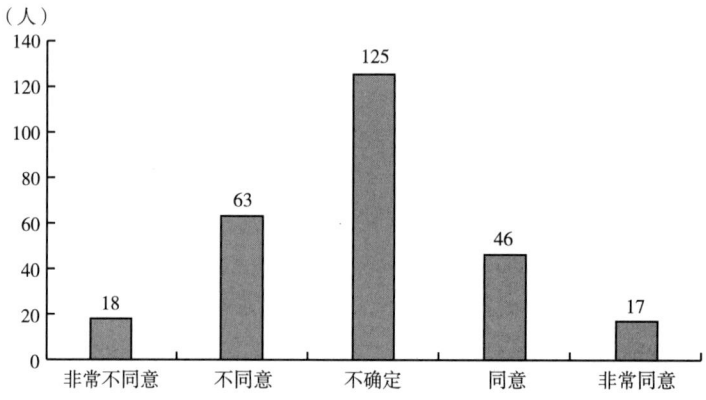

图 5-72　S 大学样本对直播商品质量可靠性认同度分布

③直播购物安全保障性认同度分布情况：

由表 5-75 可知，"Q7_9 直播购物方式方便安全且售后服务有保障"的调查结果表明，针对调查的 B 大学样本的学生，选择"不确定"的学生多达 103 人，占比最多达到 38.29%；选择"非常不同意"的学生仅有 15 人，占比最少为 5.58%。其他 3 个选项按选择人数从多到少排列分别为：选择"同意"的学生有 84 人，占比为 31.23%；选择"不同意"的学生有 47 人，占比为 17.47%；选择"非常同意"的学生有 20 人，占比 7.43%。由图 5-73 可见，数据分布主要集中在"不确定"和"同意"两个选项。

第5章 大学生参与"直播经济"情况

表 5-75   S 大学样本对直播购物安全保障性认同度分布情况

	频数	百分比（%）	有效百分比（%）	累积百分比（%）
非常不同意	15	5.58	5.58	5.58
不同意	47	17.47	17.47	23.05
不确定	103	38.29	38.29	61.34
同意	84	31.23	31.23	92.57
非常同意	20	7.43	7.43	100.00
总计	269	100.0	100.0	

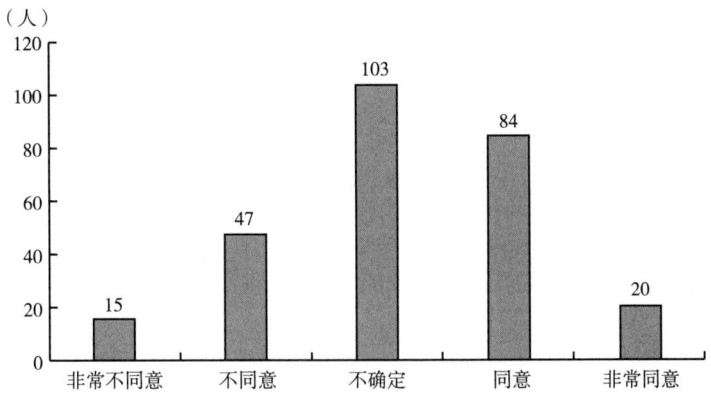

图 5-73   S 大学样本对直播购物安全保障性认同度分布

（2）描述性统计分析

由表 5-76 可知，3 个测量题项的平均数都较低，分别为 3.17、2.93、3.17，标准差小于 1.1，表明样本数据和平均数之间并未出现较大的离散，偏度和峰度的绝对值都在 2 以内，符合正态分布对偏度和峰度的要求。

表 5-76   S 大学样本服务品质保障描述性统计分析结果

	N 统计	最小值 统计	最大值 统计	均值 统计	标准偏差 统计	偏度		峰度	
						统计	标准错误	统计	标准错误
Q7_7 直播平台审核严格	269	1	5	3.17	1.026	-0.160	0.149	-0.404	0.296
Q7_8 直播商品质量可靠性	269	1	5	2.93	0.961	0.117	0.149	-0.043	0.296
Q7_9 直播购物安全保障性	269	1	5	3.17	0.990	-0.241	0.149	-0.311	0.296

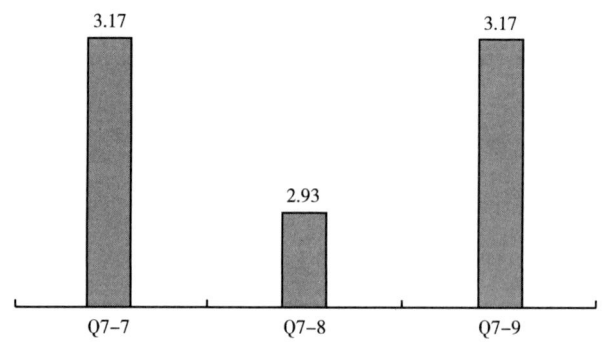

图 5-74　S 大学样本大学生对服务品质保障认同度的均值统计

通过对比 3 个测量题项调查结果的均值，可以发现 S 大学的学生对于 3 项服务品质保障的认同程度均偏向于不确定，而对于"直播中推荐的商品质量是可靠的"这一服务品质保障的认同程度最低，倾向于不认同。

（3）相关性分析

通过表 5-77 相关性分析，可以得到 3 个测量题项之间的相关性显著，相关系数均大于 0.5，表明 3 个测量题项之间具有一般相关性，可以说明题项的设置以及问卷收集到的结果说合理有效的。

表 5-77　S 大学样本大学生对服务品质保障认同度与消费行为的相关性分析

		直播平台审核严格	直播商品质量可靠性	直播购物安全保障性	月平均消费	直播购物消费比例
直播平台审核严格	皮尔逊相关性	1	0.674**	0.576**	-0.051	0.021
	Sig.（双尾）		0.000	0.000	0.408	0.734
	个案数	269	269	269	269	269
直播商品质量可靠性	皮尔逊相关性	0.674**	1	0.672**	-0.080	-0.034
	Sig.（双尾）	0.000		0.000	0.188	0.576
	个案数	269	269	269	269	269
直播购物安全保障性	皮尔逊相关性	0.576**	0.672**	1	-0.007	0.065
	Sig.（双尾）	0.000	0.000		0.903	0.290
	个案数	269	269	269	269	269

续表

		直播平台审核严格	直播商品质量可靠性	直播购物安全保障性	月平均消费	直播购物消费比例
月平均消费	皮尔逊相关性	-0.051	-0.080	-0.007	1	0.095
	Sig.（双尾）	0.408	0.188	0.903		0.121
	个案数	269	269	269	269	269
直播购物消费比例	皮尔逊相关性	0.021	-0.034	0.065	0.095	1
	Sig.（双尾）	0.734	0.576	0.290	0.121	
	个案数	269	269	269	269	269

注："**"表示在 0.01 级别（双尾），相关性显著。

在消费行为方面，在校期间平均月消费与 Q7_7、Q7_8 和 Q7_9 无显著相关性；可支配收入用于直播购物的比例与 Q7_7、Q7_8 和 Q7_9 也不存在显著相关性，表明就该 S 大学样本无法得出服务品质保障与大学生参与直播消费水平之间具有相关性，这与北京市样本分析所得结果不一致。

5.4.5 B 大学样本分析

（1）样本频数分析

①直播平台审核严格认同度分布情况：

由表 5-78 可知，"Q7_7 直播的商家都是经过平台严格审核的，改善我的购物判断"的调查结果表明，针对调查的 B 大学样本的同学，选择"不确定"的同学多达 92 人，占比最多达到 32.25%；选择"非常不同意"的学生有 25 人，占比最少为 9.58%。其他 3 个选项按选择人数从多到少排列分别为：选择"同意"的学生有 74 人，占比为 28.35%；选择"非常同意"和"不同意"的学生都有 35 人，占比 13.41%。由图 5-75 可见，数据分布主要集中在"不确定"和"同意"两个选项，这表明 B 大学的学生都比较赞同直播平台是对商家进行严格审核的。

表 5-78　　B 大学样本对直播平台审核严格认同度分布情况

	频数	百分比（%）	有效百分比（%）	累积百分比（%）
非常不同意	25	9.58	9.58	9.58
不同意	35	13.41	13.41	22.99
不确定	92	35.25	35.25	58.24
同意	74	28.35	28.35	86.59
非常同意	35	13.41	13.41	100.00
总计	261	100.0	100.0	

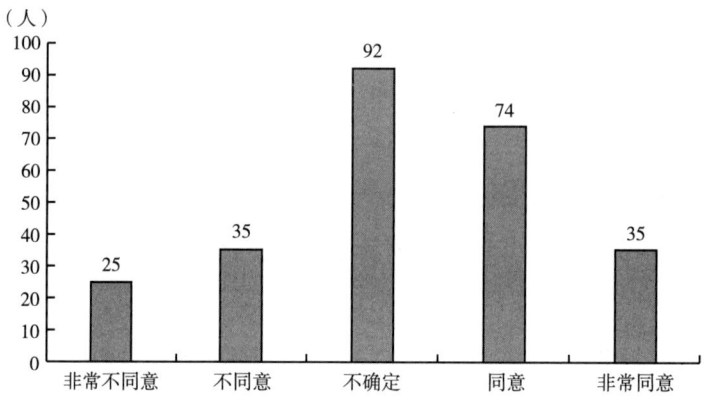

图 5-75　B 大学样本对直播平台审核严格认同度分布

②直播商品质量可靠性认同度分布情况：

由表 5-79 可知，"Q7_8 直播中推荐的商品质量是可靠的"的调查结果表明，针对调查的 B 大学样本的学生，选择"不确定"的学生多达 97 人，占比最多达到 37.16%；选择"非常不同意"的学生仅有 28 人，占比最少为 10.73%。其他 3 个选项按选择人数从多到少排列分别为：选择"同意"的学生有 65 人，占比为 24.90%；选择"不同意"的学生有 41 人，占比 15.71%；选择"非常同意"的学生有 30 人，占比为 11.49%。由图 5-76 可见，数据分布主要集中在"不确定"和"同意"和两个选项。

表 5-79　　B 大学样本对直播商品质量可靠性认同度分布情况

	频数	百分比（%）	有效百分比（%）	累积百分比（%）
非常不同意	28	10.73	10.73	10.73
不同意	41	15.71	15.71	26.44
不确定	97	37.16	37.16	63.60
同意	65	24.90	24.90	88.51
非常同意	30	11.49	11.49	100.00
总计	261	100.0	100.0	

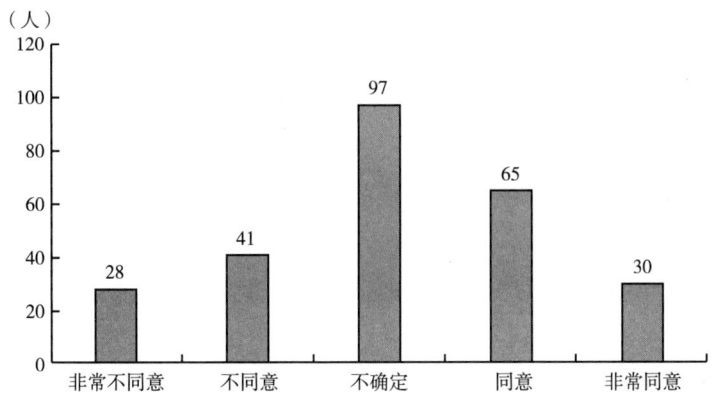

图 5-76　B 大学样本对直播商品质量可靠性认同度分布

③直播购物安全保障性认同度分布情况：

由表 5-80 可知，"Q7_9 直播购物方式方便安全且售后服务有保障"的调查结果表明，针对调查的 B 大学样本的学生，选择"不确定"的学生多达 92 人，占比最多达到 35.25%；选择"非常不同意"的学生仅有 22 人，占比最少为 8.43%。其他 3 个选项按选择人数从多到少排列分别为：选择"同意"的学生有 79 人，占比为 30.27%；选择"不同意"的学生有 39 人，占比为 14.97%；选择"非常同意"的学生有 29 人，占比 11.11%。由图 5-77 可见，数据分布主要集中在"不确定"和"同意"两个选项。

表5-80　　　B大学样本对直播购物安全保障性认同度分布情况

	频数	百分比（%）	有效百分比（%）	累积百分比（%）
非常不同意	22	8.43	8.43	8.43
不同意	39	14.94	14.94	23.37
不确定	92	35.25	35.25	58.62
同意	79	30.27	30.27	88.89
非常同意	29	11.11	11.11	100.00
总计	261	100.0	100.0	

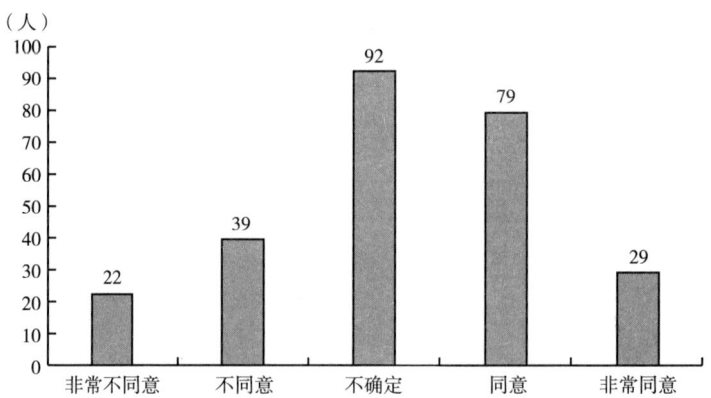

图5-77　B大学样本对直播购物安全保障性认同度分布

（2）描述性统计分析

由表5-81可知，3个测量题项的平均数均小于3.5，分别为3.23、3.11、3.21，标准差小于1.2，表明样本数据和平均数之间并未出现较大的离散，偏度和峰度的绝对值都在2以内，符合正态分布对偏度和峰度的要求。

表5-81　　　B大学样本服务品质保障描述性统计分析结果

	N 统计	最小值 统计	最大值 统计	均值 统计	标准偏差 统计	偏度 统计	偏度 标准错误	峰度 统计	峰度 标准错误
Q7_7 直播平台审核严格	261	1	5	3.23	1.136	-0.295	0.151	-0.517	0.300
Q7_8 直播商品质量可靠性	261	1	5	3.11	1.135	-0.181	0.151	-0.569	0.300
Q7_9 直播购物安全保障性	261	1	5	3.21	1.093	-0.294	0.151	-0.458	0.300

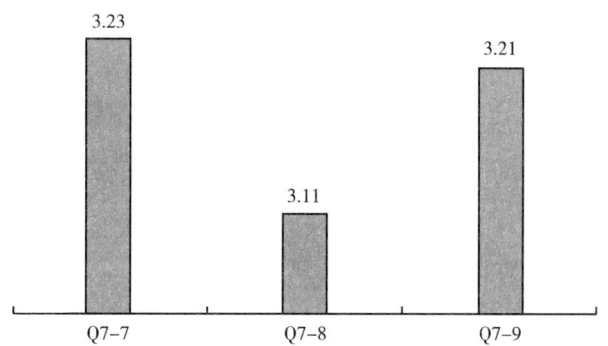

图 5-78 B 大学样本大学生对服务品质保障认同度的均值统计

通过图 5-78 对比 3 个测量题项调查结果的均值可以发现 B 大学学生对于 3 项服务品质保障的认同程度均偏向于不确定，其中对于"直播的商家都是经过平台严格审核的"这一服务品质保障的认同程度最高，对于"直播中推荐的商品质量是可靠的"这一服务品质保障的认同程度最低。

（3）相关性分析

通过表 5-82 相关性分析可以得到 3 个测量题项之间的相关性显著，相关系数均大于 0.6，表明 3 个测量题项之间具有较强相关性，可以说明题项的设置以及问卷收集到的结果说合理有效的。

表 5-82 B 大学样本大学生对服务品质保障认同度与消费行为的相关性分析

		直播平台审核严格	直播商品质量可靠性	直播购物安全保障性	月平均消费	直播购物消费比例
直播平台审核严格	皮尔逊相关性	1	0.655**	0.634**	-0.089	0.399**
	Sig.（双尾）		0.000	0.000	0.153	0.000
	个案数	261	261	261	261	261
直播商品质量可靠性	皮尔逊相关性	0.655**	1	0.673**	-0.046	0.308**
	Sig.（双尾）	0.000		0.000	0.461	0.000
	个案数	261	261	261	261	261
直播购物安全保障性	皮尔逊相关性	0.634**	0.673**	1	-0.056	0.333**
	Sig.（双尾）	0.000	0.000		0.370	0.000
	个案数	261	261	261	261	261

续表

		直播平台审核严格	直播商品质量可靠性	直播购物安全保障性	月平均消费	直播购物消费比例
月平均消费	皮尔逊相关性	-0.089	-0.046	-0.056	1	0.063
	Sig.（双尾）	0.153	0.461	0.370		0.313
	个案数	261	261	261	261	261
直播购物消费比例	皮尔逊相关性	0.399**	0.308**	0.333**	0.063	1
	Sig.（双尾）	0.000	0.000	0.000	0.313	
	个案数	261	261	261	261	261

注："**"表示在0.01级别（双尾），相关性显著。

在消费行为方面，在校期间平均月消费与Q7_7、Q7_8和Q7_9无显著相关性；可支配收入用于直播购物的比例与Q7_7、Q7_8和Q7_9在0.01显著性水平下具有显著相关性，相关系数分别为0.399、0.308、0.333，正向影响由大到小为直播购物安全保障性、直播平台审核严格、直播商品质量可靠性，这与北京市样本分析所得结果差不多，不过其中直播商品质量可靠性相关系数相对较小，这可能是由于同学对该一认同度不是很高造成的。

5.5 感知有效性评价

针对感知有效性评价，我们设置了"Q7_10观看直播可以更全面地了解商品价值，改善我的购物判断、Q7_11观看直播可以更快速选择合适的服务或商品、Q7_12观看直播可以购买到更便宜的服务或商品"3个测量题项来调查大学生在观看直播营销过程中的感受。

5.5.1 全部样本分析

（1）样本频数分析

①观看直播改善购物判断认同度分布情况：

由表5-83可知，"Q7_10观看直播可以更全面地了解商品价值，改善我的购物判断"的调查结果表明,针对调查的全部样本的大学生,选择"同意"的学生多达 729 人,占比最多达到 37.44%;选择"非常不同意"的学生有 120 人,占比最少为 6.16%。其他 3 个选项按选择人数从多到少排列分别为:选择"不确定"的学生有 569 人,占比为 29.22%;选择"非常同意"的学生有 333 人,占比 17.10%;选择"不同意"的学生有 196 人,占比为 10.07%。由图 5 – 79 可见,数据分布主要集中在"不确定""同意"和"非常同意"3 个选项。这表明大部分学生都比较同意观看直播会让其对主播推荐的商品产生购买兴趣,但是也有小部分学生不同意该方面,可能是由于直播对商品的介绍仍有缺陷所导致。

表 5 – 83　　　全部样本对观看直播改善购物判断认同度分布情况

	频数	百分比(%)	有效百分比(%)	累积百分比(%)
非常不同意	120	6.16	6.16	6.16
不同意	196	10.07	10.07	16.23
不确定	569	29.22	29.22	45.45
同意	729	37.44	37.44	82.90
非常同意	333	17.10	17.10	100.00
总计	1947	100.0	100.0	

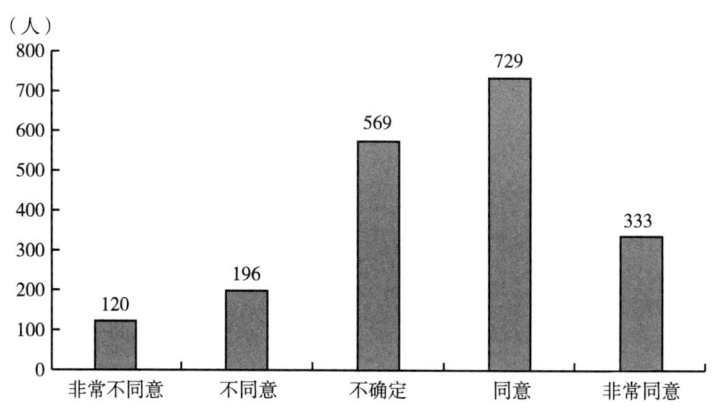

图 5 – 79　全部样本对观看直播改善购物判断认同度分布

②观看直播可快速选购认同度分布情况:

由表 5 – 84 可知,"Q7_11 观看直播可以更快速选择合适的服务或商品"

的调查结果表明,针对调查的全部样本的大学生,选择"同意"的学生多达752 人,占比最多达到 38.62%;选择"非常不同意"的学生仅有 125 人,占比最少为 6.42%。其他 3 个选项按选择人数从多到少排列分别为:选择"不确定"的同学有 569 人,占比为 29.22%;选择"非常同意"的学生有 306 人,占比 15.72%;选择"不同意"的学生有 195 人,占比为 10.02%。由图 5 - 80 可见,数据分布主要集中在"不确定"和"同意"两个选项,这表明大部分大学生都比较同意观看直播可以更快速选择合适的服务或商品,但是也有小部分学生不同意该方面,占比仅为 16.44%。

表 5 - 84　　全部样本对观看直播可快速选购认同度分布情况

	频数	百分比(%)	有效百分比(%)	累积百分比(%)
非常不同意	125	6.42	6.42	6.42
不同意	195	10.02	10.02	16.44
不确定	569	29.22	29.22	45.66
同意	752	38.62	38.62	84.28
非常同意	306	15.72	15.72	100.00
总计	1947	100.0	100.0	

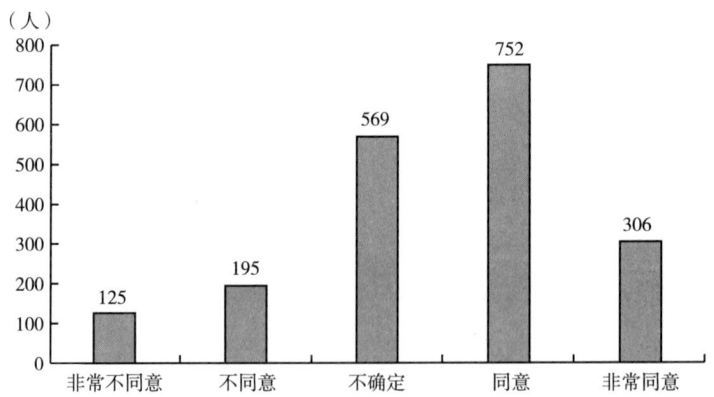

图 5 - 80　全部样本对观看直播可快速选购认同度分布

③观看直播商品更便宜认同度分布情况:

由表 5 - 85 可知,"Q7_12 观看直播可以购买到更便宜的服务或商品"的

第 5 章 大学生参与"直播经济"情况

调查结果表明,针对调查的全部样本的大学生,选择"同意"的学生多达750人,占比最多达到38.52%;选择"非常不同意"的学生仅有104人,占比最少为5.34%。其他3个选项按选择人数从多到少排列分别为:选择"不确定"的学生有539人,占比为27.68%;选择"非常同意"的学生有368人,占比18.90%;选择"不同意"的学生有186人,占比为9.55%。由图5-81可见,数据分布主要集中在"不确定""同意"和"非常同意"3个选项,这表明大部分大学生都比较同意观看直播可以购买到更便宜的服务或商品,其提供的性价比高的产品具有较强的吸引力,但是也有小部分学生不同意该方面,占比仅为14.89%。

表 5-85 全部样本对观看直播商品更便宜认同度分布情况

	频数	百分比(%)	有效百分比(%)	累积百分比(%)
非常不同意	104	5.34	5.34	5.34
不同意	186	9.55	9.55	14.89
不确定	539	27.68	27.68	42.58
同意	750	38.52	38.52	81.10
非常同意	368	18.90	18.90	100.00
总计	1947	100.0	100.0	

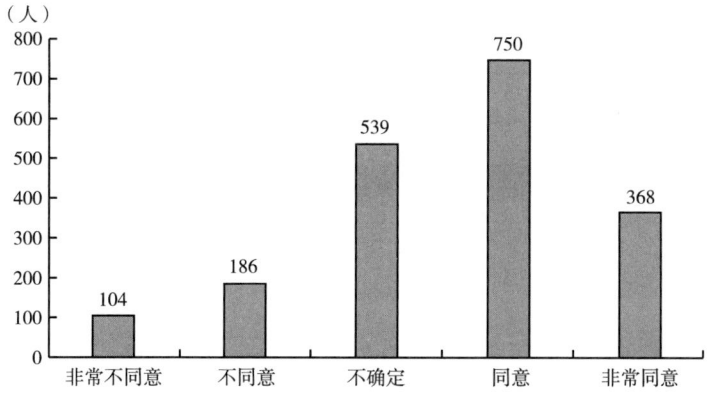

图 5-81 全部样本对观看直播商品更便宜认同度分布

(2) 描述性统计分析

由表 5-86 可知,3 个测量题项的平均数在 3.5 附近,标准差在 1.0~1.1,表明样本数据和平均数之间并未出现较大的离散,偏度和峰度的绝对值都在 2 以内,符合正态分布对偏度和峰度的要求。

表 5-86　　　　全部样本感知有效性描述性统计分析结果

	N 统计	最小值 统计	最大值 统计	均值 统计	标准偏差 统计	偏度		峰度	
						统计	标准错误	统计	标准错误
Q7_10 看直播改善购物判断	1947	1	5	3.49	1.079	-0.550	0.055	-0.186	0.111
Q7_11 看直播可快速选购	1947	1	5	3.47	1.072	-0.571	0.055	-0.143	0.111
Q7_12 看直播商品更便宜	1947	1	5	3.56	1.066	-0.590	0.055	-0.116	0.111

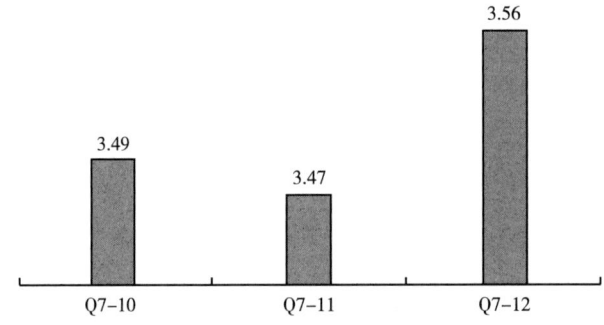

图 5-82　全部样本大学生对感知有效性认同度的均值统计

通过图 5-82 对比 3 个测量题项调查结果的均值,可以发现大学生对 Q7_10 和 Q7_11 感知有效性的认同程度偏向于不确定,对 Q7_12 感知有效性的认同程度偏向于认同,其中对于"观看直播可以购买到更便宜的服务或商品"这一感知有效性的评价最高,对于"观看直播可以更快速选择合适的服务或商品"这一感知有效性的评价最低。

(3) 相关性分析

通过表 5-87 相关性分析可以得到 3 个测量题项之间的相关性显著,相关系数均大于 0.5,可以说明题项的设置以及问卷收集到的结果说合理有效的。

表 5-87 全部样本大学生对感知有效性认同度与消费行为的相关性分析

		观看直播改善购物判断	观看直播可快速选购	观看直播商品更便宜	月平均消费	直播购物消费比例
观看直播改善购物判断	皮尔逊相关性	1	0.655**	0.592**	-0.002	0.094**
	Sig.（双尾）		0.000	0.000	0.926	0.000
	个案数	1947	1947	1947	1947	1947
观看直播可快速选购	皮尔逊相关性	0.655**	1	0.595**	-0.023	0.104**
	Sig.（双尾）	0.000		0.000	0.307	0.000
	个案数	1947	1947	1947	1947	1947
观看直播商品更便宜	皮尔逊相关性	0.592**	0.595**	1	0.048*	0.103**
	Sig.（双尾）	0.000	0.000		0.036	0.000
	个案数	1947	1947	1947	1947	1947
月平均消费	皮尔逊相关性	-0.002	-0.023	0.048*	1	0.169**
	Sig.（双尾）	0.926	0.307	0.036		0.000
	个案数	1947	1947	1947	1947	1947
直播购物消费比例	皮尔逊相关性	0.094**	0.104**	0.103**	0.169**	1
	Sig.（双尾）	0.000	0.000	0.000	0.000	
	个案数	1947	1947	1947	1947	1947

注："*"表示在0.05级别（双尾），相关性显著。"**"表示在0.01级别（双尾），相关性显著。

在消费行为方面，在校期间平均月消费与Q7_10和Q7_11无显著相关性，与Q7_12在0.05显著性水平上具有显著相关性，相关系数为0.048，说明大学生对于商品的价格优惠更为关注，会影响其消费支出；可支配收入用于直播购物的比例与Q7_10、Q7_11、Q7_12在0.01显著性水平上具有显著相关性，相关系数分别为0.094、0.104、0.103，正向影响由大到小为观看直播可快速选购、观看直播的商品更便宜、观看直播改善购物判断。这说明学生参与直播消费水平与直播所带动其感知的变化有一定的正向影响关系，即大学生在直播间感觉到的商品的价值以及相对的折扣会影响其参与直播消费。

5.5.2 北京样本分析

(1) 样本频数分析

①观看直播改善购物判断认同度分布情况:

由表 5-88 可知,"Q7_10 观看直播可以更全面的了解商品价值,改善我的购物判断"的调查结果表明,针对调查的北京样本的大学生,选择"同意"的学生多达 612 人,占比最多达到 37.45%;选择"非常不同意"的学生有 103 人,占比最少为 6.30%。其他 3 个选项按选择人数从多到少排列分别为:选择"不确定"的学生有 495 人,占比为 30.29%;选择"非常同意"的学生有 261 人,占比 15.97%;选择"不同意"的学生有 163 人,占比为 9.98%。由图 5-83 可见,数据分布主要集中在"不确定"和"同意"两个选项。这表明大部分大学生都比较同意观看直播会让其对主播推荐的商品产生购买兴趣,但是也有小部分学生不同意该方面,可能是由直播对商品的介绍仍有缺陷所导致。

表 5-88 北京样本对观看直播改善购物判断认同度分布情况

	频数	百分比(%)	有效百分比(%)	累积百分比(%)
非常不同意	103	6.30	6.30	6.30
不同意	163	9.98	9.98	16.28
不确定	495	30.29	30.29	46.57
同意	612	37.45	37.45	84.03
非常同意	261	15.97	15.97	100.00
总计	1634	100.0	100.0	

②观看直播可快速选购认同度分布情况:

由表 5-89 可知,"Q7_11 观看直播可以更快速选择合适的服务或商品"的调查结果表明,针对调查的北京样本的大学生,选择"同意"的学生多达 631 人,占比最多达到 38.62%;选择"非常不同意"的学生仅有 106 人,占比最少为 6.49%。其他 3 个选项按选择人数从多到少排列分别为:选择"不确定"的学生有 497 人,占比为 30.42%;选择"非常同意"的学生有 236

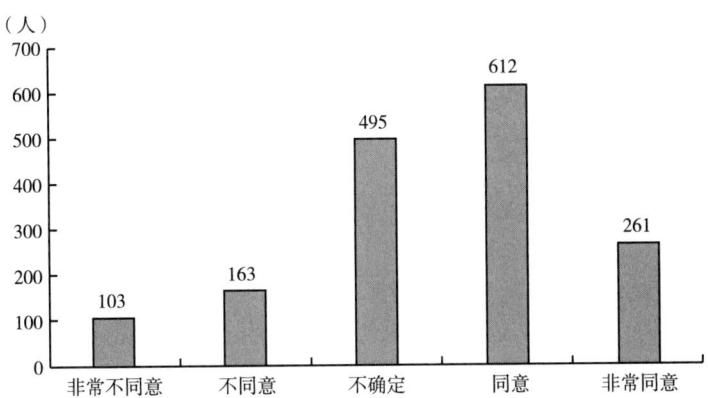

图 5-83　北京样本对观看直播改善购物判断认同度分布

人,占比 14.44%;选择"不同意"的学生有 164 人,占比为 10.04%。由图 5-84 可见,数据分布主要集中在"不确定"和"同意"两个选项,这表明大部分大学生都比较同意观看直播可以更快速选择合适的服务或商品,但是也有小部分大学生不同意该方面,占比仅为 16.52%。

表 5-89　北京样本对观看直播可快速选购认同度分布情况

	频数	百分比(%)	有效百分比(%)	累积百分比(%)
非常不同意	106	6.49	6.49	6.49
不同意	164	10.04	10.04	16.52
不确定	497	30.42	30.42	46.94
同意	631	38.62	38.62	85.56
非常同意	236	14.44	14.44	100.00
总计	1634	100.0	100.0	

③观看直播商品更便宜认同度分布情况:

由表 5-90 可知,"Q7_12 观看直播可以购买到更便宜的服务或商品"的调查结果表明,针对调查的北京样本的大学生,选择"同意"的同学多达 635 人,占比最多达到 38.86%;选择"非常不同意"的学生仅有 88 人,占比最少为 5.39%。其他 3 个选项按选择人数从多到少排列分别为:选择"不确定"的学生有 455 人,占比为 27.85%;选择"非常同意"的学生有 299

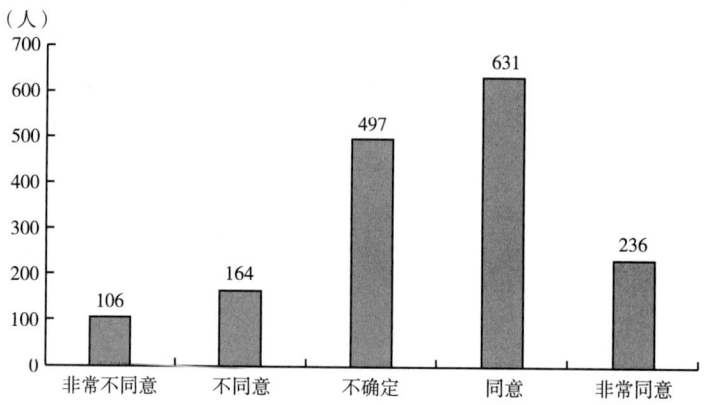

图 5-84　北京样本对观看直播可快速选购认同度分布

人，占比 18.30%；选择"不同意"的学生有 157 人，占比为 9.61%。由图 5-85 可见，数据分布主要集中在"不确定"和"同意"两个选项，这表明大部分大学生都比较同意观看直播可以购买到更便宜的服务或商品，其提供的性价比高的产品具有较强的吸引力，但是也有小部分学生不同意该方面，占比仅为 14.99%。

表 5-90　北京样本对观看直播商品更便宜认同度分布情况

	频数	百分比（%）	有效百分比（%）	累积百分比（%）
非常不同意	88	5.39	5.39	5.39
不同意	157	9.61	9.61	14.99
不确定	455	27.85	27.85	42.84
同意	635	38.86	38.86	81.70
非常同意	299	18.30	18.30	100.00
总计	1634	100.0	100.0	

（2）描述性统计分析

由表 5-91 可知，3 个测量题项的平均数在 3.5 附近，标准差在 1.0~1.1，表明样本数据和平均数之间并未出现较大的离散，偏度和峰度的绝对值都在 2 以内，符合正态分布对偏度和峰度的要求。

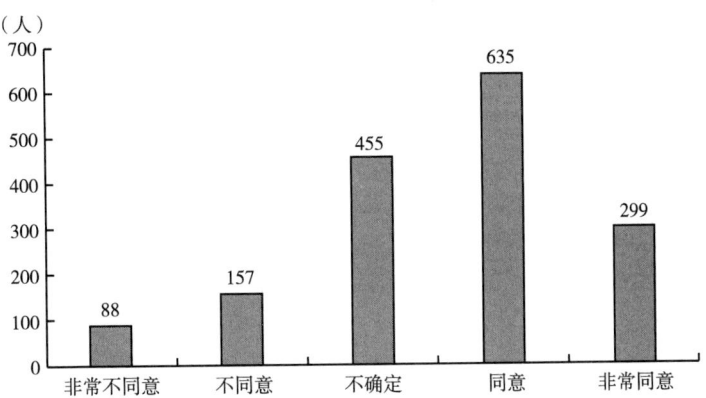

图 5-85　北京样本对观看直播商品更便宜认同度分布

表 5-91　北京样本感知有效性描述性统计分析结果

	N 统计	最小值 统计	最大值 统计	均值 统计	标准偏差 统计	偏度		峰度	
						统计	标准错误	统计	标准错误
Q7_10 看直播改善购物判断	1634	1	5	3.47	1.071	-0.542	0.061	-0.160	0.121
Q7_11 看直播可快速选购	1634	1	5	3.44	1.061	-0.560	0.061	-0.118	0.121
Q7_12 看直播商品更便宜	1634	1	5	3.55	1.063	-0.590	0.061	-0.105	0.121

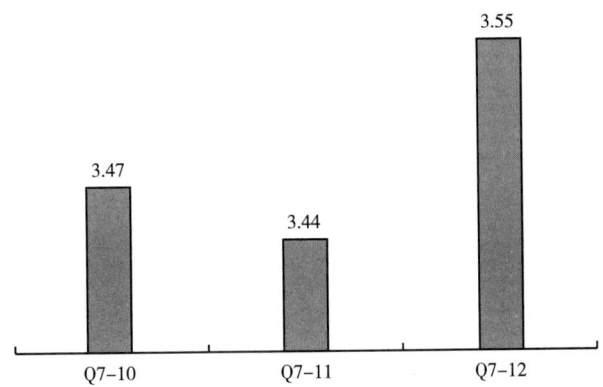

图 5-86　北京样本大学生对感知有效性认同度的均值统计

通过图 5-86 对比 3 个测量题项调查结果的均值，可以发现大学生对 Q7_10 和 Q7_11 感知有效性的认同程度偏向于不确定，对 Q7_12 感知有效性的认同程度偏向于认同,其中对于"观看直播可以购买到更便宜的服务或商品"这一感知有效性的评价最高,对于"观看直播可以更全面的了解商品价值,改善我的购物判断"这一感知有效性的评价最低。

(3) 相关性分析

通过表 5-92 相关性分析,可以得到 3 个测量题项之间的相关性显著,相关系数均大于 0.6,可以说明题项的设置以及问卷收集到的结果说合理有效的。

表 5-92　北京样本大学生对感知有效性认同度与消费行为的相关性分析

		观看直播改善购物判断	观看直播可快速选购	观看直播商品更便宜	月平均消费	直播购物消费比例
观看直播改善购物判断	皮尔逊相关性	1	0.675**	0.615**	0.021	0.148**
	Sig.（双尾）		0.000	0.000	0.391	0.000
	个案数	1634	1634	1634	1634	1634
观看直播可快速选购	皮尔逊相关性	0.675**	1	0.613**	0.001	0.144**
	Sig.（双尾）	0.000		0.000	0.981	0.000
	个案数	1634	1634	1634	1634	1634
观看直播商品更便宜	皮尔逊相关性	0.615**	0.613**	1	0.061*	0.139**
	Sig.（双尾）	0.000	0.000		0.014	0.000
	个案数	1634	1634	1634	1634	1634
月平均消费	皮尔逊相关性	0.021	0.001	0.061*	1	0.166**
	Sig.（双尾）	0.391	0.981	0.014		0.000
	个案数	1634	1634	1634	1634	1634
直播购物消费比例	皮尔逊相关性	0.148**	0.144**	0.139**	0.166**	1
	Sig.（双尾）	0.000	0.000	0.000	0.000	
	个案数	1634	1634	1634	1634	1634

注："**"表示在 0.01 级别（双尾），相关性显著；"*"表示在 0.05 级别（双尾），相关性显著。

在消费行为方面,在校期间平均月消费与 Q7_10 和 Q7_11 无显著相关性,与 Q7_12 在 0.05 显著性水平上具有显著相关性,相关系数为 0.061,这与全部样本分析结果一致,且相关系数稍大,说明北京市大学生的消费支出会受商品价格影响;可支配收入用于直播购物的比例与 Q7_10、Q7_11、Q7_12 在 0.01 显著性水平上具有显著相关性,相关系数分别为 0.148、0.144、0.139,正向影响由大到小为观看直播改善购物判断、观看直播可快速选购、观看直播的商品更便宜。说明北京市大学生对感知有效性中观看直播可以全面了解商品并改善判断影响其直播购物消费行为的正向积极影响在三者中最大。

5.5.3 京外大学生样本分析

(1) 样本频数分析

①观看直播改善购物判断认同度分布情况:

由表 5-93 可知,"Q7_10 观看直播可以更全面地了解商品价值,改善我的购物判断"的调查结果表明,针对调查的京外样本的大学生,选择"同意"的学生多达 117 人,占比最多达到 37.38%;选择"非常不同意"的学生有 17 人,占比最少为 5.43%。其他 3 个选项按选择人数从多到少排列分别为:选择"不确定"的学生有 74 人,占比为 23.64%;选择"非常同意"的学生有 72 人,占比 23.00%;选择"不同意"的学生有 33 人,占比为 10.54%。由图 5-87 可见,数据分布主要集中在"不确定""同意"和"非常同意"3 个选项,其中同意的人数最多,这表明大部分大学生都比较同意观看直播会让其对主播推荐的商品产生购买兴趣,但是也有小部分学生不同意该方面,可能是由于直播对商品的介绍仍有缺陷所导致。

表 5-93 京外样本对观看直播改善购物判断认同度分布情况

	频数	百分比(%)	有效百分比(%)	累积百分比(%)
非常不同意	17	5.43	5.43	5.43
不同意	33	10.54	10.54	15.97
不确定	74	23.64	23.64	39.62
同意	117	37.38	37.38	77.00
非常同意	72	23.00	23.00	100.00
总计	313	100.00	100.0	

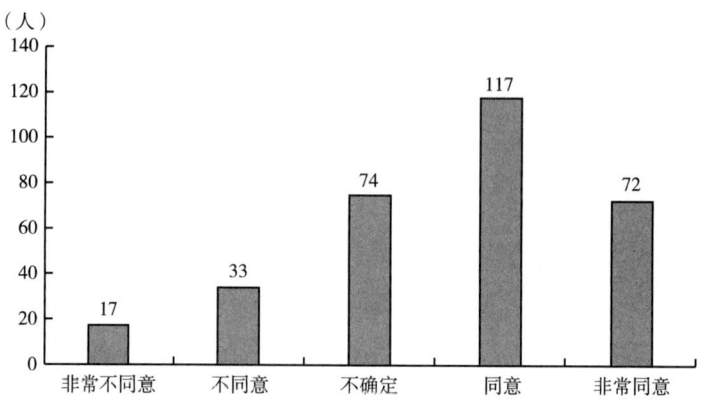

图 5-87　京外样本对观看直播改善购物判断认同度分布

②观看直播可快速选购认同度分布情况：

由表 5-94 可知，"Q7_11 观看直播可以更快速选择合适的服务或商品"的调查结果表明，针对调查的京外样本的大学生，选择"同意"的学生多达 121 人，占比最多达到 38.66%；选择"非常不同意"的学生仅有 19 人，占比最少为 6.07%。其他 3 个选项按选择人数从多到少排列分别为：选择"不确定"的学生有 72 人，占比为 23.00%；选择"非常同意"的学生有 70 人，占比 22.36%；选择"不同意"的学生有 31 人，占比为 9.90%。由图 5-88 可见，数据分布主要集中在"不确定""同意"和"非常同意"3 个选项，这表明大部分大学生都比较同意观看直播可以更快速选择合适的服务或商品，但是也有小部分学生不同意该方面，占比仅为 15.97%。

表 5-94　京外样本对观看直播可快速选购认同度分布情况

	频数	百分比（%）	有效百分比（%）	累积百分比（%）
非常不同意	19	6.07	6.07	6.07
不同意	31	9.90	9.90	15.97
不确定	72	23.00	23.00	38.98
同意	121	38.66	38.66	77.64
非常同意	70	22.36	22.36	100.00
总计	313	100.0	100.0	

第 5 章 大学生参与"直播经济"情况

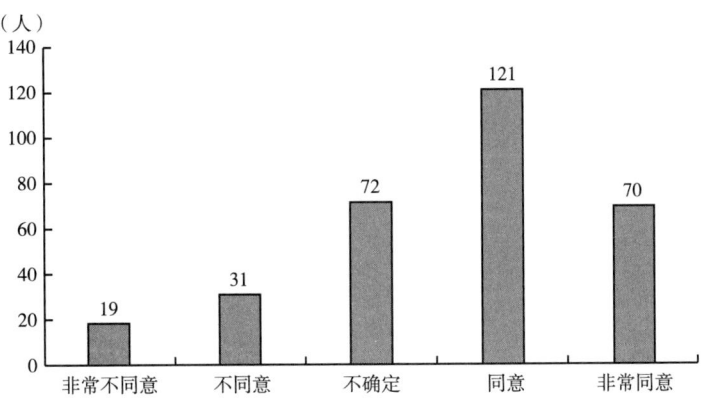

图 5-88 京外样本对观看直播可快速选购认同度分布

③观看直播商品更便宜认同度分布情况:

由表 5-95 可知,"Q7_12 观看直播可以购买到更便宜的服务或商品"的调查结果表明,针对调查的京外样本的大学生,选择"同意"的学生多达 115 人,占比最多达到 36.74%;选择"非常不同意"的学生仅有 16 人,占比最少为 5.11%。其他 3 个选项按选择人数从多到少排列分别为:选择"不确定"的学生有 84 人,占比为 26.84%;选择"非常同意"的学生有 69 人,占比 22.04%;选择"不同意"的学生有 29 人,占比为 9.27%。由图 5-89 可见,数据分布主要集中在"不确定""同意"和"非常同意"3 个选项,这表明大部分大学生都比较同意观看直播可以购买到更便宜的服务或商品,其提供的性价比高的产品具有较强的吸引力,但是也有小部分学生不同意该方面,占比仅为 14.38%。

表 5-95　京外样本对观看直播商品更便宜认同度分布情况

	频数	百分比（%）	有效百分比（%）	累积百分比（%）
非常不同意	16	5.11	5.11	5.11
不同意	29	9.27	9.27	14.38
不确定	84	26.84	26.84	41.21
同意	115	36.74	36.74	77.96
非常同意	69	22.04	22.04	100.00
总计	313	100.0	100.0	

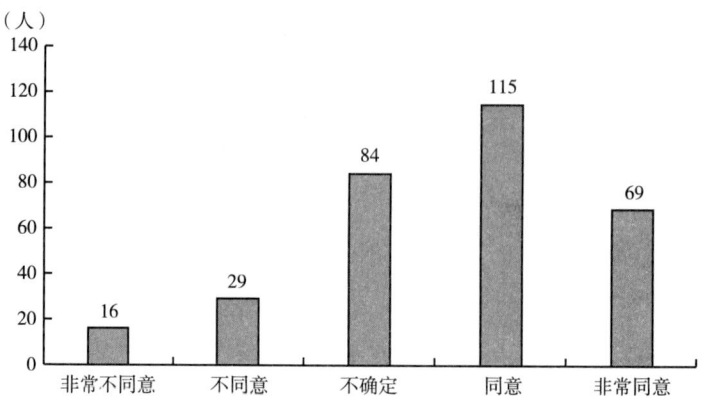

图 5-89　京外样本对观看直播商品更便宜认同度分布

(2) 描述性统计分析

由表 5-96 可知，3 个测量题项的均值相近，分别为 3.62、3.61、3.61，标准差在 1.0~1.2，表明样本数据和平均数之间并未出现较大的离散，偏度和峰度的绝对值都在 2 以内，符合正态分布对偏度和峰度的要求。

表 5-96　京外样本感知有效性描述性统计分析结果

	N 统计	最小值 统计	最大值 统计	均值 统计	标准 偏差 统计	偏度		峰度	
						统计	标准 错误	统计	标准 错误
Q7_10 看直播改善购物判断	313	1	5	3.62	1.112	-0.628	0.138	-0.245	0.275
Q7_11 看直播可快速选购	313	1	5	3.61	1.118	-0.674	0.138	-0.172	0.275
Q7_12 看直播商品更便宜	313	1	5	3.61	1.083	-0.599	0.138	-0.154	0.275

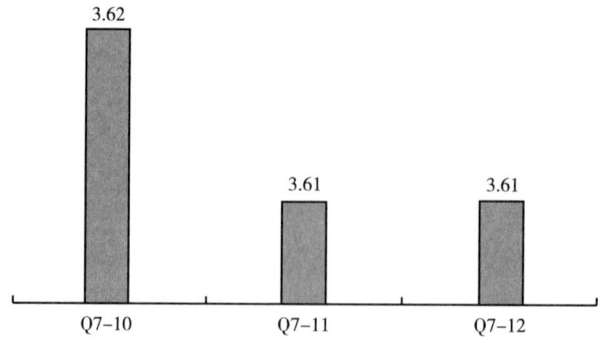

图 5-90　京外样本大学生对感知有效性认同度的均值统计

通过对比 3 个测量题项调查结果的均值，可以发现大学生对 Q7_10、Q7_11 和 Q7_12 感知有效性的认同程度均偏向于认同，其中对于"观看直播可以更全面的了解商品价值，改善我的购物判断"这一感知有效性的评价最高。

（3）相关性分析

通过表 5-97 相关性分析可以得到 3 个测量题项之间的相关性显著，相关系数在 0.4~0.6，可以说明题项的设置以及问卷收集到的结果说合理有效的。

表 5-97　京外样本大学生对感知有效性认同度与消费行为的相关性分析

		观看直播改善购物判断	观看直播可快速选购	观看直播商品更便宜	月平均消费	直播购物消费比例
观看直播改善购物判断	皮尔逊相关性	1	0.554**	0.479**	-0.109	-0.175**
	Sig.（双尾）		0.000	0.000	0.053	0.002
	个案数	313	313	313	313	313
观看直播可快速选购	皮尔逊相关性	0.554**	1	0.506**	-0.129*	-0.102
	Sig.（双尾）	0.000		0.000	0.022	0.072
	个案数	313	313	313	313	313
观看直播商品更便宜	皮尔逊相关性	0.479**	0.506**	1	-0.015	-0.076
	Sig.（双尾）	0.000	0.000		0.789	0.179
	个案数	313	313	313	313	313
月平均消费	皮尔逊相关性	-0.109	-0.129*	-0.015	1	0.229**
	Sig.（双尾）	0.053	0.022	0.789		0.000
	个案数	313	313	313	313	313
直播购物消费比例	皮尔逊相关性	-0.175**	-0.102	-0.076	0.229**	1
	Sig.（双尾）	0.002	0.072	0.179	0.000	
	个案数	313	313	313	313	313

注："**"表示在 0.01 级别（双尾），相关性显著；"*"表示在 0.05 级别（双尾），相关性显著。

在消费行为方面，在校期间平均月消费与 Q7_10 和 Q7_12 无显著相关性，与 Q7_11 在 0.05 显著性水平上具有显著相关性，相关系数为 -0.129，这与北京市大学生样本分析结果不一致,说明京外大学生对直播可以快速选购的认知会减少的消费支出行为;可支配收入用于直播购物的比例与 Q7_11 和 Q7_12无显著相关性,与 Q7_10 在 0.01 显著性水平上具有显著相关性,相关系数分别为 -0.175,说明京外大学生对感知有效性中观看直播可以全面了解商品并改善判断影响其直播购物消费行为的负向反馈,这与北京分析结果完全不同。

5.5.4　S 大学样本分析

(1) 样本频数分析

①观看直播改善购物判断认同度分布情况:

由表 5 - 98 可知,"Q7_10 观看直播可以更全面的了解商品价值,改善我的购物判断"的调查结果表明,针对调查的 S 大学样本的同学,选择"同意"的学生多达 118 人,占比最多达到 43.87%;选择"非常不同意"的学生有 11 人,占比最少为 4.09%。其他 3 个选项按选择人数从多到少排列分别为:选择"不确定"的学生有 84 人,占比为 31.23%;选择"不同意"的学生有 31 人,占比为 11.52%;选择"非常同意"的学生有 25 人,占比 9.29%。由图 5 -91 可见,数据分布主要集中在"不确定"和"同意"两个选项。这表明大部分大学生都比较同意观看直播会让其对主播推荐的商品产生购买兴趣,但是也有小部分学生不同意该方面,可能是由于直播对商品的介绍仍有缺陷所导致。

表 5 - 98　S 大学样本对观看直播改善购物判断认同度分布情况

	频数	百分比 (%)	有效百分比 (%)	累积百分比 (%)
非常不同意	11	4.09	4.09	4.09
不同意	31	11.52	11.52	15.61
不确定	84	31.23	31.23	46.84
同意	118	43.87	43.87	90.71
非常同意	25	9.29	9.29	100.00
总计	269	100.0	100.0	

第5章 大学生参与"直播经济"情况

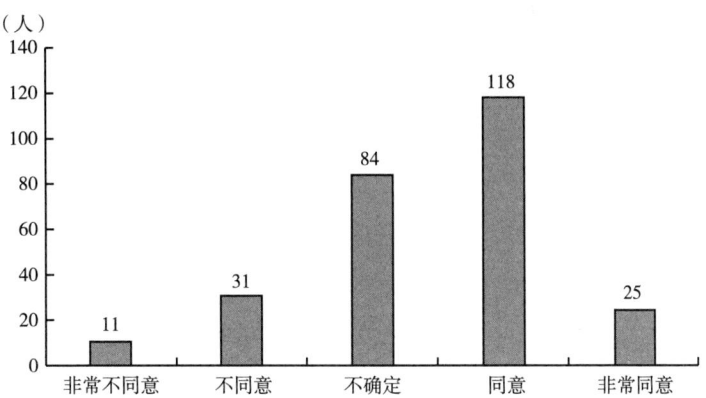

图5-91　S大学样本对观看直播改善购物判断认同度分布

②观看直播可快速选购认同度分布情况：

由表5-99可知，"Q7_11观看直播可以更快速选择合适的服务或商品"的调查结果表明，针对调查的S大学样本的学生，选择"同意"的学生多达110人，占比最多达到40.89%；选择"非常不同意"的学生仅有10人，占比最少为3.72%。其他3个选项按选择人数从多到少排列分别为：选择"不确定"的学生有86人，占比为31.97%；选择"不同意"的学生有35人，占比为13.01%；选择"非常同意"的学生有28人，占比10.41%。由图5-92可见，数据分布主要集中在"不确定"和"同意"两个选项，这表明大部分大学生都比较同意观看直播可以更快速地选择合适的服务或商品，但是也有小部分学生不同意该方面，占比仅为16.73%。

表5-99　S大学样本对观看直播可快速选购认同度分布情况

	频数	百分比（%）	有效百分比（%）	累积百分比（%）
非常不同意	10	3.72	3.72	3.72
不同意	35	13.01	13.01	16.73
不确定	86	31.97	31.97	48.70
同意	110	40.89	40.89	89.59
非常同意	28	10.41	10.41	100.00
总计	269	100.0	100.0	

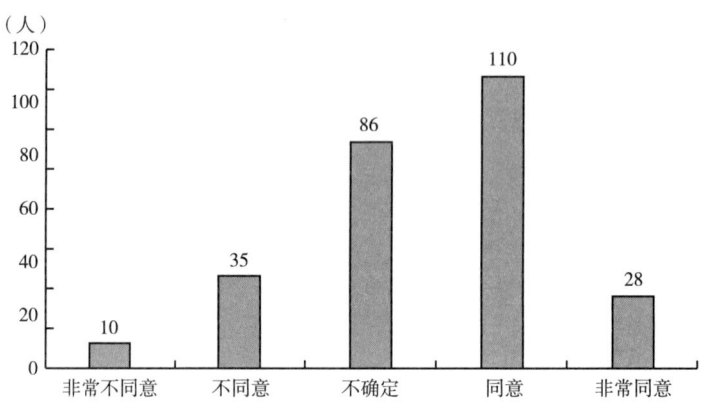

图 5-92　S 大学样本对观看直播可快速选购认同度分布

③观看直播商品更便宜认同度分布情况：

从表 5-100 可知"Q7_12 观看直播可以购买到更便宜的服务或商品"的调查结果表明，针对调查的 S 大学样本的学生，选择"同意"的学生多达 127 人，占比最多达到 47.21%；选择"非常不同意"的同学仅有 6 人，占比最少为 2.23%。其他 3 个选项按选择人数从多到少排列分别为：选择"不确定"的学生有 83 人，占比为 30.86%；选择"不同意"的学生有 28 人，占比为 10.41%；选择"非常同意"的学生有 25 人，占比 9.29%。由图 5-93 可见，数据分布主要集中在"不确定"和"同意"两个选项，这表明大部分大学生都比较同意观看直播可以购买到更便宜的服务或商品，其提供的性价比高的产品具有较强的吸引力，但是也有小部分学生不同意该方面，占比仅为 12.64%。

表 5-100　　S 大学样本对观看直播商品更便宜认同度分布情况

	频数	百分比（%）	有效百分比（%）	累积百分比（%）
非常不同意	6	2.23	2.23	2.23
不同意	28	10.41	10.41	12.64
不确定	83	30.86	30.86	43.49
同意	127	47.21	47.21	90.71
非常同意	25	9.29	9.29	100.00
总计	269	100.0	100.0	

第 5 章 大学生参与"直播经济"情况

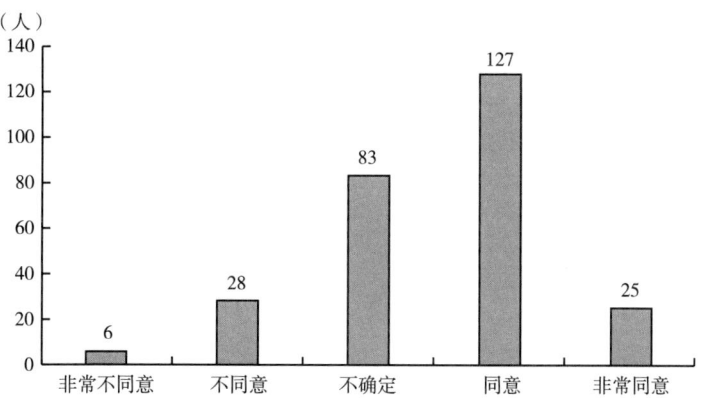

图 5-93 S 大学样本对观看直播商品更便宜认同度分布

（2）描述性统计分析

由表 5-101 可知，3 个测量题项的均值在 3.4～3.6，分别为 3.43、3.41、3.51，标准差在 1.0 以内，表明样本数据和平均数之间并未出现较大的离散，偏度和峰度的绝对值都在 2 以内，符合正态分布对偏度和峰度的要求。

表 5-101　　　　S 大学样本感知有效性描述性统计分析结果

	N 统计	最小值 统计	最大值 统计	均值 统计	标准偏差 统计	偏度		峰度	
						统计	标准错误	统计	标准错误
Q7_10 看直播改善购物判断	269	1	5	3.43	0.954	-0.584	0.149	0.096	0.296	269
Q7_11 看直播可快速选购	269	1	5	3.41	0.968	-0.459	0.149	-0.117	0.296	269
Q7_12 看直播商品更便宜	269	1	5	3.51	0.884	-0.568	0.149	0.219	0.296	269

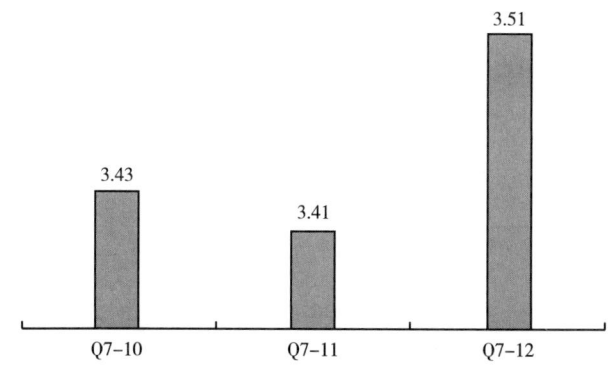

图 5-94　S 大学样本大学生对感知有效性认同度的均值统计

通过对比"Q7_10 观看直播可以更全面地了解商品价值,改善我的购物判断、Q7_11 观看直播可以更快速选择合适的服务或商品、Q7_12 观看直播可以购买到更便宜的服务或商品"3 个测量题项调查结果的均值,可以发现大学生对 Q7_10 和 Q7_11 感知有效性的认同程度均偏向于不确定,可以发现大学生对 Q7_12 感知有效性的认同程度均偏向于认同,其中对于"观看直播可以购买到更便宜的服务或商品"这一感知有效性的评价最高,于"观看直播可以更快速选择合适的服务或商品"这一感知有效性的评价最低。

(3) 相关性分析

通过表 5-102 相关性分析可以得到 3 个测量题项之间的相关性显著,相关系数在 0.5~0.7,可以说明题项的设置及问卷收集到的结果是合理有效的。

表 5-102　S 大学样本大学生对感知有效性认同度与消费行为的相关性分析

		观看直播改善购物判断	观看直播可快速选购	观看直播商品更便宜	月平均消费	直播购物消费比例
观看直播改善购物判断	皮尔逊相关性	1	0.661**	0.631**	0.013	0.013
	Sig.(双尾)		0.000	0.000	0.828	0.834
	个案数	269	269	269	269	269
观看直播可快速选购	皮尔逊相关性	0.661**	1	0.587**	0.072	0.078
	Sig.(双尾)	0.000		0.000	0.239	0.201
	个案数	269	269	269	269	269
观看直播商品更便宜	皮尔逊相关性	0.631**	0.587**	1	0.116	-0.040
	Sig.(双尾)	0.000	0.000		0.057	0.509
	个案数	269	269	269	269	269
月平均消费	皮尔逊相关性	0.013	0.072	0.116	1	0.095
	Sig.(双尾)	0.828	0.239	0.057		0.121
	个案数	269	269	269	269	269
直播购物消费比例	皮尔逊相关性	0.013	0.078	-0.040	0.095	1
	Sig.(双尾)	0.834	0.201	0.509	0.121	
	个案数	269	269	269	269	269

注:"**"表示在 0.01 级别(双尾),相关性显著;"*"表示在 0.05 级别(双尾),相关性显著。

在消费行为方面，在校期间平均月消费与 Q7_10、Q7_11 和 Q7_12 无显著相关性；可支配收入用于直播购物的比例与 Q7_10、Q7_11 和 Q7_12 也无显著相关性，表明 S 大学的学生直播消费行为与感知有效性并无太大的关联，这与北京样本分析所得结果不同。

5.5.5　B 大学样本分析

（1）样本频数分析

①观看直播改善购物判断认同度分布情况：

由表 5-103 可知，"Q7_10 观看直播可以更全面地了解商品价值，改善我的购物判断"的调查结果表明，针对调查的 B 大学样本的学生，选择"同意"的同学多达 93 人，占比最多达到 35.63%；选择"不同意"的学生有 26 人，占比最少为 9.96%。其他 3 个选项按选择人数从多到少排列分别为：选择"不确定"的同学有 74 人，占比为 28.35%；选择"非常同意"的学生有 41 人，占比 15.71%；选择"非常不同意"的同学有 27 人，占比为 10.34%。由图 5-95 可见，数据分布主要集中在"不确定""同意"和"非常同意"3 个选项，其中同意的人数最多，这表明大部分大学生都比较同意观看直播会让其对主播推荐的商品产生购买兴趣，但是也有小部分学生不同意该方面，可能是由于直播对商品的介绍仍有缺陷所致。

表 5-103　B 大学样本对观看直播改善购物判断认同度分布情况

	频数	百分比（%）	有效百分比（%）	累积百分比（%）
非常不同意	27	10.34	10.34	10.34
不同意	26	9.96	9.96	20.31
不确定	74	28.35	28.35	48.66
同意	93	35.63	35.63	84.29
非常同意	41	15.71	15.71	100.00
总计	261	100.0	100.0	

②观看直播可快速选购认同度分布情况：

由表 5-104 可知，"Q7_11 观看直播可以更快速选择合适的服务或商品"的调查结果表明，针对调查的 B 大学样本的学生，选择"同意"的学生多达

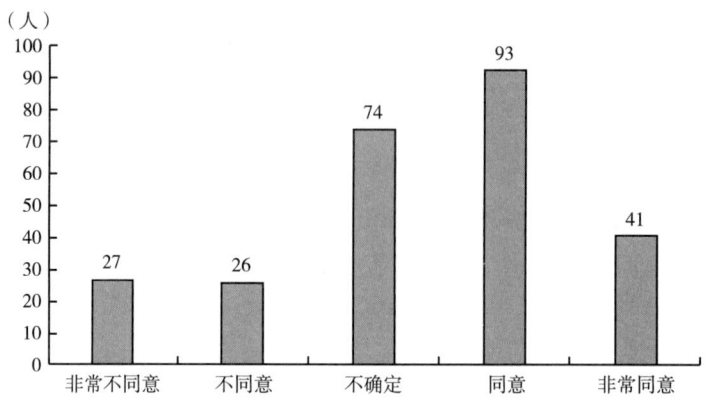

图 5-95　B 大学样本对观看直播改善购物判断认同度分布

106 人，占比最多达到 40.61%；选择"不同意"和"非常不同意"的学生都有 27 人，占比最少为 10.34%。其他两个选项按选择人数从多到少排列分别为：选择"不确定"的学生有 69 人，占比为 26.44%；选择"非常同意"的学生有 32 人，占比 12.26%。由图 5-96 可见，数据分布主要集中在"不确定"和"同意"两个选项，这表明大部分大学生都比较同意观看直播可以更快速选择合适的服务或商品，但是也有小部分学生不同意该方面，占比为 20.69%。

表 5-104　　B 大学样本对观看直播可快速选购认同度分布情况

	频数	百分比（%）	有效百分比（%）	累积百分比（%）
非常不同意	27	10.34	10.34	10.34
不同意	27	10.34	10.34	20.69
不确定	69	26.44	26.44	47.13
同意	106	40.61	40.61	87.74
非常同意	32	12.26	12.26	100.00
总计	261	100.0	100.0	

③观看直播商品更便宜认同度分布情况：

由表 5-105 可知，"Q7_12 观看直播可以购买到更便宜的服务或商品"的调查结果表明，针对调查的 B 大学样本的学生，选择"同意"的学生多达

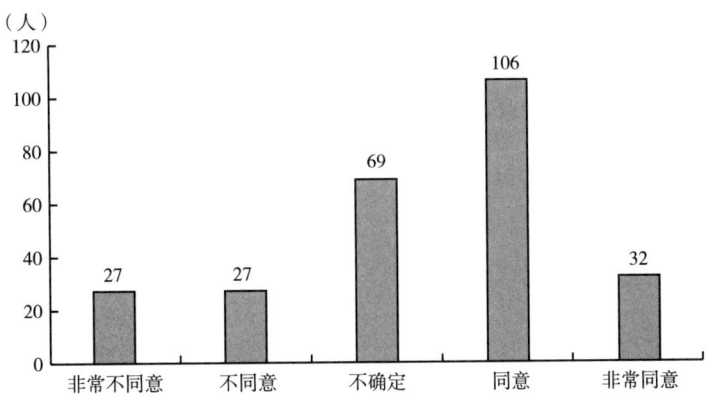

图 5-96 B 大学样本对观看直播可快速选购认同度分布

101 人,占比最多达到 38.70%;选择"不同意"的学生仅有 23 人,占比最少为 8.81%。其他 3 个选项按选择人数从多到少排列分别为:选择"不确定"的学生有 67 人,占比为 25.67%;选择"非常同意"的学生有 44 人,占比为 16.86%;选择"不同意"的学生有 23 人,占比为 8.81%。由图 5-97 可见,数据分布主要集中在"不确定"和"同意"两个选项,而且非常不同意的人数要高于不同意的人数,这表明大部分大学生都比较同意观看直播可以购买到更便宜的服务或商品,其提供的性价比高的产品具有较强的吸引力,但是也有小部分学生不同意该方面,占比为 18.77%。

表 5-105　　B 大学样本对观看直播商品更便宜认同度分布情况

	频数	百分比(%)	有效百分比(%)	累积百分比(%)
非常不同意	26	9.96	9.96	9.96
不同意	23	8.81	8.81	18.77
不确定	67	25.67	25.67	44.44
同意	101	38.70	38.70	83.14
非常同意	44	16.86	16.86	100.00
总计	261	100.0	100.0	

(2)描述性统计分析

由表 5-106 可知,3 个测量题项的均值较低均低于 3.5,分别为 3.36、

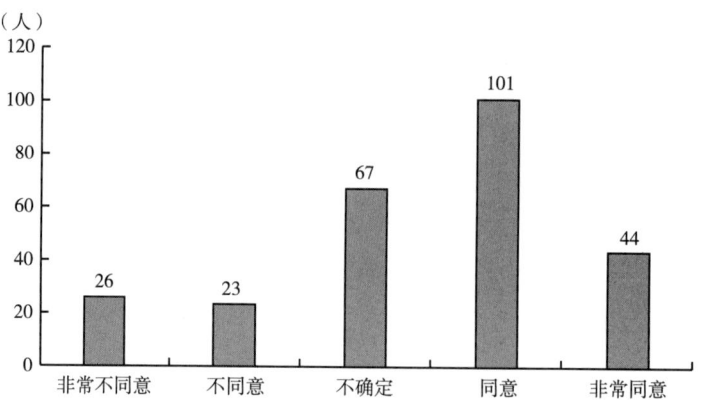

图 5-97　B 大学样本对观看直播商品更便宜认同度分布

3.34、3.44，标准差在 1.1~1.2，表明样本数据和平均数之间并未出现较大的离散，偏度和峰度的绝对值都在 2 以内，符合正态分布对偏度和峰度的要求。

表 5-106　　B 大学样本感知有效性描述性统计分析结果

	N 统计	最小值统计	最大值统计	均值统计	标准偏差统计	偏度		峰度	
						统计	标准错误	统计	标准错误
Q7_10 看直播改善购物判断	261	15	3.36	1.171	-0.538	0.151	-0.431	0.300	261
Q7_11 看直播可快速选购	261	15	3.34	1.141	-0.620	0.151	-0.340	0.300	261
Q7_12 看直播商品更便宜	261	15	3.44	1.167	-0.643	0.151	-0.299	0.300	261

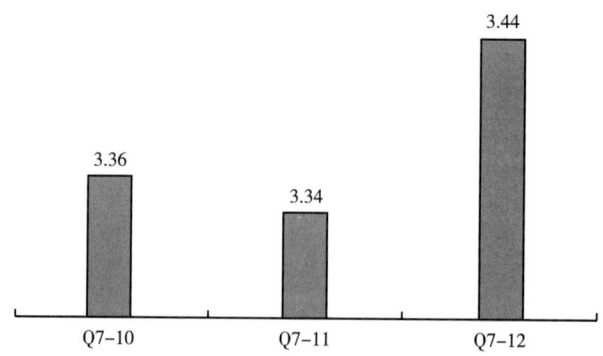

图 5-98　B 大学样本大学生对感知有效性认同度的均值统计

通过对比 3 个测量题项调查结果的均值，可以发现大学生对 Q7_10、Q7_11 和 Q7_12 感知有效性的认同程度均偏向于不确定，其中对于"观看直播可以购买到更便宜的服务或商品"这一感知有效性的评价最高，表明 B 大学的同学更关注直播是否可以买到更便宜的商品。

（3）相关性分析

通过表 5-107 相关性分析，可以得到 3 个测量题项之间的相关性显著，相关系数均大于 0.6，可以说明题项的设置以及问卷收集到的结果说合理有效的。

表 5-107 B 大学样本大学生对感知有效性认同度与消费行为的相关性分析

		观看直播改善购物判断	观看直播可快速选购	观看直播商品更便宜	月平均消费	直播购物消费比例
观看直播改善购物判断	皮尔逊相关性	1	0.618**	0.649**	-0.031	0.258**
	Sig.（双尾）		0.000	0.000	0.614	0.000
	个案数	261	261	261	261	261
观看直播可快速选购	皮尔逊相关性	0.618**	1	0.679**	-0.049	0.246**
	Sig.（双尾）	0.000		0.000	0.431	0.000
	个案数	261	261	261	261	261
观看直播商品更便宜	皮尔逊相关性	0.649**	0.679**	1	-0.070	0.245**
	Sig.（双尾）	0.000	0.000		0.262	0.000
	个案数	261	261	261	261	261
月平均消费	皮尔逊相关性	-0.031	-0.049	-0.070	1	0.063
	Sig.（双尾）	0.614	0.431	0.262		0.313
	个案数	261	261	261	261	261
直播购物消费比例	皮尔逊相关性	0.258**	0.246**	0.245**	0.063	1
	Sig.（双尾）	0.000	0.000	0.000	0.313	
	个案数	261	261	261	261	261

注："**"表示在 0.01 级别（双尾），相关性显著；"*"表示在 0.05 级别（双尾），相关性显著。

在消费行为方面，在校期间平均月消费与 Q7_10、Q7_11 和 Q7_12 无显著相关性；可支配收入用于直播购物的比例与 Q7_10、Q7_11 和 Q7_12 无显著相关性，相关系数分别为 0.258、0.246、0.245，正向影响由大到小为观看直播改善购物判断、观看直播可快速选购、观看直播的商品更便宜。这说明 B 大学生对感知有效性中观看直播可以全面了解商品并改善判断影响其直播购物消费行为的正向积极影响在三者中最大，这与北京样本分析结果一致。

5.6 购物意愿评价

针对感知有效性评价，我们设置了"Q7_13 我会在观看直播时购买推荐的商品、Q7_14 今后我会继续观看直播并购买更多商品、Q7_15 我会推荐他人观看直播或购买直播间的商品"3 个测量题项来调查大学生在观看直播营销过程中的购买意愿。

5.6.1 全部样本分析

（1）样本频数分析

①愿意购买推荐商品的评价分布情况：

由表 5 - 108 可知，"Q7_13 我会在观看直播时购买推荐的商品"的调查结果表明，针对调查的全部样本的大学生，选择"同意"的学生多达 643 人，占比最多达到 33.03%；选择"非常不同意"的学生有 183 人，占比最少为 9.40%。其他 3 个选项按选择人数从多到少排列分别为：选择"不确定"的学生有 548 人，占比为 28.15%；选择"非常同意"的学生有 311 人，占比为 15.97%；选择"不同意"的学生有 262 人，占比为 13.46%。由图 5 - 99 可见，数据分布主要集中在"不确定"和"同意"两个选项。这表明大部分大学生都比较同意其会在观看直播时购买推荐的商品，但是也有小部分大学生并不会购买，占比为 22.86%。

表 5-108　全部样本对愿意购买推荐商品的评价分布情况

	频数	百分比（%）	有效百分比（%）	累积百分比（%）
非常不同意	183	9.40	9.40	9.40
不同意	262	13.46	13.46	22.86
不确定	548	28.15	28.15	51.00
同意	643	33.03	33.03	84.03
非常同意	311	15.97	15.97	100.00
总计	1947	100.0	100.0	

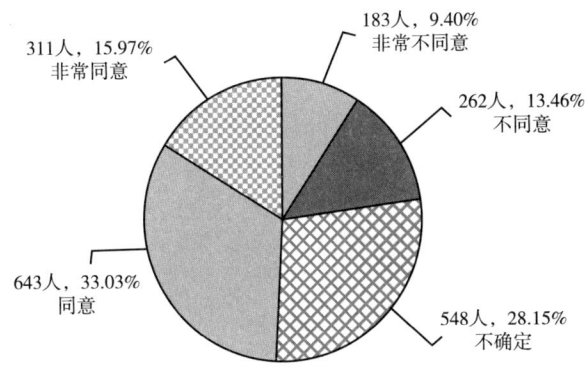

图 5-99　全部样本对愿意购买推荐商品的评价占比

②继续观看并购买的评价分布情况：

由表 5-109 可知，"Q7_14 今后我会继续观看直播并购买更多商品"的调查结果表明，针对调查的全部样本的大学生，选择"不确定"的学生多达 612 人，占比最多达到 31.43%；选择"非常不同意"的学生仅有 190 人，占比最少为 9.76%。其他 3 个选项按选择人数从多到少排列分别为：选择"同意"的学生有 569 人，占比为 29.22%；选择"非常同意"的学生有 306 人，占比为 15.72%；选择"不同意"的同学有 236 人，占比为 12.12%。由图 5-100 可见，数据分布主要集中在"不确定"和"同意"两个选项，且两个选项选择人数很接近，这表明大部分大学生还是比较同意今后其会继续观看直播并购买更多商品，但是也有小部分大学生并不会在观看时直播购买，占比为 21.88%。

表 5-109　　全部样本对继续观看并购买的评价分布情况

	频数	百分比（%）	有效百分比（%）	累积百分比（%）
非常不同意	190	9.76	9.76	9.76
不同意	236	12.12	12.12	21.88
不确定	612	31.43	31.43	53.31
同意	606	31.12	31.12	84.44
非常同意	303	15.56	15.56	100.00
总计	1947	100.0	100.0	

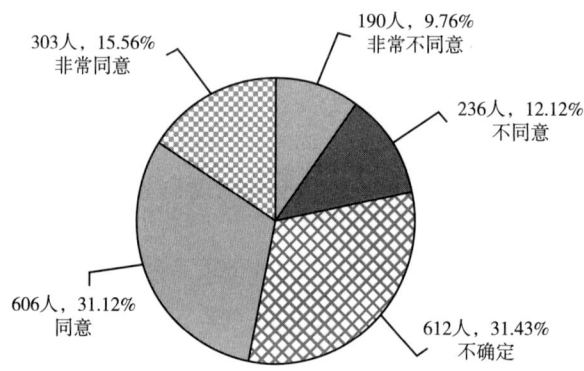

图 5-100　全部样本对继续观看并购买的评价占比

③推荐他人观看购买评价分布情况：

由表 5-110 可知，"Q7_15 我会推荐他人观看直播或购买直播间的商品"的调查结果表明，针对调查的全部样本的大学生，选择"同意"的学生多达 572 人，占比最多且达到 29.38%；选择"非常不同意"的学生仅有 245 人，占比最少且为 12.58%。其他 3 个选项按选择人数从多到少排列分别为：选择"不确定"的学生有 565 人，占比为 29.02%；选择"非常同意"的学生有 286 人，占比 14.69%；选择"不同意"的学生有 279 人，占比为 14.33%。由图 5-101 可见，数据分布主要集中在"不确定"和"同意"两个选项，两项占比相近，"非常不同意""不同意"和"非常同意"的占比均在 12%~15%。这表明大部分大学生对会推荐他人观看直播或购买直播间的商品呈不确定或同意态度，但也存在着 26.91% 的不认同。

表 5-110　全部样本对推荐他人观看购买评价分布情况

	频数	百分比（%）	有效百分比（%）	累积百分比（%）
非常不同意	245	12.58	12.58	12.58
不同意	279	14.33	14.33	26.91
不确定	565	29.02	29.02	55.93
同意	572	29.38	29.38	85.31
非常同意	286	14.69	14.69	100.00
总计	1947	100.0	100.0	

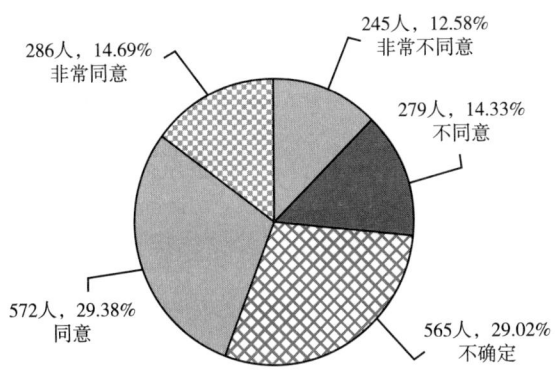

图 5-101　全部样本对推荐他人观看购买评价占比

（2）描述性统计分析

由表 5-111 可知，3 个测量题项的平均数在 3.0~3.5，相对前几个题项的平均数较低，标准差在 1.0~1.2，表明样本数据和平均数之间并未出现较大的离散，偏度和峰度的绝对值都在 2 以内，符合正态分布对偏度和峰度的要求。

表 5-111　全部样本购买意愿描述性统计分析结果

	N 统计	最小值 统计	最大值 统计	均值 统计	标准偏差 统计	偏度 统计	偏度 标准错误	峰度 统计	峰度 标准错误
Q7_13 愿意购买推荐商品	1947	1	5	3.33	1.172	-0.411	0.055	-0.612	0.111
Q7_14 继续观看并购买	1947	1	5	3.31	1.163	-0.392	0.055	-0.552	0.111
Q7_15 推荐他人观看购买	1947	1	5	3.19	1.221	-0.302	0.055	-0.799	0.111

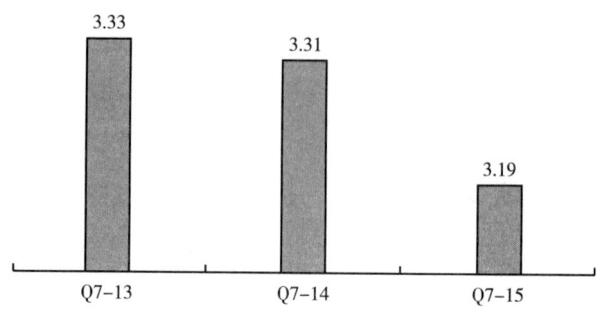

图 5-102　全部样本大学生对购买意愿评价的均值统计

通过对比 3 个测量题项调查结果的均值可以发现大学生对 Q7_13、Q7_14 和 Q7_15 购买意愿偏向于不确定,其中对于"我会在观看直播时购买推荐的商品"这一题项的认同程度最高,对于"我会推荐他人观看直播或购买直播间的商品"这一题项的认同程度最低。

(3) 相关性分析

通过表 5-112 相关性分析,可以得到 3 个测量题项之间的相关性显著,Q7_13 与 Q7_14 之间相关性系数为 0.692,Q7_13 与 Q7_15 之间相关性系数为 0.641,Q7_14 与 Q7_15 之间相关性系数为 0.719,说明两两之间存在较强的相关性,大学生参与直播经济的购物意愿评价的 3 个方面均有显著的相关性,这些均能够对大学生是否愿意在直播间购买或推荐商品产生一定的影响。

表 5-112　　　　全部样本大学生购买意愿相关性分析

		愿意购买推荐商品	继续观看并购买	推荐他人观看购买
愿意购买推荐商品	皮尔逊相关性	1	0.692**	0.641**
	Sig.(双尾)		0.000	0.000
	个案数	1947	1947	1947
继续观看并购买	皮尔逊相关性	0.692**	1	0.719**
	Sig.(双尾)	0.000		0.000
	个案数	1947	1947	1947
推荐他人观看购买	皮尔逊相关性	0.641**	0.719**	1
	Sig.(双尾)	0.000	0.000	
	个案数	1947	1947	1947

注:"**"表示在 0.01 级别(双尾),相关性显著。

5.6.2 北京样本分析

（1）样本频数分析

①愿意购买推荐商品的评价分布情况：

从表5-113可知"Q7_13 我会在观看直播时购买推荐的商品"的调查结果表明，针对调查的北京样本的大学生，选择"同意"的学生多达531人，占比最多且达到32.50%；选择"非常不同意"的学生有158人，占比最少且为9.67%。其他3个选项按选择人数从多到少排列分别为：选择"不确定"的学生有459人，占比为28.09%；选择"非常同意"的学生有256人，占比为15.67%；选择"不同意"的学生有230人，占比为14.08%。由图5-103可见，数据分布主要集中在"不确定"和"同意"两个选项。这表明北京市大部分大学生都比较同意会在观看直播时购买推荐的商品，但是也有小部分大学生并不会购买，占比为23.75%。

表5-113　　北京样本对愿意购买推荐商品的评价分布情况

	频数	百分比（%）	有效百分比（%）	累积百分比（%）
非常不同意	158	9.67	9.67	9.67
不同意	230	14.08	14.08	23.75
不确定	459	28.09	28.09	51.84
同意	531	32.50	32.50	84.33
非常同意	256	15.67	15.67	100.00
总计	1634	100.0	100.0	

②继续观看并购买的评价分布情况：

由表5-114可知，"Q7_14 今后我会继续观看直播并购买更多商品"的调查结果表明，针对调查的北京样本的大学生，选择"不确定"的学生多达524人，占比最多达到32.07%；选择"非常不同意"的学生仅有169人，占比最少为10.34%。其他3个选项按选择人数从多到少排列分别为：选择"同意"的学生有494人，占比为30.23%；选择"非常同意"的学生有242人，占比为14.81%；选择"不同意"的学生有205人，占比为12.55%。由

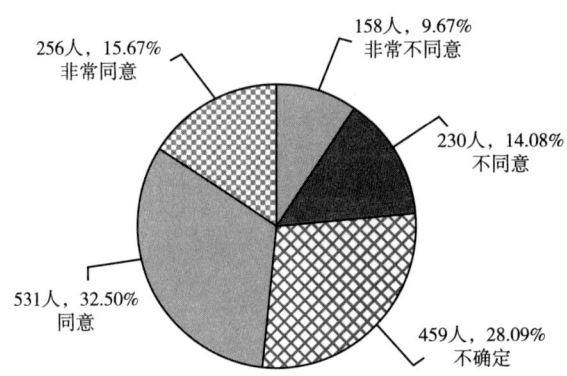

图 5-103 北京样本对对愿意购买推荐商品的评价占比

图 5-104 可见,数据分布主要集中在"不确定"和"同意"两个选项,且两个选项选择人数很接近,这表明北京市大部分大学生还是比较同意今后其会继续观看直播并购买更多商品,但是也有小部分大学生并不会在观看直播购买,占比为 22.89%。

表 5-114　　北京样本对继续观看并购买的评价分布情况

	频数	百分比(%)	有效百分比(%)	累积百分比(%)
非常不同意	169	10.34	10.34	10.34
不同意	205	12.55	12.55	22.89
不确定	524	32.07	32.07	54.96
同意	494	30.23	30.23	85.19
非常同意	242	14.81	14.81	100.00
总计	1634	100.0	100.0	

③推荐他人观看购买评价分布情况:

由表 5-115 可知,"Q7_15 我会推荐他人观看直播或购买直播间的商品"的调查结果表明,针对调查的北京样本的大学生,选择"不确定"的学生多达 475 人,占比最多达到 29.07%;选择"非常不同意"的学生仅有 218 人,占比最少为 13.34%。其他 3 个选项按选择人数从多到少排列分别为:选择"同意"的学生有 474 人,占比为 29.01%;选择"不同意"的学生有 241

第5章 大学生参与"直播经济"情况

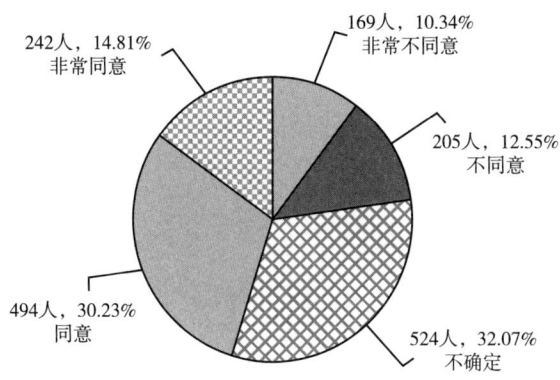

图 5-104 北京样本对继续观看并购买的评价占比

人,占比为 14.75%;选择"非常同意"的同学有 226 人,占比为 13.83%。由图 5-105 可见,数据分布主要集中在"不确定"和"同意"两个选项,两项占比相近,"非常不同意""不同意"和"非常同意"的占比均在 13% 左右,这表明大部分大学生对会推荐他人观看直播或购买直播间的商品呈不确定或同意态度,但也存在着 28.09% 的不认同。

表 5-115　　　　　　北京样本对推荐他人观看购买评价分布情况

	频数	百分比(%)	有效百分比(%)	累积百分比(%)
非常不同意	218	13.34	13.34	13.34
不同意	241	14.75	14.75	28.09
不确定	475	29.07	29.07	57.16
同意	474	29.01	29.01	86.17
非常同意	226	13.83	13.83	100.00
总计	1634	100.0	100.0	

(2) 描述性统计分析

由表 5-116 可知,3 个测量题项的平均数在 3.3 以下,相对前几个题项的平均数较低,标准差在 1.0~1.3,表明样本数据和平均数之间并未出现较大的离散,偏度和峰度的绝对值都在 2 以内,符合正态分布对偏度和峰度的要求。

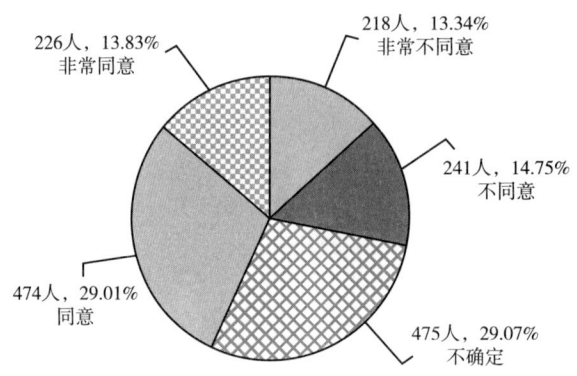

图 5-105 北京样本对推荐他人观看购买评价占比

表 5-116 北京样本购买意愿描述性统计分析结果

	N 统计	最小值 统计	最大值 统计	均值 统计	标准偏差 统计	偏度 统计	偏度 标准错误	峰度 统计	峰度 标准错误
Q7_13 愿意购买推荐商品	1634	1	5	3.30	1.178	-0.386	0.061	-0.654	0.121
Q7_14 继续观看并购买	1634	1	5	3.27	1.168	-0.361	0.061	-0.588	0.121
Q7_15 推荐他人观看购买	1634	1	5	3.15	1.226	-0.276	0.061	-0.831	0.121

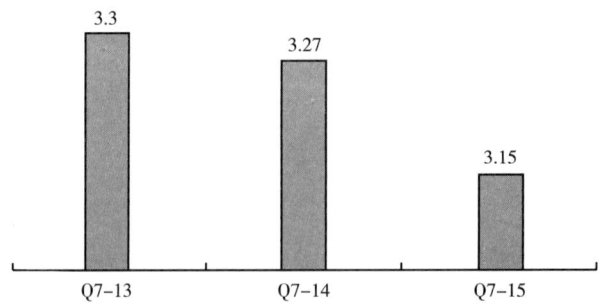

图 5-106 北京样本大学生对购买意愿评价的均值统计

通过对比 3 个测量题项调查结果的均值可以发现大学生对 Q7_13、Q7_14 和 Q7_15 购买意愿均偏向于不确定，其中对于"我会在观看直播时购买推荐的商品"这一题项的评分最高，对于"我会推荐他人观看直播或购买直播间的商品"这一题项的评分最低。

(3) 相关性分析

通过表 5-117 相关性分析可以得到 3 个测量题项之间的相关性显著，Q7_13 与 Q7_14 之间相关性系数为 0.732，Q7_13 与 Q7_15 之间相关性系数为 0.671，Q7_14 与 Q7_15 之间相关性系数为 0.737，说明两两之间存在较强的相关性，北京市大学生参与直播经济的购物意愿评价的 3 个方面均有显著的相关性。

表 5-117　　　　　北京样本大学生购买意愿相关性分析

		愿意购买推荐商品	继续观看并购买	推荐他人观看购买
愿意购买推荐商品	皮尔逊相关性	1	0.732**	0.671**
	Sig.（双尾）		0.000	0.000
	个案数	1634	1634	1634
继续观看并购买	皮尔逊相关性	0.732**	1	0.737**
	Sig.（双尾）	0.000		0.000
	个案数	1634	1634	1634
推荐他人观看购买	皮尔逊相关性	0.671**	0.737**	1
	Sig.（双尾）	0.000	0.000	
	个案数	1634	1634	1634

注："**"表示在 0.01 级别（双尾），相关性显著。

5.6.3　京外样本分析

（1）样本频数分析

①愿意购买推荐商品的评价分布情况：

由表 5-118 可知，"Q7_13 我会在观看直播时购买推荐的商品"的调查结果表明，针对调查的京外样本的大学生，选择"同意"的学生多达 112 人，占比最多达到 35.78%；选择"非常不同意"的学生有 25 人，占比最少为 7.99%。其他 3 个选项按选择人数从多到少排列分别为：选择"不确定"的学生有 89 人，占比为 28.43%；选择"非常同意"的学生有 55 人，占比为 17.57%；选择"不同意"的学生有 32 人，占比为 10.22%。由图 5-107 可见，数据分布主要集中在"不确定"和"同意"两个选项，这表明京外大部分大学生都比较同意其会在观看直播时购买推荐的商品,但是也有小部分学生并不会购买,占比为18.21%。

表5-118　　京外样本对愿意购买推荐商品的评价分布情况

	频数	百分比(%)	有效百分比(%)	累积百分比(%)
非常不同意	25	7.99	7.99	7.99
不同意	32	10.22	10.22	18.21
不确定	89	28.43	28.43	46.65
同意	112	35.78	35.78	82.43
非常同意	55	17.57	17.57	100.00
总计	313	100.0	100.0	

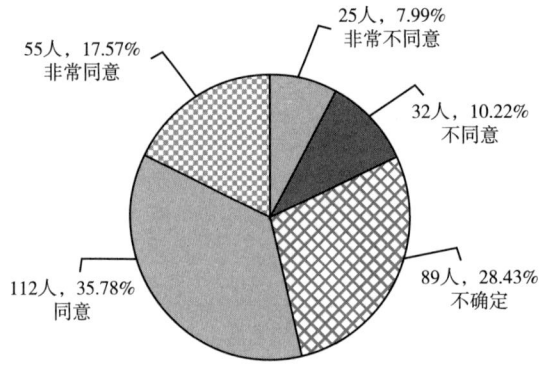

图5-107　京外样本对愿意购买推荐商品的评价占比

②继续观看并购买的评价分布情况:

由表5-119可知"Q7_14今后我会继续观看直播并购买更多商品"的调查结果表明,针对调查的京外样本的大学生,选择"同意"的学生多达112人,占比最多达到35.78%;选择"非常不同意"的学生仅有21人,占比最少为6.71%。其他3个选项按选择人数从多到少排列分别为:选择"不确定"的学生有88人,占比为28.12%;选择"非常同意"的学生有61人,占比19.49%;选择"不同意"的学生有31人,占比为9.90%。由图5-108可见,数据分布主要集中在"不确定""同意"和"非常同意"3个选项,表明京外大部分大学生还是比较同意今后其会继续观看直播并购买更多商品,但是也有小部分大学生并不会在观看直播购买,占比为16.61%。

表5-119　京外样本对继续观看并购买的评价分布情况

	频数	百分比（%）	有效百分比（%）	累积百分比（%）
非常不同意	21	6.71	6.71	6.71
不同意	31	9.90	9.90	16.61
不确定	88	28.12	28.12	44.73
同意	112	35.78	35.78	80.51
非常同意	61	19.49	19.49	100.00
总计	313	100.0	100.0	

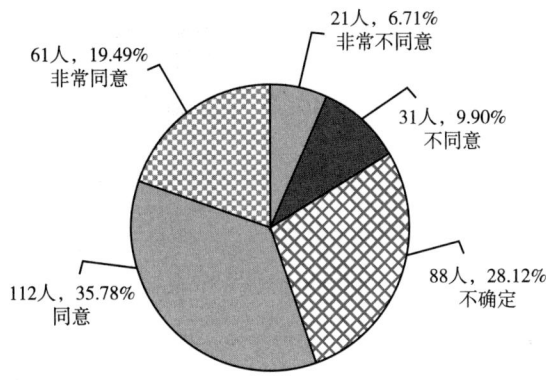

图5-108　京外样本对继续观看并购买的评价占比

③推荐他人观看购买评价分布情况:

由表5-120可知,"Q7_15 我会推荐他人观看直播或购买直播间的商品"的调查结果表明,针对调查的京外样本的大学生,选择"同意"的学生多达98人,占比最多达到31.31%;选择"非常不同意"的学生仅有27人,占比最少为8.63%。其他3个选项按选择人数从多到少排列分别为:选择"不确定"的学生有90人,占比为28.75%;选择"非常同意"的学生有60人,占比为19.17%;选择"不同意"的学生有38人,占比为12.14%。由图5-109可见,数据分布主要集中在"不确定""同意"和"非常同意"3个选项,这表明大部分京外大学生对会推荐他人观看直播或购买直播间的商品呈不确定或同意态度,但也存在着20.77%的不认同。

表 5-120　京外样本对推荐他人观看购买评价分布情况

	频数	百分比（%）	有效百分比（%）	累积百分比（%）
非常不同意	27	8.63	8.63	8.63
不同意	38	12.14	12.14	20.77
不确定	90	28.75	28.75	49.52
同意	98	31.31	31.31	80.83
非常同意	60	19.17	19.17	100.00
总计	313	100.0	100.0	

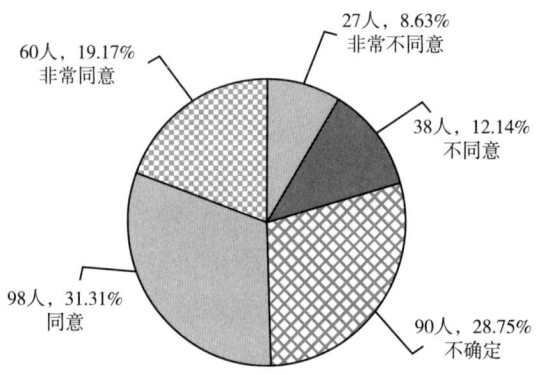

图 5-109　京外样本对推荐他人观看购买评价占比

（2）描述性统计分析

由表 5-121 可知，3 个测量题项的平均数在 3.4～3.6，分别为 3.45、3.51、3.40，标准差在 1.2 以内，表明样本数据和平均数之间并未出现较大的离散，偏度和峰度的绝对值都在 2 以内，符合正态分布对偏度和峰度的要求。

表 5-121　京外样本购买意愿描述性统计分析结果

	N 统计	最小值 统计	最大值 统计	均值 统计	标准偏差 统计	偏度 统计	偏度 标准错误	峰度 统计	峰度 标准错误
Q7_13 愿意购买推荐商品	313	1	5	3.45	1.134	-0.545	0.138	-0.323	0.275
Q7_14 继续观看并购买	313	1	5	3.51	1.115	-0.559	0.138	-0.260	0.275
Q7_15 推荐他人观看购买	313	1	5	3.40	1.178	-0.433	0.138	-0.569	0.275

第5章 大学生参与"直播经济"情况

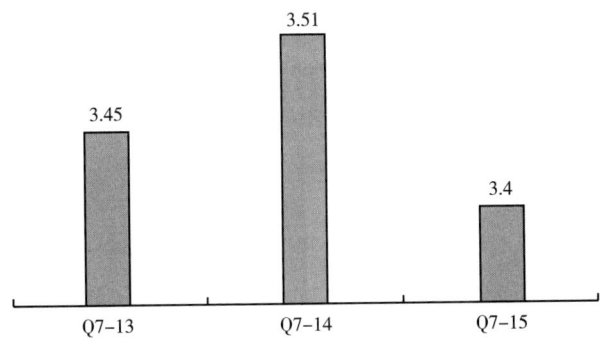

图 5－110　京外样本大学生对购买意愿评价的均值统计

通过对比3个测量题项调查结果的均值可以发现大学生对 Q7_13、Q7_14 和 Q7_15 购买意愿均偏向于不确定，其中对于"今后我会继续观看直播并购买更多商品"这一题项的评分最高，对于"我会推荐他人观看直播或购买直播间的商品"这一题项的评分最低，这与全部样本以及北京市样本分析所得结果差不多，评分最低都是 Q7_15，但是 Q7_14 相对较高说明京外大学生有继续参与直播购物的意向。

（3）相关性分析

通过表 5－122 相关性分析可以得到3个测量题项之间的相关性显著，Q7_13 与 Q7_14 之间相关性系数为 0.461，Q7_13 与 Q7_15 之间相关性系数为 0.464，Q7_14 与 Q7_15 之间相关性系数为 0.603，说明 Q7_13 愿意购买推荐商品与 Q7_14、Q7_15 之间存在一般相关，Q7_14 与 Q7_15 之间存在较强的相关性，表明京外大学生参与直播经济的购物意愿评价的3个方面均有显著的相关性。

表 5－122　　　　京外样本大学生购买意愿相关性分析

		愿意购买 推荐商品	继续观看 并购买	推荐他人 观看购买
愿意购买推荐商品	皮尔逊相关性	1	0.461**	0.464**
	Sig.（双尾）		0.000	0.000
	个案数	313	313	313

续表

		愿意购买推荐商品	继续观看并购买	推荐他人观看购买
继续观看并购买	皮尔逊相关性	0.461**	1	0.603**
	Sig.（双尾）	0.000		0.000
	个案数	313	313	313
推荐他人观看购买	皮尔逊相关性	0.464**	0.603**	1
	Sig.（双尾）	0.000	0.000	
	个案数	313	313	313

注："**"表示在0.01级别（双尾），相关性显著。

5.6.4　S大学样本分析

（1）样本频数分析

①愿意购买推荐商品的评价分布情况：

由表5-123可知，"Q7_13 我会在观看直播时购买推荐的商品"的调查结果表明，针对调查的S大学样本的大学生，选择"同意"的学生多达104人，占比最多达到38.66%；选择"非常不同意"的学生有13人，占比最少为4.83%。其他3个选项按选择人数从多到少排列分别为：选择"不确定"的学生有87人，占比为32.34%；选择"不同意"的学生有42人，占比为15.61%；选择"非常同意"的学生有23人，占比为8.55%。由图5-111可见，数据分布主要集中在"不确定"和"同意"两个选项，这表明S大学大部分大学生都比较同意其会在观看直播时购买推荐的商品，不过有将近1/5的大学生并不会购买，占比为20.45%。

表5-123　　S大学样本对愿意购买推荐商品的评价分布情况

	频数	百分比（%）	有效百分比（%）	累积百分比（%）
非常不同意	13	4.83	4.83	4.83
不同意	42	15.61	15.61	20.45
不确定	87	32.34	32.34	52.79
同意	104	38.66	38.66	91.45
非常同意	23	8.55	8.55	100.00
总计	269	100.0	100.0	

第5章 大学生参与"直播经济"情况

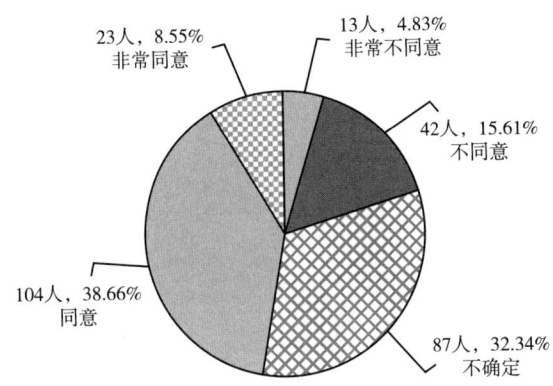

图 5-111 S 大学样本对愿意购买推荐商品的评价占比

②继续观看并购买的评价分布情况:

由表 5-124 可知,"Q7_14 今后我会继续观看直播并购买更多商品"的调查结果表明,针对调查的 S 大学样本的大学生,选择"不确定"的学生多达 108 人,占比最多达到 40.15%;选择"非常不同意"的学生仅有 19 人,占比最少为 7.06%。其他 3 个选项按选择人数从多到少排列分别为:选择"同意"的学生有 83 人,占比为 26.05%;选择"不同意"的学生有 38 人,占比为 14.13%;选择"非常同意"的学生有 21 人,占比 7.81%。由图 5-112 可见,数据分布主要集中在"不确定"和"同意"两个选项,表明 S 大学的大部分大学生对今后会继续观看直播并购买更多商品呈不确定的态度倾向,但是也有部分大学生并不会在观看直播购买,占比为 21.19%。

表 5-124　　　　S 大学样本对继续观看并购买的评价分布情况

	频数	百分比（%）	有效百分比（%）	累积百分比（%）
非常不同意	19	7.06	7.06	7.06
不同意	38	14.13	14.13	21.19
不确定	108	40.15	40.15	61.34
同意	83	30.86	30.86	92.19
非常同意	21	7.81	7.81	100.00
总计	269	100.0	100.0	

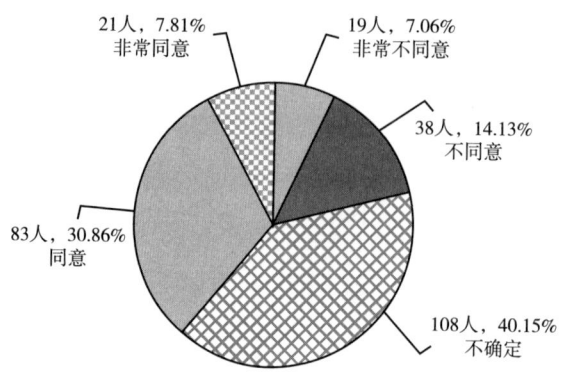

图 5－112　S 大学样本对继续观看并购买的评价占比

③推荐他人观看购买评价分布情况：

由表 5－125 可知，"Q7_15 我会推荐他人观看直播或购买直播间的商品"的调查结果表明，针对调查的 S 大学样本的大学生，选择"不确定"的学生多达 88 人，占比最多达到 32.71%；选择"非常同意"的学生仅有 21 人，占比最少为 7.81%。其他 3 个选项按选择人数从多到少排列分别为：选择"同意"的学生有 69 人，占比为 25.65%；选择"不同意"的学生有 62 人，占比为 23.05%；选择"非常不同意"的学生有 29 人，占比为 10.78%。由图 5－113 可见，数据分布主要集中在"不同意""不确定"和"同意"3 个选项，选择"不同意"的人数与"同意"的较为相近，这表明 S 大学大部分大学生对推荐他人观看直播或购买直播间商品呈不确定的态度，但也存在着 33.83% 的不认同。

表 5－125　　S 大学样本对推荐他人观看购买评价分布情况

	频数	百分比（%）	有效百分比（%）	累积百分比（%）
非常不同意	29	10.78	10.78	10.78
不同意	62	23.05	23.05	33.83
不确定	88	32.71	32.71	66.54
同意	69	25.65	25.65	92.19
非常同意	21	7.81	7.81	100.00
总计	269	100.0	100.0	

第 5 章 大学生参与"直播经济"情况

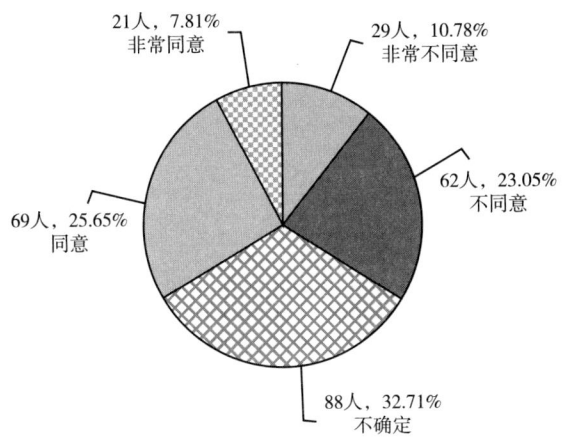

图 5-113　S 大学样本对推荐他人观看购买评价占比

（2）描述性统计分析

由表 5-126 可知，3 个测量题项的平均数在 3.3 以下，分别为 3.30、3.18、2.97，标准差在 1.2 以下，表明样本数据和平均数之间并未出现较大的离散，偏度和峰度的绝对值都在 2 以内，符合正态分布对偏度和峰度的要求。

表 5-126　　　　　S 大学样本购买意愿描述性统计分析结果

	N 统计	最小值 统计	最大值 统计	均值 统计	标准 偏差 统计	偏度		峰度	
						统计	标准 错误	统计	标准 错误
Q7_13 愿意购买推荐商品	269	1	5	3.30	0.994	-0.413	0.149	-0.288	0.296
Q7_14 继续观看并购买	269	1	5	3.18	1.008	-0.328	0.149	-0.177	0.296
Q7_15 推荐他人观看购买	269	1	5	2.97	1.111	-0.065	0.149	-0.714	0.296

通过对比 3 个测量题项调查结果的均值可以发现 S 大学同学对 Q7_13、Q7_14 和 Q7_15 购买意愿均偏向于不确定，其中对于"我会在观看直播时购买推荐的商品"这一题项的评分最高，对于"我会推荐他人观看直播或购买直播间的商品"这一题项的评分最低，这与全部样本以及北京市样本分析所得结果不相上下，评分最高和最低分别是 Q7_13、Q7_15。

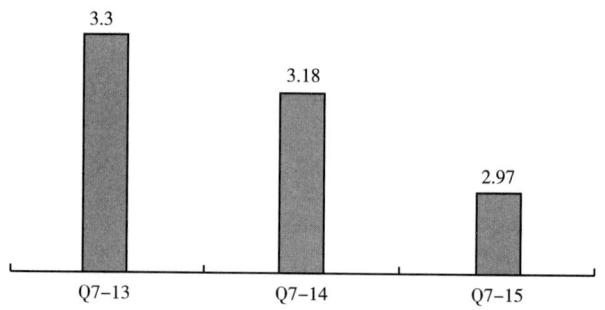

图 5-114 S 大学样本大学生对购买意愿评价的均值统计

（3）相关性分析

通过表 5-127 相关性分析可以得到 3 个测量题项之间的相关性显著，Q7_13 与 Q7_14 之间相关性系数为 0.745，Q7_13 与 Q7_15 之间相关性系数为 0.698，Q7_14 与 Q7_15 之间相关性系数为 0.726，说明两两之间存在较强的相关性，表明 S 大学学生参与直播经济的购物意愿评价的 3 个方面均有显著的相关性。

表 5-127 S 大学样本大学生购买意愿相关性分析

		愿意购买推荐商品	继续观看并购买	推荐他人观看购买
愿意购买推荐商品	皮尔逊相关性	1	0.745**	0.698**
	Sig.（双尾）		0.000	0.000
	个案数	269	269	269
继续观看并购买	皮尔逊相关性	0.745**	1	0.726**
	Sig.（双尾）	0.000		0.000
	个案数	269	269	269
推荐他人观看购买	皮尔逊相关性	0.698**	0.726**	1
	Sig.（双尾）	0.000	0.000	
	个案数	269	269	269

注："**"表示在 0.01 级别（双尾），相关性显著。

5.6.5 B 大学样本分析

(1) 样本频数分析

①愿意购买推荐商品的评价分布情况:

由表 5-128 可知,"Q7_13 我会在观看直播时购买推荐的商品"的调查结果表明,针对调查的 B 大学样本的大学生,选择"同意"的学生多达 81 人,占比最多达到 31.03%;选择"非常不同意"的学生有 39 人,占比最少为 14.91%。其他 3 个选项按选择人数从多到少排列分别为:选择"不确定"的学生有 59 人,占比为 22.61%;选择"非常同意"的学生有 40 人,占比为 15.33%;选择"不同意"的学生有 42 人,占比为 16.09%。由图 5-115 可见,数据分布主要集中在"不确定"和"同意"两个选项,这表明 B 大学大部分大学生都比较同意其会在观看直播时购买推荐的商品,但是也有将近 1/3 的大学生并不会购买,占比为 31.03%。

表 5-128 B 大学样本对愿意购买推荐商品的评价分布情况

	频数	百分比 (%)	有效百分比 (%)	累积百分比 (%)
非常不同意	39	14.94	14.94	14.94
不同意	42	16.09	16.09	31.03
不确定	59	22.61	22.61	53.64
同意	81	31.03	31.03	84.67
非常同意	40	15.33	15.33	100.00
总计	261	100.0	100.0	

②继续观看并购买的评价分布情况:

由表 5-129 可知,"Q7_14 今后我会继续观看直播并购买更多商品"的调查结果表明,针对调查的 B 大学样本的大学生,选择"同意"的学生多达 82 人,占比最多达到 31.42%;选择"非常同意"的学生仅有 33 人,占比最少 12.64%。其他 3 个选项按选择人数从多到少排列分别为:选择"不确定"的学生有 68 人,占比为 26.05%;选择"非常不同意"的学生有 42 人,占比为 16.09%;选择"不同意"的学生有 36 人,占比为 13.79%。由图 5-116 可见,数据分布主要集中在"不确定"和"同意"两个选项,表明 B 大

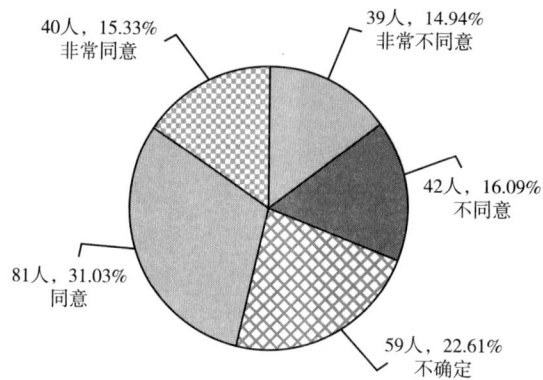

图 5-115 B 大学样本对愿意购买推荐商品的评价占比

学的大部分学生对今后会继续观看直播并购买更多商品呈不确定或同意的态度倾向,但是也有部分大学生并不会在观看直播购买,占比为 29.89%。

表 5-129 B 大学样本对继续观看并购买的评价分布情况

	频数	百分比(%)	有效百分比(%)	累积百分比(%)
非常不同意	42	16.09	16.09	16.09
不同意	36	13.79	13.79	29.89
不确定	68	26.05	26.05	55.94
同意	82	31.42	31.42	87.36
非常同意	33	12.64	12.64	100.00
总计	261	100.0	100.0	

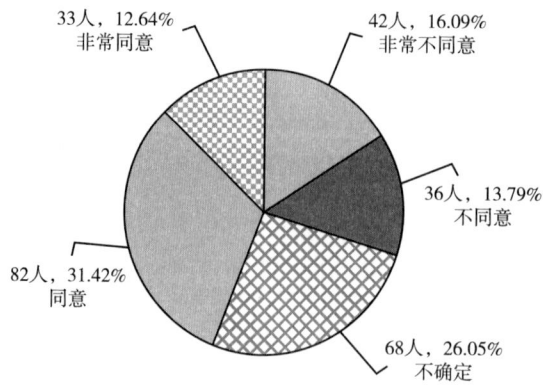

图 5-116 B 大学样本对继续观看并购买的评价占比

③推荐他人观看购买评价分布情况：

由表 5-130 可知，"Q7_15 我会推荐他人观看直播或购买直播间的商品"的调查结果表明，针对调查的 B 大学样本的大学生，选择"同意"的学生多达 80 人，占比最多达到 30.65%；选择"非常同意"的学生仅有 31 人，占比最少为 11.88%。其他 3 个选项按选择人数从多到少排列分别为：选择"不确定"的学生有 61 人，占比为 23.37%；选择"非常不同意"的学生有 48 人，占比 18.39%；选择"不同意"的学生有 41 人，占比为 15.71%。由图 5-117 可见，数据分布主要集中在"不确定""同意"和"非常同意"3 个选项，这表明 B 大学大部分学生对会推荐他人观看直播或购买直播间的商品呈不确定或同意态度，但也存在着 34.10% 的不认同。

表 5-130   B 大学样本对推荐他人观看购买评价分布情况

	频数	百分比（%）	有效百分比（%）	累积百分比（%）
非常不同意	48	18.39	18.39	18.39
不同意	41	15.71	15.71	34.10
不确定	61	23.37	23.37	57.47
同意	80	30.65	30.65	88.12
非常同意	31	11.88	11.88	100.00
总计	261	100.0	100.0	

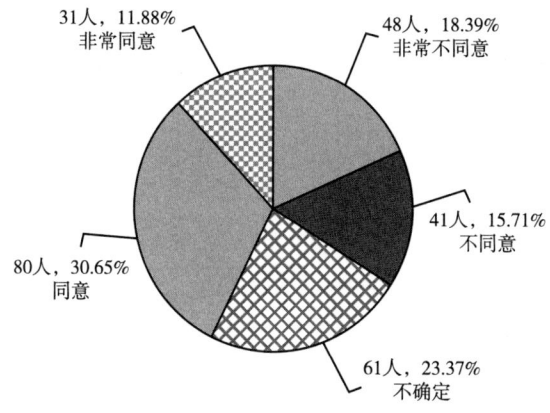

图 5-117   B 大学样本对推荐他人观看购买评价占比

（2）描述性统计分析

由表 5-131 可知，3 个测量题项的平均数在 3.2 以下，分别为 3.16、3.11、3.02，标准差在 1.2~1.3，表明样本数据和平均数之间并未出现较大的离散，偏度和峰度的绝对值都在 2 以内，符合正态分布对偏度和峰度的要求。

表 5-131　　　　B 大学样本购买意愿描述性统计分析结果

	N 统计	最小值 统计	最大值 统计	均值 统计	标准偏差 统计	偏度 统计	偏度 标准错误	峰度 统计	峰度 标准错误
Q7_13 愿意购买推荐商品	261	1	5	3.16	1.290	-0.285	0.151	-1.013	0.300
Q7_14 继续观看并购买	261	1	5	3.11	1.263	-0.307	0.151	-0.937	0.300
Q7_15 推荐他人观看购买	261	1	5	3.02	1.296	-0.217	0.151	-1.093	0.300

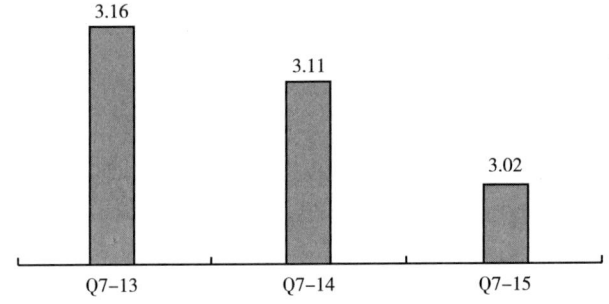

图 5-118　B 大学样本大学生对购买意愿评价的均值统计

通过对比 3 个测量题项调查结果的均值可以发现大学生对 Q7_13、Q7_14 和 Q7_15 购买意愿均偏向于不确定，其中对于"我会在观看直播时购买推荐的商品"这一题项的评分最高，对于"我会推荐他人观看直播或购买直播间的商品"这一题项的评分最低，这与全部样本以及北京市样本分析所得结果差不多，评分最高和最低分别是 Q7_13、Q7_15。

（3）相关性分析

通过表 5-132 相关性分析，可以得到 3 个测量题项之间的相关性显著，Q7_13 与 Q7_14 之间相关性系数为 0.461，Q7_13 与 Q7_15 之间相关性系数为

0.464，Q7_14 与 Q7_15 之间相关性系数为 0.603，说明 Q7_13 愿意购买推荐商品与 Q7_14、Q7_15 之间存在一般相关性，Q7_14 与 Q7_15 之间存在较强的相关性，表明 B 大学同学参与直播经济的购物意愿评价的 3 个方面均有显著的相关性。

表 5-132　　　　B 大学样本大学生购买意愿相关性分析

		愿意购买推荐商品	继续观看并购买	推荐他人观看购买
愿意购买推荐商品	皮尔逊相关性	1	0.461**	0.464**
	Sig.（双尾）		0.000	0.000
	个案数	313	313	313
继续观看并购买	皮尔逊相关性	0.461**	1	0.603**
	Sig.（双尾）	0.000		0.000
	个案数	313	313	313
推荐他人观看购买	皮尔逊相关性	0.464**	0.603**	1
	Sig.（双尾）	0.000	0.000	
	个案数	313	313	313

注："**"表示在 0.01 级别（双尾），相关性显著。

5.7　本章小结

通过运用 SPSS 对问卷数据进行分析，研究大学生参与"直播经济"的情况，对其参与直播的感知评价进行分析，包括情感态度评价、感知有效性评价和购物意愿评价，对全部样本、北京样本、京外样本、B 大学和 S 大学分别进行讨论。这 5 类样本得到的结论一致。在感知有效性评价方面，主要有观看直播可以更全面地了解商品价值，改善我的购物判断、观看直播可以更快速地选择合适的服务或商品和观看直播可以购买到更便宜的服务或商品 3 个方面，也均具有一定的相关性，大部分大学生对此表示同意。

在购物意愿评价方面，主要有"我会在观看直播时购买推荐的商品、今后我会继续观看直播并购买更多商品和我会推荐他人观看直播或购买直播间的商品"3个方面，3个方面之间具有相关性，大部分大学生对直播商品的购物意愿较为积极，在日后会继续购买或推荐他人进行购买。总体而言，大学生参与直播的感知评价较好。

第6章

直播经济对大学生消费
行为影响实证分析

第6章 直播经济对大学生消费行为影响实证分析

本章主要采取 SPSS 和 AMOS 软件分析前问研究所建立的模型是否成立，并分别对北京样本、S 大学样本和 B 大学样本进行结构方程模型。

6.1 北京市大学生消费行为受直播经济影响分析

6.1.1 提取归纳主要影响因子

（1）自变量

由表 6-1 KMO 检验和巴特莱特球形检验的结果显示，KMO 统计量的值为 0.911，并且巴特利形检验的 p 值为 0，说明在 0.05 的显著性水平下，巴特莱特球形检验拒绝相关阵为单位阵的原假设，说明变量适合做因子分析。

表 6-1　　　　　　　　KMO 和巴特利特检验

KMO 取样适切性量数		0.911
巴特利特球形度检验	近似卡方	7717.292
	自由度	36
	显著性	0.000

对原始变量利用最大方差法进行因子提取得表 6-2，可知因素的绝大部分信息可以被因子解释，这些变量的信息丢失较少。因此，本次因子提取总体效果比较理想。

表 6-2　　　　　　　　公因子方差

	初始	提取
Q7_行 1	1.000	0.757
Q7_行 2	1.000	0.791
Q7_行 3	1.000	0.667
Q7_行 4	1.000	0.668
Q7_行 5	1.000	0.769

续表

	初始	提取
Q7_行6	1.000	0.754
Q7_行7	1.000	0.775
Q7_行8	1.000	0.811
Q7_行9	1.000	0.774

根据碎石图 6-1 可知，3 个公因子后曲线较为平稳，因此判断提取 3 个公因子，由方差贡献率表 6-3 可知当提取 3 个因子时，其累计方差贡献率为 75.161%，能解释各个指标的绝大部分信息。

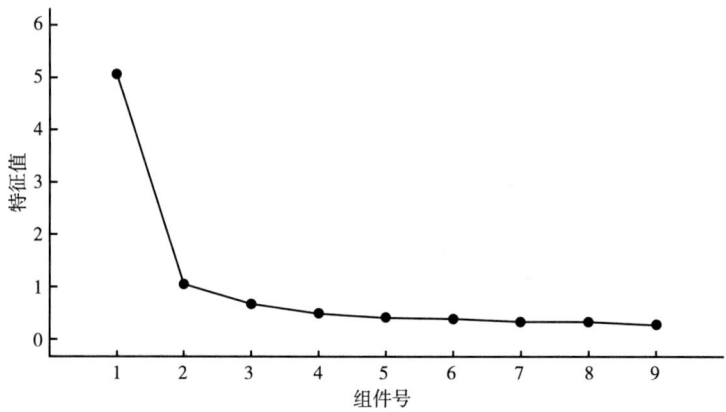

图 6-1 碎石图

表 6-3 总方差解释

成分	初始特征值			提取载荷平方和			旋转载荷平方和		
	总计	方差百分比	累积(%)	总计	方差百分比	累积(%)	总计	方差百分比	累积(%)
1	5.038	55.974	55.974	5.038	55.974	55.974	2.505	27.836	27.836
2	1.041	11.562	67.536	1.041	11.562	67.536	2.203	24.482	52.318
3	0.686	7.625	75.161	0.686	7.625	75.161	2.056	22.843	75.161
4	0.485	5.390	80.551						
5	0.419	4.660	85.210						

续表

成分	初始特征值			提取载荷平方和			旋转载荷平方和		
	总计	方差百分比	累积（%）	总计	方差百分比	累积（%）	总计	方差百分比	累积（%）
6	0.383	4.261	89.471						
7	0.343	3.807	93.278						
8	0.321	3.565	96.844						
9	0.284	3.156	100.000						

在因子分析中，因子荷载是非常重要的一个指标，通常用来表示变量的测量题项与公共因子之间的相关性。通常情况下，因子荷载均大于0.5时，数据才符合要求。由表6-4成分矩阵可知，各因素的因子载荷虽然都大于0.5，但其分布大部分集中在公因子F1中，难以区分3个因子，故选择最大方差进行因子旋转得到表6-5。

表6-4　　　　　　　　　成分矩阵

	成分		
	1	2	3
Q7_行1：主播形象与其推荐商品兼容度高	0.763	-0.039	-0.417
Q7_行2：主播可以清楚的讲解与展示商品的特性	0.754	0.021	-0.471
Q7_行3：主播可以根据我的描述推荐适合的服务/商品	0.782	-0.100	-0.211
Q7_行4：直播间的商品是限时抢购或限量款而激起我的购买欲	0.692	0.363	0.239
Q7_行5：直播间的优惠促销活动越大我对商品越感兴趣	0.706	0.519	0.029
Q7_行6：直播中发放优惠券、礼物或抽奖更吸引我继续观看	0.692	0.473	0.225
Q7_行7：直播的商家都是经过平台严格审核的	0.776	-0.363	0.203
Q7_行8：直播中推荐的商品质量是可靠的	0.767	-0.399	0.253
Q7_行9：直播购物方式方便安全，且售后服务有保障	0.792	-0.336	0.183

旋转后的成分矩阵因子载荷分布良好，从表6-5中可知主因子F1在问项"Q7行_行7：直播的商家都是经过平台严格审核的""Q7行_行8：直播

中推荐的商品质量是可靠的""Q7 行_行 9：直播购物方式方便安全，且售后服务有保障"上载荷较高，因此命名为服务品质保障因子；主因子 F2 在问项"Q7 行_行 4：直播间的商品是限时抢购或限量款而激起我的购买欲""Q7 行_行 5：直播间的优惠促销活动越大我对商品越感兴趣""Q7 行_行 6：直播中发放优惠券、礼物或抽奖更吸引我继续观看"上载荷较高，故命名为直播激励机制因子；主因子 F3 在问项"Q7 行_行 1：主播形象与其推荐商品兼容度高""Q7 行_行 2：主播可以清楚的讲解与展示商品的特性""Q7 行_行 3：主播可以根据我的描述推荐适合的服务/商品"上载荷较高，故命名为主播特征因子。这与前文查阅文献所设置的题项相一致。

表 6－5　　　　　　　　　　旋转后的成分矩阵

	成分		
	1	2	3
Q7_行 1：主播形象与其推荐商品兼容度高	0.312	0.247	0.774
Q7_行 2：主播可以清楚的讲解与展示商品的特性	0.244	0.270	0.812
Q7_行 3：主播可以根据我的描述推荐适合的服务/商品	0.456	0.281	0.617
Q7_行 4：直播间的商品是限时抢购或限量款而激起我的购买欲	0.301	0.739	0.179
Q7_行 5：直播间的优惠促销活动越大我对商品越感兴趣	0.115	0.793	0.355
Q7_行 6：直播中发放优惠券、礼物或抽奖更吸引我继续观看	0.224	0.818	0.186
Q7_行 7：直播的商家都是经过平台严格审核的	0.806	0.218	0.280
Q7_行 8：直播中推荐的商品质量是可靠的	0.845	0.203	0.235
Q7_行 9：直播购物方式方便安全，且售后服务有保障	0.789	0.241	0.305

（2）中介变量

对于感知有效性的 3 个题项进行 KMO 和巴特利特检验得 KMO 值为 0.723，并且巴特莱特球形检验的 p 值为 0，说明可以进行因子分析。由方差贡献率表 6－7 中可以看出，可提取 1 个因子将其命名为感知有效性，其累计方差贡献率为 75.648%，能解释各个指标的绝大部分信息。

表 6-6　KMO 和巴特利特检验

KMO 取样适切性量数		0.723
巴特利特球形度检验	近似卡方	1969.041
	自由度	3
	显著性	0.000

表 6-7　总方差解释

成分	初始特征值			提取载荷平方和		
	总计	方差百分比	累积（%）	总计	方差百分比	累积（%）
1	2.269	75.648	75.648	2.269	75.648	75.648
2	0.406	13.533	89.181			
3	0.325	10.819	100.000			

（3）因变量

对于消费意愿的 3 个题项进行 KMO 和巴特利特检验得 KMO 值为 0.738，并且巴特莱特球形检验的 P 值为 0，说明可以进行因子分析。根据表 6-9 可提取 1 个公因子将其命名为消费意愿，累计方差贡献率就达到了 80.909%，能解释各个指标的绝大部分信息。

表 6-8　KMO 和巴特利特检验

KMO 取样适切性量数		0.738
巴特利特球形度检验	近似卡方	2670.378
	自由度	3
	显著性	0.000

表 6-9　总方差解释

成分	初始特征值			提取载荷平方和		
	总计	方差百分比（%）	累积（%）	总计	方差百分比（%）	累积（%）
1	2.427	80.909	80.909	2.427	80.909	80.909
2	0.329	10.980	91.889			
3	0.243	8.111	100.000			

6.1.2 相关性分析

为了解变量之间所存在的关联关系，对变量开展相关性分析工作。本书选择 Pearson 相关系数法最终计算结果总结在表 6-10 中。

表 6-10 变量相关系数

		F1	F2	F3	Y	Z
F1	皮尔逊相关性	1	0.629**	0.691**	0.700**	0.613**
	Sig.（双尾）		0.000	0.000	0.000	0.000
	个案数	1634	1634	1634	1634	1634
F2	皮尔逊相关性	0.629**	1	0.547**	0.683**	0.597**
	Sig.（双尾）	0.000		0.000	0.000	0.000
	个案数	1634	1634	1634	1634	1634
F3	皮尔逊相关性	0.691**	0.547**	1	0.686**	0.632**
	Sig.（双尾）	0.000	0.000		0.000	0.000
	个案数	1634	1634	1634	1634	1634
Y	皮尔逊相关性	0.700**	0.683**	0.686**	1	0.739**
	Sig.（双尾）	0.000	0.000	0.000		0.000
	个案数	1634	1634	1634	1634	1634
Z	皮尔逊相关性	0.613**	0.597**	0.632**	0.739**	1
	Sig.（双尾）	0.000	0.000	0.000	0.000	
	个案数	1634	1634	1634	1634	1634

注："**"表示在 0.01 级别（双尾），相关性显著。

由表 6-10 的数据可以看出，5 个变量之间的 P 值都趋近于 0，且相关系数为正，全部大于 0.4，说明所有变量之间都存在显著正向关系。从相关系数我们可以初步判断主播特征、直播激励机制、服务品质保障这 3 个自变量都与感知有效性具有显著的正向相关性；主播特征、直播激励机制、服务品质保障、感知有效性这 4 个要素都与消费意愿具有显著的正向相关性，说明相关系数结果初步验证本书前面提出的研究假设。

6.1.3 模型初步检验及修正

本部分想要探究直播经济对北京市大学生消费行为的影响，基于相关文献梳理，本书认为直播带货的影响因素在影响大学生消费行为时存在中介变量，中介变量为感知有效性。

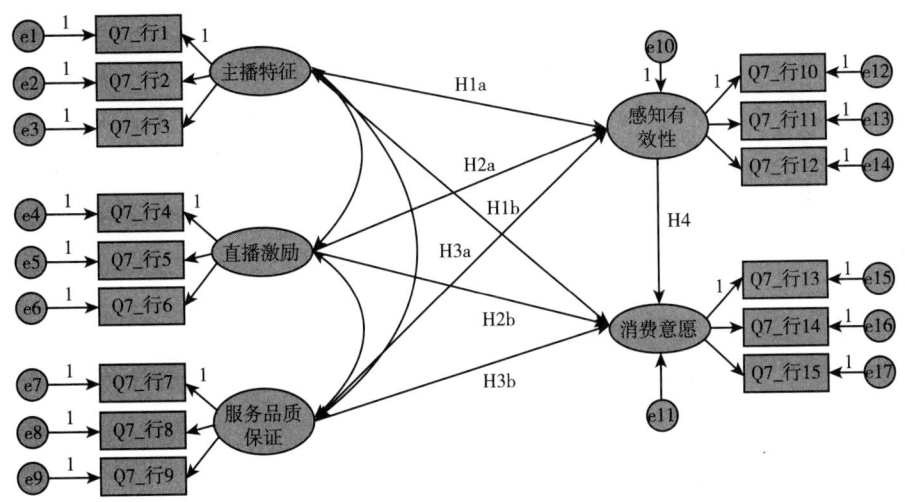

图6-2 原假设模型路径

使用 Amos 24.0 绘制结构方程模型图，分析各个因素之间的关系，其中椭圆代表潜变量，长方形代表观测变量，圆圈代表残差，箭头表示潜变量之间或观测变量之间的关系，如图6-2所示，F1为主播特征，F2为直播激励机制，F3为服务品质保障，Y为感知有效性，Z为大学生消费意愿。

（1）模型初步检验

本部分共有1634份调查问卷作为被测对象，采用极大似然估计法，依据假设模型路径运用AMOS 24.0进行分析，对原假设模型进行分析得到变量之间的标准化路径图，如图6-3所示。

①整体的初始模型的拟合度指标：

先进行整体模型适配度检验，主要从绝对适配指数、增值适配指数和简约适配指数3个方面来确定，具体如表6-11所示。由表6-11中可以看出，

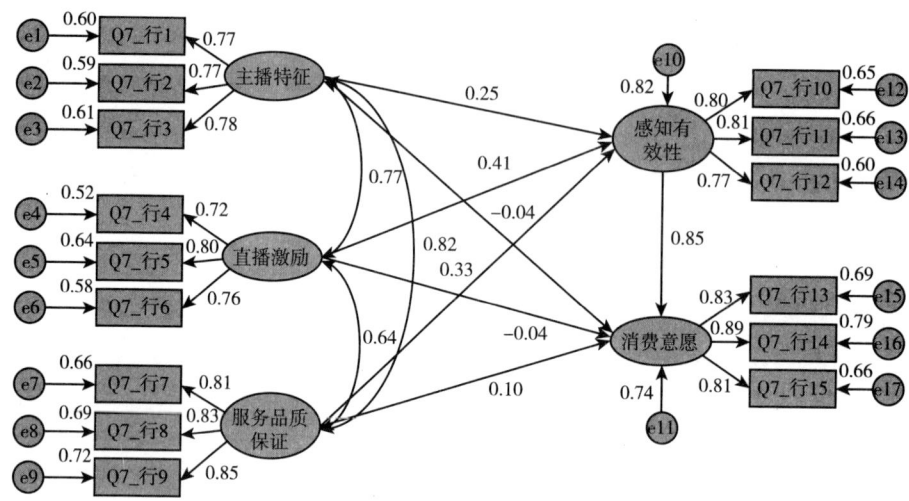

图 6-3　原假设模型标准化路径系数

所有适配指数和简约适配指数基本上都符合标准，因此初始结构模型的拟合优度较好。

表 6-11　整体的初始模型的拟合指数表

统计检验量	适配标准	建议值	实际值	适配情况
绝对适配度指数	卡方自由度比 CMIN/DF	可以接受：小于 5	4.597	适配度较好
		理想值：小于 3		
	残差均方和平方根 RMR	小于 0.05	0.033	适配度好
	渐进残差均方和平方根 RMSEA	可以接受：小于 0.08	0.047	适配度好
		理想值：小于 0.05		
	良适性适配指标 GFI	可以接受：大于 0.80	0.969	适配度好
		理想值：大于 0.90		
增值适配度指数	比较适配指标 CFI	可以接受：大于 0.80	0.982	适配度好
		理想值：大于 0.90		
	规准适配指标 NFI	可以接受：大于 0.80	0.977	适配度好
		理想值：大于 0.90		
	相对适配指标 RFI	可以接受：大于 0.80	0.969	适配度好
		理想值：大于 0.90		
	增值适配指标 IFI	可以接受：大于 0.80	0.982	适配度好
		理想值：大于 0.90		

续表

统计检验量	适配标准	建议值	实际值	适配情况
增值适配度指数	TLI（NNFI）	可以接受：大于0.80	0.976	适配度好
		理想值：大于0.90		
简约适配度指数	简约调整 PGFI	大于0.50	0.646	适配度好
	简约规准适配指标 PNFI	大于0.50	0.744	适配度好

②初始模型内在结构分析：

模型通过了整体适配度检验，还需进行基本适配度检验，检验结果见表6-12和表6-13所示，表中临界比（C.R.）等于参数估计（Estimate）与估计值标准误（S.E.）的比值，如果$|C.R.|>1.96$，则参数估计值达到0.05显著水平；若$|C.R.|>2.58$，则参数估计值达到0.01显著水平，而表中P值列的"***"表示显著性的概率值小于0.001。

由表6-12可以看出，除了主播特征、服务品质保障与消费意愿之间的关系不显著，$P>0.05$，$|C.R.|<1.96$，因此需要对模型进一步修正；而其余路径的P值均小于0.05，说明在95%的置信水平下所有路径系数显著不为0，而且标准误都小于0.1。

表6-12　　　　　　　　　模型路径系数估计结果

路径关系	Estimate	Std Estimate	S.E.	C.R.	P
感知有效性←主播特征	0.286	0.250	0.063	4.564	***
感知有效性←直播激励	0.414	0.414	0.038	10.858	***
感知有效性←服务品质保障	0.318	0.334	0.039	8.172	***
消费意愿←感知有效性	0.965	0.849	0.087	11.066	***
消费意愿←主播特征	-0.058	-0.044	0.080	-0.726	0.468
消费意愿←直播激励	-0.042	-0.037	0.059	-0.711	0.477
消费意愿←服务品质保障	0.106	0.098	0.054	1.965	0.049

由表6-13可以看出，标准化载荷系数即潜变量与观测变量之间的回归系数都为0.5~0.9；各个观测变量对潜变量的测量P值均小于0.001，说明在99%的置信水平下各个观测变量能够显著地测量潜变量，而且标准误都小于

0.05，说明该模型基本上通过基本适配指标检验。

表 6-13　　模型载荷系数估计结果

路径关系	Estimate	Std Estimate	S. E.	C. R.	P
Q7_行1←主播特征	1	0.772			
Q7_行2←主播特征	0.998	0.765	0.032	31.388	***
Q7_行3←主播特征	1.079	0.779	0.035	31.226	***
Q7_行13←消费意愿	1	0.831			
Q7_行14←消费意愿	1.062	0.891	0.025	42.518	***
Q7_行15←消费意愿	1.018	0.814	0.027	37.947	***
Q7_行4←直播激励	1	0.721			
Q7_行5←直播激励	1.024	0.799	0.036	28.132	***
Q7_行6←直播激励	1.015	0.764	0.037	27.41	***
Q7_行7←服务品质保障	1	0.810			
Q7_行8←服务品质保障	1.015	0.828	0.027	37.27	***
Q7_行9←服务品质保障	1.031	0.851	0.027	37.65	***
Q7_行10←感知有效性	1	0.805			
Q7_行11←感知有效性	1.002	0.814	0.027	36.863	***
Q7_行12←感知有效性	0.954	0.774	0.028	34.135	***

（2）模型修正

根据检验结果表明，整体适配度角度，拟合指数基本能够达到适配标准，但是有部分路径系数并不显著，这并不能够说明本书的原定的假设模型不合理，表明初始模型有一定的改进空间以获取更符合实际情况的模型。

对模型进行修正主要有两种方式：一种是通过增加或减少模型中设定的自由参数，将不显著路径上的参数设为0，另一种是根据修正系数（MI），将修正系数比较大的两个变量之间的误差项连上相关。模型修正后需要重新进行估计并检验，直到模型符合要求、通过拟合优度检验。表6-14显示了模型首次估计后需要进行修正的路径及相应指标值。

表 6-14　　　　　　　　　　　　　　须修正的路径

路径	S.E.	C.R.	P 值
主播特征 F1→消费意愿 Z	0.080	-0.726	0.468
直播激励 F2→消费意愿 Z	0.059	-0.711	0.477

在全部路径中，主播特征 F1→消费意愿 Z 和直播激励 F2→消费意愿 Z 这 2 条路径的 P 值分别为 0.468、0.477，均大于 0.05 不显著，因此根据 P 值的大小从大到小对不显著的路径进行逐条修正，即依次将模型中路径系数不显著的路径删去，重新对模型进行拟合检验，并结合修正系数进行调整直到模型通过整体和基本适配度检验。通过多次模型修正后得到新的模型标准化路径系数（见图 6-15），整体适配度情况和基本适配度情况如表 6-16 所示，均处于可接受范围内，模型适配度较好。

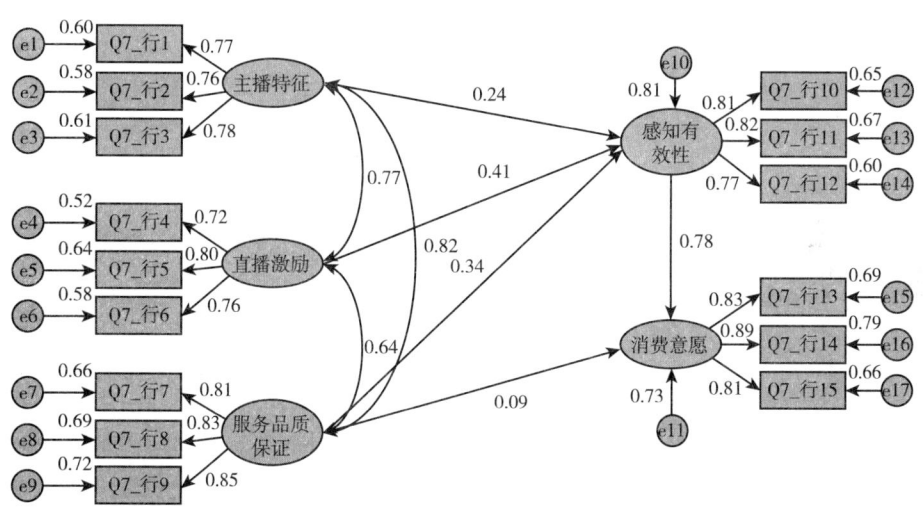

图 6-4　修正后模型标准化路径系数

"Q7_行 13：我会在观看直播时购买推荐的商品""Q7_行 14：今后我会继续观看直播并购买更多商品""Q7_行 15：我会推荐他人观看直播或购买直播间的商品"3 个问项的系数分别为 1.00、1.061、1.018，说明继续观看直播并购买更多商品是大学生消费行为的最主要方面。

表 6-15　整体的初始模型的拟合指数表

统计检验量	适配标准	建议值	实际值	适配情况
绝对适配度指数	卡方自由度比 CMIN/DF	可以接受：小于 5	4.504	适配度较好
		理想值：小于 3		
	残差均方和平方根 RMR	小于 0.05	0.033	适配度好
	渐进残差均方和平方根 RMSEA	可以接受：小于 0.08	0.046	适配度好
		理想值：小于 0.05		
	良适性适配指标 GFI	可以接受：大于 0.80	0.969	适配度好
		理想值：大于 0.90		
增值适配度指数	比较适配指标 CFI	可以接受：大于 0.80	0.982	适配度好
		理想值：大于 0.90		
	规准适配指标 NFI	可以接受：大于 0.80	0.977	适配度好
		理想值：大于 0.90		
	相对适配指标 RFI	可以接受：大于 0.80	0.970	适配度好
		理想值：大于 0.90		
	增值适配指标 IFI	可以接受：大于 0.80	0.982	适配度好
		理想值：大于 0.90		
	TLI（NNFI）	可以接受：大于 0.80	0.976	适配度好
		理想值：大于 0.90		
简约适配度指数	简约调整 PGFI	大于 0.50	0.662	适配度好
	简约规准适配指标 PNFI	大于 0.50	0.763	适配度好

表 6-16　模型系数估计结果

路径关系	Estimate	Std Estimate	S.E.	C.R.	P
感知有效性←直播激励	0.412	0.411	0.037	11.136	***
感知有效性←服务品质保障	0.326	0.342	0.038	8.547	***
感知有效性←主播特征	0.277	0.242	0.060	4.586	***
消费意愿←感知有效性	0.885	0.780	0.050	17.787	***
消费意愿←服务品质保障	0.101	0.093	0.043	2.356	0.018
Q7_行1←主播特征	1	0.772			
Q7_行2←主播特征	0.998	0.765	0.032	31.381	***
Q7_行3←主播特征	1.079	0.779	0.035	31.241	***

续表

路径关系	Estimate	Std Estimate	S. E.	C. R.	P
Q7_行13←消费意愿	1	0.832			
Q7_行14←消费意愿	1.061	0.890	0.025	42.539	***
Q7_行15←消费意愿	1.018	0.814	0.027	37.955	***
Q7_行4←直播激励	1	0.722			
Q7_行5←直播激励	1.022	0.798	0.036	28.251	***
Q7_行6←直播激励	1.013	0.764	0.037	27.456	***
Q7_行7←服务品质保障	1	0.810			
Q7_行8←服务品质保障	1.015	0.828	0.027	37.274	***
Q7_行9←服务品质保障	1.031	0.851	0.027	37.651	***
Q7_行10←感知有效性	1	0.807			
Q7_行11←感知有效性	1.002	0.816	0.027	36.974	***
Q7_行12←感知有效性	0.953	0.775	0.028	34.195	***

6.1.4 模型路径分析与中介效应检验

（1）路径分析

因果效应根据路径中是否有中间变量的影响分为直接效应和间接效应两部分。直接效应为原因变量直接作用于结果变量，间接效应为原因变量经过其他中间变量再到结果变量。标准化后的路径系数为直接效应的值，每条路径标准化后的路径系数的乘积是间接效应的值，若原因变量到结果变量存在多条间接影响路径，则分别计算每条间接影响路径效应。最后计算总效应，即直接效应和间接效应的总和。

由表6-17可知，这4个潜变量对大学生消费意愿的影响效应都很大，而且服务品质保障变量会直接影响大学生的消费意愿，而主播特征和直播激励都是通过改变大学生感知有效性来间接影响的，由此表明大学生对直播经济的价值感知在此发挥着中介作用。根据标准化后的总效应对4个潜变量进行排序依次是感知有效性、服务品质保障、直播激励、主播特征，对应的效应值分别为0.780、0.359、0.321、0.189。

表 6-17　　　　　　　　　　　路径分析

潜变量	路径	效应	总效应
主播特征	F1→Y→Z	0.189	0.189
直播激励	F2→Y→Z	0.321	0.321
服务品质保障	F3→Y→Z	0.266	0.359
	F3→Z	0.093	
感知有效性	Y→Z	0.780	0.780

(2) 中介效应检验

根据前文假设和结构方程模型可知，本书大学生感知有效性不仅会直接影响其购买意愿，3 个潜变量是通过大学生感知有效性来对购买意愿产生影响，因此需要对进行中介效应检验。本书采用 Hayes（2013）推荐的 Bootstrap 方法检验信任的中介效应，设置 Bootstrap 次数为 2000，置信区间为 95%，若间接效应 95% 的置信区间内不包括 0，则说明中介效应存在，若直接效应 95% 的置信区间内包括 0，则说明为完全中介效应。

检验结果如表 6-18 所示，3 条间接影响路径的 95% 置信区间中间接效应均不包含 0，说明中介效应存在，由前面表 6-12 已知主播特征（F1）、直播经济（F2）对消费意愿（Z）的影响不显著，故感知有效性发挥完全中介效应；虽然服务品质保障（F3）对消费意愿有影响，但是影响微弱，根据中介效应检验可知 95% 的置信区间 [0.002，0.180] 不包括 0，因此，感知有效性在该部分中发挥部分中介效应。

表 6-18　　　　　　　　　　　中介效应检验

路径	估计值	95% 置信区间	结果
F1→Y→Z	0.189	(0.078，0.305)	显著
F2→Y→Z	0.321	(0.246，0.402)	显著
F3→Y→Z	0.266	(0.178，0.361)	显著
F3→Z	0.093	(0.003，0.180)	显著

6.1.5　不同学生群体消费行为受直播影响结构方程模型分析

根据被调查者的不同的身份特征，将样本划分为不同的群体，不同特征的大学生可能对直播经济消费有着不同的看法和认识,为了进一步地研究不同人群对直播经济消费意愿的影响,本节基于性别、年级、专业、消费水平等特征进行分析,最后得出不同人群各潜变量对消费意愿的影响效应。

(1) 不同性别大学生各潜变量对消费意愿影响效应

对比男女大学生受影响的差异从表 6-19 可以发现,感知有效性都在其发挥了重要作用;3 个潜变量中,女大学生受主播特征这一变量对其消费意愿影响更大,说明女性在直播购物时更偏向于感性,当主播具有强吸引力,即当主播具有极佳的气质形象、动听的声音或是有高超的技艺水平等都会加大女大学生对于直播间的关注度,进而勾起女大学生对于产品的好奇心,产生购买意愿。女大学生对于主播的喜爱,会使得其对于主播传递的信息更为信任,减少对于产品选择的纠结,提升其购买意愿。

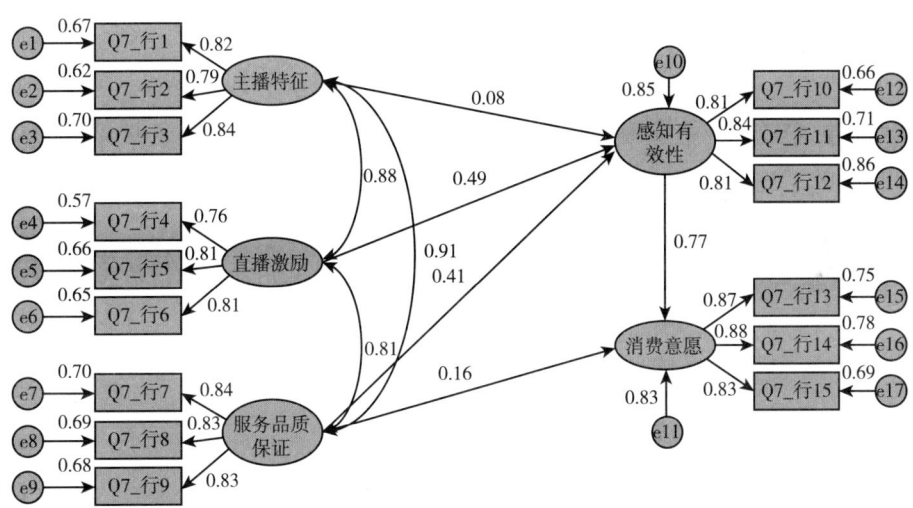

图 6-5 男性大学生模型路径系数

表 6-19　　不同性别大学生各潜变量对消费意愿影响效应

效应	主播特征		直播激励		服务品质保障		感知有效性	
	男性	女性	男性	女性	男性	女性	男性	女性
直接效应	—	—	—	—	0.159	0.038	0.771	0.779
间接效应	0.059	0.231	0.375	0.301	0.314	0.261	—	—
总效应	0.059	0.231	0.375	0.301	0.473	0.299	0.771	0.779

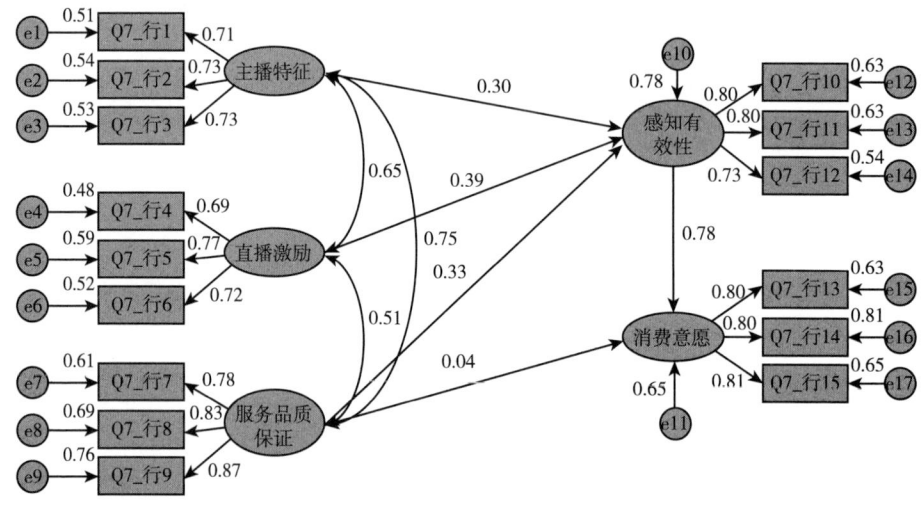

图 6-6 女性大学生模型路径系数

男性大学生直播激励、服务品质保障对消费意愿的影响效益均高于女性大学生,说明直播激励机制提供的福利越好,价格越低以及具有较高性价比,男性大学生对产品的消费意愿就更高,这可能是由于男性对于产品价格、质量这些方面更为敏感所致。

(2) 不同年级大学生各潜变量对消费意愿影响效应

从表 6-20 结果可知,大一年级到大二年级学生的关注由直播激励和服务品质保障转变为主播特征,但是到了大三年级、大四年级,其关注又由主播特征到直播激励和服务品质保障,说明学生随着年龄段增长,情感化因素在消费过程中起到的作用减小,其更看重商品本身的价值,而对于主播的喜爱程度以及其相关的消费意愿的影响是会因时间而改变。

表 6-20 不同专业大学生各潜变量对消费意愿影响效应

		直接效应	间接效应	总效应
主播特征	大一	—	0.084	0.084
	大二	—	0.336	0.336
	大三	—	0.207	0.207
	大四	—	0.117	0.117

续表

		直接效应	间接效应	总效应
直播激励	大一	—	0.423	0.423
	大二	—	0.244	0.244
	大三	—	0.283	0.283
	大四	—	0.395	0.395
服务品质保证	大一	0.077	0.264	0.341
	大二	0.093	0.175	0.268
	大三	0.092	0.291	0.383
	大四	0.062	0.328	0.39
感知有效性	大一	0.794	—	0.794
	大二	0.758	—	0.758
	大三	0.777	—	0.777
	大四	0.836	—	0.836

大一年级学生受到情感态度影响较大从而产生消费行为，对商品的性价比、实用性关注度较低，这可能是学生由于进入大学不久，还没有形成合理的消费观和理财观，对生活费没有合理的支出计划所致。大三年级和大四年级学生的消费行为受到情感态度和感知有效性影响较为平衡，说明大三年级、大四年级的学生已经有了较为成熟的消费观，注重商品本身的要求较好的消费体验。总体来看，随着年龄的增加和年级的增长，学生的消费观也逐渐成熟，对于消费的需求也更加多元化。

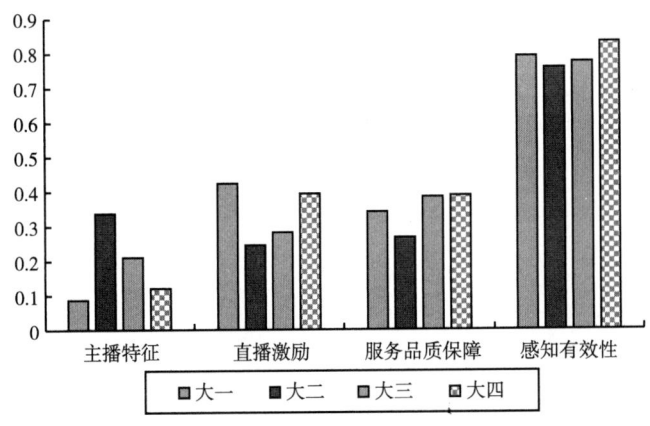

图 6-7 不同年级大学生各潜变量对消费意愿影响效应柱状图

（3）不同专业大学生各潜变量对消费意愿影响效应

对比不同专业的大学生受影响的差异从图 6-8 中可见感知有效性都在其发挥了重要作用，理工类和其他类受 3 个潜变量影响效应的大小都是"主播特征 < 直播激励 < 服务品质保障"，而文史类大学生受 3 个潜变量影响效应的大小是"服务品质保障 < 直播激励 < 主播特征"，说明文科生相对更感性，通过主播的介绍会更信任、对产品更感兴趣；艺术类大学生受直播激励影响效应最大，其次是服务品质保障，有可能是艺术类大学生日常所购买物品更贵且价格弹性较大，因此当价格降低时北京市艺术类大学生的消费意愿更强。

表 6-21　　不同专业大学生各潜变量对消费意愿影响效应

		直接效应	间接效应	总效应
主播特征	理工类	—	0.176	0.176
	文史类	—	0.461	0.461
	艺术类	—	0.182	0.182
	其他	—	-0.017	-0.017
直播激励	理工类	—	0.344	0.344
	文史类	—	0.221	0.221
	艺术类	—	0.466	0.466
	其他	—	0.304	0.304
服务品质保证	理工类	0.125	0.255	0.380
	文史类	0.059	0.080	0.139
	艺术类	0.231	0.090	0.321
	其他	0.051	0.437	0.488
感知有效性	理工类	0.771	—	0.771
	文史类	0.772	—	0.772
	艺术类	0.753	—	0.753
	其他	0.755	—	0.755

（4）不同消费水平大学生各潜变量对消费意愿影响效应

图 6-9 和图 6-10 中 A 类表示月消费水平 2000 元以下的大学生，B 类表示月消费水平 2000 元以上的大学生。

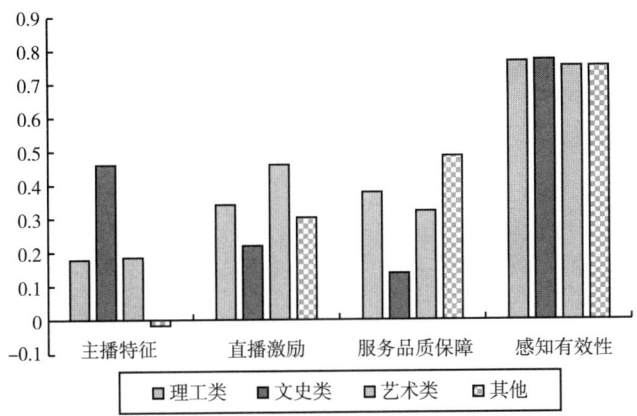

图 6-8 不同专业大学生各潜变量对消费意愿影响效应柱状图

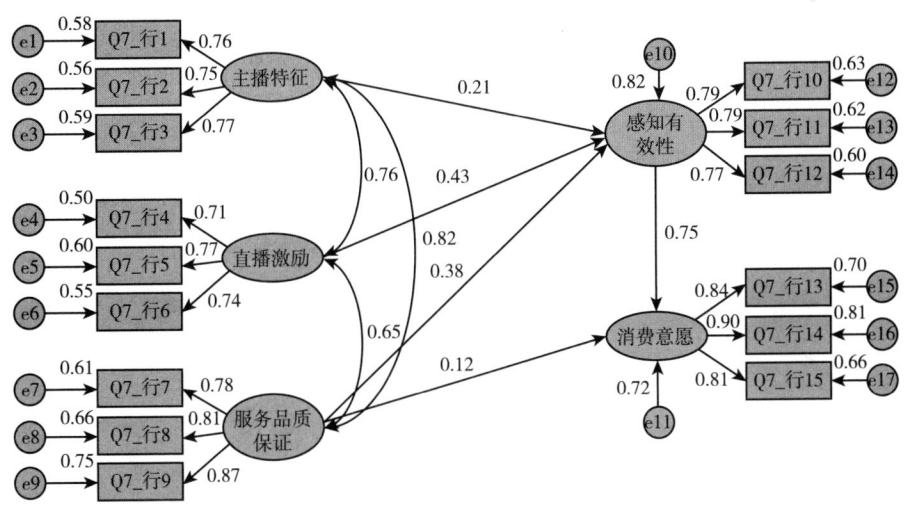

图 6-9 A 类大学生模型路径系数

对比两类消费水平的大学生受影响的差异从表 6-22 可以发现，感知有效性都在其发挥了重要作用。拥有较高消费水平说明其月生活费更高，从上表中可知，大学生无论消费水平的高低受直播激励机制的影响是相近的，说明北京市大学生遇到直播间有较大的折扣力度或是限量销售时更易被激发购买欲，而对于主播特征方面是消费水平较高的大学生受其影响较大，而服务品质保障则是消费水平一般的大学生受其影响较大，并且其中感知有效性发挥了较强的中介效应。

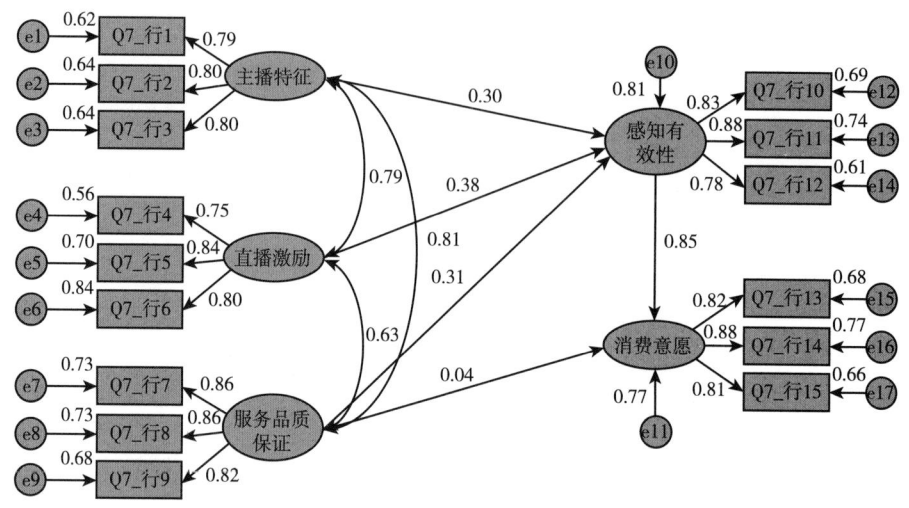

图 6-10　B 类大学生模型路径系数

表 6-22　　不同消费水平大学生各潜变量对消费意愿影响效应

效应	主播特征		直播激励		服务品质保障		感知有效性	
	A 类	B 类	A 类	B 类	A 类	B 类	A 类	B 类
直接效应	—	—	—	—	0.12	0.037	0.749	0.849
间接效应	0.158	0.257	0.319	0.322	0.27	0.262	—	—
总效应	0.158	0.257	0.319	0.322	0.39	0.299	0.749	0.849

（5）不同消费观念大学生各潜变量对消费意愿影响效应

由表 6-23 中可见有消费计划的大学生更看重服务品质保障，受主播特征的影响较小，说明当有计划的进行购物时考虑更多的是产品质量及后续服务保障；而无消费计划的大学生更容易被主播的介绍打动感兴趣产生消费意愿。

表 6-23　　不同消费观念大学生各潜变量对消费意愿影响效应（1）

效应	主播特征		直播激励		服务品质保障		感知有效性	
	A 类	B 类	A 类	B 类	A 类	B 类	A 类	B 类
直接效应	—	—	—	—	0.109	0.076	0.767	0.785
间接效应	0.100	0.345	0.361	0.255	0.305	0.185	—	—
总效应	0.100	0.345	0.361	0.255	0.414	0.251	0.767	0.785

注：A 类表示有消费计划的大学生，B 类表示无消费计划的大学生。

第6章 直播经济对大学生消费行为影响实证分析

由表6-24和表6-25中可见，未受过家长/学校相关消费教育的大学生受主播特征、直播激励、服务品质保障这3个潜变量的影响效应相近，而受过教育的大学生受主播产生消费意愿影响很小，更为理性，说明家长对孩子进行有关消费和理财教育会改变其消费观念。

表6-24 不同消费观念大学生各潜变量对消费意愿影响效应（2）

效应	主播特征		直播激励		服务品质保障		感知有效性	
	A类	B类	A类	B类	A类	B类	A类	B类
直接效应	—	—	—	—	0.095	0.078	0.789	0.768
间接效应	0.074	0.282	0.393	0.261	0.319	0.226	—	—
总效应	0.074	0.282	0.393	0.261	0.414	0.304	0.789	0.768

注：A类表示有受过家长就消费方面教育的大学生，B类表示未受过家长相关消费教育的大学生。

表6-25 不同消费观念大学生各潜变量对消费意愿影响效应（3）

效应	主播特征		直播激励		服务品质保障		感知有效性	
	A类	B类	A类	B类	A类	B类	A类	B类
直接效应	—	—	—	—	0.077	0.071	0.820	0.763
间接效应	-0.043	0.302	0.438	0.275	0.444	0.164	—	—
总效应	-0.043	0.302	0.438	0.275	0.521	0.235	0.820	0.763

注：A类表示有受过学校就消费方面教育的大学生，B类表示未受过学校相关消费教育的大学生。

（6）不同观看直播频数大学生各潜变量对消费意愿影响效应

由表6-26可知，当大学生观看直播频数更高时其受主播特征的影响越大，受服务品质保障的影响越低，说明直播主播具有较强的专业性以及与消费者互动良好时更容易促成交易；不同观看直播频数的大学生受直播激励对消费意愿影响差别并不大。

表6-26 不同观看直播频数大学生各潜变量对消费意愿影响效应

潜变量	类别2	直接效应	间接效应	总效应
主播特征	未观看直播	—	0.084	-0.125
	观看频数低	—	0.336	0.204
	观看频数高	—	0.117	0.285

续表

潜变量	类别2	直接效应	间接效应	总效应
直播激励	未观看直播	—	0.423	0.295
	观看频数低	—	0.244	0.299
	观看频数高	—	0.395	0.425
服务品质保障	未观看直播	0.077	0.264	0.599
	观看频数低	0.093	0.175	0.33
	观看频数高	0.062	0.328	0.212
感知有效性	未观看直播	0.794		0.841
	观看频数低	0.758		0.764
	观看频数高	0.836		0.855

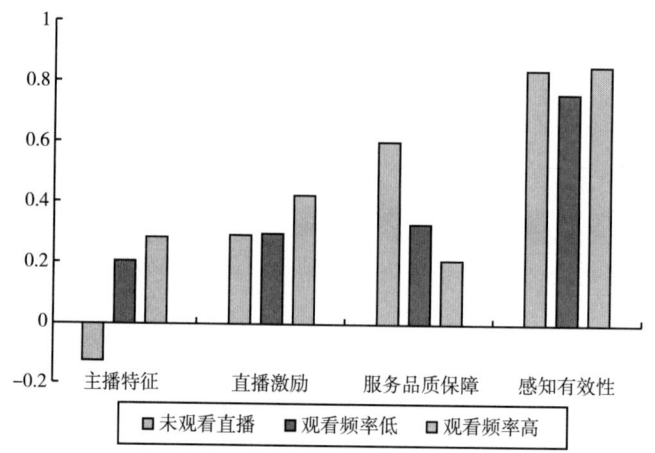

图6-11 不同观看频数大学生各潜变量对消费意愿影响效应柱状图

6.1.6 假设检验结果

本书在第3章理论模型建立的同时对模型进行了7个理论假设,同时在实证分析的基础上引入结构方程模型,对理论假设进行了验证,得出假设验证的验证结果如表6-27所示。

第6章 直播经济对大学生消费行为影响实证分析

表 6-27　　　　　　　　　　假设检验结果

假设	研究假设	检验结果
H1a	直播经济中主播特征正向影响大学生感知有效性	支持
H1b	直播经济中主播特征正向影响大学生消费意愿	支持
H2a	直播经济中直播激励正向影响大学生感知有效性	支持
H2b	直播经济中直播激励正向影响大学生消费意愿	支持
H3a	直播经济中服务品质保障正向影响大学生感知有效性	支持
H3b	直播经济中服务品质保障正向影响大学生消费意愿	支持
H4	感知有效性正向影响大学生消费意愿	支持
H5	感知有效性在主播特征和大学生消费意愿之间起中介作用	支持
H6	感知有效性在直播激励和大学生消费意愿之间起中介作用	支持
H7	感知有效性在服务品质保障和大学生消费意愿之间起中介作用	支持

从表 6-27 中可知 7 个假设都得到支持，但是主播特征与直播激励 2 个潜变量对消费意愿的影响是通过作用于感知有效性实现的。

潜变量"主播特征"与"感知有效性"之间的路径系数显著，其路径系数为 0.286，表明对主播特征评价每提高 1 个百分点，大学生的感知有效性会提高 0.286 个百分点；"主播特征"与"消费意愿"之间的路径系数为 -0.058，P 值为 0.468，小于 0.05，说明影响并不显著，因此在模型修正过程中删去该路径，虽然主播特征并不会直接影响大学生消费意愿，但是根据路径分析可以发现它会通过影响感知有效性来影响其消费意愿，其间接效应为 0.189，说明感知有效性在主播特征与大学生消费意愿之间起中介作用，且通过中介效应检验。因此研究假设 H1a、H1b、H5 得到支持。

潜变量"直播激励"与"感知有效性"之间的路径系数显著，其路径系数为 0.414，表明对直播激励评价每提高 1 个百分点，大学生的感知有效性会提高 0.414 个百分点；与主播特征评价一样，"直播激励"与"消费意愿"之间的路径系数为 -0.037，P 值为 0.468，小于 0.05，说明影响并不显著，因此在模型修正过程中删去该路径，虽然直播激励并不会直接影响大学生消费意愿，但是根据路径分析可以发现它会通过影响感知有效性来影响其消费意愿，其间接效应为 0.321，说明感知有效性在直播激励与大学生消费意愿之间起中介作用，且通过中介效应检验。因此研究假设 H2a、H2b、H6 得到支持。

潜变量"服务品质保障"与"感知有效性"之间的路径系数显著，其路径系数为 0.318，表明对服务品质保障评价每提高 1 个百分点，大学生的感知有效性会提高 0.318 个百分点；与主播特征和直播激励不同，"服务品质保障"与"大学生消费意愿"之间的路径系数显著，其路径系数为 0.106，表明对服务品质保障评价每提高 1 个百分点，大学生的消费意愿会提高 0.106 个百分点。因此，服务品质保障对大学生消费意愿影响的总效应为直接效应与间接效应加总为 0.359，根据中介效应检验可知感知有效性在该部分中起部分中介效应作用。因此研究假设 H3a、H3b、H7 得到支持。

潜变量"感知有效性"和"大学生消费意愿"之间的路径系数显著，其路径系数为 0.965，P 值近似为 0 小于 0.05，说明在 95% 的置信水平下感知有效性会显著正向影响大学生消费意愿，感知有效性每提高 1 个百分点，大学生的消费意愿会提高 0.965 个百分点，因此研究假设 H4 得到支持。

6.2 S大学结构方程模型分析

本部分主要探究直播经济对 S 大学的大学生消费行为的影响，共收集到调研样本问卷 269 份。

6.2.1 提取归纳主要影响因子

（1）自变量

由表 6-28 KMO 检验和巴特莱特球形检验的结果显示，KMO 统计量的值为 0.858，并且巴特利形检验的 P 值为 0，说明在 0.05 的显著性水平下，巴特莱特球形检验拒绝相关阵为单位阵的原假设，说明变量适合做因子分析。

表 6-28　　　　　　　　　　KMO 和巴特利特检验

KMO 取样适切性量数		0.858
巴特利特球形度检验	近似卡方	1091.026
	自由度	36
	显著性	0.000

对原始变量利用最大方差法进行因子提取得表6-28，由此可知因素的绝大部分信息可以被因子解释，这些变量的信息丢失较少，因此本次因子提取总体效果比较理想。

表6-29　　　　　　　　　　　公因子方差

	初始	提取
Q7_行1	1.000	0.754
Q7_行2	1.000	0.840
Q7_行3	1.000	0.618
Q7_行4	1.000	0.591
Q7_行5	1.000	0.762
Q7_行6	1.000	0.816
Q7_行7	1.000	0.744
Q7_行8	1.000	0.810
Q7_行9	1.000	0.696

由碎石图图6-12可知，3个公因子后曲线较为平稳，故判断提取3个公因子，由方差贡献率表6-30可知当提取3个因子时，其累计方差贡献率为73.661%，能解释各个指标的绝大部分信息。

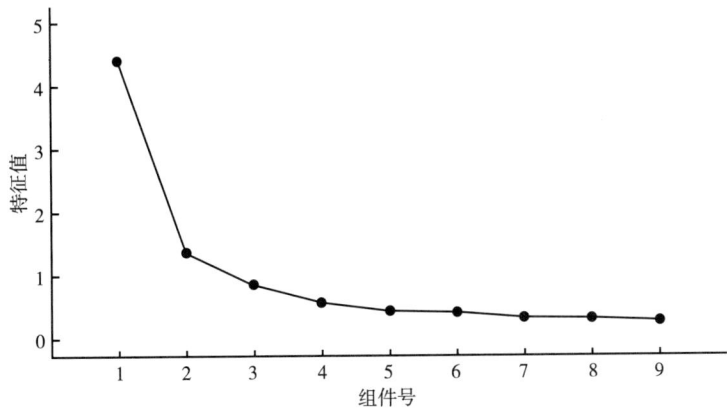

图6-12　碎石图

表 6-30　　　　　　　　　　总方差解释

成分	初始特征值			提取载荷平方和			旋转载荷平方和		
	总计	方差百分比	累积（%）	总计	方差百分比	累积（%）	总计	方差百分比	累积（%）
1	4.409	48.991	48.991	4.409	48.991	48.991	2.579	28.651	28.651
2	1.362	15.129	64.119	1.362	15.129	64.119	2.065	22.942	51.593
3	0.859	9.542	73.661	0.859	9.542	73.661	1.986	22.068	73.661
4	0.579	6.432	80.093						
5	0.450	5.005	85.098						
6	0.422	4.693	89.791						
7	0.332	3.683	93.475						
8	0.322	3.575	97.049						
9	0.266	2.951	100.000						

在因子分析中，因子荷载是非常重要的一个指标，通常用来表示变量的测量题项与公共因子之间的相关性。在通常情况下，因子荷载均大于 0.5 时，数据才符合要求。由表 6-31 可知，各因素的因子载荷虽然都大于 0.5，但其分布大部分集中在公因子 F1 中，较为不合理，故进行因子旋转。旋转后的成分矩阵因子载荷分布良好，由表 6-32 可知，将主因子 F1 命名为服务品质保障因子，主因子 F2 命名为直播激励机制因子，主因子 F3 命名为主播特征因子。这与前文查阅文献所设置的题项一致。

表 6-31　　　　　　　　　　成分矩阵

	成分		
	1	2	3
Q7_行1：主播形象与其推荐商品兼容度高	0.816	-0.025	-0.296
Q7_行2：主播可以清楚地讲解与展示商品的特性	0.696	-0.036	-0.595
Q7_行3：主播可以根据我的描述推荐适合的服务/商品	0.759	-0.112	-0.169
Q7_行4：直播间的商品是限时抢购或限量款而激起我的购买欲	0.586	0.487	-0.104
Q7_行5：直播间的优惠促销活动越大我对商品越感兴趣	0.628	0.598	0.098
Q7_行6：直播中发放优惠券、礼物或抽奖更吸引我继续观看	0.579	0.551	0.421

续表

	成分		
	1	2	3
Q7_行7：直播的商家都是经过平台严格审核的	0.722	-0.374	0.288
Q7_行8：直播中推荐的商品质量是可靠的	0.743	-0.421	0.285
Q7_行9：直播购物方式方便安全，且售后服务有保障	0.732	-0.364	0.165

表6-32　　　　　　　　　旋转后的成分矩阵

	成分		
	1	2	3
Q7_行1：主播形象与其推荐商品兼容度高	0.416	0.291	0.705
Q7_行2：主播可以清楚的讲解与展示商品的特性	0.204	0.127	0.884
Q7_行3：主播可以根据我的描述推荐适合的服务/商品	0.489	0.233	0.570
Q7_行4：直播间的商品是限时抢购或限量款而激起我的购买欲	0.050	0.651	0.406
Q7_行5：直播间的优惠促销活动越大我对商品越感兴趣	0.107	0.826	0.261
Q7_行6：直播中发放优惠券、礼物或抽奖更吸引我继续观看	0.252	0.867	-0.033
Q7_行7：直播的商家都是经过平台严格审核的	0.831	0.150	0.177
Q7_行8：直播中推荐的商品质量是可靠的	0.871	0.121	0.192
Q7_行9：直播购物方式方便安全，且售后服务有保障	0.774	0.124	0.284

（2）中介变量

对于感知有效性的3个题项进行 KMO 和巴特利特检验得 KMO 值为 0.72，并且巴特莱特球形检验的 P 值为 0，说明可以进行因子分析。根据方差贡献率表6-34可以看出，可提取1个因子将其命名为感知有效性，其累计方差贡献率为75.082%，能解释各个指标的绝大部分信息。

表6-33　　　　　　　　　**KMO 和巴特利特检验**

KMO 取样适切性量数		0.720
巴特利特球形度检验	近似卡方	311.327
	自由度	3
	显著性	0.000

表 6-34　　　　　　　　　　　总方差解释

成分	初始特征值			提取载荷平方和		
	总计	方差百分比（%）	累积（%）	总计	方差百分比（%）	累积（%）
1	2.52	75.082	75.082	2.252	75.082	75.082
2	0.417	13.899	89.981			
3	0.331	11.019	100.000			

（3）因变量

对于消费意愿的3个题项进行KMO和巴特利特检验得KMO值为0.745，并且巴特莱特球形检验的P值为0，说明可以进行因子分析。根据表6-36可提取1个公因子将其命名为消费意愿，累计方差贡献率就达到了81.538%，能解释各个指标的绝大部分信息。

表 6-35　　　　　　　　　　KMO 和巴特利特检验

KMO 取样适切性量数		0.745
巴特利特球形度检验	近似卡方	448.016
	自由度	3
	显著性	0.000

表 6-36　　　　　　　　　　　总方差解释

成分	初始特征值			提取载荷平方和		
	总计	方差百分比（%）	累积（%）	总计	方差百分比（%）	累积（%）
1	2.446	81.539	81.539	2.446	81.539	81.539
2	0.304	10.314	91.673			
3	0.2250	8.327	100.000			

6.2.2　相关性分析

为了解变量之间所存在的关联关系，对变量开展相关性分析工作。本书选择的Pearson相关系数法最终计算结果总结在表中。

表 6-37 变量相关系数

		F1	F2	F3	Y	Z
F1	皮尔逊相关性	1	0.512**	0.632**	0.647**	0.472**
	Sig.（双尾）		0.000	0.000	0.000	0.000
	个案数	269	269	269	269	269
F2	皮尔逊相关性	0.512**	1	0.357**	0.560**	0.545**
	Sig.（双尾）	0.000		0.000	0.000	0.000
	个案数	269	269	269	269	269
F3	皮尔逊相关性	0.632**	0.375**	1	0.620**	0.525**
	Sig.（双尾）	0.000	0.000		0.000	0.000
	个案数	269	269	269	269	269
Y	皮尔逊相关性	0.647**	0.560**	0.620**	1	0.684**
	Sig.（双尾）	0.000	0.000	0.000		0.000
	个案数	269	269	269	269	269
Z	皮尔逊相关性	0.472**	0.545**	0.525**	0.684**	1
	Sig.（双尾）	0.000	0.000	0.000	0.000	
	个案数	269	269	269	269	269

注："**"表示在 0.01 级别（双尾），相关性显著。

由表 6-37 的数据可以看出，5 个变量之间的 P 值都趋近于 0，且相关系数为正，除了直播激励机制与服务品质保障之间的相关系数为 0.357，其余均在 0.4~0.7，说明所有变量之间都存在显著正向关系。从相关系数我们可以初步判断主播特征、直播激励机制、服务品质保障这 3 个自变量都与感知有效性具有显著的正向相关性；主播特征、直播激励机制、服务品质保障、感知有效性这 4 个因素都与购买意愿具有显著的正向相关性，说明相关系数结果初步验证本书前面提出的研究假设。

6.2.3 模型初步检验及分析

依据假设模型路径运用 AMOS 24.0 进行分析，对观测变量与潜变量的关系进行验证，检验各因子是否属于所设计的变量，此外，对原假设模型进行分析得到变量之间的标准化路径图见图 6-13。

图 6-13 中各潜变量之间单箭头上的数字为标准化路径系数，反映潜变量间的相互作用关系；观测变量与其潜变量之间的单箭头上的数字为标准化

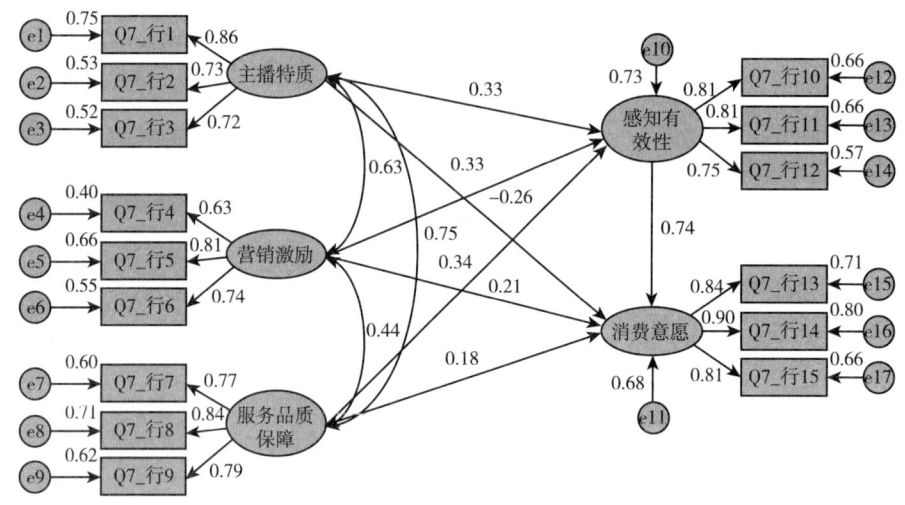

图 6-13 原假设模型标准化路径系数

载荷系数，表明观测变量反映潜变量的程度。从图 6-13 中可以看出各项观测变量与潜变量之间输出的因子载荷在 0.7~0.9，如 Q7_行 1、Q7_行、Q7_行 3 与主播特征输出的因子载荷分别为 0.86、0.73、0.72，该结果表明各因子能很好地反映其对应的潜变量。

（1）整体的初始模型的拟合度指标

先进行整体模型适配度检验，主要从绝对适配指数、增值适配指数和简约适配指数 3 个方面来确定，具体如表 6-38 所示。由表 6-38 可以看出，除了渐进残差均方和平方根 RMSEA 处于可以接受标准，其余适配指数基本上都符合标准，因此初始结构模型的拟合优度较好。

表 6-38　　　　　整体的初始模型的拟合指数表

统计检验量	适配标准	建议值	实际值	适配情况
绝对适配度指数	卡方自由度比 CMIN/DF	可以接受：小于 5	2.147	适配度好
		理想值：小于 3		
	残差均方和平方根 RMR	小于 0.05	0.044	适配度好
	渐进残差均方和平方根 RMSEA	可以接受：小于 0.08	0.065	适配度较好
		理想值：小于 0.05		
	良适性适配指标 GFI	可以接受：大于 0.80	0.920	适配度好
		理想值：大于 0.90		

续表

统计检验量	适配标准		建议值	实际值	适配情况
增值适配度指数	比较适配指标 CFI	可以接受：大于 0.80		0.960	适配度好
		理想值：大于 0.90			
	规准适配指标 NFI	可以接受：大于 0.80		0.929	适配度好
		理想值：大于 0.90			
	相对适配指标 RFI	可以接受：大于 0.80		0.906	适配度好
		理想值：大于 0.90			
	增值适配指标 IFI	可以接受：大于 0.80		0.961	适配度好
		理想值：大于 0.90			
	TLI（NNFI）	可以接受：大于 0.80		0.948	适配度好
		理想值：大于 0.90			
简约适配度指数	简约调整 PGFI	大于 0.50		0.613	适配度好
	简约规准适配指标 PNFI	大于 0.50		0.708	适配度好

（2）初始模型内在结构分析

模型通过了整体适配度检验，还需进行基本适配度检验，检验结果见表6-1所示。由表6-39可以看出，除了服务品质保障与消费意愿之间的关系稍不显著，P值为0.081＞0.05，$|C.R.|<1.96$，其余路径的P值均小于0.05，说明在95%的置信水平下所有路径系数显著不为0，而且标准误都小于0.2。

表6-39　　　　　模型路径系数估计结果

路径关系	Estimate	Std Estimate	S. E.	C. R.	P
感知有效性←主播特征	0.328	0.329	0.111	2.94	0.003
感知有效性←直播激励	0.356	0.330	0.085	4.176	***
感知有效性←服务品质保障	0.331	0.338	0.089	3.699	***
消费意愿←感知有效性	0.797	0.738	0.155	5.15	***
消费意愿←主播特征	-0.283	-0.263	0.137	-2.059	0.039
消费意愿←直播激励	0.239	0.205	0.109	2.195	0.028
消费意愿←服务品质保障	0.192	0.182	0.110	1.743	0.081

由表 6-40 可以看出，标准化载荷系数即潜变量与观测变量之间的回归系数都在 0.7～0.9；各个观测变量对潜变量的测量 P 值均小于 0.001，说明在 99% 的置信水平下各个观测变量能够显著地测量潜变量，而且标准误都小于 0.05，说明该模型基本上通过基本适配指标检验。

"Q7_行 13：我会在观看直播时购买推荐的商品""Q7_行 14：今后我会继续观看直播并购买更多商品""Q7_行 15：我会推荐他人观看直播或购买直播间的商品"3 个问项的系数分别为 1.00、1.080、1.076，即继续观看直播并购买更多商品是大学生消费行为的主要表现。

表 6-40　　　　　　　　　模型载荷系数估计结果

路径关系	Estimate	Std Estimate	S. E.	C. R.	P
Q7_行 1←主播特征	1	0.865			
Q7_行 2←主播特征	0.871	0.728	0.066	13.225	***
Q7_行 3←主播特征	0.908	0.720	0.075	12.091	***
Q7_行 13←消费意愿	1	0.841			
Q7_行 14←消费意愿	1.080	0.896	0.062	17.415	***
Q7_行 15←消费意愿	1.076	0.810	0.069	15.640	***
Q7_行 4←直播激励	1	0.631			
Q7_行 5←直播激励	1.193	0.810	0.127	9.361	***
Q7_行 6←直播激励	1.122	0.742	0.124	9.048	***
Q7_行 7←服务品质保障	1	0.774			
Q7_行 8←服务品质保障	1.023	0.845	0.073	13.967	***
Q7_行 9←服务品质保障	0.986	0.790	0.078	12.647	***
Q7_行 10←感知有效性	1	0.813			
Q7_行 11←感知有效性	1.011	0.810	0.070	14.534	***
Q7_行 12←感知有效性	0.858	0.753	0.064	13.342	***

6.2.4　模型路径分析与中介效应检验

（1）路径分析

根据表 6-39 计算 4 个潜变量对消费意愿的影响效应见表 6-41。

表 6-41　　　　　　　　　路径分析

潜变量	路径	效应	总效应
主播特征	F1→Y→Z	0.243	-0.020
	F1→Z	-0.263	
直播激励	F2→Y→Z	0.244	0.449
	F2→Z	0.205	
服务品质保障	F3→Y→Z	0.250	0.432
	F3→Z	0.182	
感知有效性	Y→Z	0.738	0.738

由表 6-41 可知，这 4 个潜变量都会对大学生消费意愿的产生影响效应，而且 3 个潜变量都会直接对大学生的消费意愿造成影响，也可以通过影响大学生感知有效性来间接影响，由此表明大学生对直播经济的价值感知在此发挥着中介作用。根据标准化后的总效应对 4 个潜变量进行排序依次是感知有效性、直播激励、服务品质保障、主播特征，对应的效应值分别为 0.738、0.449、0.432、-0.020。

在 S 大学的 269 个样本中，主播特征对消费意愿的影响系数为负，但通过感知有效性产生的影响绝大部分抵扣了直接负向影响，说明对 S 大学的学生来说，观看直播时受到主播本身影响较小，更多关注的是直播内容和所销售的商品及促销手段。

（2）中介效应检验

检验结果如表 6-42 所示，主播特征 F1→感知有效性 Y→消费意愿 Z 的 95% 置信区间包含了 0，故感知有效性在主播特征与消费意愿之间未起到显著的中介效应。另两条间接影响路径的 95% 置信区间中均不包含 0，说明中介效应存在，根据中介效应检验可知 95% 的置信区间中直接效应 [-0.053, 0.459]、[-0.046, 0.495] 内包括 0，因此感知有效性在该部分中是完全中介效应。

表 6-42　　　　　　　　　中介效应检验

路径	估计值	95% 置信区间下限	95% 置信区间上限
F1→Y→Z	0.243	-0.025	0.858
F1→Z	-0.263	-0.874	0.002

续表

路径	估计值	95% 置信区间下限	95% 置信区间上限
F2→Y→Z	0.344	0.080	0.440
F2→Z	0.205	−0.053	0.459
F3→Y→Z	0.250	0.001	0.485
F3→Z	0.182	−0.046	0.495

6.2.5 不同学生群体消费行为受直播影响结构方程模型分析

根据被调查者的不同的身份特征,将样本划分为不同的群体,不同特征的大学生可能对直播经济消费有着不同的看法和认识,为了进一步地研究不同人群对直播经济消费意愿的影响,本节基于性别、年级、专业、消费水平等特征进行分析,最后得出不同人群各潜变量对消费意愿的影响效应。

(1) 不同性别大学生各潜变量对消费意愿影响效应

对比男女大学生受影响的差异由表 6-43 可以发现,感知有效性都在其发挥了重要作用,影响效应分别为 0.556 和 0.624。3 个潜变量对女大学生消费意愿产生的总影响效应相近,但主播特征对其消费意愿的影响通过感知有效性起中介作用是负向但很小。男大学生在直播激励、服务品质保障对消费

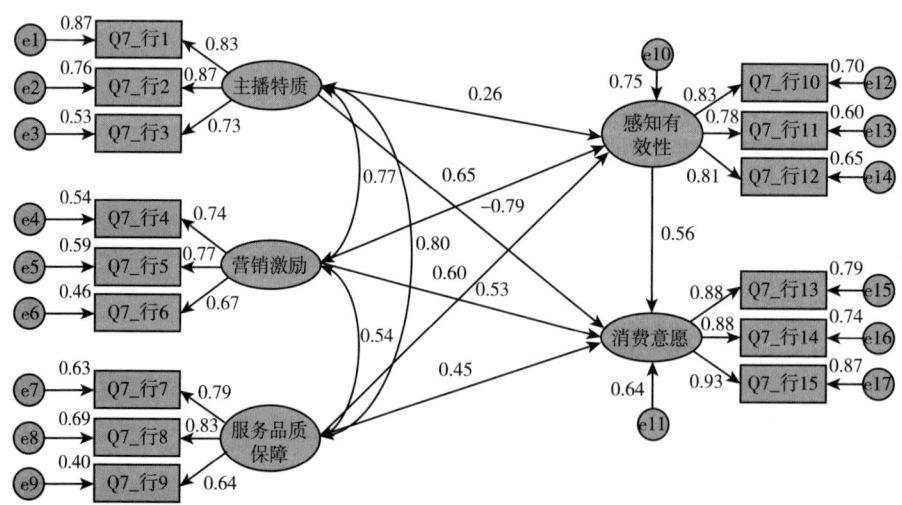

图 6-14 男性大学生模型路径系数

意愿的影响效益均远高于女大学生,而且主播特征要素发挥的影响是完全负向的,这可能由于男大学生样本构建的模型路径系数并不显著有关,不过这也反映了 S 大学男大学生对主播这一影响因素关注不高。

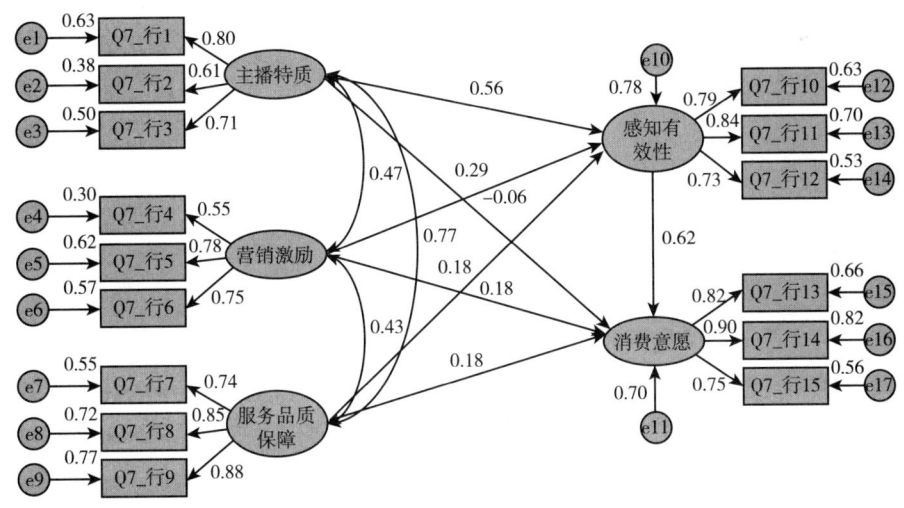

图 6-15　女性大学生模型路径系数

表 6-43　　　　不同性别大学生各潜变量对消费意愿影响效应

效应	主播特质		营销激励		服务品质保障		感知有效性	
	男性	女性	男性	女性	男性	女性	男性	女性
直接效应	-0.795	-0.063	0.651	0.177	0.596	0.183	0.556	0.624
间接效应	-0.145	0.348	0.362	0.183	0.332	0.113	—	—
总效应	-0.939	0.285	0.892	0.360	0.782	0.296	0.556	0.624

(2) 不同年级大学生各潜变量对消费意愿影响效应

由图 6-16 中可知,大一年级学生的关注由直播激励和主播特征,对商品的性价比、实用性关注度较低,这可能是由于进入大学不久,还没有形成合理的消费观和理财观,对生活费没有合理的支出计划所致。大二年级的学生受主播特征影响效应降至 0 附近是由于主播特征是通过感知有效性影响消费意愿的,其直接对消费意愿并不显著;大三年级的学生受这 3 个潜变量的影响是相近的,该年级的人感知有效性发挥的影响最大;服务品质保障的影响效应由负到正,说明随着年龄段增长,学生更看重商品本身的价值。

表 6-44　不同专业大学生各潜变量对消费意愿影响效应

	年级	直接效应	间接效应	总效应
主播特征	大一	0.048	0.365	0.413
	大二	-0.306	0.336	0.03
	大三	-0.035	0.425	0.39
	大四	-0.563	-0.133	-0.696
直播激励	大一	0.315	0.141	0.456
	大二	0.287	0.175	0.462
	大三	-0.087	0.216	0.129
	大四	0.298	0.149	0.447
服务品质保证	大一	0.102	-0.045	0.057
	大二	0.316	0.117	0.433
	大三	0.016	0.258	0.274
	大四	0.562	0.384	0.946
感知有效性	大一	0.465	—	0.465
	大二	0.587	—	0.587
	大三	0.893	—	0.893
	大四	0.441	—	0.441

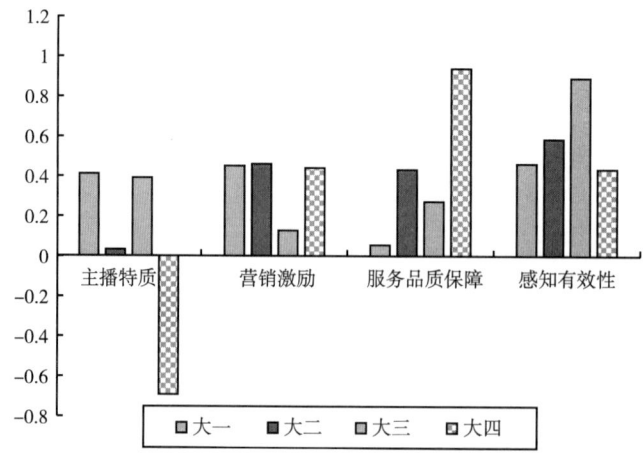

图 6-16　不同年级大学生各潜变量对消费意愿影响效应柱状图

（3）不同消费水平大学生各潜变量对消费意愿影响效应

图 6-17、图 6-18A 类表示月消费水平为 2000 元以下的大学生，B 类表

示月消费水平为 2000 元以上的大学生。

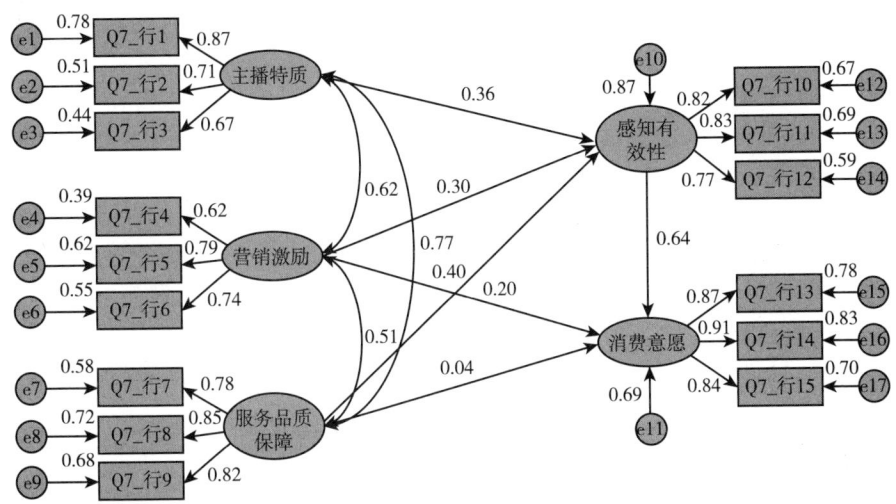

图 6-17　A 类大学生模型路径系数

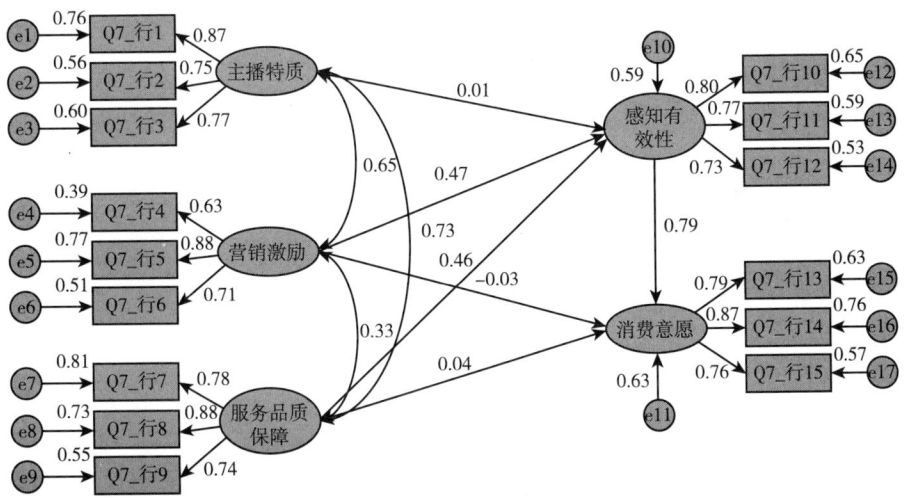

图 6-18　B 类大学生模型路径系数

对比两类消费水平的大学生受影响的差异，由表 6-45 可以发现，拥有较高消费水平的 S 大学大学生受主播特征影响减小，受服务品质保障影响增大，这与前面总体分析不一致，说明该所学校的大学生可能受过学校的相关教育，也有可能是较高消费水平学生的经济来源有部分是自己赚取，从而可能对消费品质更为关注，但由于样本量和样本群体等因素的影响，以上结论可能存在一定的偏差。

表6-45　不同消费水平大学生各潜变量对消费意愿影响效应

效应	主播特质		营销激励		服务品质保障		感知有效性	
	A类	B类	A类	B类	A类	B类	A类	B类
直接效应	—	—	0.200	-0.035	0.035	0.043	0.642	0.808
间接效应	0.232	0.005	0.192	0.375	0.260	0.366	—	—
总效应	0.232	0.005	0.392	0.340	0.295	0.409	0.642	0.808

（4）不同消费观念大学生各潜变量对消费意愿影响效应

由表6-46可知，有消费计划的大学生和无消费计划的大学生的差异主要体现在主播特征影响，说明无消费计划的大学生更容易被主播的介绍打动感兴趣产生消费意愿。

表6-46　不同消费观念大学生各潜变量对消费意愿影响效应（1）

效应	主播特质		营销激励		服务品质保障		感知有效性	
	A类	B类	A类	B类	A类	B类	A类	B类
直接效应	—	—	0.173	0.050	0.067	0.032	0.667	0.690
间接效应	0.101	0.301	0.280	0.206	0.246	0.240	—	—
总效应	0.101	0.301	0.453	0.256	0.313	0.272	0.667	0.690

注：A类表示有消费计划的大学生，B类表示无消费计划的大学生。

由表6-47和表6-58可知，未受过家长/学校相关消费教育的大学生消费意愿均受主播特质、营销激励、服务品质保障这3个潜变量的影响效应影响，而受过教育的大学生受主播产生消费意愿影响很小，与总体分析一致，说明家长、学校对孩子进行有关消费和理财教育会改变其消费观念。

表6-47　不同消费观念大学生各潜变量对消费意愿影响效应（2）

效应	主播特质		营销激励		服务品质保障		感知有效性	
	A类	B类	A类	B类	A类	B类	A类	B类
直接效应	—	—	0.171	0.117	0.054	0.130	0.646	0.604
间接效应	0.093	0.389	0.252	0.161	0.294	0.053	—	—
总效应	0.093	0.389	0.423	0.278	0.348	0.183	0.646	0.604

注：A类表示受过家长就消费方面教育的大学生，B类表示未受过家长相关消费教育的大学生。

表 6-48　不同消费观念大学生各潜变量对消费意愿影响效应（3）

效应	主播特征		直播激励		服务品质保障		感知有效性	
	A 类	B 类	A 类	B 类	A 类	B 类	A 类	B 类
直接效应	—	—	0.222	0.132	0.041	0.126	0.567	0.621
间接效应	0.062	0.264	0.266	0.157	0.283	0.167	—	—
总效应	0.062	0.264	0.488	0.289	0.324	0.293	0.567	0.621

注：A 类表示受过学校就消费方面教育的大学生，B 类表示未受过学校相关消费教育的大学生。

（5）不同观看直播频数大学生各潜变量对消费意愿影响效应

由表 6-49 可知，随着观看直播频数越高其受到主播特征的影响由负转正，说明在观看直播过程中主播在一定程度会影响大学生消费意愿；大学生受直播激励对消费意愿影响也随着观看直播频数的增加而增加，表明观看直播更频繁的大学生更加了解直播中的直播激励机制，因此更能购买到实惠划算的产品；而服务品质保障的影响效应越来越低，这也与北京市大学生总体分析一致。

表 6-49　不同观看直播频数大学生各潜变量对消费意愿影响效应

潜变量	类别	直接效应	间接效应	总效应
主播特征	未观看直播	-0.364	-0.033	-0.397
	观看频数低	-0.320	0.394	0.074
	观看频数高	0.075	0.085	0.160
直播激励	未观看直播	-0.019	0.242	0.223
	观看频数低	0.307	0.158	0.465
	观看频数高	0.240	0.341	0.581
服务品质保障	未观看直播	0.285	0.614	0.899
	观看频数低	0.299	0.052	0.351
	观看频数高	-0.189	0.324	0.135
感知有效性	未观看直播	0.853	—	0.853
	观看频数低	0.666	—	0.666
	观看频数高	0.655	—	0.655

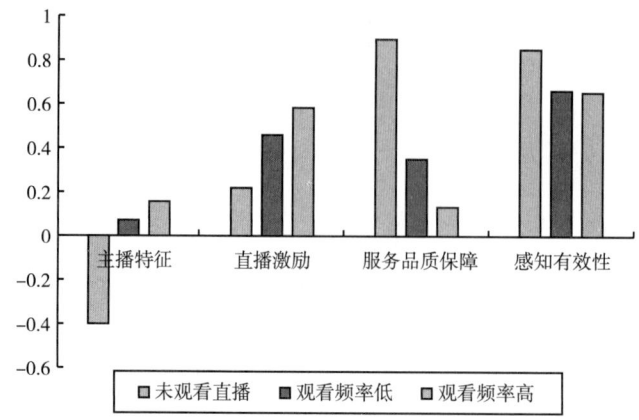

图 6-19 不同观看频数大学生各潜变量对消费意愿影响效应柱状图

6.2.6 假设检验结果

本书在第三章理论模型建立的同时对模型进行了 7 个理论假设,并同时在实证分析的基础上引入结构方程模型,对理论假设进行了验证,得出假设验证的验证结果如表 6-50 所示。

表 6-50　　　　　　　　　假设检验结果

假设	研究假设	检验结果
H1a	直播经济中主播特征正向影响大学生感知有效性	支持
H1b	直播经济中主播特征正向影响大学生消费意愿	不支持
H2a	直播经济中直播激励正向影响大学生感知有效性	支持
H2b	直播经济中直播激励正向影响大学生消费意愿	支持
H3a	直播经济中服务品质保障正向影响大学生感知有效性	支持
H3b	直播经济中服务品质保障正向影响大学生消费意愿	支持
H4	感知有效性正向影响大学生消费意愿	支持
H5	感知有效性在主播特征和大学生消费意愿之间起中介作用	不支持
H6	感知有效性在直播激励和大学生消费意愿之间起中介作用	支持
H7	感知有效性在服务品质保障和大学生消费意愿之间起中介作用	支持

由表 6-50 可知 5 个假设得到支持,"主播特征"对"消费意愿"的影响是正向的以及"感知有效性"在"主播特征"与"消费意愿"之间起到中介

第6章 直播经济对大学生消费行为影响实证分析

作用的假设未得到支持。

潜变量"主播特征"与"感知有效性"之间的路径系数显著,其路径系数为0.328,表明对主播特征评价每提高1个百分点,大学生的消费意愿会提高0.328个百分点;"主播特征"与"消费意愿"之间的路径系数为-0.283,P值为0.039,小于0.05,说明影响显著,表明大学生对主播特征评价每提高一个百分点,大学生的消费意愿会降低0.283个百分点,直接效应为-0.263;但"主播特征"可以直接影响"消费意愿",还可以通过作用于"感知有效性"来影响"消费意愿",该影响效应是正向的为0.243,但其不足以抵扣负向的直接效应,最后得到"主播特征"对"消费意愿"的影响效应为-0.02,是负向的且接近于0,故说明在S大学中该调查样本中主播特征对大学生消费意愿的影响为弱负向,同时根据中介效应检验发现95%的置信区间包含0,说明感知有效性在主播特征与大学生消费意愿之间未起到显著的中介作用,因此研究假设H1a得到支持,H1b、H5未得到支持。

潜变量"直播激励"与"感知有效性"之间的路径系数显著,其路径系数为0.330,表明对直播激励评价每提高1个百分点,大学生的消费意愿会提高0.330个百分点;"直播激励"与"消费意愿"之间的路径系数为0.239,P值为0.028,小于0.05,说明影响显著,表明大学生对直播激励评价每提高1个百分点,大学生的消费意愿会提高0.239个百分点,直接效应为0.205;根据路径分析发现它会通过影响"感知有效性"来影响其"消费意愿",其间接效应为0.244,说明"感知有效性"在"直播激励"与大学生"消费意愿"之间起中介作用,且通过中介效应检验,起到完全中介效应。最后加总直接效应与间接效应可得总效应为0.449,因此研究假设H2a、H2b、H6得到支持。

潜变量"服务品质保障"与"感知有效性"之间的路径系数显著,其路径系数为0.331,表明对服务品质保障评价每提高1个百分点,大学生的消费意愿会提高0.331个百分点;"服务品质保障"与"消费意愿"之间的路径系数显著,其路径系数为0.192,表明对"服务品质保障"评价每提高1个百分点,大学生的"消费意愿"会提高0.192个百分点,直接效应为0.182。因此,服务品质保障对大学生消费意愿影响的总效应为直接效应与间接效应加总为 0.432，根据中介效应检验可知感知有效性在该部分中起部分中介效应作用。因此研究假设 H3a、H3b、H7 得到支持。

潜变量"感知有效性"和大学生"消费意愿"之间的路径系数显著，其路径系数为 0.797，P 值近似为 0 小于 0.05，说明在 95% 的置信水平下"感知有效性"会显著正向影响大学生"消费意愿"，"感知有效性"每提高 1 个百分点，大学生的"消费意愿"会提高 0.797 个百分点，因此研究假设 H4 得到支持。

总的来说，对 S 大学的学生来说，观看直播时受到主播本身影响较小，更多关注的是直播内容和所销售的商品及促销手段。S 大学的学生更加理性，受到情绪影响较小，在决定是否进行消费行为时会更多地关注到商品是否有性价比，质量是否有保障等实际问题，这可能与 S 大学是财经类院校，学生本身具有一定的理财意识和较为理性的消费观有关。

6.3 B 大学结构方程模型分析

本部分主要探究直播经济对 B 大学的大学生消费行为的影响，共收集到调研样本问卷 261 份。

6.3.1 提取归纳主要影响因子

（1）自变量

由表 6-51KMO 检验和巴特莱特球形检验的结果显示，KMO 统计量的值为 0.885，并且巴特利形检验的 p 值为 0，说明在 0.05 的显著性水平下，巴特莱特球形检验拒绝相关阵为单位阵的原假设，说明变量适合做因子分析。

表 6-51　　　　　　　　KMO 和巴特利特球形检验

KMO 取样适切性量数		0.885
巴特利特球形度检验	近似卡方	1086.701
	自由度	36
	显著性	0.000

第6章 直播经济对大学生消费行为影响实证分析

对原始变量利用最大方差法进行因子提取得到表6-52，由此可知因素的绝大部分信息可以被因子解释，这些变量的信息丢失较少，因此本次因子提取总体效果比较理想。

表6-52　　　　　　　　　　公因子方差

	初始	提取
Q7_行1	1.000	0.895
Q7_行2	1.000	0.698
Q7_行3	1.000	0.604
Q7_行4	1.000	0.589
Q7_行5	1.000	0.764
Q7_行6	1.000	0.714
Q7_行7	1.000	0.759
Q7_行8	1.000	0.761
Q7_行9	1.000	0.758

由碎石图图6-20可知，3个公因子后曲线较为平稳，故判断提取3个公因子，由方差贡献率表6-53可知，当提取3个因子时，其累计方差贡献率为72.690%，能解释各个指标的绝大部分信息。

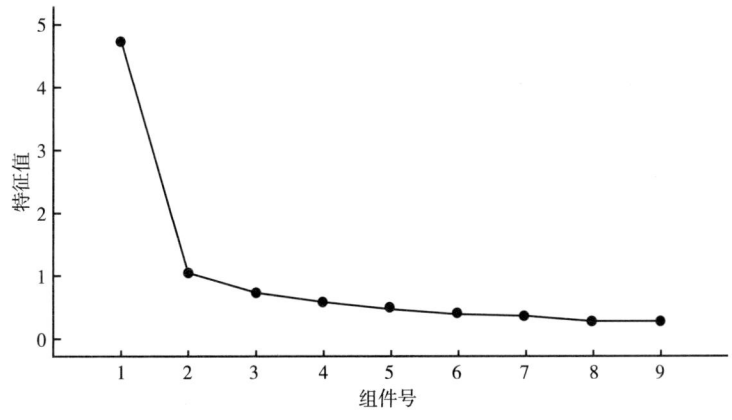

图6-20　碎石图

表 6-53　　　　　　　　　　总方差解释

成分	初始特征值			提取载荷平方和			旋转载荷平方和		
	总计	方差百分比（%）	累积（%）	总计	方差百分比（%）	累积（%）	总计	方差百分比（%）	累积（%）
1	4.737	52.639	52.639	4.737	52.639	52.639	2.658	29.538	29.538
2	1.066	11.841	64.480	1.066	11.841	64.480	2.270	25.222	54.760
3	0.739	8.210	72.690	0.739	8.210	72.690	1.614	17.930	72.690
4	0.592	6.575	79.265						
5	0.498	5.531	84.796						
6	0.404	4.491	89.286						
7	0.381	4.232	93.519						
8	0.301	3.343	96.862						
9	0.282	3.138	100.000						

在因子分析中，因子荷载是非常重要的一个指标，通常用来表示变量的测量题项与公共因子之间的相关性。在通常情况下，因子荷载均大于 0.5 时，数据才符合要求。由成分矩阵表 6-54 可知，各因素的因子载荷虽然都大于 0.5，但其分布大部分集中在公因子 F1 中，较为不合理，故进行因子旋转。旋转后的成分矩阵表因子载荷分布良好，由表 6-55 可知将主因子 F1 命名为服务品质保障因子，主因子 F2 命名为直播激励机制因子，主因子 F3 命名为主播特征因子。这与前文查阅文献所设置的题项一致。

表 6-54　　　　　　　　　　成分矩阵

	成分		
	1	2	3
Q7_行1：主播形象与其推荐商品兼容度高	0.655	-0.008	0.683
Q7_行2：主播可以清楚的讲解与展示商品的特性	0.780	-0.054	0.293
Q7_行3：主播可以根据我的描述推荐适合的服务/商品	0.772	-0.043	0.081
Q7_行4：直播间的商品是限时抢购或限量款而激起我的购买欲	0.653	0.377	-0.145
Q7_行5：直播间的优惠促销活动越大我对商品越感兴趣	0.657	0.537	-0.131
Q7_行6：直播中发放优惠券、礼物或抽奖更吸引我继续观看	0.691	0.464	-0.148

续表

	成分		
	1	2	3
Q7_行7：直播的商家都是经过平台严格审核的	0.763	-0.347	-0.237
Q7_行8：直播中推荐的商品质量是可靠的	0.759	-0.398	0.163
Q7_行9：直播购物方式方便安全，且售后服务有保障	0.764	-0.370	-0.193

表6-55　　　　　　　　　　旋转后的成分矩阵

	成分		
	1	2	3
Q7_行1：主播形象与其推荐商品兼容度高	0.312	0.247	0.774
Q7_行2：主播可以清楚的讲解与展示商品的特性	0.244	0.270	0.812
Q7_行3：主播可以根据我的描述推荐适合的服务/商品	0.456	0.281	0.617
Q7_行4：直播间的商品是限时抢购或限量款而激起我的购买欲	0.301	0.739	0.179
Q7_行5：直播间的优惠促销活动越大我对商品越感兴趣	0.115	0.793	0.355
Q7_行6：直播中发放优惠券、礼物或抽奖更吸引我继续观看	0.224	0.818	0.186
Q7_行7：直播的商家都是经过平台严格审核的	0.806	0.218	0.280
Q7_行8：直播中推荐的商品质量是可靠的	0.845	0.203	0.235
Q7_行9：直播购物方式方便安全，且售后服务有保障	0.789	0.241	0.305

（2）中介变量

对于感知有效性的3个题项进行KMO和巴特利特检验得KMO值为0.727，并且巴特莱特球形检验的P值为0，说明可以进行因子分析。由方差贡献率表6-57中可以看出，可提取1个因子将其命名为感知有效性，其累计方差贡献率为76.574%，能解释各个指标的绝大部分信息。

表6-56　　　　　　　　　　KMO和巴特利特检验

KMO取样适切性量数		0.727
巴特利特球形度检验	近似卡方	327.910
	自由度	3
	显著性	0.000

表 6-57　　　　　　　　　　　总方差解释

成分	初始特征值			提取载荷平方和		
	总计	方差百分比（%）	累积（%）	总计	方差百分比（%）	累积（%）
1	2.292	75.574	75.574	2.292	75.574	75.574
2	0.387	12.891	89.464			
3	0.316	10.536	100.000			

（3）因变量

对于消费意愿的 3 个题项进行 KMO 和巴特利特检验得 KMO 值为 0.738，并且巴特莱特球形检验的 P 值为 0，说明可以进行因子分析。由表 6-59 可提取 1 个公因子将其命名为消费意愿，累计方差贡献率就达到了 81.562%，能解释各个指标的绝大部分信息。

表 6-58　　　　　　　　　KMO 和巴特利特检验

KMO 取样适切性量数		0.738
巴特利特球形度检验	近似卡方	440.259
	自由度	3
	显著性	0.000

表 6-59　　　　　　　　　　　总方差解释

成分	初始特征值			提取载荷平方和		
	总计	方差百分比（%）	累积（%）	总计	方差百分比（%）	累积（%）
1	2.447	81.562	81.562	2.447	81.562	81.562
2	0.324	10.791	92.354			
3	0.229	7.646	100.000			

6.3.2　相关性分析

为了解变量之间所存在的关联关系，对变量开展相关性分析工作。本书选择 Pearson 相关系数法最终计算结果总结在表 6-60 中。

表6-60 变量相关系数

		F1	F2	F3	Y	Z
F1	皮尔逊相关性	1	0.610**	0.673**	0.646**	0.597**
	Sig.（双尾）		0.000	0.000	0.000	0.000
	个案数	261	261	261	261	261
F2	皮尔逊相关性	0.610**	1	0.517**	0.629**	0.508**
	Sig.（双尾）	0.000		0.000	0.000	0.000
	个案数	261	261	261	261	261
F3	皮尔逊相关性	0.673**	0.517**	1	0.670**	0.567**
	Sig.（双尾）	0.000	0.000		0.000	0.000
	个案数	261	261	261	261	261
Y	皮尔逊相关性	0.646**	0.629**	0.670**	1	0.700**
	Sig.（双尾）	0.000	0.000	0.000		0.000
	个案数	261	261	261	261	261
Z	皮尔逊相关性	0.597**	0.508**	0.567**	0.700**	1
	Sig.（双尾）	0.000	0.000	0.000	0.000	
	个案数	261	261	261	261	261

注："**"表示在0.01级别（双尾），相关性显著。

由表6-60的数据可以看出，5个变量之间的P值都趋近于0，且相关系数为正，均在0.5~0.7，说明所有变量之间都存在显著正向关系。从相关系数我们可以初步判断主播特征、直播激励机制、服务品质保障这3个自变量都与感知有效性具有显著的正向相关性，其相关程度由大到小为服务品质保障、主播特征、直播激励机制；主播特征、直播激励机制、服务品质保障、感知有效性这4个因素都与购买意愿具有显著的正向相关性，其相关程度由大到小为感知有效性、主播特征、服务品质保障、直播激励机制，说明相关系数结果初步验证本研究前面提出的研究假设。

6.3.3 模型初步检验及修正

（1）模型初步检验

先对观测变量与潜变量的关系进行验证，检验各因子是否属于所设计的变量。此外，对原假设模型进行分析得到变量之间的标准化路径系数图，如图6-21所示。

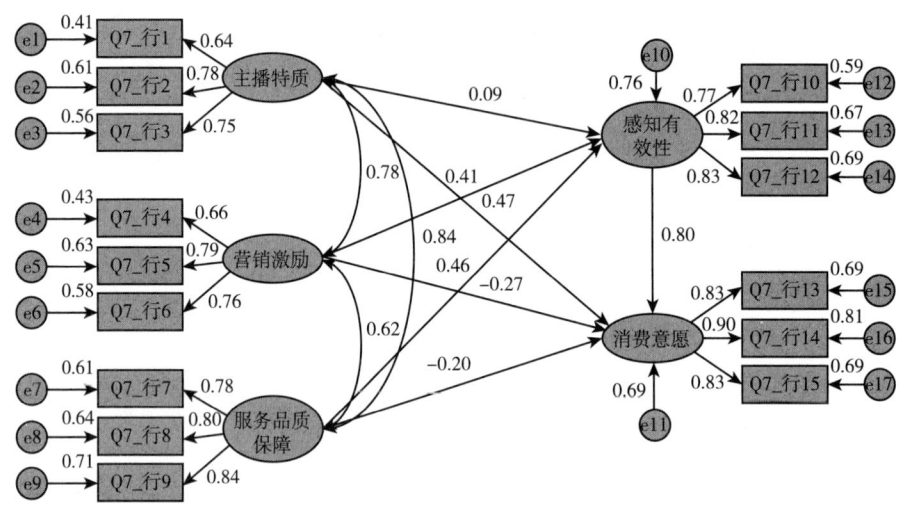

图 6-21 原假设模型标准化路径系数

由图 6-21 中可以看出各项观测变量与潜变量之间输出的因子载荷在 0.6~0.9，如 Q7_行1、Q7_行2、Q7_行3 与主播特征输出的因子载荷分别为 0.64、0.78、0.75，该结果表明各因子能很好地反映其对应的潜变量，其中主播专业水平对主播特征要素的反映占比较高。

①整体的初始模型的拟合度指标：

先进行整体模型适配度检验，主要从绝对适配指数、增值适配指数和简约适配指数 3 个方面来确定。具体如表 6-61 所示。从表 6-61 中可以看出，除了残差均方和平方根 RMR 和渐进残差均方和平方根 RMSEA 不符合标准要求，其余适配指数基本上都符合标准，因此初始结构模型的拟合优度勉强可以接受。

表 6-61 整体的初始模型的拟合指数表

统计检验量	适配标准	建议值	实际值	适配情况
绝对适配度指数	卡方自由度比 CMIN/DF	可以接受：小于 5	1.845	适配度好
		理想值：小于 3		
	残差均方和平方根 RMR	小于 0.05	0.051	不适配
	渐进残差均方和平方根 RMSEA	小于 0.05	0.057	不适配
	良适性适配指标 GFI	可以接受：大于 0.80	0.932	适配度好
		理想值：大于 0.90		

续表

统计检验量	适配标准	建议值	实际值	适配情况
增值适配度指数	比较适配指标 CFI	可以接受：大于 0.80	0.971	适配度好
		理想值：大于 0.90		
	规准适配指标 NFI	可以接受：大于 0.80	0.939	适配度好
		理想值：大于 0.90		
	相对适配指标 RFI	可以接受：大于 0.80	0.920	适配度好
		理想值：大于 0.90		
	增值适配指标 IFI	可以接受：大于 0.80	0.971	适配度好
		理想值：大于 0.90		
	TLI（NNFI）	可以接受：大于 0.80	0.962	适配度好
		理想值：大于 0.90		
简约适配度指数	简约调整 PGFI	大于 0.50	0.622	适配度好
	简约规准适配指标 PNFI	大于 0.50	0.740	适配度好

②初始模型内在结构分析：

模型的整体适配度检验勉强可以接受，还须进行基本适配度检验，检验结果如表 6-62 所示。由表 6-62 中可以看出，主播特征与感知有效性、直播激励和服务品质保障与消费意愿之间的关系不显著，P 值分别为 0.626、0.076、0.259，因此需要对模型进一步修正。

表 6-62　　　　　　　　模型路径系数估计结果

路径关系	Estimate	Std Estimate	S. E.	C. R.	P
感知有效性←主播特征	0.126	0.092	0.259	0.487	0.626
感知有效性←直播激励	0.461	0.412	0.128	3.600	***
感知有效性←服务品质保障	0.472	0.463	0.140	3.377	***
消费意愿←感知有效性	0.942	0.796	0.193	4.874	***
消费意愿←主播特征	0.771	0.473	0.365	2.110	0.035
消费意愿←直播激励	-0.362	-0.273	0.204	-1.774	0.076
消费意愿←服务品质保障	-0.243	-0.201	0.216	-1.128	0.259

（2）模型修正

根据检验结果表明，整体适配度指数勉强可以接受，拟合指数基本能够达到适配标准，但是有部分路径系数并不显著，这并不能够说明本书原定的假设模型不合理，表明初始模型有一定的改进空间以获取更符合实际情况的模型。因此根据 SEM 修正的基本原则对该模型进行调整，同时模型修正应与理论或经验法则相契合，均不能违反 SEM 的假定或者与理论模型假定相互矛盾。

由图 6-62 可知，结构方程各系数大部分均显著，其中主播特征 F1→感知有效性 Y，服务品质保障 F3→消费意愿 Z 的路径系数在 0.05 的显著性水平下不显著，但由于去掉该路径后依然存在新的系数不显著，在反复修改并检验，并考虑主播特征 e3 残差变量与服务品质保障因子中的 e7 残差变量之间的相互关系，以及直播激励因子中 e5 残差变量与消费意愿因子中 e17 残差变量之间的相互关系。从修正指数表中发现，这种关系是实际存在的。

综合考虑各因素的情况下得到如图 6-22 所示的路径图。从图 6-22 中可以发现主播特征、直播激励、服务品质保障、感知有效性和消费意愿并不是完全独立的，所以它们之间的存在相互关系是符合实际情况的。

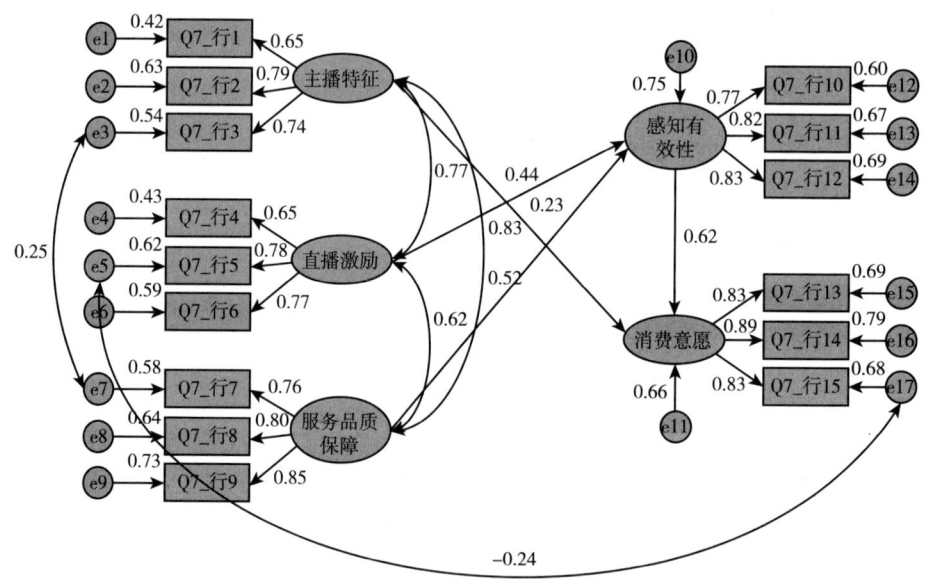

图 6-22 修正后的 SEM 标准化路径系数

表 6-63 为整体适配度检验表，可知修正后模型的整体适配度良好。由表 6-64 可以看出，标准化载荷系数即潜变量与观测变量之间的回归系数都在 0.6~0.9；各个观测变量对潜变量的测量 P 值均小于 0.001，说明在 99% 的置信水平下各个观测变量能够显著地测量潜变量，而且标准误都小于 0.2，说明该模型基本上通过基本适配指标检验。

表 6-63　　　　　　　　整体的初始模型的拟合指数表

统计检验量	适配标准	建议值	实际值	适配情况
绝对适配度指数	卡方自由度比 CMIN/DF	可以接受：小于 5	1.630	适配度好
		理想值：小于 3		
	残差均方和平方根 RMR	小于 0.05	0.049	适配度好
	渐进残差均方和平方根 RMSEA	可以接受：小于 0.08	0.049	适配度好
		理想值：小于 0.05		
	良适性适配指标 GFI	可以接受：大于 0.80	0.937	适配度好
		理想值：大于 0.90		
增值适配度指数	比较适配指标 CFI	可以接受：大于 0.80	0.978	适配度好
		理想值：大于 0.90		
	规准适配指标 NFI	可以接受：大于 0.80	0.945	适配度好
		理想值：大于 0.90		
	相对适配指标 RFI	可以接受：大于 0.80	0.929	适配度好
		理想值：大于 0.90		
	增值适配指标 IFI	可以接受：大于 0.80	0.978	适配度好
		理想值：大于 0.90		
	TLI（NNFI）	可以接受：大于 0.80	0.971	适配度好
		理想值：大于 0.90		
简约适配度指数	简约调整 PGFI	大于 0.50	0.633	适配度好
	简约规准适配指标 PNFI	大于 0.50	0.754	适配度好

由表 6-64 可以看出，主播特征评价与消费意愿之间存在着直接正相关关系，直播激励力度、服务品质保障与感知有效性有正相关关系，感知有效性和消费意愿间存在着正相关关系，直播激励力度、服务品质保障对消费意愿通过感知有效性产生影响。

表 6-64　　模型系数估计结果

路径关系	Estimate	Std Estimate	S.E.	C.R.	P
感知有效性←直播激励	0.500	0.444	0.090	5.587	***
感知有效性←服务品质保障	0.544	0.519	0.086	6.346	***
消费意愿←感知有效性	0.733	0.619	0.128	5.713	***
消费意愿←主播特征	0.372	0.231	0.168	2.215	0.027
Q7_行1←主播特征	1	0.651			
Q7_行2←主播特征	1.232	0.793	0.117	10.497	***
Q7_行3←主播特征	1.147	0.738	0.118	9.698	***
Q7_行13←消费意愿	1	0.833			
Q7_行14←消费意愿	1.045	0.889	0.061	17.057	***
Q7_行15←消费意愿	0.990	0.827	0.064	15.487	***
Q7_行4←直播激励	1	0.654			
Q7_行5←直播激励	1.113	0.784	0.114	9.788	***
Q7_行6←直播激励	1.143	0.768	0.118	9.673	***
Q7_行7←服务品质保障	1	0.762			
Q7_行8←服务品质保障	1.049	0.799	0.080	13.096	***
Q7_行9←服务品质保障	1.078	0.852	0.081	13.342	***
Q7_行10←感知有效性		0.774			
Q7_行11←感知有效性	1.033	0.820	0.076	13.639	***
Q7_行12←感知有效性	1.071	0.831	0.077	13.918	***

"Q7_行13：我会在观看直播时购买推荐的商品""Q7_行14：今后我会继续观看直播并购买更多商品""Q7_行15：我会推荐他人观看直播或购买直播间的商品"三个问项的系数分别为1.00，1.232，1.147，即继续观看直播并购买更多商品是大学生消费行为的主要表现。

6.3.4　模型路径分析与中介效应检验

（1）路径分析

由表6-64计算4个潜变量对消费意愿的影响效应如表6-65所示。

表 6-65　路径分析

潜变量	路径	总效应
主播特征	F1→Z	0.231
直播激励	F2→Y→Z	0.275
服务品质保障	F3→Y→Z	0.321
感知有效性	Y→Z	0.619

由表 6-65 可知，这 4 个潜变量都会对大学生消费意愿的产生影响效应，而且主播特征变量会直接影响大学生的消费意愿，直播激励变量和服务品质保障变量是通过影响大学生感知有效性来间接影响的，由此表明大学生对直播经济的价值感知在此发挥着中介作用。根据标准化后的总效应对 4 个潜变量进行排序依次是感知有效性、服务品质保障、直播激励、主播特征，对应的效应值分别 0.619、0.321、0.275、0.231，这与北京市模型所分析的结果是相近的。

（2）中介效应检验

检验结果如表 6-66 所示，两条间接影响路径的 95% 置信区间中均不包含 0，因此，说明感知有效性发挥了中介效应。由表 6-66 已知直播经济（F2）和服务品质保障（F3）、对消费意愿（Z）的影响不显著，故感知有效性发挥完全中介效应。

表 6-66　中介效应检验

路径	估计值	95% 置信区间	结果
F2→Y→Z	0.344	(0.110, 0.512)	显著
F3→Y→Z	0.182	(0.143, 0.563)	显著

6.3.5　不同学生群体消费行为受直播影响结构方程模型分析

根据被调查者的不同的身份特征，将样本划分为不同的群体，不同特征的大学生可能对直播经济消费有着不同的看法和认识，为了进一步地研究不同人群对直播经济消费意愿的影响，本节基于性别、年级、专业、消费水平等特征进行分析，最后得出不同人群各潜变量对消费意愿的影响效应。

（1）不同性别大学生各潜变量对消费意愿影响效应

由表 6-67 可以对比男女大学生受影响的路基系数发现，女大学生消费意愿受"感知有效性"的影响稍高于男大学生,但都在其发挥了重要作用。对于另外的 3 个潜变量中,女性大学生对"服务品质保障"的更为关注,而

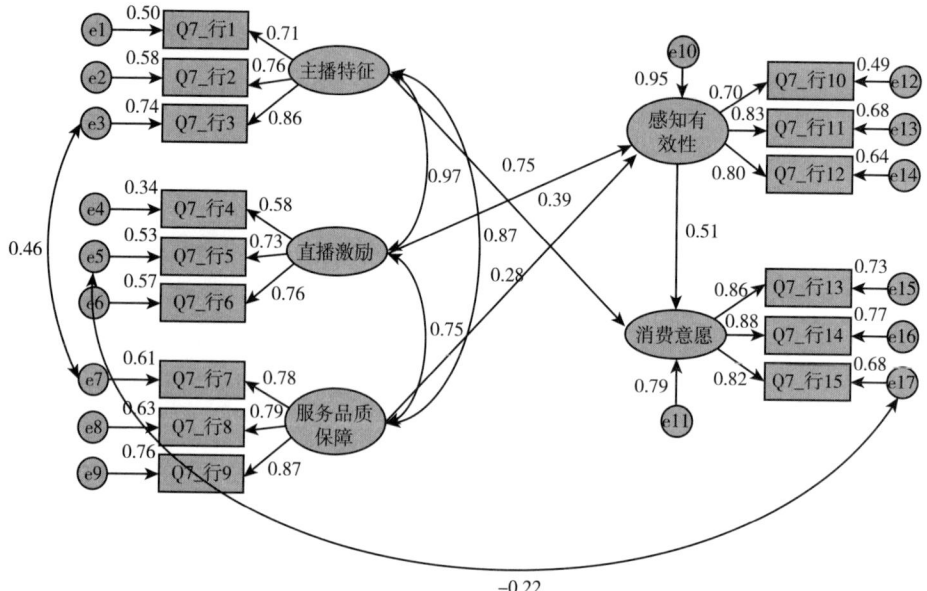

图 6-23　男性大学生模型路径系数

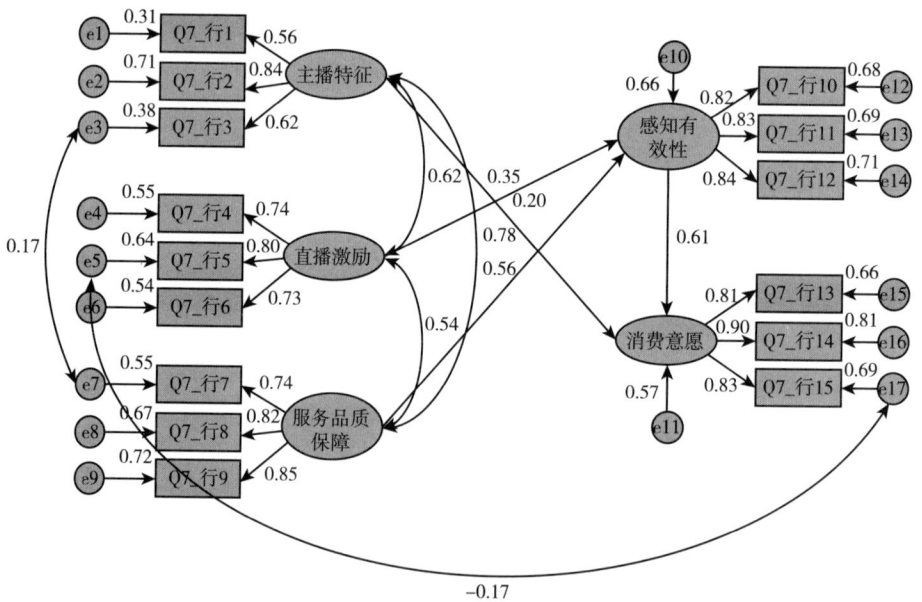

图 6-24　女性大学生模型路径系数

男大学生消费意愿受"主播特征"这一变量影响更大,这有可能是对于女大学生"主播特征"是直接对"消费意愿"产生影响,并未借助"感知有效性"提升对产品价值认同,故而影响效应相对较低。

表 6-67　　不同性别大学生各潜变量对消费意愿影响效应

效应	主播特征		直播激励		服务品质保障		感知有效性	
	男性	女性	男性	女性	男性	女性	男性	女性
直接效应	0.389	0.197	—	—	—	—	0.507	0.611
间接效应	—	—	0.381	0.216	0.141	0.344	—	—
总效应	0.389	0.197	0.381	0.216	0.141	0.344	0.507	0.611

(2) 不同年级大学生各潜变量对消费意愿影响效应

由表 6-68 和图 6-25 中可得,对"主播特征"这一变量而言,B 大学的学生从大一年级到大四年级影响都较小,小于 0.2;对于"直播激励"这一变量,大一年级和大四年级受到了较为大的影响,这可能是大一年级学生抵抗低价的诱惑能力较低,从而会因一些优惠、福利而冲动消费,忽略了产品的品质,而到了大二年级、大三年级学生可能是经过了一年的尝试,开始注重产品的质量保障问题,也就不再因价格或稀有性而冲动,到了大四年级即将毕业,也经历过实习体会到了赚钱不容易,故而对价格和商品品质等都有了要求。

表 6-68　　不同年级大学生各潜变量对消费意愿影响效应

		直接效应	间接效应	总效应
主播特征	大一	-0.184	—	-0.184
	大二	0.108	—	0.108
	大三	0.183	—	0.183
	大四	0.096	—	0.096
直播激励	大一	—	0.758	0.758
	大二	—	0.229	0.229
	大三	—	0.263	0.263
	大四	—	0.516	0.516

续表

		直接效应	间接效应	总效应
服务品质保证	大一	—	0.142	0.142
	大二	—	0.423	0.423
	大三	—	0.338	0.338
	大四	—	0.419	0.419
感知有效性	大一	0.989	—	0.989
	大二	0.753	—	0.753
	大三	0.640	—	0.640
	大四	0.866	—	0.866

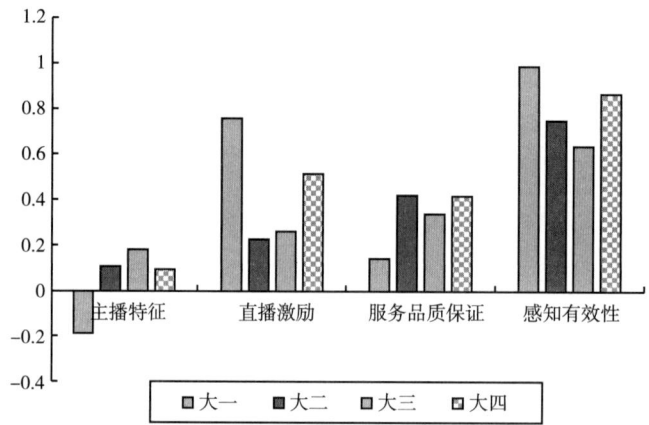

图 6-25 不同年级大学生各潜变量对消费意愿影响效应柱状图

（3）不同消费水平大学生各潜变量对消费意愿影响效应

图中 A 类表示月消费水平 2000 元以下的大学生，B 类表示月消费水平 2000 元以上的大学生。

对比两类消费水平的大学生受影响的差异从表 6-69 可以发现，对于消费水平一般的大学生消费意愿受到的影响效应由大到小为服务品质保障、直播激励、主播特征，而消费水平较高的大学生受到的影响效应由大到小为直播激励、服务品质保障、主播特征。根据因子载荷系数中 Q7 行 5 的系数最大可以猜测拥有较多生活费的学生可能更易受到物品稀缺性即限量版的影响而产生的强烈的消费意愿。

第6章 直播经济对大学生消费行为影响实证分析

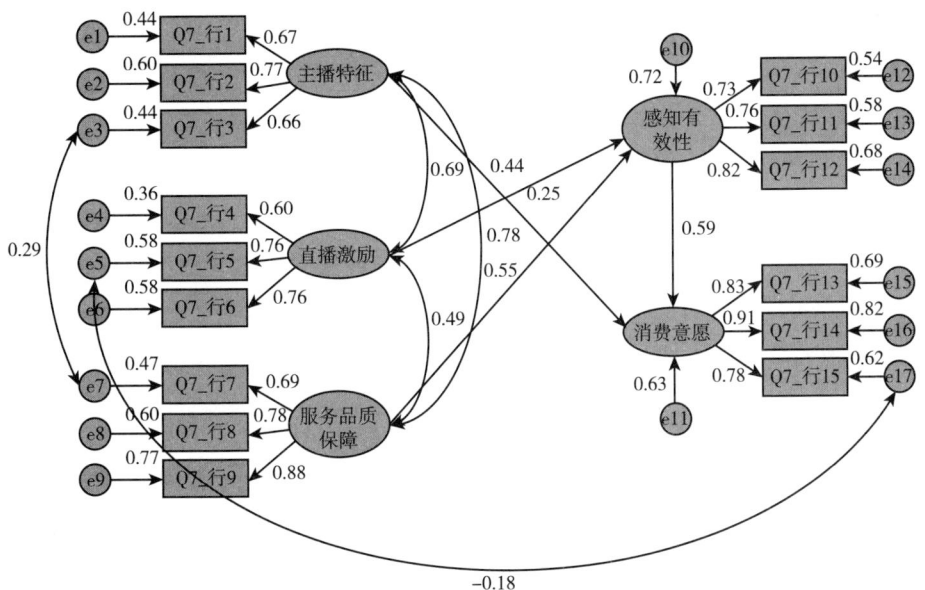

图 6-26 A 类大学生模型路径系数

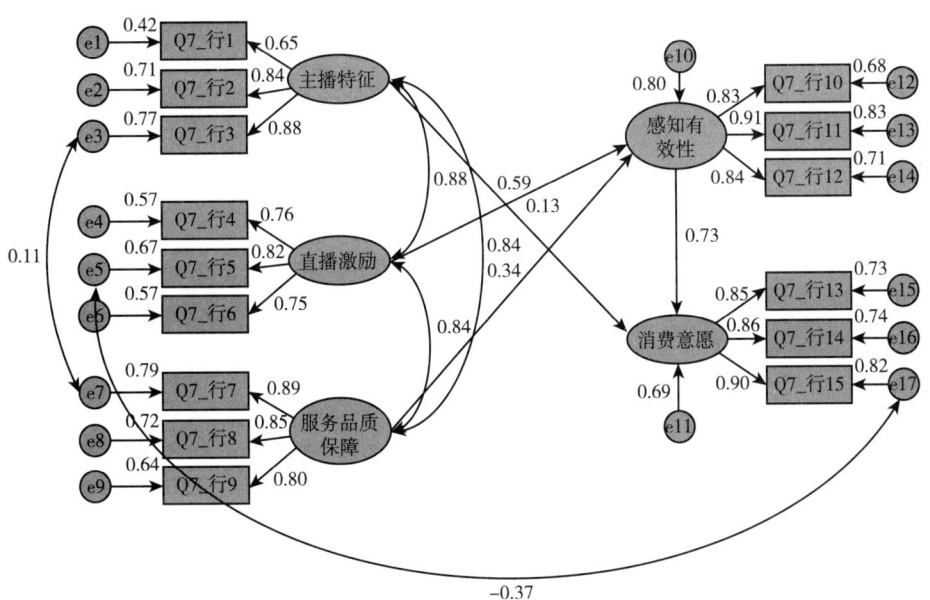

图 6-27 B 类大学生模型路径系数

表 6-69　不同消费水平大学生各潜变量对消费意愿影响效应

效应	主播特征		直播激励		服务品质保障		感知有效性	
	A类	B类	A类	B类	A类	B类	A类	B类
直接效应	0.247	0.128	—	—	—	—	0.595	0.726
间接效应	—	—	0.261	0.425	0.325	0.248	—	—
总效应	0.247	0.128	0.261	0.425	0.325	0.248	0.595	0.726

（4）不同消费观念大学生各潜变量对消费意愿影响效应

由表 6-70 中可见，有消费计划的大学生相对于无消费计划的大学生受到"主播特征""直播激励""感知有效性"这 3 个变量的影响更小，"服务品质保障"的影响更大。

表 6-70　不同消费观念大学生各潜变量对消费意愿影响效应（1）

效应	主播特征		直播激励		服务品质保障		感知有效性	
	A类	B类	A类	B类	A类	B类	A类	B类
直接效应	0.305	0.387	—	—	—	—	0.520	0.548
间接效应	—	—	0.202	0.449	0.294	0.081	—	—
总效应	0.305	0.387	0.202	0.449	0.294	0.081	0.520	0.548

注：A 类表示有消费计划的大学生，B 类表示无消费计划的大学生。

由表 6-71 和表 6-72 中可见，受过家长/学校相关消费教育的大学生受服务品质保障这个潜变量的影响效应更大。对比两表可以发现对于"主播特征"和"直播激励"这两个变量而言其影响于家长教育和学校教育与否的影响难以判别。

表 6-71　不同消费观念大学生各潜变量对消费意愿影响效应（2）

效应	主播特征		直播激励		服务品质保障		感知有效性	
	A类	B类	A类	B类	A类	B类	A类	B类
直接效应	0.035	0.240	—	—	—	—	0.757	0.655
间接效应	—	—	0.381	0.293	0.360	0.347	—	—
总效应	0.035	0.240	0.381	0.293	0.360	0.347	0.757	0.655

注：A 类表示受过家长就消费方面教育的大学生，B 类表示未受过家长相关消费教育的大学生。

表 6-72　不同消费观念大学生各潜变量对消费意愿影响效应（3）

效应	主播特征		直播激励		服务品质保障		感知有效性	
	A 类	B 类	A 类	B 类	A 类	B 类	A 类	B 类
直接效应	0.354	0.191	—	—	—	—	0.575	0.572
间接效应	—	—	0.173	0.314	0.409	0.210	—	—
总效应	0.354	0.191	0.173	0.314	0.409	0.210	0.575	0.572

注：A 类表示受过学校就消费方面教育的大学生，B 类表示未受过学校相关消费教育的大学生。

（5）不同观看直播频数大学生各潜变量对消费意愿影响效应

由图 6-28 中可见，主播特征对大学生消费行为的影响随着观看直播频数的增加而增大，而服务品质保障的影响随着观看直播评论的增加而减小。这说明由于主播形象或者对商品的介绍产生更强的购买意愿，在无形之中更信任主播，从而在一定程度让其忽略商品的品质或后续保障；直播激励所带来的影响是先降低后升高，这可能是未观看直播的大学生认为价格也是影响消费意愿的重要因素，而随着观看直播的频数增加，受到主播的影响就是逐渐认为直播间产品价格就是最优惠的价格。

表 6-73　不同观看直播频数大学生各潜变量对消费意愿影响效应

潜变量	类别 2	直接效应	间接效应	总效应
主播特征	未观看直播	0.001		0.001
	观看频数低	0.108		0.108
	观看频数高	0.284		0.284
直播激励	未观看直播	—	0.259	0.259
	观看频数低	—	0.122	0.122
	观看频数高	—	0.446	0.446
服务品质保障	未观看直播		0.521	0.521
	观看频数低		0.477	0.477
	观看频数高		0.144	0.144
感知有效性	未观看直播	0.880	—	0.88
	观看频数低	0.624	—	0.624
	观看频数高	0.605	—	0.605

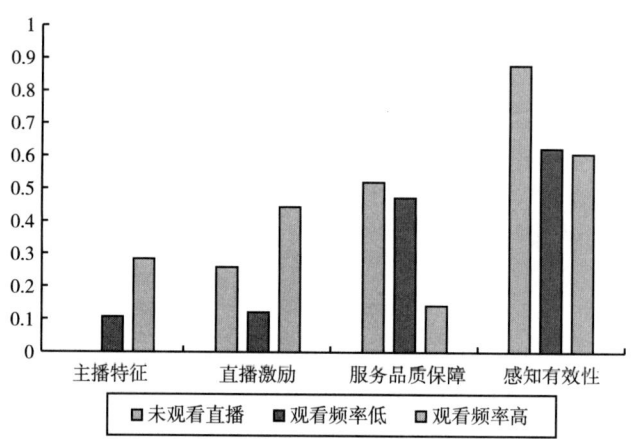

图 6-28 不同观看频数大学生各潜变量对消费意愿影响效应柱状图

6.3.6 假设检验结果

本书在第 3 章理论模型建立的同时对模型进行了 7 个理论假设,同时在实证分析的基础上引入结构方程模型,对理论假设进行了验证,得出假设验证的验证结果如表 6-74 所示。

表 6-74	假设检验结果	
假设	研究假设	检验结果
H1a	直播经济中主播特征正向影响大学生感知有效性	不支持
H1b	直播经济中主播特征正向影响大学生消费意愿	支持
H2a	直播经济中直播激励正向影响大学生感知有效性	支持
H2b	直播经济中直播激励正向影响大学生消费意愿	支持
H3a	直播经济中服务品质保障正向影响大学生感知有效性	支持
H3b	直播经济中服务品质保障正向影响大学生消费意愿	支持
H4	感知有效性正向影响大学生消费意愿	支持
H5	感知有效性在主播特征和大学生消费意愿之间起中介作用	不支持
H6	感知有效性在直播激励和大学生消费意愿之间起中介作用	支持
H7	感知有效性在服务品质保障和大学生消费意愿之间起中介作用	支持

从表 6-74 中可知有 5 个假设得到支持,"主播特征"正向影响"消费意愿"以及"感知有效性"在"主播特征"与"消费意愿"之间起到中介作用的假设未得到支持。

潜变量"主播特征"与"感知有效性"之间的路径系数不显著,P 值为 0.626>0.05,因此在模型修正过程中删去该路径,但"主播特征"会直接影响大学生"消费意愿",修正后的路径系数为 0.372,表明对"主播特征"评价每提高 1 个百分点,大学生的"消费意愿"会提高 0.372 个百分点,因此研究假设 H1b 得到支持,H1a、H5 未得到支持。

由于潜变量"直播激励"与"感知有效性"之间的路径系数不显著,P 值为 0.076>0.05,因此在模型修正过程中删去该路径,但"直播激励"与"感知有效性"之间的路径系数显著,模型修正后其路径系数为 0.50,表明对"直播激励"评价每提高一个百分点,大学生的"感知有效性"会提高 0.50 个百分点;根据路径分析可以发现它会通过影响感知有效性来影响其消费意愿,其间接效应为 0.275,且通过中介效应检验,说明感知有效性在直播激励与大学生消费意愿之间起完全中介作用。因此研究假设 H2a、H2b、H6 得到支持。

由于潜变量"服务品质保障"与"感知有效性"之间的路径系数不显著,P 值为 0.259 大于 0.05,因此在模型修正过程中删去该路径,但"服务品质保障"与"感知有效性"之间的路径系数显著,模型修正后其路径系数为 0.544,表明对服务品质保障评价每提高一个百分点,大学生的"感知有效性"会提高 0.544 个百分点;根据路径分析可以发现它会通过影响感知有效性来影响其消费意愿,其间接效应为 0.321,且通过中介效应检验,说明"感知有效性"在"服务品质保障"与大学生"消费意愿"之间起完全中介作用,因此研究假设 H3a、H3b、H7 得到支持。

潜变量"感知有效性"和"大学生消费意愿"之间的路径系数显著,其路径系数为 0.733,P 值近似为 0 小于 0.05,说明在 95% 的置信水平下感知有效性会显著正向影响大学生的消费意愿,感知有效性每提高 1 个百分点,大学生的消费意愿会提高 0.733 个百分点,因此研究假设 H4 得到支持。

6.4 对比分析结果

整合前面 3 个结构方程模型路径分析发现 3 个模型的影响路径不一致，对于北京市大学生样本而言，7 个假设都得到支持，且感知有效性在 3 个自变量与消费意愿之间发挥了显著的中介效应；而分析 S 大学和 B 大学学生只得到 5 个假设获得支持，其中"感知有效性在主播特征和大学生消费意愿之间起中介作用"该假设未得到支持，说明不是主播形象越有特色、专业水平更强就能使大学生在直播间获得更有效的信息，可能由于一些固有的看法改变其消费意愿。此外，最大的区别就是 S 大学的主播特征对消费影响有正向影响是未得到支持的，说明 S 大学的同学们更加理性，受到情绪影响较小，在决定是否进行消费时会更多地关注商品是否有较高性价比，质量是否有保障等实际问题，这可能与 S 大学是财经类院校，学生本身具有一定的理财意识和较为理性的消费观有关。上述分析表明，不同的学校影响路径是不一致的。

影响效应结果对比见表 6-75。

表 6-75　　　　　　　　　　影响效应结果对比

潜变量	路径	北京市		S 大学		B 大学	
		效应	总效应	效应	总效应	效应	总效应
主播特征	F1→Y→Z	0.189	0.189	0.243	-0.020	0	0.231
	F1→Z	0		-0.263		0.231	
直播激励	F2→Y→Z	0.321	0.321	0.244	0.449	0.275	0.275
	F2→Z	0		0.205		0	
服务品质保障	F3→Y→Z	0.266	0.359	0.250	0.432	0.321	0.321
	F3→Z	0.093		0.182		0	
感知有效性	Y→Z	0.780	0.780	0.738	0.738	0.619	0.619

假设检验结果对比见表 6-76。

第6章 直播经济对大学生消费行为影响实证分析

表 6-76 假设检验结果对比

假设	研究假设	北京市	S大学	B大学
H1a	直播经济中主播特征正向影响大学生感知有效性	支持	支持	不支持
H1b	直播经济中主播特征正向影响大学生消费意愿	支持	不支持	支持
H2a	直播经济中直播激励正向影响大学生感知有效性	支持	支持	支持
H2b	直播经济中直播激励正向影响大学生消费意愿	支持	支持	支持
H3a	直播经济中服务品质保障正向影响大学生感知有效性	支持	支持	支持
H3b	直播经济中服务品质保障正向影响大学生消费意愿	支持	支持	支持
H4	感知有效性正向影响大学生消费意愿	支持	支持	支持
H5	感知有效性在主播特征和大学生消费意愿之间起中介作用	支持	不支持	不支持
H6	感知有效性在直播激励和大学生消费意愿之间起中介作用	支持	支持	支持
H7	感知有效性在服务品质保障和大学生消费意愿之间起中介作用	支持	支持	支持

本次收集的问卷除了量表类题项，还涉及大学生的一些基本信息，基于学生之间的不同特点，可能在影响路径上会有不一致，比如男性和女性在生理上、心理上以及思维模式等方面都存在差异，两者之间的消费行为也存在差异，因此以不同的特征划分样本分别进行分析。

从性别来看，忽略 S 大学男生样本拟合不显著外，感知有效性对消费意愿的影响效应都是最强的，在直播激励这一变量中影响差异最小，对于主播特征和服务品质保障则是结果不一，北京市 B 大学和 S 大学男大学生较女大学生更加关注主播特征要素，B 大学则相反，S 大学男生对于主播的关注会负向影响消费意愿，由此表明性别在受到直播激励刺激时会通过直播获得更多有效信息并产生购物意愿。

从年级来看，对比 3 个样本大一年级到大四年级的学生受到感知有效性影响都较大，大一年级学生都是受直播营销刺激影响更大，对商品的性价比、实用性关注度较低，这可能是由于进入大学不久，还没有形成合理的消费观和理财观，对生活费没有合理的支出计划所导致；3 个样本大二年级的影响效应大小顺序,北京市样本结果所得为主播特征带来的影响最大,而另外两个是直播激励、服务品质保障,可能是在大二年级时是塑造其观念以及培养兴趣爱好的阶段因此产生不同的影响;在大三年级、大四年级的学生受到服务品质保障的影响更大,说明大三年级、大四年级的同学已经有了较为成熟的消费观,在注重商品本身的同时也要求较好的消费体验。总体来看,对于3个样本分年级来看直播激励和服务品质保障的影响较大,而主播特征在第1个样本中是大二年级时发挥了较大的作用,在S大学是在大三年级时才是3个变量中影响较大的,其余也都是低于另外的2个变量,而B大学从大一年级到大四年级受其影响都是最小的。

从不同的消费水平来看,对于消费水平一般的来说是"服务品质保障＞直播激励＞主播特征",对于消费水平较高的是"主播特征＞直播激励＞服务品质保障";S大学则相反,说明S大学的学生们在拥有较多生活费时仍然更关心直播商品质量。

从不同的消费观念来看,主要是学生是否有计划消费以及是否接受过家长或学校提供的教育,样本1中对于有消费计划、受过教育的学生来说受到的影响都是"服务品质保障＞直播激励＞主播特征",而没有消费计划、未受过教育的学生来说是"主播特征＞直播激励＞服务品质保障";对比3个模型发现主播特征要素对没有消费计划的学生消费意愿影响最大,当有消费计划的时候受服务品质保障的影响较大;对比是否受家长或学校就消费理财方面的教育发现,主播特征和服务品质保障要素对S大学和B大学的学生消费意愿的影响有所改变,受过教育受到的影响较小,服务品质保障影响较大。

从观看频数来看,3个样本分析得到结果一致,观看频数月底受主播的影响越小,随着观看频数的增加形成依赖,对主播所推荐的产品购买意愿越强。

6.5 本章小结

通过实证分析,我们可以得到如下结论:从运用结构方程模型得到的因子载荷系数得到影响大学生消费意愿的因素之间的相互关系。对北京市大学生来说，感知有效性、服务品质保障、直播激励、主播特征都会对大学生消费意愿产生正向影响且影响效应由大到小，其中感知有效性发挥了显著的中介作用。通过单独选取分析 S 大学和 B 大学的调查样本进行分析发现，主播特征对大学生消费意愿的影响显著性不强，也根据大学生的特征，如性别、年级、消费观念、水平等方面具体分析了 4 个潜变量对大学生消费意愿的影响效应。

第7章

总结与展望

7.1 结　　论

通过调查，本书研究发现直播带货对于大学生群体消费行为的影响具有多重并列的中介效应。本书探讨直播中影响大学生消费意愿行为的因素，通过查阅文献方法提炼出主播特征、直播激励、服务品质保障、感知有效性、消费意愿这6个主范畴，提炼出"大学生的消费意愿"这一个核心范畴，得出本书的研究思路以及各个范畴间的典型关系结构。在此基础上，借鉴刺激—机体—反应（S-O-R）理论，将直播经济中涉及的以人、价、质3个维度即主播特征、直播激励、服务品质保障作为自变量，将直播中大学生的内在状态感知有效性作为中介变量，将大学生的消费意愿作为因变量，提出本书的假设，并且以此构建了本书的理论模型。通过发放问卷收集样本数据，使用SPSS24.0和AMOS24.0作为统计分析工具，进行实证分析以此验证本书的假设，得出研究结论。

第一，大学生对直播方面3个变量的认同度均在中等偏上水平。

在主播特征、直播激励机制、服务品质保障3个方面，全部样本大学生的认同程度均处于中等偏上的水平，处于"不确定"与"认同"之间。

在主播特征方面，在直播中用户可以通过发送弹幕来提问，了解产品的特性，主播会针对用户的提问进行详细的回答。调查结果表明，除了京外样本，另外的4个调查样本所得结果均为大学生对于"主播可以根据我的描述推荐适合的服务/商品"的认同程度与其他特征相比最低，认同度倾向于"不确定"，对于"主播可以清楚地讲解与展示商品的特性"的认同程度最高。消费者通常希望能够根据主播的介绍和讲解来判断自己是否需要某产品，在观看直播的过程中详细了解产品和注意事项。而主播想让消费者对自己的产品有足够的了解，向消费者推荐适合的服务/商品，就必须要有足够的专业知识，这一点在直播中仍存在不足。

在直播激励机制方面，相对于传统的销售媒体，在网络直播中，促销往往可以带来更大的效果。因为在做决定的时候消费者会被价格左右，而在直播中网络主播会采取一种鼓励的方式，通过给予折扣、福利等方式来提升自己的销售能力，激发消费者的购买欲望，提高消费者对商品的关注，从而激发顾客的购买欲望。而同时消费者往往需要在短时间内做出决定，并不能保证理性消费。调查发现每个样本的大学生对于"直播间的优惠促销活动越大我对商品越感兴趣"这一观点的认同程度最高，而对于"直播间的商品是限时抢购或限量款而激起我的购买欲"这一观点的认同程度最低，倾向于"不确定"，这可能与大学生群体的特殊性有关。大学生往往无法做到经济独立，因此在购买商品时会更多考虑价格因素，保持理性，限量款商品通常价格较高，对大学生而言购买欲望不会强烈。

在服务品质保障方面，对于直播产品而言，真实性可以让消费者产生信任感，在消费者市场中，信任是有益的心理。主播可以将商品的功能、品牌信息、生产流程信息等信息展现出来，通过展示商品的真实性，可以增加卖家的信用，增加产品的可信度。调查发现对 5 类样本分析可知，大学生对于服务品质保障的认同程度并不高，对于 3 项服务品质保障的认同程度均倾向于"不确定"，其中对于"直播中推荐的商品质量是可靠的"这服务品质的认同程度都是最低的，这表明在当前的直播中，全部样本大学生消费者对于主播及其商品的信任程度不高。

第二，验证了直播中各刺激变量对大学生感知有效性的直接作用。

从前文假设检验结果中可知，直播中主播特征、直播激励机制、服务品质保障这些刺激因素均会对大学生感知有效性产生影响。首先，对于这些具有正向影响的直播刺激要素来说，直播刺激机制的标准化系数最高，说明在直播过程中大学生对产品的价格更为关心；其次是服务品质保障，说明如果消费者在观看直播的过程中，不能感受到和商品质量以及后续保障相关的信息，消费者可能就不会产生相应的价值感；最后是主播特征，即个人魅力、专业水平、互动会对大学生的感知有效性产生正向影响。

第三，验证了感知有效性对消费意愿的直接作用以及其在直播中各刺激要素对消费意愿的中介效应。

从前文 3 个模型所得结果可知，直播中大学生对直播的感知有效性会消费意愿产生正向的影响作用，说明对大学生来说，他们在直播购物中更加关注产品的实用性以及主播推荐产品有用性。

①感知有效性在主播特征和大学生消费行为之间有一定中介作用。

主播形象与商品越契合、介绍越清晰，大学生对于直播带货的正面情绪越高，越有可能进行购物，故应该重视主播效应，引起大学生消费体验的情感共鸣。每个主播应挖掘展示自身特点，同时在直播时不仅要将注意力放在推介产品上，还须为消费者提供更多的情绪价值，提升消费者的感知有效性，激发消费者的购买意愿。

②感知有效性在直播激励机制和大学生消费行为之间具有显著中介作用。直播激励机制越高，大学生对于直播带货的认知与情感态度越积极正向，其消费意愿越高越可能进行购物。相较于传统的线下购物和电商平台自助购物，直播带货为了打出新圈层，要在合理范围内降低部分利润，实现薄利多销，以低价高质量商品获得流量和破圈效应。

③感知有效性在服务品质保障和大学生消费意愿行为之间发挥完全中介作用。这一结论与前人的发现一致。大学生在受其他外界因素影响的同时，商品和服务质量也会影响其在直播间的情感态度，从而影响其最终的消费行为。直播带货需要更加关注其核心（即商品质量），不能简单依靠流量来取得长足发展，反而应该将着眼点转移到商品本身，在选品类别、商品价格等方面进行细化，避免虚假、夸大宣传，提高消费者购买产品的意向度。

第四，验证了直播中各刺激变量对大学生消费意愿的正向影响。

主播特征、直播激励机制、服务品质保障都会直接会间接的影响大学生的消费意愿。前文的相关分析可知主播特征、直播激励机制、服务品质保障这3个变量与消费意愿之间存在正相关的关系；通过前面对3个样本进行分析可得刺激变量的影响效应从大到小大致为服务品质保障、直播激励机制、主播特征，这可能也与3个刺激变量对感知有效性的影响，若该要素使消费者能更有效的获取直播商品信息，从而会促进消费者消费意愿态度的改变。

第五，不同学生群体消费行为受直播刺激影响不同。

大学生具有较强的个性化意识，其直播消费行为受个人特征影响较大，故直播带货应该顺应消费者个性化需求。品牌和商家应该基于产品功效定位目标人群，同时选择与产品相匹配的主播进行宣传和推广，当产品受众和主播的粉丝群体一致时，将会更大程度的提高销售效果。

不同性别的大学生受直播刺激变量的影响不同，不过两者直播激励这一变量影响效应差不多；从年级来看，从大一年级到大四年级学生对直播产品的质量和保障越来越关注，受主播特质的影响越来越小；拥有的生活费越多可能就没那么关注产品质量，购物更加随性；对有消费计划、受过教育的学生来说其消费意愿受到的影响效应都是：服务品质保障＞直播激励＞主播特征，而对没有消费计划、未受过教育的学生来说是：主播特征＞直播激励＞服务品质保障。

7.2 建 议

基于以上结论从两个方面提建议：一是大学生的角度，就大学生自身、家长、学校方面；二是从直播方面关于直播主播、平台管理等方面提出相应建议。

7.2.1 个人方面

在直播中大学生进行合理的消费，需要其自身发挥主观能动性，提升自我认知、自控能力以及提升自我管理能力。

（一）提升认知能力

一个人对于一件事物的认识理解越全面客观，就越能控制自己的欲望行为。大学生可以通过外在的学习和内在的评价，提升自己的消费认知能力。一方面，大学生应当广泛阅读各种类型的书籍，扩大自己的知识面，可以涉猎一些消费领域方面的书籍，对于消费、理财、权益保障等内容有相应的了解，在遇到权益受损时明确自己掌握的权力和可以维权的渠道。另一方面，大学生可以评价自己的消费行为，总结自己的不良消费习惯，从而改正自己的消费行为。

（二）提高自制力

自制力是指个人控制并调节自己思想和行为的能力。一名具有强自制力的大学生，他不仅善于鼓励自己制定计划坚定的实现目标，而且能够及时控制冲动处理压力，避免不良的情绪导致错误的行为。大学生可以将理性消费、计划消费作为自己的消费购物原则，从而确保拥有良好的消费习惯。

7.2.2 家庭方面

父母的言传身教是影响孩子消费行为的关键因素。因此，父母应当带头坚持科学消费，树立正确的消费观念，从而培养孩子良好的消费行为。

（一）以身作则，树立科学的消费观

父母在日常生活中要以身作则，合理消费。当经济水平处于较低状态时，应当先确保维持家庭生活的正常运转；当拥有较高的经济水平后，可以根据消费能力及需求相应的提高消费层次。根据马斯洛的需要层次理论，每当低层次的需求被满足后，就会产生另一种更高层次的需要占据主体地位。父母可以通过记账掌握家庭消费支出情况，借助账本及时调整及合理的引导家庭的消费行为，也可以培养孩子记账的习惯，掌握其自身消费情况。

（二）合理提供生活费，培养子女的自力更生能力

大学校园比较自由，若大学生心理还不够成熟，过多的生活费可能使大学生沉迷于物质消费带来的享乐生活。因此父母可以根据学校所在地的物价水平并结合家庭实际经济状况和孩子的客观需要，提供合理的生活费。此外，父母可以鼓励大学生参加社会实践，充分利用寒暑假做力所能及的工作，一方面，这可以让孩子体会到挣钱的艰辛以及感悟自己自足的愉悦，另一方面，有助于增强孩子的社会实践水平，为毕业后迈入社会做准备。

7.2.3 学校方面

高校应弘扬大学生艰苦朴素的传统美德，丰富校园生活，传达健康的消费理念，帮助学生正视直播购物消费。高校还可以加设市场营销、消费心理学等选修课程，促进大学生形成正确的消费观念。

（一）对大学生进行消费观引导

马克思主张适度消费，既反对抑制消费的禁欲主张，也反对奢侈浪费的过度消费。在消费水平方面，由于大学生的主要经济来源就是父母提供的生

活费，高校要倡导大学生合理规划使用，使消费水平于经济情况相匹配。在消费结构方面，高校要引导大学生在日常生活必需品、学习、娱乐休闲等方面均衡适度消费。

（二）开设消费相关教育课程

高校可以从中心环节入手，即开展关于消费教育、心理教育等方面的课程、讲座。首先，在新生开学季的第一堂课可以加入消费心理的版块进行宣讲，对大学生进行消费心理教育可以先树立理性消费的意识，从而培养健康的消费心理。其次，开设一些市场营销、理财教育方面的选修课，大学生可以了解理财、消费方面的知识，也可以结合时事消费新闻加强对大学生的消费心理教育，增强大学生对市场的认识以及提高消费防范意识。

7.2.4 主播发展方面

主播在直播过程中作为产品相关信息的传播者的重要程度、为消费者提供的便利性以及评价商品时的人物视角的丰富度，对消费者的感知功利价值起到正向影响作用，进而促进了消费者购买意愿。

第一，提供多样化的专业信息，合理分配比重。主播在直播过程中，应重视语言内容质量，多使用逻辑清晰、易于理解的话语，对产品及其附加信息的表述应当生动多样，并尽可能完整、全面，使消费者可以通过直播充分了解产品，同时进行主次分明的宣传引导，提升消费者感知。此外，鉴于直播的实时互动性，主播还应实时关注顾客在弹幕中的提问，并尽可能回复，以提供更具有针对性的产品信息。

第二，打造幽默风趣的"人设"，提升用语的趣味性。主播语言内容的趣味性对消费者感知价值具有正向影响作用，并可以通过消费者感知价值正向影响消费者的购买意愿。因此，主播在直播带货的过程中，可以加入吸引消费者的话题、活跃气氛，使消费者在直播过程中不仅能获得一些商品的信息，也能感到轻松愉悦。

7.2.5 直播平台管理

第一，提升直播内容激励优势。直播激励主要是从价格优惠入手，优惠促销活动、提高粉丝等级领取红包等,这是目前直播较其他购物形式的最大优势,因此应当不断完善选品流程,在争取到更低价的同时也要确保推荐产品优质,从而提高直播的口碑,吸引更多的消费者,达到具有向品牌或商家争取更大优惠促销的议价能力的目的,实现品牌、主播以及消费者三方共赢。此外,不断健全多元化面向消费者的激励机制,创新参与方式,带动消费者的情感倾向,激发消费者的购买意愿。

第二,依据直播产品特性,拓宽多元化营销渠道,诚信宣传引导理性消费。"直播+电商"的经营模式为直播产品营销推广提供了便利途径。具有流量优势的淘宝、京东、拼多多等主流电商平台与抖音、快手等短视频平台都能为直播产品提供营销渠道。针对直播产品特性,结合渠道特征,建立关联产品生产者、营销者与平台的直播产品产销信用档案,保证直播产品营销的规范性,提升产品信息供给的有效性,宣传引导的科学性与合理性,避免因"网红"夸大或传导虚假产品产销信息等诱发消费行为。

第三,利用社交平台增加售后信息反馈与维权途径,增强与消费者之间的交流互动。直播产品售后服务尤其是网购直播产品、售后维权反馈兼具产品安全信任品与网购产品售后的双重难题,提供积极可靠的售后信息反馈与维权途径,对提升消费者对网购直播的产品信任水平具有重要的现实意义。对此,在提升现有电商或直播平台售后服务水平的同时,通过在社交平台设立专门的举报维权专栏,如在"微信公众号""微博官博"等交流平台实时与消费者互动。同时,结合大数据、区块链等智能化、数字化监管技术进行追责索证,杜绝刷单、买评论、夸大广告等弄虚作假的行为,全面增强消费者信任。

7.3 局限与展望

本书的不足主要有以下两点:

第一,调查对象的局限。本书所选取的调研对象多集中于北京市,其他省份的大学生样本较少,使调研对象覆盖面不够广。因此,本书所得结果仅在一定范围内具有说服力，无法代表全国大学生的特征。

第二，调查方式的局限。本书基于前人选择测量题项设计问卷，虽然各测量题项的信度与效度均通过检验，但考虑到存在主观因素，当调研对象对题项存在疑问时无法解惑，可能使得理解有误而造成获取的数据存在偏差，从而致使研究结果出现主观上的偏差；同时只采取发放问卷的形式，未开展深度访谈，导致考虑的影响因素不够全面。

针对本书的不足，提出如下两点展望。

第一，拓展调研对象，调查不同地域的学生对直播经济的看法；同时采取问卷调查结合访谈的方式收集具体的看法，尽量扩大覆盖面以使最后取得结果具有更高的可靠性和普适性。

第二，进一步细化完善模型，消费意愿的心理是一个复杂的过程，会受到多个方面的影响，不仅直播内部的特质因素，也有可能受其自身因素或是外部其他因素的影响，因此可就这些方面进行扩展延伸，提高研究结论的完整性。

附录：

直播经济对大学生消费行为的影响研究问卷

亲爱的同学：

您好！直播经济已成为全球数字经济发展的重要趋势之一，也是我国经济发展的一抹亮色。本问卷旨在分析直播经济对大学生消费行为影响，调研采用匿名方式填答，所获资料仅供学术研究，请根据您的实际感受进行回答。谢谢您的合作与支持，祝您学业有成、万事顺意！

（相关概念："直播经济"是基于各类平台，以移动端为主，其内容包括电商、体育、财经、教育、社交、音乐等各个能够产生经济效益的领域。）

第一部分：基本信息

请根据您观看直播的实际情况进行选择。

1. 您每周观看直播的频数（如淘宝、京东、斗鱼、映客、快手、抖音、微博、小红书等平台的直播）是：

   A. 没看过（跳至第6题）　　B. 1~3次

   C. 4~6次　　D. 7次及以上

2. ［多选题］您经常观看直播的平台是：

   A. 淘宝、京东等电商平台　　B. 斗鱼、映客等直播平台

   C. 快手、抖音等短视频平台　　D. 微博、小红书、微信等社交平台

   E. Youtube、哔哩哔哩等视频平台　　F. 其他_____

3. ［多选题］您平时观看直播类型是：

   A. 才艺类直播　　B. 美食直播

   C. 美妆直播　　D. 体育直播

   E. 游戏直播　　F. 电商直播

G. 其他类型直播

4. ［多选题］您观看直播是为了：

A. 欣赏其才华　　　　　　　　B. 与喜欢的主播互动

C. 缓解无聊打发时间　　　　　D. 学习新技能、新知识

E. 获取愉悦感　　　　　　　　F. 了解相关商品信息

G. 其他_____

5. 您在观看直播时购买商品的种类主要是：

A. 没买过　　B. 美妆洗护类　　C. 服装鞋帽　　D. 书籍影音

E. 食物　　　F. 电子产品　　　G. 其他_____

（跳至第 7 题）

6. ［多选题］您不观看直播的原因是：

A. 没兴趣看　　　　　　　　　B. 没钱买

C. 没时间看　　　　　　　　　D. 担心隐私安全问题

E. 其他_____

第二部分：直播情况评价

7. 请根据您在观看直播营销过程中的感受来对下面的说法进行评价，分别为非常不同意、不同意、不确定、同意和非常同意。（如果您没有过观看直播营销的经历，请根据自己对这些问题的主观感受来进行选择。）

7_1. 主播形象与其推荐商品兼容度高：

A. 非常不同意　　B. 不同意　　C. 不确定　　D. 同意　　E. 非常同意

7_2. 主播可以清楚的讲解与展示商品的特性：

A. 非常不同意　　B. 不同意　　C. 不确定　　D. 同意　　E. 非常同意

7_3. 主播可以根据我的描述推荐适合的服务/商品：

A. 非常不同意　　B. 不同意　　C. 不确定　　D. 同意　　E. 非常同意

7_4. 直播间的商品是限时抢购或限量款而激起我的购买欲：

A. 非常不同意　　B. 不同意　　C. 不确定　　D. 同意　　E. 非常同意

7_5. 直播间的优惠促销活动越大我对商品越感兴趣：

A. 非常不同意　　B. 不同意　　C. 不确定　　D. 同意　　E. 非常同意

7_6. 直播中发放优惠券、礼物或抽奖更吸引我继续观看：
   A. 非常不同意   B. 不同意   C. 不确定   D. 同意   E. 非常同意

7_7. 直播的商家都是经过平台严格审核的：
   A. 非常不同意   B. 不同意   C. 不确定   D. 同意   E. 非常同意

7_8. 直播中推荐的商品质量是可靠的：
   A. 非常不同意   B. 不同意   C. 不确定   D. 同意   E. 非常同意

7_9. 直播购物方式方便安全，且售后服务有保障：
   A. 非常不同意   B. 不同意   C. 不确定   D. 同意   E. 非常同意

7_10. 观看直播可以更全面的了解商品价值，改善我的购物判断：
   A. 非常不同意   B. 不同意   C. 不确定   D. 同意   E. 非常同意

7_11. 观看直播可以更快速选择合适的服务或商品：
   A. 非常不同意   B. 不同意   C. 不确定   D. 同意   E. 非常同意

7_12. 观看直播可以购买到更便宜的服务或商品：
   A. 非常不同意   B. 不同意   C. 不确定   D. 同意   E. 非常同意

7_13. 我会在观看直播时购买推荐的商品：
   A. 非常不同意   B. 不同意   C. 不确定   D. 同意   E. 非常同意

7_14. 今后我会继续观看直播并购买更多商品：
   A. 非常不同意   B. 不同意   C. 不确定   D. 同意   E. 非常同意

7_15. 我会推荐他人观看直播或购买直播间的商品：
   A. 非常不同意   B. 不同意   C. 不确定   D. 同意   E. 非常同意

第三部分：个人情况

8. 您的性别：
   A. 男性   B. 女性

9. 您的生源地：
   A. 城镇   B. 农村

10. 您的学校_____

11. 您的专业：
   A. 理工类   B. 文史类   C. 艺术类   D. 其他

12. 您的年级：

   A. 大一　　　　　B. 大二　　　　　C. 大三　　　　　D. 大四

13. 您在校期间平均月消费：

   A. 1500 元及以下　　　　　　　B. 1501~2000 元

   C. 2001~2500 元　　　　　　　D. 2500 元以上

14. 您可支配收入用于直播购物的比例是：

   A. 0~25%　　　B. 25%~50%　　　C. 50%~75%　　　D. 75%~100%

15. 您的生活费来源：

   A. 全部来自家庭

   B. 部分来自家庭，部分来自自己赚取（奖金、兼职）

   C. 全部自己赚取

16. 您在衣食住行方面的标准是：

   A. 以价格便宜为主　　　　　　B. 以经济适用为主

   C. 追求轻奢个性化　　　　　　D. 追求高标准和品牌化

17. 您平时是否有计划消费：

   A. 是　　　　　B. 否

18. 您的家长是否经常对您进行消费教育和理财教育：

   A. 是　　　　　B. 否

19. 您的学校是否开展过消费教育和理财教育：

   A. 是　　　　　B. 否

　　　　　　　　谢谢支持，祝您万事顺意！

参 考 文 献

[1] 中国互联网络信息中心发布第50次《中国互联网络发展状况统计报告》[J]. 国家图书馆学刊, 2022, 31 (05): 12.

[2] 喻国明. 从技术逻辑到社交平台: 视频直播新形态的价值探讨 [J]. 新闻与写作, 2017 (02).

[3] 冷红林. 新媒体对大学生社会主义核心价值观教育的影响及对策 [D]. 贵阳: 贵州师范大学, 2014.

[4] 徐孝娟. 基于S-O-R理论的社交网站用户流失研究. 2015. 南京大学, PhDdissertation.

[5] 管荣伟. 基于S-O-R模型的网购服装感知价值提升路径研究 [J]. 纺织导报, 2013 (06): 116-118.

[6] 孙凯, 刘鲁川, 刘承林. 情感视角下直播电商消费者冲动性购买意愿 [J]. 中国流通经济, 2022, 36 (01).

[7] 许悦, 郑富元, 陈卫平. 技术可供性和主播特征对消费者农产品购买意愿的影响 [J]. 农村经济, 2021 (11).

[8] 叶晶, 胡翠兰. 直播限时促销与主播信任度对服装消费者购买行为的影响 [J]. 丝绸, 2021 (04).

[9] 任佳佳. 电商直播对青年群体重复消费行为影响实证分析——基于新零售视角 [J]. 商业经济研究, 2021 (21).

[10] 陶安, 王江涛, 王京安. 直播电商消费者消费行为产生机制研究——基于双渠道影响视角 [J]. 企业经济, 2021 (11).

[11] 钟科, 何云. 要素品牌拟人化对消费者购买意愿的影响、边界条件

及中介机制 [J]. 商业经济与管理, 2018 (08).

[12] 李永诚, 薛哲. "晒"与"赞": 顾客晒单效应及其购物体验建构 [J]. 经济与管理, 2022 (02).

[13] 朱丽娜. 电商主播特征、心理距离与消费意愿 [J]. 商业经济研究, 2022 (19): 84-87.

[14] 龚潇潇, 叶作亮, 吴玉萍, 等. 直播场景氛围线索对消费者冲动消费意愿的影响机制研究 [J]. 管理学报, 2019, 16 (06): 875-882.

[15] 刘凤军, 孟陆, 陈斯允, 等. 网红直播对消费者购买意愿的影响及其机制研究 [J]. 管理学报, 2020, 17 (01): 94-104.

[16] 李旭, 徐永式, 绳鹏. 关键人和关键意见领袖 [J]. 企业管理, 2005 (02): 32-35.

[17] 谢莹, 李纯青, 高鹏, 等. 直播营销中社会临场感对线上从众消费的影响及作用机理研究——行为与神经生理视角 [J]. 心理科学进展, 2019, 27 (06): 990-1004.

[18] Pornpitakp C. The Persuasiveness of Source Credibility: A Critical Review of Five Decades' Evidence [J]. Journal of Applied Social Psychology, 2004, 34 (02): 243-281.

[19] 韩箫亦, 许正良. 电商主播属性对消费者在线购买意愿的影响基于扎根理论方法的研究 [J]. 外国经济与管理, 2020, 42 (10): 62-75.

[20] 孙瑾, 陈静. 普通消费者口碑和专家评论对消费者购买决策的影响研究 [J]. 商业经济与管理, 2020 (01): 15-26.

[21] 赵大伟, 冯家欣. 电商主播关键意见领袖特性对消费者购买的影响研究 [J]. 商业研究, 2021 (04): 1-9.

[22] Wongkitrungrueng A., Dehouche N., Assarut N. Live streaming commerce from the sellers' perspective: implications for online relationship marketing [J]. J. Market. Manag., 2020, 36 (5-6): 488-518.

[23] Zhang, M, Qin, F, Wang, G A et al. The impact of live video streaming on online purchase intention [J]. The Service Industries Journal, 2019, 40 (9-10): 656-681.

［24］董晓舟. 感知产品创新为顾客带来灵感还是风险：基于享乐购物动机的调节作用［J］. 管理工程学报，2020，34（05）：95-103.

［25］Jordan, G, Leskovar, R, Maric, M. Impact of Fear of Identity Theft and Perceived Risk on Online Purchase Intention［J］. Organizacija, 2018, 51（02）: 146-155.

［26］肖玉琴，熊文暄. 感知特性对网络行为广告价值的影响——基于消费者知识的调节效应［J］. 江西社会科学，2020（07）：211-220.

［27］焦媛媛，李智慧，付轼辉，等. 产品信息、预设同侪反应与购买意愿——基于社交网络情景［J］. 管理科学，2020（01）：100-113.

［28］刘平胜，石永东. 直播带货营销模式对消费者购买决策的影响机制［J］. 中国流通经济，2020，34（10）：38-47.

［29］孟陆，刘凤军，陈斯允，等. 我可以唤起你吗——不同类型直播网红信息源特性对消费者购买意愿的影响机制研究［J］. 南开管理评论，2020（01）：131-143.

［30］ELEANOR T, LOIACONO R, WATSON D. WebQual: an instrument for consumer evaluation of web sites［J］. International journal of electronic commerce, 2007（03）: 88-105.

［31］史琳琳. 电商直播中感知互动性对消费者购买意愿的影响机制：专业性、信任的链式中介作用［D］. 苏州：苏州大学，2021.

［32］Robert J. Donovan, Rossiter John R. Store Atmosphere: An Environmental Psychology.

［33］Approach［J］. Journal of Retailing, 1982, 58（01）: 34-57.

［34］张爽，魏明侠. 在线冲动购买欲望的形成：基于社会化商务的实证研究［J］. 暨南学报（哲学社会科学版），2019，41（05）：17-29.

［35］翟玉墨. 社交媒体特征对消费者购买意愿的影响研究［D］. 合肥：安徽工业大学，2019.

［36］李玉玺，叶莉. 电商直播对消费者购买意愿的影响——基于冰山模型及SOR模型的实证分析［J］. 全国流通经济，2020，（12）：5-8.

［37］闫苗苗. 电商直播对消费者购买意愿的影响研究［D］. 兰州：西

北民族大学. 2021.

[38] 刘洋, 李琪, 殷猛. 网络直播购物特征对消费者购买行为影响研究 [J]. 软科学, 2020, 34 (06): 108 – 114.

[39] 罗振洲. 新发展格局下我国直播经济发展对策研究 [J]. 经济论坛, 2021 (09): 83 – 91.

[40] 文海燕. 直播经济起源与发展分析 [J]. 现代营销 (学苑版), 2022, No. 759 (01): 97 – 99.

[41] 王辰宇, 孙静春, 史思雨. 电商平台中销售模式选择与直播营销策略研究 [J/OL]. 管理工程学报: 1 – 10 [2023 – 01 – 21].

[42] 黄河, 吴燕. 基于 Citespace 的直播带货研究可视化分析 [J]. 中国市场, 2022, No. 1129 (30): 124 – 126.

[43] 朱胜男, 戴芙蓉, 卞艺澄. 互联网背景下大学生非理性消费影响因素分析 [J]. 中国新通信, 2021, 23 (19): 130 – 131.

[44] 黄丽筠. 大学生超前消费行为影响因素分析 [J]. 产业创新研究, 2022 (02): 61 – 63.

[45] 王洪靖, 方华. 大学生网络消费行为及其影响因素分析 [J]. 经济研究导刊, 2022 (29): 51 – 53.

[46] 李巍. 当代大学生消费结构与消费行为探析 [J]. 重庆社会科学, 2006 (01): 20 – 24.

[47] 陶余奎, 李诚. 对当前在校大学生消费结构的调查与思考 [J]. 中南民族大学学报 (人文社会科学版), 2003 (S1): 157 – 159.

[48] 王为其. "90 后" 大学生消费特点及教育引导初探 [J]. 山西财经大学学报, 2011, 33 (S2): 166.

[49] 夏海燕. 大学生消费现状的心理学探析 [J]. 中国成人教育, 2013 (02): 128, 129.

[50] 程诚. 大学生消费的同群效应 [J]. 青年研究, 2015 (02): 1 – 9, 94.

[51] 林江, 蒋楠. 中美青年消费状况的比较研究 [J]. 中国青年研究, 2017 (03): 110 – 118.

[52] 杨潇, 金晓彤. 发展型消费的影响因素: 基于新生代农民工与同龄城市青年的比较研究 [J]. 农业技术经济, 2016 (05): 60-70.

[53] 冷春燕, 王世华. "80后" 青年族群新媒介消费行为特征的实证研究 [J]. 新闻界, 2013 (18): 63-67.

[54] 蒋淑媛, 罗娴妮. 小镇青年文化消费的演化及其逻辑 [J]. 中国青年研究, 2019 (11): 5-12.

[55] 朱静辉. 家庭地位、村庄分层与农村青年汽车消费行为研究——基于浙江农村的调研 [J]. 中国青年研究, 2017 (10): 73-79, 106.

[56] 吴磊. 当代中国青年消费研究综述——基于 CiteSpace 知识图谱分析 [J]. 新生代, 2021, No.365 (01): 45-53.

[57] 徐孝娟. 基于 S-O-R 理论的社交网站用户流失研究. 2015. 南京大学, PhDdissertation.

[58] Mehrabian A, Russell J A. An approach to environmental psychology [M]. Cambridge: MIT Press, 1974: 176-20.

[59] Park M, Lennon S J. Brand name and promotion in online shopping contexts [J]. Journal of Fashion Marketing and Management, 2009, 13 (02): 149-160.

[60] 顾凡. 网购品牌商家服务补救对消费者宽恕及行为意向的影响研究 [D]. 济南: 山东大学, 2021.